U0082064

1910 ★ DILGO KHYENTSE ★ 2010

100 ANNIVERSARY YEAR

明月

BRILLIANT MOON

頂果欽哲法王自傳與訪談錄

The Autobiography of Dilgo Khyentse

作者：頂果欽哲法王 Dilgo Khyentse Rinpoche

譯者：劉婉利

達賴喇嘛、宗薩 • 欽哲仁波切、索甲仁波切、雪謙 • 冉江仁波切等引言

明月 頂果法王自傳與訪談錄

目次

目次

達賴喇嘛引言

　　自釋迦牟尼佛的時代以降，佛教歷來素有蒐錄偉大上師與修行者傳記的深厚傳統，做為感懷、讚嘆之表彰與我們可茲學習的啟迪來源。為此，我極為欣喜地得知，我幸運地奉為珍貴上師、怙主欽哲仁波切的這本生平與事蹟的詳實紀錄，正在籌備當中，用以提點那些認識他或不知道他的人，其偉大功德之所在。

　　我們初次的晤面，如其幸運的結果，是在拉薩的大昭寺，那時我剛自印度的首次朝聖歸來。但我當時並不十分知曉他，直到後來我們都流亡在外時方才明白。一如這位偉大與溫暖者的典範，他對我顯示了無比的仁慈，為我開啟其覺受與智識的寶藏，賜予我灌頂、法教和口傳。

　　當然，如欽哲仁波切這類聖者傳記的偉大特質之一，是為了提醒我們，到底是什麼讓其成就如此的偉大。今日在世的大多數人，可能會記取在他跟前的溫煦無方、他無時無刻對別人的照料與關懷，覺得他一直是如此。但縱使是偉大的上師，仍舊得努力轉化他們自身，欽哲仁波切也不例外。從他年輕時起，就不斷充實自己，研讀、修行、傳法，他花了近四分之一的人生在閉關，並一直保持閉關的型態直到終老。他習於如此，看似簡單不過。這整個過程就紀錄在這本書中。

　　在傳統上我們會說，一位喇嘛的主要仁慈就在於他的以身作則。我毫不懷疑怙主頂果・欽哲仁波切是我遇過最有成就的佛教大師，但同時他也彰顯了做為一個真正與徹底好人的所有溫暖、昇華特質，這種成就乃是西藏豐富、古老文化的核心價值，我想我可以說他就是一位實實在在的藏人典範。能夠認識他，是我最大的榮幸；咸信讀者從這本書中對他所獲致的某種程度的了解，必當獲益匪淺。

十四世達賴喇嘛天津・嘉措

2007年4月20日誌於印度達蘭莎拉

宗薩・欽哲仁波切引言

　　無論我多麼想僅是道出頂果・欽哲仁波切的生平故事，無論我對他龐大遺教的表述是多麼輕淺，我心知當前這一代的弟子們，會很難相信有這樣的人，能夠在一生中便獲致這般的成就。不過奇妙的傳說，本是佛教傳統的一部份，在大乘經典與密續典籍中，充滿了昔日大菩薩歷經千辛萬苦，克服萬難只為了受法與修行的驚人記載；也有偉大上師在其一生中從事大量佛行事業的諸般描述。當中較為晚近的例子，即是偉大的利美上師蔣揚・欽哲・旺波和蔣貢・康楚・羅卓・泰耶，他們在十九世紀轉化、振興了藏傳佛教。我們只能驚嘆他們所行的無遠弗屆。單是他們著述的數量如此之多，就教人難以置信，覺得他們這輩子除了寫作之外已無暇他顧；同樣地，他們所接受的法教目錄如此之長，也令人懷疑他們怎能顧及旁事；但他們還是傳授了匪夷所思的法教數量——而且，想想看，這可是在一輩子裡所傳的法。

　　對今日大多數的我們來說，這種紀錄著實叫人起疑。不過，對某些人，好比是我，有幸遇到了如頂果・欽哲仁波切這般佛行事業既廣且眾的偉人，自會接受這般多產、無私的人是可能存在於這世上的想法。當然，我們老是會讀到偉大上師的卓越功德；有很多書描述了高度證悟上師的功德，詳盡舉隅其生活與行止的「正」道。然而對我來說，若不是曾遇見欽哲仁波切的話，是不可能相信真有人能具足這麼多良善的功德，且做了這麼多利他之事。他就是個活生生的明證。少了他的例子，過往大師的生平故事就令人難以信服而比較像是古老的傳奇，猶如希臘神話當中赫丘力士（Hercules）所完成的十二項豐功偉業般。（可是，我彎同情那些質疑者和那些無緣遇見或與欽哲仁波切相處過的人，因為縱使我親眼見證了他的佛行事業，當我回想起來，我還是覺得有很多事情難以置信，毋怪乎那些不在場的人會心生疑竇！）

我必須坦承當仁波切在世時，我並不了解他是這麼了不起，直到許久之後他的一些弟子和我開始試著仿效他的佛行事業，那時我們方知他是多麼辛勤、孜孜不倦、與堅毅，總是想辦法利益他人，幾乎不曾為自己做過任何事。我知道，這似乎不盡人情，但坦白講我想不起仁波切曾放過一天的假。當然有較為平靜的日子，但與其碰到他在睡覺或看電影，他寧可找一些老學生或一些自己上師的學生來，花時間談論他們的上師，重溫上師的生平要事或分享對上師的個人記憶。這就是仁波切所認定的趣事，對那些有幸或夠聰明參與其中的人，即使是他的這種娛樂活動，也是受益匪淺。

在這個末法時期，當懷疑被視為遠比淨觀有價值時，許多讀到這些描述的人，或許會認為正因為我是仁波切的學生之一，自然想抬高他的身價、吹捧他的特殊功德與成就。我害怕的恰好相反：我擔心我太過輕描淡寫了，因為既詞窮又沒有足夠的時間，可以好好描述他的全盤成就。我希望終能有更多關於這位偉人的可見印記，可以更廣為人知，好讓這世界在未來——在他圓寂之後，有機會能更全面地感激他，或許就像達文西在幾世紀之後重獲重視般。

當比丘尼金巴・帕嫫要我為欽哲仁波切的自傳撰寫引言時，我一方面欣喜這件事的深具意義，另一方面卻開始擔憂起來，我太清楚所寫下的東西，都只能是對這位非凡人物的驚鴻一瞥而已。這讓我想起了那些苦苦央求蔣揚・欽哲・確吉・羅卓的老侍者札西・南嘉，請他告訴我關於我前世生平的時日。那總是令人倍感喪氣，因為札西・南嘉對我殷切請求的回應，老是沈默以對，他覺得無論他說什麼，都只會是誤導而已。直到今日當我赫然發現自己也面臨了相同問題時，對他才更能感同身受。

藉著這篇文字，我將獻上引介欽哲仁波切的引言，就我所知的金剛乘佛教，

所謂的引言，尤其是對上師的引言，是最為重要的。金剛乘傳統的追隨者，被教導要視上師為佛——一般咸信將會有千佛來到這世界——對每位修行者而言，我們自己的上師就是精神生活中最舉足輕重的人物：他是那個直接和我們互動的人、在我們井然有序的輪迴生命中挑起混亂的人，而且即使他沒有將之徹底摧毀，最起碼也是讓我們膨脹的自我凹陷的傢伙。嚴格來說，引介上師就相當於引介佛，在精神修道上，再也沒有比這個對某人來說更為要緊的事了。因此，為他那一世代最富盛名且最受愛戴的一位上師的這本自傳獻上引言，我想，這是我積聚大量福德的好機會。

假如你們當中有人希望讀到充滿了戲劇張力、勝利威望、高潮迭起、懸疑萬分、浪漫綺情等等的世俗故事，請不要抱有這種期望，因為你在這些篇幅當中，是看不到這些東西的。既已言此，從另一個角度看來，這些全都具足：有令人心碎的出離戲劇、戰勝驕慢與瞋怒的英勇勝利、以栽種菩提心的種子來攻克無私的高潮、和這位獨特者唯一願望就是惦念所有受苦眾生的動人悲心羅曼史；對他來說，放掉、捨棄、拒絕我們其中任何一人的這種想法，始終不曾存在過。我很懷疑有任何的小說，在紀錄一位真正不凡者的深刻內在旅程時，能比仁波切的自傳所述更令人心悅誠服與更鼓舞人心。

一般來說，講故事的目的，無非是為了以讀者能認同、獲致啟發、或注意到的方式，來介紹某個人物與描述他（或她）的人生起伏。仁波切的自傳也不例外。在佛法的修道上，我們不時被敦促要記取與重溫昔日大師的生平故事；佛陀自己也鼓勵我們這麼做；舉例來說，對某些人而言，聽聞悉達多太子毅然離開他父親的皇宮、捨離世俗，是多麼令人鼓舞與動容的事啊！聽聞這類的事情是一回事，但某人是否能因此而受益，則又是關乎其根器的另一回事。一位利根的弟子，可能會

成就所謂的聞即解脫，但並非太多人能有這般的天賦異秉。仁波切一生的外傳當然發人深省，但偉大上師的內傳與密傳可就沒那麼容易了，因為內、密傳是無法言喻與不可思量的。我的意思不是指太過宗教性或太富詩意，而是根本沒有文字或語言能充分表述其真正的意涵，實在太少人擁有能夠理解這類事情的資質了。

西藏人說人生不過就是模仿，模仿最好的那個人，注定就是最有能力的人。當我們放眼四周，可以看到每個人都在模仿別人，我們都有想要仿效的典範。可悲的是，大多數人想要模仿的，都是在物質上成功的世俗之人。我們缺乏驅力或熱忱去找尋一個圓滿的精神典範，縱使我們有那種驅力，從我的不淨觀看來，也沒有留下太多真正值得模仿的精神典範！我覺得我應該為這種情況負起些責任，因為在像我這種人的內心深處，在動機上出了點問題，尤其在就我們要如何看待上師這方面而言。

舉例來說，我很清楚記得有一次當仁波切必須離開加德滿都前往不丹時，我被留了下來。我傷心欲絕。我一直以為仁波切就如同我的父親，在這個特殊的日子裡，彷彿我的父親、我人生裡最重要的人，遺棄我了。回想起來，我覺得我之所以那麼想，是因為我對仁波切的感情是奠基在我的不安全感上，而不是出自真正想要證悟成佛的願心。雖然導正他的弟子是他該做的事，但當眾指出我們動機的錯誤、讓我們任何一人難堪，卻不是他的作風。事實上，我發現他強化了我的感覺，因為他一貫的作法，就好像他真是我的父親一樣。我仍可感覺到他的大手，溫柔地撫摸著我的頭，讓我明白他很快就會回來、用不著擔心，但一面卻咬緊牙根，決意保持我可以處理任何事情的幻覺，同時絕望地跟淚水奮戰的感覺。

重點是，我對他全心感念的根器，被我期盼把他當做父親角色的狹隘見解給

扭曲了。縱使今日，當我重溫對他的任何記憶或他所做過的芝麻小事，都足以讓我心碎地了知，當時我以為他的大多數事業不過等閒之舉，從未細察過其真正的目的。對此我覺得難過、也有一些羞愧，想安慰自己說，雖然有點為時已晚，但這些日子以來我總算對如何詮釋他的佛行事業有了較多的了解，也較能徹底明白他的偉大。

我必須坦承，直到如今，我還不太清楚對仁波切的情感，是真正的虔誠心還是某種執著心，因為真正的虔誠心，如密續上所說的，據說是超越了世俗的概念的。我想我所能做的，就是祈願能具有真正的虔誠心，即便是我祈願的這種能力，也是完全受到仁波切的影響所致，他對他上師的崇敬與虔誠心，是如斯令人感懷的範例。

每當我看到欽哲仁波切所寫的關於他某位上師的著作時，無論他是用詩體或散文來描述，總是讓我覺得讀到的根本不是對一個人的描述，而是面面俱到地在領受對佛和佛法的全面與完整概介。這就好像是他把我們、他的讀者掃向一段不尋常的旅程，進入一個全新領域或存在境界之中。我清晰地記得，每回當欽哲仁波切不經意地提及他某位上師的名諱時，不管在任何情境下，都是令人讚嘆之因——每段記憶對他來說都是如斯動人。

有一回更是特別，是欽哲仁波切和我們一群人在東藏旅行時。在歷經一段艱辛的旅程後，我們抵達了德格‧更慶寺，有數千人聚集，只為了一睹欽哲仁波切。在某一刻，有位看似無賴的年輕人靠近他，手裡拿著一堆看似髒破布的東西。當時有太多事情了，讓我沒留意到這位年輕人笨拙地揭開破布、露出一尊文殊像來，還邊咕噥著一些我沒聽清楚的話。但祖古‧貝瑪‧旺賈（Tulku Pema Wangyal）聽到了，彎下腰來在欽哲仁波切的耳邊耳語了幾句。幾乎在當下我發現

自己盯著欽哲仁波切看，他大出我意料地像個嬰孩般失控地啜泣起來，彷彿心碎了一般。我們全都嚇了一跳——之前我們甚少見到他哭泣——我們每個人都覺得時光彷彿停止了般。後來，我才知道是什麼事讓仁波切如此感動：那位年輕人所獻上的佛像，是歷經文化大革命蹂躪後的倖存物，曾屬於他最敬愛的上師之一米滂仁波切所有。[1]

欽哲仁波切所做的每件事，總是遵照其上師的心願來實行，或迴向於他們願望的圓滿實現。在今日這個時代，當每個人都拼命想當原創者、製造一些徹底創新的東西時，從未想過感謝那些他們剽竊靈感來源的人，欽哲仁波切卻與眾不同：假如有人能在這世上創造出全新的東西的話，那就是欽哲仁波切，但他的一生卻完全奉獻在服侍他的上師上。

假如我們暫時把精神修道擺一邊，從非常世俗的角度來看欽哲仁波切的話，還是不可能不讚嘆他，因為他是我所見過最為隨和的人。很多喇嘛，尤其是高位的喇嘛，大多相當嚴苛和不苟流俗；你很難想像能跟他們像好朋友一樣地談天，遑論在他們面前講些無傷大雅的小笑話。欽哲仁波切可是大相逕庭；他非常入世，對任何他所遇到的人，從不會吝於給出最溫暖與最親切的情誼，也從不會在他與他人之間製造出任何不必要的距離感。

他也是一位偉大的領袖，就像一位威嚴的美國印地安人酋長或一位優越的日本武士將軍，欽哲仁波切從不會被任何混亂或困難的情境所干擾，不管那情況有多麼糟糕。反而，他總是一派恬適，猶如一座山，毫不費力地散發出一種遍佈的自信，自然讓周遭的人也產生了信心，與一種絕對、不動搖的平靜。我們從未見過他曾顯

---

1 頂果‧欽哲在他第一次回康區時所接受的這尊文殊像，是喇嘛‧米滂個人的修法所依物。

出絲毫的動怒，即便是當他一再面對氣憤的告發者不停抱怨寺院裡這個、那個僧人或祖古（譯注：祖古是藏文音譯，即化身之意）的不是。無論對方多麼激憤不平，與其責罵，欽哲仁波切總是用他的幽默與溫和力量，來安撫與平息情勢。正因如此，雖然他沒有對怨語做出任何的迴護讓步，抱怨者卻總是開心與甘願地離去。

對任何領袖來說最大的挑戰之一，就是找對門路，讓他的所有門徒都覺得他們是他的最愛。直到如今，我只見過一個人真能成功做到，而不用痛苦地左右為難。這是我每天會碰到的難題，因為我也是被冠上「上師」標籤的人，就我而言，無論我再怎麼努力，我的大多數學生還是抱怨我忽略、漠視他們，基本上就是我沒有給他們足夠的關懷。但對欽哲仁波切來說，可就大不相同。上自最高階的祖古，到政府官員、到寺院外頭掃馬路的人，每個人都真的相信他們在他心中佔有特殊的一席之地。我甚至不敢揣測他是怎麼辦到的！或許這種能力的開展，就是一位上師真是所謂西藏人所稱的「如意寶」吧！

在為法而活與以法謀生之間，有很大的差別，雖然我的判斷多少有些偏頗，但就我看來，今日大多數所謂的精神導師在這世上的所作所為，皆是屬於後者。從欽哲仁波切早年到他圓寂為止，他真的是為法而活，從未把佛法當做資助他自己的生活或致富的工具，雖然那對他而言是輕而易舉之事。總之，他是一位具備了偉大上師所有真正功德的精神巨人，在他一生中建立了與各種有權勢之修道者或世俗者的緣分，若他想要的話，可對他們發揮極大的影響力。他大可在靈修市場上輕易成功地販售自己，但任憑我怎麼想，都找不出一絲他曾經起過這種念頭的痕跡。相反地，當像我之類的野心份子建議欽哲仁波切可以對某個特殊者傳法，因為我覺得，他可能可對寺院挹注甚多，但欽哲仁波切一點也不感興趣。反而，他會為某個完全陌生的人傳法，如從某個地方來的老尼師，沒名沒姓，在那天早上偶然出現在門口的台階上，他就把所有的時間與精力都花在她身上。

在敦珠法王圓寂後，很多人給欽哲仁波切施加壓力，希望他能接掌寧瑪派法王的位子，最後他同意了。回想起來，我慢慢能理解他的領導風格，幾乎如實反映了許多古老亞洲著作中對一位精通謀略與戰事之卓越將軍的描述。舉例來說，他對於正在進行中的細節不會錙銖必較──事實上，有時我猜他一點都不在意！他不會像長在山頂的叢草，風往哪吹就倒向那邊。當你很容易隨風起舞時，或許能暫時讓某人滿意，但同時，就像西藏人常說的，你也是在用火燒另一人的鼻頭。他既非食古不化，也不是在必要時輕忽卸責或對正在發生之事視若無睹。他比較像是一條綁在大岩石上的細長哈達，深嵌在山側：在任何必要之時，就會採取行動，但一直是深根穩固的。

無論在政治、經濟、或軍事上，很難找到一個坦白說稱得上是能夠完全掌控局勢的人；在精神世界裡也是如此，幾乎見不到某人是真正心繫釋迦牟尼和佛法的忠實呈現的。在西藏有佛教的四大教派，每個教派都極力維護與推廣自身的傳承。在每個教派中，有很多各自的法系，尤其在當前的時代裡，這些法系對自身利益的維護更甚於對全體佛教的考量。當然，保護這些法系的弟子們，都是發自最好的立意而這麼做的，一旦遭受到任何可能的威脅，就會盡力地攔阻。但在這同時，他們也常忘卻更遠大的格局，所以佛法的利益也隨之慢慢被淡忘。不幸地是，所有法系的成員似乎都落入了同樣的陷阱當中，這就是分派意識滋生而逐漸茁壯的原因。此外，對俗世的興趣也無可避免地開始蠢動，於是乎，每間寺院或體系的福祉，幾乎都凌駕於法系的考量之上。其結果，說西藏人實際上已經忘卻了釋迦牟尼和其法教，應該不是言過其實。

第一世蔣揚‧欽哲‧旺波和蔣貢‧康楚‧羅卓‧泰耶，是不分教派的前瞻者，他們明知這個缺失，也了解護持佛教所有教派與法系的重要性與必要性──

從他們的著述當中可找到明證。我想大可說這兩位不世出的上師，不論直接或間接，都為至今尚存的每個法系貢獻良多。就我的觀點看來，欽哲仁波切是蔣揚・欽哲・旺波和蔣貢・康楚・羅卓・泰耶偉大遺教之利美傳承的唯一真正持守者，就我活到今日而言，還未見過或聽過任何其他上師，能夠像他一樣那麼徹底地真正持守利美的精神的。

欽哲仁波切對利美傳承從不會像那些在牆上掛著利美上師法照的喇嘛一樣，只是敷衍的尊敬而已；他也不會拿利美來故做政治正確的姿態，以抬高自己的身價。他真誠地關懷與珍惜每一個佛教法系，他的侍者不經意地以會衝擊利美運動的不幸消息，如各法系上師的辭世或法系內訌等，惹得欽哲仁波切不悅，乃是家常便飯之事。

有個體驗利美上師天賦異秉況味的方法，就是閱讀他們的《全集》。如果你將他們的全集與欽哲仁波切的全集對照一下，就會發現它們全都洋溢著對所有法系的法教如出一轍的崇敬之意。這樣的敬意是極為罕見的，甚至在絕大多數的昔日與今日上師的著作當中，可說是不存在的。在這類著作當中，喇嘛們宣稱「他們的」法系與「他們的」著作是最為出類拔萃的說詞，比比皆是。

如果在今日有這麼多冒充的利美上師，那我們要怎樣才能分辨出哪位才是真正的不分教派者？有沒有鐵證可以直截了當地確認某人是真正的利美上師？當然，要斷定某人是否具有利美的內在特質是非常困難的。我們最能做的，就是找尋外在的徵兆，這是相當有限的方法。但我相信，有件事大可說明某人的為人，那就是他從不同法系所領受法教的上師數目。活在這個世代，像我們一樣，喇嘛與弟子都覺得需要保護彼此，猶如充滿嫉妒心的配偶一般，能夠從超過一百位以上的上師處接受法教，如欽哲仁波切的前世蔣揚・欽哲・旺波這樣的上師，是微乎其微

的。今日有許多弟子，都認為對他們的上師具有如世俗之人擁護其政黨領袖般的同樣忠誠，是一種美德。這種忠誠實在是蠢不可及，而且他們對一心虔誠的觀點，事實上，只是一心的偏私而已！欽哲仁波切自己有超過五十位以上的上師，全都來自不同的法系，他跟隨他們學習了相當的一段時間，接受了最重要的法教，他覺得這個經驗受益匪淺，因此堅持把自己的學生，送到其他各上師處去接受法教，不管我們想去與否。

回想起我和欽哲仁波切共渡的時光，我仍可清晰地用心眼見到一些我懷疑這輩子是否能再看到的事：許多來自不同法系、來自所有階層的成列人們，從最高位到最卑微，每日魚貫地出入他的房間。當然，我知道很多上師經常有來自他們自己法系的信徒拜會，但從未有人是如此持續地受到所有法系代表的參謁。他們來見他的目的，除了佛法之外又豈能有別的？這讓我相信，各法系的信徒是全然相信欽哲仁波切的，今日我們所尊崇的許多偉大上師事實上就是他的弟子，舉例來說，至尊達賴喇嘛和與他互為師徒、已故的蔣揚‧欽哲‧確吉‧羅卓。

此時藏傳佛教顯現的方式，讓我擔憂的其中一件事，就是這些偉大上師為所有法系所做的努力，將會被遺忘，因為憶念他們的成就會遭到分派主義勢力的侵逼。這不單是更物質化的年輕一代抱持分派意識而已，縱使是老一輩、顯然是更「健全」的那一代，也佈滿了這類的心態。分派主義是讓這個世界永遠沒辦法被矯正的癥結之一；即便西藏喇嘛似乎也對之束手無策。這也不是個新冒出的問題。在藏傳佛教的歷史上，載滿了輝煌昔日的諸多故事，也伴隨著各法系不顧對手福祉的一大堆事。

在這些日子裡，分派主義甚囂塵上，即便是最有成就的上師嘲弄利美的概

念,也沒什麼好見怪的,彷彿利美只是某種甜言蜜語的善意表示,根本就辦不到。彷彿蔣揚・欽哲・旺波和蔣貢・康楚・羅卓・泰耶,以及他們的著作,早已從這世上溜走、遁入傳說的領域之中──直到這位偉大的上師頂果・欽哲仁波切出現,至少對我來說是這樣的,讓我親眼見識到這兩位大師的再現。

欽哲仁波切對藏傳佛教所有法系的關注與在意,幾可說是狂熱。你幾乎不可能見到他把時間打發在任何毫無意義的閒聊之上。大多數的日子裡,從清晨到午夜過後,他都是在傳授法教、編纂法教、或校正法教,與付印聖冊、繪圖、與塑像。他是如斯的大成就者,對他來說幾乎沒有接受法教的必要,但每當他遇到持有某個瀕臨失傳法系的人時──大多數是他外出去尋訪這些人──就會馬上安排向這個法系持有者領受口傳與法教,不管那人是出家人或瑜伽士與否。有一次,當我隨侍欽哲仁波切去西藏朝聖的途中,我們在成都待了一天。照他的行程看來,那一天是極少數可讓他休息一下的閒日子。可是話傳了出去,說欽哲仁波切在城裡,有一堆訪客來到了飯店,要求晉見,其中包括一位平凡的出家僧,他持有欽哲仁波切所沒接受過的稀有法教。他馬上請求這名僧人傳法給他,於是乎,不可免地,他的閒日子似乎成為他最忙碌的一天。

每當我跟他一起旅行時,都會注意到即使在飛機上或火車上,他若不是在修行,就是在寫東西。他從不會為了滿足創作欲,或為了躋身暢銷作家以獲取名聲和榮耀而寫作,倘若他不是為了某個法撰寫重要的釋論,就是在寫東西鼓勵那些掙扎著要為佛法服務的個人。這類的作品,其中有一篇是他在飛機上給寫丘陽・創巴仁波切的信,內容如下:

天上的明月，地上的法海*

*「法海」是丘陽之名的意譯。

老朽明月行旅於天上，
王子法海停留在地上；
因緣幻化，彷彿遙相隔，
心念一味，分隔即不存。

明月光鬘自天款湧動，
觸及地上法海之時起，
利他事業，遣除暗劫苦；
勝義無別，自顯善緣生。

唯父蓮花無垢智慧芽，
法海池中注定綻開放，
明月傾倒聖諦之甘露——
一再重逢除此無他法。

清涼法海出四方之河，
東西南北時時川流過，
為法利生佛行大海匯，
王子入於明月一界中。

珠淚淌自獨子之眼角，
清晰悲感老父心月起——
此乃累世不離共願果；
具信安住無造俱生界。

殊勝怙主如日月星環，
荷擔行願具緣眾中尊。
利美法教利生無窮盡；
此乃唯父上師薈供供。

末法烏雲更甚穹蒼暗，
佛行願力乃拂散強風。
起風之時明月實義露，
法海播顯真實喜悅藏。

悲念無著無根之虛空，
自見己心如本佛燦麗。
孺童笑舞昂揚且善觀，
解脫悲喜一味法身界。

不遠，住於自持俱生智，
不近，住於離見與見者；
住於離語、念、詮，遍一切，
自在離緣，本來無一事。

若立意行，猶虛空尚存，
於時空中，法利生無盡；
文殊、普賢、蓮花生佛行——
承擔重荷是大滿足矣。

吾等瑜伽士，無攀行化；
鬆坦境中，所生皆莊嚴。
雖生可怖暗劫濕胎中，

不得不唱震雷喜悅歌。

歌者歌喉不佳恐違耳，
實語無欺真金煉所述。
致心悅勝戀人十萬曲，
使汝歡欣，令汝笑開懷。

此瘋人隨曲不登大雅，
非成就者道歌誰理睬？
明知事相，卻被念風逐，
撰飛機上蟲步之指動。

吾視天空象徵圓滿見，
步上無盡法界之修道，
此無罣礙界中攝一切，
廣大遍在界中流星閃。

吾視虛空憶無修之修，
虹雲日月徜徉無日夜，
此即大空之相無增減──
自享俱生心性自在定。

地上無數山海平原展，
象徵利他菩提心之行，
佛行任顯無拘皆利眾，
任運常存猶如虛空般。

天空海洋大地與日月，

15

本皆四大之性且和合。
故根道果法界海無別；
安住清醒吾行坐臥中。

此行旅歌乃偶拾零語，
空中之雲隨意自浮蕩，
白色念翼機件恣意動；
敬獻老朽此片羽足跡。

伴隨歡顏白髮微笑著，
老朽蹣跚倚杖沿途行；
一心盼望我倆速相會，
行道日光曼嘎拉敬呈。＊

＊此首詩歌最初見於金剛界出版社與香巴拉出版社印製之《大鵬金翅鳥V》（Garuda V）一書中。由丘陽・創巴仁波切指導的那瀾陀翻譯小組英譯，慨經戴安娜・慕波（Diana Mukpo）和那瀾陀翻譯小組同意轉載於此。

　　當欽哲仁波切在某個地方待得較長的時間裡，總會有某種傳法的活動；若不是傳法，就是有竹千法會之類的密集修法。某些與會者，尤其是還不夠成熟的年輕仁波切，並不太在意是否錯過了某大典籍中的一、兩頁教授，有時會遲到或提早離席。欽哲仁波切總會留意到，並在每座結束之後，私下把這些仁波切叫來，指出每個人錯過的其中頁數，並確認某個已經接受了口傳的人，負責再把這些傳給他們。就這樣，欽哲仁波切把這些年輕仁波切應該注意的事情當成是他自己的事。

我有點擔心欽哲仁波切對佛法所做的最傑出貢獻之一,可能不為世人所知曉或了解。當我們大多數人從他可見、明顯的佛行事業,像是他所傳授的法教與他所做的修行等,得到極大的鼓舞時,在他的事業中卻有一個極不同的面向,是鮮為人知的;事實上,那是所有佛行事業中最偉大的一環:就是欽哲仁波切是位伏藏師,是位伏藏的取藏者,終其一生他取出了許多新的伏藏,特別為了利益我們這些眾生。我甚至無法言喻這些法教有多麼重要,與大眾的認知相反,這些伏藏法並不是等閒就能產生的。

他身為伏藏師的另一個面向,是他重詮、訂正了許多往昔伏藏師所取出的伏藏法,以伏藏的型態而言,那是很難理解或從事的工作。欽哲仁波切將其簡化,並完整說明這些取出的伏藏,好讓它們能讓今日的弟子們趨入——彷彿他已準備好了美味的一餐,我們唯一要做的事就是去飽餐一頓而已。

雖然做任何的比較都是極不智的,而且從精神修持的角度看來,這是遊走在犯罪的邊緣,但在遇到欽哲仁波切之後,我不免把我所認識的他,拿來與其他上師相較——這是我染污的習氣使然——不幸地是絕大部分,我都會找到很多問題。精神上師據說有各式各樣不同的功德,但有三項被認為是不可或缺的:博學、持戒、和仁慈。「外」功德博學,是第一項、也是這三者中最明顯可見的。欽哲仁波切不僅在經續、佛學、醫學、天文和詩詞上的學識浩瀚淵博——這些全是拜數十載經年累月的苦讀所致——也誠如大圓滿法教上一再所述般,欽哲仁波切的大部分學識,就是最特殊的那個部分,並不是研讀後的產物,而是他智慧心性湧現的結果。在這點上,他就宛如偉大上師持明吉美‧林巴一般。

精神上師的「內」功德是持戒,聖者們推崇持戒更甚於博學。在佛教中認為持戒的主要目的之一,是輔助發現內在實相的方便法門,而非強加在行為上的另一

準則。行為準則的另一個大問題，是易於衍生各式各樣的虛偽，以及把戒律用來嚴以律人、寬以待己的不健康心態。欽哲仁波切從不是那種會讓不守戒的人感覺不舒服的人，也不像許多所謂清淨的僧人，他們對持戒的看法會讓其他人都覺得有罪惡感。欽哲仁波切一點都不像這樣，在數不清的場合裡，我見他用他常講的粗鄙笑話來平息可能出現的火爆場面。

雖然他是一位偉大的密乘持明者，並嚴守他的所有菩薩戒與密乘戒，但欽哲仁波切卻從不會忽視別解脫戒，他總是特別對他的弟子強調，尊重聲聞乘的戒律有多麼重要。他極為尊敬別解脫戒的傳統，在無數次裡我見他一見到身穿黃法衣的南傳佛教僧人，就舉起他的雙手做出禮拜的手勢，邊說著：「我們還能擁有釋迦牟尼佛、釋迦獅子的法幢，是多麼幸運啊！」他再三強調《律藏》是佛法的根本。

欽哲仁波切持戒十分謹嚴，這項功德或許是他在私下獨處、無人在旁目睹時最為明顯。每當他修行時，不管是他的日修課誦、法會、或是在他諸多閉關的期間，他總是把自己打扮得光鮮潔淨，穿上最好的衣服。在竹千法會[2]時，他從不遲疑地用最精緻的錦衣與各式適用於修法的聖帽來妝點自己。但當重要人士來拜訪他，可又另當別論了；他看來一點都不在乎自己的模樣，常常光著上半身、只穿著一件渾似維多莉亞時期襯裙的下衣，就接見國王和王后！打扮對欽哲仁波切來說，根本就不是穿戴起來為了秀給別人看的；那是他為自己創造最佳的氛圍，以便修行與領受加持所用的。對我來說，這就是欽哲仁波切不虛偽持戒的諸多範例之一，在此持戒的唯一目的，並非用來顯人耳目，而是創造一種啟發的氛圍。

縱使在緊迫的情況下，像是在西藏的某個窮鄉僻壤，找不到某些可用的供物，卻要起修特定的法會時；或突如其來地冒出一萬人來請求加持時，他從不會找

---

2 竹千法會，藏文sgrub chen；為期七天至十天的密集共修法會，在二十四小時之內，持咒誦念持續不斷。

捷徑來讓自己好過一些，而是堅持要確實依照該辦的方式來做，一點都不隨便遷就於他身處的情境。同時，他也不會過於執迷法會的規矩與規範，在必要的時候，我甚至看過他以絕對的信心，用一顆蘋果來當做修法所依物。

可理解地，是大多數的弟子都會感佩持戒和博學的上師，並傾向於不太熱衷尋找一位只是仁慈的上師。畢竟，仁慈不是那麼顯而易見的──況且大部分的人都有他們自己對何謂仁慈的定義。但這第三項，精神上師的「密」功德仁慈，雖然遠比其他功德難得或難見，卻同樣殊勝與絕對不可或缺。假如一位上師非常博學與持戒謹嚴，但卻不仁慈，他只徒占了這地球上的一方空間罷了。即便他不博學或不持戒謹嚴，但十分仁慈，卻能百分之百地確定你能得到終究獲致證悟所需的一切，而且讓你的精神生活豐富而有收穫；因此你能完全信任他。他可能缺乏細密的學識，也可能有點喜怒無常，但既然他已將生命獻給了佛法，並真誠地顧慮到你的福祉，你是安全無虞的。就欽哲仁波切的情況而言，更是難以開口描述我親身經歷與見證過的無數顯見的仁慈事例。

我必須指出在此處所談論的仁慈，是超越了一般人所想的仁慈，無疑是因為我們對仁慈的概念是世俗諦的。像我們這樣的人認定某人是仁慈的，只因為他們滿足了我們的願望或迎合了我們的興致，而不是給予我們真正所需、只是到達讓我們開心的程度而已。欽哲仁波切的仁慈，卻是多到一直在鼓舞人們、用各種善巧方便來指引我們步上精神修道並遠離鼓吹邪見的邪道；他對修行者也是絲毫不妥協與堅絕的，以確保他們在修行上不會出任何差錯。實質上，無論以一種或別種、直接或間接的方式，欽哲仁波切總是引領著每個來找他的人，朝向佛法的修行上去。

偉大的持明吉美・林巴曾在他著名的祈願文《入遍知城》（Entering the City of Omniscience）中寫到：

「無論境況為何，願我從不生起想依循悖離佛法之俗世處事的絲毫願念！

縱使業力與習氣使然，冒出錯誤之念，但願其永不成功！」

對我來說，這個祈願文如實道出了欽哲仁波切所具有的那種勇氣——畢竟，他是持明吉美·林巴的轉世——他從不做任何為了符合世俗期望而退讓的事，不管那就世俗的標準看來是多麼慈悲的行徑。對像我這樣染污的眾生來說，欽哲仁波切對佛法的這種堅毅卓絕的尊敬，以及他對世俗期望的拒絕讓步，彷彿是這種（吉美·林巴）祈願的風行草偃，讓我能衷心認同的一種態度。這種不對他人期望讓步的特殊勇氣，其本身，就是一種真正的仁慈；讓步且做任何你所期望之事，根本就不仁慈。

在與欽哲仁波切相處的時日裡，我從未看過他不理會任何一個弟子而不圓滿他們的請求與祈願的。當欽哲仁波切年歲漸大時，很多他的隨侍者，出於最好的理由，想試著限定他每日要接見的訪客數量。卻從未真正達成過，因為假如欽哲仁波切發現有人在外頭等著見他時——他總是如此——就會到外頭去迎接他們。在他於不丹圓寂之前——我永遠忘不了——有一群來自香港的信徒請求欽哲仁波切給一個聖度母的灌頂。但那時他已經病得很重，幾乎無法走動，但他還是沒拒絕他們。事實上他準備了灌頂所需的一切，只差沒給每人想要的東西而已。

我想在佛教中，我們得面對兩種挑戰，其一比另一更容易克服。第一，是要了解佛學之深刻與浩瀚的挑戰，這很難，但辦得到。藉由努力研學、廣讀群書、再三聽聞佛學的辯論，終究可能獲得良好的理解。第二就是更遠大的挑戰了：要能完全欣賞佛教的單純之美。不同於理解，這極難達成，因為太容易了。要完成這第一

項的挑戰，我們可運用理性和邏輯；但當我們趨近第二項時，就會發現邏輯和理性思考幾乎派不上用場。在理論上我們可能知道自己應該怎麼做，但因為這太過簡單了，我們一試，就是行不通。粗略地說，這就好比知道抽煙有害健康，但當真要把香菸丟掉時，這是邏輯上、常理要做的事，就是辦不到，因為抽煙的習氣已經根深柢固了。

　　偉大的薩迦‧班智達曾說過，為了生火，你得要有個放大鏡、陽光、和一些引火的東西，假如沒有這其中的某一樣，就生不了火。同樣地，唯一能真正扳倒這第二項挑戰的——也是最容易的方法——就是接受上師的加持。再也沒有比憶念上師更好迎請上師加持的方法了；再也沒有比閱讀他的自傳更好的憶念上師方法了。

2007年二月誌於印度比爾

索甲仁波切引言

在西藏的佛教傳統中常說，再也沒有比談論上師與憶念其殊勝功德更大的福德與加持來源了。聽聞與閱讀偉大上師的生平，常能帶給我們和其相關的體驗，或許與他們面對面相會是同樣地震撼。我希望在這篇關於怙主頂果・欽哲仁波切生平的美妙研讀導言中所做的，就是要傳達出一些他的精髓、和他不可思議的臨在感與氛圍。因為有時候我覺得他最偉大的貢獻，在他一切偌大的成就之外，就是他來到這世上、在我們這個時代生活與傳法這麼單純的事實而已。一位證悟者真實顯現於此，展現他的事業，而我們也夠幸運地目睹了這一切。一如我們將在其後篇幅中所見到的，頂果・欽哲仁波切本身就是一個奇蹟，他的成就、每一部分都如同他的前世蔣揚・欽哲・旺波或他的上師蔣揚・確吉・羅卓般不同凡響，顯然就是證悟者的事業。在有幸撰寫這篇短文的同時，我也交織著一種難免的無助感，因為我所面對的，是要在字裡行間捕捉頂果・欽哲仁波切的功德、尤其是他整個存在的不可能任務。我只能在這裡放入一些有關他與我、與其他認識他的人相處時的回憶與個人感覺——我試著分享的一些印象，極為有限，但卻是真心、誠意，具虔誠心的。

見過頂果・欽哲仁波切的人，又有誰能把他忘卻？就他的精神證悟與他的外觀和體型而言，都遠勝過人生。他的每個層面，都有某種互世感、甚至是一種超人感，如此廣大地到某個程度，使他盡心、溫柔照料的年輕轉世喇嘛都暱稱他為：「宇宙先生」。我永遠都記得發生在1960年代中期的某件事，當時欽哲仁波切要我陪他一起從印度的大吉嶺地區到尼泊爾去。喇嘛烏金・賢遍是他那時候的侍者。只有我們三個人，帶著差不多四十件行李，裡頭裝滿了法會的器物和典籍。我們到印度某個特定的火車站去，在那兒趕搭一班火車。當時我們決定分開來，各自有負責的事情。喇嘛烏金的工作是去找挑伕來運送我們的行李，而我則是到火車上去找好

位置。我們把所有的行李都疊放在月台上,然後問欽哲仁波切說他可不可以坐在行李上,等我們回來。他點頭同意了,逕自坐在這堆行李上,手中的長指甲和念珠,彷彿那兒就是他自家客廳似的,安祥自在地不得了。我們所處的地方,可是印度繁忙的火車站裡,悶熱、蒼蠅四處、混亂不堪,而欽哲仁波切一點也不受干擾,祥和、開心、微笑著。他看起來就像是一片寧謐的綠洲;在他的周遭散發著一種幾近催眠的寧靜氛圍,使喧囂與紛亂沈寂下來。有一群小孩開始聚集在他身邊,對他的外表倍感好奇,卻猜不出他是誰、是做什麼的。懷著敬畏之心,他們彼此小聲地耳語著:「這個人是誰啊?他到底是打哪來的?」最後,有個小孩尖叫起來:「他就是那些俄國馬戲團裡的人嘛,他應該就是馬戲團裡的巨人。」當欽哲仁波切站起身要上火車時,他們一哄而散,因為他是這麼高大,讓人印象如此深刻。

的確欽哲仁波切的威嚴是無遠弗屆的,他身上不僅總是散發著最深沈的寧靜與溫和、一種豐富、自然的幽默,而且洋溢著一種代表了究竟證悟徵兆的祥和與喜樂。當他還非常年輕時,就被偉大的米滂仁波切加持,授予「札西・巴久」之名,意指結合了吉祥、美好、宏偉、龐大、與圓滿。丘陽・創巴仁波切曾說過:「任何他所做的,都是那方面的圓滿,即便他走進廳堂的樣子,也顯出這種特質;他所說的一切,都是圓滿的表達。事實上,他超越了我所見過的任何一個人。」欽哲仁波切擁有偉大上師所具備的圓滿戒儀與行止。我確信在他這一生當中,從未做過任何一件不對之事。他也從不曾在他所知應採取的正確行為上動搖過;舉例來說,他從未給過任何一個不合宜的法教。他所做的每件事都具備了其優雅與單純的風格。

我們所有人都記得他的慷慨、仁慈、和他祖父般的柔和與溫暖。事實上,欽哲仁波切有一種讓你覺得自己與眾不同的天賦,彷彿你是他一整天裡所遇到的最重

要人物。他深情款款；他只是用他的大手溫柔地撫摸著你的頭，把你拉向他的臉龐。偉大的卓千寺堪布賢嘎給了欽哲仁波切「若瑟‧達哇」之名，表示「明月」之意，彷彿指出在他顯著的功德當中尤為慈悲，並描繪出清涼的月光袪除了痛苦的燒灼之熱。因為慈悲和仁慈，正標誌出欽哲仁波切對每個他所遇到之人的行止。

他的另一項功德是謙虛。他從不會刻意擺架子、炫耀他的學識、或妄顯他的證悟。當他談到精神成就的不同階段與徵兆時，總是淡淡地說：「據說這就是當你證得這般境界時，會體驗到的東西。」甚至不提他所說的，就像我們所知道的，是從他的個人體驗而來的。在今日這個時代裡，當較差的上師吹捧著他們的證悟與能力時，他就是一個謙虛與謙遜的典範。

舉例來說，欽哲仁波切絕口不提他的禪觀。依照《龍欽心髓》的傳統，要被認定是傳承的持有者，你必須有過龍欽巴或吉美‧林巴的禪觀才行。現下當知，在欽哲仁波切的心中烏金‧托傑仁波切具有特殊的一席之地，他自烏金‧托傑小時候就認識他了，而後者以他令人難防的直率，總有辦法從欽哲仁波切的口中引出別人無法得知的內情。欽哲仁波切曾對他說過，當他在不丹的帕羅‧達倉，即「虎穴」（蓮師最神聖的洞穴之一）閉關時，有了一個吉美‧林巴的禪觀，吉美‧林巴把他智慧心的加持傳給了欽哲仁波切，授權他成為傳承的持有者。當紐修‧堪仁波切蔣揚‧多傑正在撰寫他偉大的大圓滿傳承史《大圓滿傳承源流——藍寶石》時，烏金‧托傑告訴他這個關於吉美‧林巴的禪觀，他亟於把它放進頂果‧欽哲仁波切生平的章節裡。他跑去見欽哲仁波切，問他是否真的有此禪觀。欽哲仁波切面不改色地否認了，並告訴他說一定是烏金‧托傑發揮了他天馬行空的想像力。但烏金‧托傑堅持說欽哲仁波切的確告訴過他，所以紐修‧堪仁波切在他的草稿裡寫了下面的句子：「尤其，在不丹的帕羅‧達倉，欽哲仁波切輝映地有了持明吉美‧林巴

的禪觀，並託付他成為《龍欽心髓》法教的上師。」然後他回去找欽哲仁波切，解釋說他為什麼要這麼寫，不管先前的否認。他請欽哲仁波切檢查一下，看是否正確，若有不對之處他承諾會將之刪除。一開始欽哲仁波切似乎不想看這份草稿，當堪仁波切重啟此問題時，也不搭腔。但過了一會兒，他不經意地問他是在哪一頁，他檢閱了一下，然後靜靜告訴紐修堪仁波切說沒必要改動什麼。

　　就某方面來說，欽哲仁波切的證悟功德是如此不言可喻，因此無人不知、無人不曉；而另一方面，他又是如此謙卑，因為他已經馴服了他的心和整個人。他一直是那樣，穩定而不變，紋風不動如一座山；他的智慧無盡如虛空；他的證悟功德則廣大如海洋。每當他在傳法時，法教從他的口中流洩如詩般，完美無缺，沒有任何一句虛浮的廢話或感嘆詞；它們有如伏藏的特質，能夠完全照他所講的內容紀錄下來，毋須任何的編輯。當他一開始教授時，尤其是教授大圓滿法時，會稍稍往後傾，看起來更形寬廣，然後語句便如山泉般逕自流出，一出口不能止。我記得我們常常只能望之興嘆。神經生物學家法蘭西斯可・瓦瑞拉（Francisco Varela）曾對我說他實在沒辦法揣測欽哲仁波切的心或腦是怎麼運作的。仁波切至少能說上二十分鐘，當翻譯接手時，他就休息一下，當年紀漸長時，他會打個盹；然後不經任何的提詞，他從就先前停頓了半小時的地方，分毫不差地接著講下去，沒有一絲的停頓或猶豫。

　　欽哲仁波切的驚人成就處處可見，全包含在他的二十五函全集著作裡；他的二十二年閉關裡；他所領受與傳遞的眾多法教與口傳裡；他所證得的為數可觀修法；他所建造的寺院、大殿、佛法與藝術品；他所印製的法教全集；他對所提攜、教養的一整世代轉世喇嘛的呵護；他所取出的伏藏法教；他所重建的竹千法會（密集的金剛乘共修）傳統，和諸多種種。他的成就廣大無邊，但卻是以這般完美

自在達成，看似渾不費力似的。從早到晚，他沒有一刻不是在傳法、修行，或幫助他人的，但彷彿他又是這世上最悠閒的人。他是最不浪費任何一秒的專家，同時保持著絕對的自在，甚至，能從每件事中得到最大的喜樂與欣悅。神奇的是，他怎麼辦到了每個人都覺得困難無比的事：能把每天一大堆要做的事情和精神目標融合在一起，又能保持全然輕鬆，沒有一絲的壓力或費力。

你會在這本書中或其他地方，讀到許多關於欽哲仁波切的龐大事蹟，但我逐漸了解到，或許他偉大的成就，越來越明顯地，就是他成為法教的化身。甚至比他的言語和他的教授更明顯地，是他的存在與他整個人，傳達了佛法的真諦。總之，一想到他，就說明了一切。偉大的上師可能擁有不凡的法教，但對欽哲仁波切來說，只要看著他、或想到他，整個傳承加持的迎請就都具足了。我常想起蓮師的生平故事，描述諸佛是如何匯聚、引領祂們的加持到阿彌陀佛身上，阿彌陀佛又如何放出他的加持直接到鄔底亞納（Uddiyana）地區與達納科夏湖（Lake Dhanakhosha），以蓮師的不平凡化身形相顯現。同樣地，我覺得諸佛的加持全都匯聚到頂果‧欽哲仁波切身上。

我也相信頂果‧欽哲仁波切的偉大上師蔣揚‧欽哲‧確吉‧羅卓對他的使命也有著非常特殊的見解。誠如你在這本自傳中會讀到的，在東藏康區宗薩寺的早年歲月裡，頂果‧欽哲仁波切經常親自從欽哲‧確吉‧羅卓處領受法教。我記得他非常高大、細瘦，在那些日子裡，他只是被稱為「祖古‧瑟嘎」或「祖古‧若瑟‧達哇」。不管怎樣，蔣揚‧欽哲‧確吉‧羅卓受到如此崇高地尊敬，幾乎少有別人能在他面前被稱做仁波切的。頂果‧欽哲仁波切早在十一歲時，便正式被雪謙‧嘉察認證為是蔣揚‧欽哲‧旺波的心意化身，這在後來也被蔣揚‧欽哲‧確吉‧羅卓所證實。當時，欽哲‧確吉‧羅卓被認為是偉大的欽哲、蔣揚‧欽哲‧旺波駐錫地的

法座持有者和其事業的化身。藉著證實頂果‧欽哲是蔣揚‧欽哲‧旺波的轉世，蔣揚‧欽哲‧確吉‧羅卓事實上是在表明他和頂果‧欽哲是毫無分別的。雖然他們倆都是同一位上師的化身，但那時頂果‧欽哲卻成為學生，而蔣揚‧欽哲‧確吉‧羅卓則是上師。即便如此，頂果‧欽哲仁波切還是給蔣揚‧欽哲‧確吉‧羅卓許多口傳。所以他們是互為師徒。也是蔣揚‧欽哲‧確吉‧羅卓極力要頂果‧欽哲取出他自己的伏藏，並授權他是位偉大的伏藏取藏師。他們彼此之間，有著非比尋常的深刻與溫暖情誼，如此深切到每當他們要分離時，蔣揚‧欽哲‧確吉‧羅卓都會掉眼淚。頂果‧欽哲在他的自傳裡寫著：「每當我去宗薩見喇嘛仁波切（指蔣揚‧欽哲）時，他待我如此之好，讓我覺得好像回到家一樣。」

有一次，頂果‧欽哲仁波切告訴我一個特別動人的故事，是關於他受邀與蔣揚‧欽哲‧確吉‧羅卓一起去野餐的故事。在西藏，每個人都會隨身帶著他們自己的碗，習慣上是從不會與別人共用的。那一次，頂果‧欽哲忘了帶他自己的碗去，所以蔣揚‧欽哲就把自己的碗給他用。這幾乎是意想不到的榮耀，因為他的地位是如此尊崇，沒人敢從他的碗裡拿東西吃。出自尊敬，頂果‧欽哲婉拒了。蔣揚‧欽哲又再拿給他，他又拒絕了。到最後，蔣揚‧欽哲有點火大，帶著嚴峻的語氣說道：「拿著！這又不髒！」當頂果‧欽哲仁波切說著這個故事，講到這句：「這又不髒！」時，他的眼裡充滿了淚水。這便是他的愛與虔誠心的深刻表現。

許多年過去了，有些人好奇為何蔣揚‧欽哲有那麼多偉大的弟子，卻獨鍾頂果‧欽哲，老是在傳法和口傳時把他帶在身邊。不久後，同一代的人開始見識到頂果‧欽哲的轉變，他變得不只像蔣揚‧欽哲‧確吉‧羅卓，甚至在性格上，也近似第一世的蔣揚‧欽哲‧旺波。他的臨在似乎變得更加恢弘。我記得很清楚，頂果‧欽哲仁波切在1960年代於錫金的安切寺（Enchey Monastery）給蔣揚‧欽哲‧確吉

‧羅卓的轉世宗薩‧欽哲仁波切和其他許多轉世喇嘛，傳授《大寶伏藏》灌頂時的情景。我在《西藏生死書》中寫下這段記事：

「許多上師待在首都甘托克後山的寺院裡，我和蔣揚‧欽哲的法侶康卓‧才玲‧秋准，以及他的侍者喇嘛‧秋登（Chokden）坐在一起。

那時我體會到，極為明顯地，一位上師是如何將他智慧心的加持傳給弟子的事實。有一天頂果‧欽哲仁波切給了一個有關虔誠心與我們上師蔣揚‧欽哲的教授，十分感人；字句從他口中以一種辯才無礙與純粹靈性詩詞的方式流洩而出。一再地，當我聽著頂果‧欽哲仁波切並看著他時，讓我想起了蔣揚‧欽哲最幽微的部分，想起他是如何說話與滔滔不絕，彷彿來自一股隱密無竭的源頭，而道出最崇高的法教。我帶著猜想，慢慢了解到，這是怎麼一回事：蔣揚‧欽哲智慧心的加持已經完全傳給了他的心子頂果‧欽哲仁波切，而現在，就在我們眾人面前，透過他毫不費力地講出來。

在教授結束時，我轉向康卓和秋登，見到淚水已流淌在他們的臉頰上。秋登素來是一個不多話的人。「我們知道頂果‧欽哲是位偉大的上師，」他說道：「我們也知道據說一位上師會將他智慧心的所有加持全傳給他的心子，但直到現在、直到今天、此時此刻，我們才了解到這真正的涵義。」

我確定蔣揚‧欽哲‧確吉‧羅卓知道他活不過1959年。他說有個授記表明欽哲的其中一位轉世將會長壽；我也相信他把他的所有加持都放到頂果‧欽哲仁波切身上，好讓他能夠延續欽哲傳承的願景與事業。這彷彿像是他們一起精心策劃好的，蔣揚‧欽哲‧確吉‧羅卓的事蹟在西藏，而頂果‧欽哲任務的最主要部分則在流亡後的印度與世界各地。當然，1959年西藏的淪亡，是個毀滅性的失落，但有欽

哲仁波切尚存，我們並沒有失去一切，因為在這個人身上，保有了所有西藏的佛教遺緒。他在保存西藏豐富的精神與文化遺產上，扮演了舉足輕重的角色。在西藏他已被認為是一位傑出的上師，蔣揚‧欽哲對每個人都提到他，但直到流亡印度與喜馬拉雅山區之後，他才真正地彰顯。這是他的時代。

雖然過去有很多偉大的證悟上師，但從沒有一個像頂果‧欽哲仁波切一樣，或像他的才能般，出現在「我們的」這個時代裡。最為特殊的，是他在西藏法教傳到西方並在這世界上弘傳開來的時刻，開展出其殊勝的示現。欽哲仁波切出類拔萃，跟達賴喇嘛、敦珠法王、和其他偉大上師，如佛法的火炬般，照亮了所有的藏傳佛教傳統，尤其是古老的寧瑪教派。他成為達賴喇嘛與現今在全球各地傳法之無數喇嘛的摯愛上師。何其幸運地，在西藏淪亡超過三十年後，我們能有像他這般的上師一直跟我們在一起，在印度、不丹、尼泊爾、喜馬拉雅山區、以及歐洲、東南亞和北美各地弘法。

欽哲仁波切是偉大上師的活生生例子，是我們今日的教誡與典範。他是一個參考座標，因為我們並沒有遇到釋迦牟尼佛或蓮師之類的諸佛，或蔣揚‧欽哲‧旺波之類的大師、或普巴金剛之類的本尊。因為欽哲仁波切是位證悟者，看到他就讓人終於能想像證悟者是什麼樣子。丘陽‧創巴仁波切曾說過：「假如釋迦牟尼在世的話，他看起來應該就像頂果‧欽哲仁波切一樣。」當你驚嘆往昔宛如傳奇般上師的成就時，你應能想見欽哲仁波切事實上就是如此。偉大成就者、聖人和他們成就的一切故事：全都活生生地俱現在此。見到他，就等於對蔣揚‧欽哲‧旺波和其他往日上師的模樣，有了一個真實、具體的概念。就這樣，你可以說欽哲仁波切具現了藏傳佛教的傳承，使其毫無疑問地成為真實的傳承。

在所有流亡的偉大上師當中，欽哲仁波切的不共福德，是讓無數的人們能真正認識他，並有了只見他一面、被他的仁慈與震懾光輝所觸動的不尋常體驗。有一

次他到了香港的機場，坐著輪椅從飛機上被迎接下來。數百人在機場裡等著他們的親戚和朋友到來。他們到處亂竄、交談著，所以還蠻喧鬧的。但當海關的自動門開啟，欽哲仁波切出現在入境大廳的那一刻時，每個人都馬上肅然起敬，雖然他們並不知道他是誰。他們全都靜默地站在那裡，懷著敬畏之心。他自有一股充滿魅力的威儀與懾服力。

欽哲仁波切不僅能啟發我們的虔誠心，他對他的上師以及所有不同傳承的上師，包括達賴喇嘛、十六世大寶法王、和當前的其他偉大上師在內，也都具備了不動搖的虔誠心。他是利美上師不折不扣的範例，承續了不分派的傳承與蔣揚·欽哲·旺波與蔣貢·康楚的事業。幸虧欽哲仁波切持續傳遞法教——口傳、灌頂、與教授——他就是護持藏傳佛教所有傳承的機制。單是他所尋覓與持有的口傳數量，讓他彷彿是一個滿溢法教的瓶器。他不僅持有這些口傳的傳承，他也振興它們，例如撰寫儀軌、灌頂法、釋論、並為不完整的伏藏法補寫法本，一如蔣揚·欽哲·旺波與蔣貢·康楚所做。拜頂果·欽哲仁波切之賜，這些傳承才能繁榮至今，存續著、沒有斷絕。也多虧他的加持，年輕一代的轉世喇嘛，才能成熟為今日英明的上師。

每當我一談到或想到他時，就充滿了感激、驚嘆與虔誠之情——感激有像他這樣的人來到世上，示現我們他是怎麼做的；驚嘆我們是如斯幸運地能認識他；虔誠是因為只要一想到他，就等於在修上師瑜伽，只要一凝視照片裡的他，就是在喚醒心性之見。對我來說，再也沒有一個人，能像欽哲仁波切一樣，就只是做他自己，並將大圓滿的見表達地如此清晰。透過他的臨在，傳達了大圓滿的精髓、內裡和實相。在他晚年裡，毋須有太多的教授，因為隨著時日俱增，他自身就逐漸成為心性直指與教法的核心。我的一位弟子、一位中年婦女，告訴我一件在1987年間發生的事，那時欽哲仁波切正要來我位於倫敦的中心傳法。她到希斯洛機場（Heathrow Airport）最繁忙的航廈去為他送行，當他坐在那兒等輪椅來時，

她注意到他的鞋帶鬆了，不假思索地，她就彎下腰去幫他綁鞋帶。當她一碰到他的腳時，她的所有俗念和心念突然都靜止了。對她來說，那就是一種最密的心性直指。就像她所發現的，欽哲仁波切的整個人傳達了大圓滿，毋須任何言詞。本淨、純一、任運：他俱現了一切。

在我生命的這個時節，在我的所有上師當中，當我一憶起大圓滿的見，或是在修上師瑜伽時，頂果·欽哲仁波切最是讓我印象清晰的。他的確就是「見即解脫、聽即解脫、憶即解脫」。在某一刻、在某個靈光乍閃時，他的存在就是如此直接與究竟連結，卻又是活脫脫的一個人。事實上，他最讓人動容的，就是他的人性化：似乎就在一個人身上，見到了佛和完美人類的共存。欽哲仁波切就是大圓滿，徹底自然、不造作──就是大圓滿本身。但在這同時，他從不是遙不可及的。見到他所體現的純粹圓滿，又太自知自己的有限，是會讓人氣餒的。但跟欽哲仁波切相處，即便我們知道自己還有很長的一段路要走，但多少因為他的恩慈與加持，讓我們注滿了希望與啟發，彷彿他在我們身上植入了他的一小部分，激勵我們鼓起更大的熱忱朝向我們想要努力實現的目標前去。

就某方面來說，我覺得假如你真的了解佛法、金剛乘的教授和大圓滿或大手印，只要一想起欽哲仁波切，就等於是一種修行了。他就是大圓滿，因為在他身上具足、圓滿了一切。如同欽哲仁波切曾說過的：「佛出於偉大的善巧與慈悲，用譬喻教導了各種不同面向的見。他以天空為例，教導了見的空相；以太陽和月亮為例，教導了明相；並以太陽光和月光為例，教導了輪迴與涅槃的遍在相。」就像佛只能用譬喻來描述究竟真理般，我們也只能把他比喻成天空、日、月、或海、山，用以描繪欽哲仁波切甚深的純一與智慧。你可以說上一整個世紀，仍無法揣量他的功德或將之道盡，因為那些是世間語彙所無法言喻的。

單單欽哲仁波切在場，就會轉化你的心，大到你的整個意識與對環境的體驗都會隨之改變。事情和事件顯得截然不同；甚至連因緣都會開始起變化。在他身旁，每件事都變得如天境般，幾乎像是在天堂一樣。不管欽哲仁波切到哪，那兒就變得如蓮師淨土中的蓮花光宮殿吉祥銅色山一般。

當我們一想到頂果‧欽哲仁波切、他的成就、和他的一生時，就在那一刻裡，會將證悟之心的廣袤，帶入我們窄小的內心當中。不幸地，問題是我們沒辦法一直都憶念著上師。怙主敦珠法王記得他的上師常說：「像我這樣的老人——除了上師之外，沒啥好想的；除了向上師祈請之外，沒啥好說的；除了無修之外，沒啥好保有的——看來我一直都是這樣，現在我就是：沒有目的、自由自在、廣大而鬆坦。」但是，我們沒辦法一直保有虔誠心，這就是我們染污的徵兆。但只要當我們被啟發時，就會使我們日常的看待與感知方式破裂。當我們一想到頂果‧欽哲仁波切，他在我們身上喚起的感覺，就會斬斷世俗之心，揭顯我們最深密的心性、一切事物的究竟本性。就像在上師瑜伽法中所說的：「了知你自心的本性，你本俱的本覺，就是究竟的上師。」想起上師，你就被帶入不同的空間裡——你自心的本性、你的佛性。正因向你揭顯佛性的上師，締造了這樣的因緣，你自然會覺得無比的感激。這就是為何每當你向頂果‧欽哲仁波切提起了雪謙‧嘉察或蔣揚‧欽哲‧確吉‧羅卓的名諱時，他的眼睛裡就會盈滿感激與虔誠的淚水。

上師瑜伽的核心，就是要將你的心與上師的智慧心融合在一起。但要怎樣才能真正將你的心與上師的智慧心融合在一起？烏金‧托傑仁波切以其獨特的方式，問過許多喇嘛這個問題，發現每個人都有不同的答案。有一天他問欽哲仁波切：「要如何將自心與上師的智慧心融合在一起？」欽哲仁波切回答說：「就像這樣，每當在某種情境或其他情境下——可能是透過祈願或虔誠心——生起了憶念上師的念頭，深深打動了你的心，深切到讓你覺得與他片刻都不可分離。在這個念

頭生起的同時，假如你任此念頭停留在那兒，並直接安住在其本性（即心性）當中，不讓任何他念打斷或干擾你，那麼你的心就『已經』和你上師的智慧心融合在一起了。沒有必要做特別的努力來強化它，因為那只是徒增造作而已。就安住在那個境界中，沒有任何做作，僅是認出上師心與你的心是一體的，這就是『將你的心與上師的智慧心融合在一起』」。

在我請求頂果・欽哲仁波切寫下的一個上師瑜伽法中，他寫到：

「成就最勝淨觀者

　即虔誠心，此乃本覺之光……

　認出且憶念吾之本覺即上師——

　藉此，願汝心與我心融合為一。」

當虔誠心生起時，你的所有俗念和煩惱都止息了，處於你赤裸的最密心性中。假如你憶起上師，或甚至只是聽到他的名字，那種感覺充滿了你的內心，「你」的日常存在消融了，進入了「他」的存在當中。所以僅是憶念上師就是和上師合而為一，換句話說，就是和一切諸佛合而為一。你浸潤在他的加持中，被轉化了，因此你幾乎可以開始感受到他就在你身上。那一刻就是當你的淨觀已經攻克了你的內心，那就是你已建立信心與信任的時候。

我覺得我們能夠臻至超越的唯一方法，就是像這樣透過虔誠心來提昇自我，好讓我們能夠領受到上師的加持。事實上，金剛乘之所以被稱為直道或速道，有時我覺得這就是其真正的意旨所在。欽哲仁波切說：「虔誠心是修道的精髓，假如我們心中所想的唯有上師無它，感覺的唯有熾熱的虔誠心無它，出現的任何事情都視

為是他的加持。當所有的念頭都浸透著對上師的虔誠心時，就會有一種自然的信心，認為這個虔誠心能處理任何所發生的事。一切的形相都是上師；一切的音聲都是祈請；一切粗重或微細念頭的生起，都是虔誠心。凡事都任運地解脫在究竟心性當中，就像結打在空中一樣。」

欽哲仁波切的荼毘大典於1992年的十一月在不丹舉行，那是個極度感人的場合，他的所有弟子都聚集在那兒。當火葬用的薪柴終於點燃時，我在那一瞬間，被一種突如其來的巨大失落感所吞噬，他離開了。我的心往下沈。但在下一刻，在我心中昭然若揭的是欽哲仁波切並沒有、也從不曾，和我們分離過。敦珠法王的話回到了我的腦海中：「既然當下的清淨明覺是真正的佛，在廣大與知足之中，我們發現上師就在我們的心裡。當我們了悟到這個無盡的本心就是上師的本性，毋須執著和攀緣祈請文或人為的抱怨。僅是放鬆在不造做的明覺中，在自在、廣大、自然的境界中，我們就得到了任何生起者皆無目的而自解脫的加持。」我了悟到，比以往更形辛酸與確信，我們的上師是和我們活在一起的，任何的顯現都是他的加持。雖然他外在的形體已經融入了實相的本性中，他的智慧尊卻活在他傳授給我們的法教裡。因此一切操之在我們，假如我們能憶念欽哲仁波切，假如我們能記取並修持他的法教，他從未和我們分開或分離過，一刻都不曾。當這個念頭一閃過我心中時，我的悲傷就被一種加持感和信心所充滿。

在過去，當某位偉大的上師圓寂時，有時會這樣，他未來事業的延續會無以為繼。但是，慶幸地是，欽哲仁波切透過他的加持和先見之明，建立起這種延續。在此，我覺得要感謝欽哲仁波切的孫子雪謙．冉江仁波切，他是延續其願景和其佛行事業傳承的鮮活連結。欽哲仁波切備極呵護與關愛地將他帶大，冉江仁波切以他和這位偉大上師的深厚虔誠心與獨一無二的親近，長成承接了整個傳承並延續其事業。藉由他，欽哲仁波切的願望得以在現時全部實現。這麼多令人振奮的事，也

見到他如何用愛、虔誠與尊敬，來養育欽哲仁波切的轉世欽哲・揚希仁波切。這一切，看起來好似冉江仁波切從未有過欽哲仁波切離去的那種感覺，而且當他看著轉世時，就彷彿他親見欽哲仁波切本人一樣，顯出同樣的喜悅和愉快之情。

欽哲仁波切的親近弟子都覺得，也知道揚希仁波切「就是」他們摯愛的上師，當他們在他身旁而且他不是在眾目睽睽之下，揚希仁波切就會讓他的功德以一種顯著的方式呈現。他在外觀上，也不可思議地酷似欽哲仁波切。並非所有的轉世，都會與他們的前世顯出這麼清楚、緊密的相連。我希望也祈求揚希仁波切持續他的佛行事業，沒有任何的障礙，能在欽哲仁波切的生命與欽哲傳承中，開展出嶄新的一頁，服侍佛法、並為各處眾生帶來現世的快樂與究竟的喜樂。

頂果・欽哲仁波切加持了許多非凡的弟子，他們全都承襲了他智慧心的精神，並為發揚光大他的事業而一心奉獻。我想，諸如不丹王太后陛下的不動搖虔誠心，馬修・李卡德和他的現世成就等。容我為所有欽哲仁波切的弟子獻上衷心的祈請，願他們能延續他的傳承與佛行願景。

我們全都欠比丘尼金巴・帕嫫一個人情，她是欽哲仁波切和許多偉大上師的虔誠弟子，她編纂了他的生平故事。許多人見過頂果・欽哲仁波切，因此也有無數關於他的美妙見證。他的每個弟子，像是他的心子怙主楚璽仁波切、宗薩・欽哲仁波切、冉江仁波切、貝瑪・旺賈仁波切，都有他們自己關於仁波切的豐富、私人故事可說，每個人都可說上一整本的傳記。因此應該有數百本的欽哲仁波切傳，在那些認識他的人心目中，有著他的諸多化身。

每個見過他的人，都有強大的體驗，只要見過他一次，即便只是片刻，我相信，都足以在你身上播下解脫的種子，沒有任何東西可將之摧毀，終有一天會開花結果。如果你有這麼大的好運，請確信要記得這個經驗，珍藏之，將之牢記在心，

因為那就是欽哲仁波切在你身上。這的記憶本身就是他的加持。一如他所說的：

> 毋遺忘上師，恆時祈請之。
>
> 毋任心散逸；注視己心性。
>
> 毋忘卻死亡；堅持在法中。
>
> 毋忘記眾生；以悲心迴向汝之功德。

即使對那些從未見過欽哲仁波切的人來說，我也注意到當我們談到他的生平時，會帶給這些人一種他的在場感，他們也能夠感受到一種真正的加持。因為當你談起上師，並憶念他時，傳承的力量、加持與悲心，全都灌注而下。所以我建議你閱讀這本欽哲仁波切生平的不平凡紀錄《明月》，以及達賴喇嘛、宗薩‧欽哲仁波切、冉江仁波切的話語，甚至是我在此處所分享的一些想法，讓你所讀到的東西，將欽哲仁波切帶入你的心靈與內心之中。想像著你正在和他會面，因為如同佛所說的：「對那些以信心念及佛者，佛就在他們的面前，會給予他們力量和加持。」在你的心中充滿他的臨在，讓他的加持遍佈你的內心。

2007年五月誌於法國列若林

雪謙 · 冉江仁波切引言

　　我對欽哲仁波切的第一個印象，是他是一位極好的慈愛祖父。事實上，他彷彿集我真正的父親與母親於一身。當我逐漸長大，我的感知慢慢轉變成深厚的尊敬與信心，最後變成不變的信念。於是欽哲仁波切變成我精神的上師。當我開始學習經典，發現到他具有經書上所描述一位具德與證悟上師的所有功德。在他圓寂後，他臨在的力量，非但沒有消失，反而增強到無所不在。現今我才了解到我是何其幸運能遇到像他這樣的人，在我一生中有二十年的時間陪在他身旁，從五歲起我就跟他一起生活，直到他過世為止，那時我二十五歲。

　　在那段期間裡，每當他傳法或到任何地方去旅行，我都很幸運地能隨侍在旁。我想欽哲仁波切是一位圓滿精神上師的最佳典範。他實則為上師的上師，二十世紀大多數的西藏上師都從他那兒接受過法教。

　　他的一生全奉獻在利他上。假如你看到他所印製的大量書籍目錄，可能會有他將一生都花在印經上的印象；假如你想到他所著述的二十五函著作，是上世紀西藏上師全集數量最多的一位，可能會以為他沒做別的，全是在著述；就修行而言，因為他閉了超過二十年的關，似乎他的大部分時間都用在精神修持而別無他顧；至於所接受的法教，他有五十位以上的上師，接受了藏傳佛教全部各教派的法；而他所傳授的法教，也包括了藏傳佛教各傳承中所有諸大典籍的大法，像是《教訣藏》與《大寶伏藏》等。

　　當西藏淪陷，所有傳承法教都行將消失時，頂果 · 欽哲仁波切透過任何可能時機的傳法，盡全力保存了這些法教。依照其弟子的需求，有時他會在大型傳法期間的休息時段，給予六、七種不同的小型法教。他在不丹、尼泊爾、和印度各地，直接或間接建立了許多寺院和佛塔，他的一生都花在佛法的維續上。今日，大

部分的年輕喇嘛都直接或間接與欽哲仁波切有關,因為他們若非從他那兒受法,就是因為他所印製的經書。他不只關心寧瑪派;也為其他教派如噶舉、薩迦、格魯和覺囊等擔憂;他就猶如藏傳佛教法教的命脈一般。

欽哲仁波切自身從未直呼過其上師的名諱,總是稱他們為「噶真千」,意指「仁慈者」。當我問他為何如此時,他說因為他們是如此仁慈,所以他不想稱呼他們的名字,他們就像是真正的人身佛。唯有在傳法時,他才會提及上師們的名字。

在我與欽哲仁波切相處的二十年間,我從未見過他十分沮喪或極為興奮;他的心情一直都是平靜如常的。我們第二次返藏,在1988年,仁波切想去雪謙・嘉察的關房,所以我們就帶他到那兒去。他想要睡在關房的廢墟當中,所以我們就在那兒搭起帳棚。那時他才開始講述一點嘉察仁波切的事蹟,並掉下淚來;那是二十年裡我第一次見他哭泣。另一次是當欽哲仁波切在尼泊爾傳授時輪金剛灌頂時,當憶起他的上師蔣揚・欽哲・確吉・羅卓時,他也哭了。見他哭過的這兩回,著實深刻地觸動了我的內心深處。

就在仁波切圓寂前不久摔倒了,他的膝蓋上有個血塊要拿掉,醫生說因為他的年紀與心臟的緣故,不能給他施打麻醉劑。我陪著欽哲仁波切進手術室;他握住我的手說:「動手吧;把它切除。」所以他們開始動手術、取出血塊而沒用麻醉劑,把膝蓋劃開了約三、四英吋寬。我很驚訝仁波切的臉上沒有任何痛苦的表情;他還是一貫微笑著。仁波切實在非常勇敢,這麼痛也沒有喊叫,只有在談到他上師時才會掉下淚來,但在手術刀下他卻悶不吭聲;一講到他的上師,仁波切沒辦法說出他們的名字,因為他視他們為真正的佛。我們又豈能用凡夫之心來了解他外、內、密的功德呢?關於他,我們所能說的,只有和他外相相關的部分;我們無法得知他證悟與內在功德的深度,因為那是我們所無法思議的。

　　無論欽哲仁波切坐在哪，他的外觀總是那麼龐大。有一次在尼泊爾他坐在他的房內，有位母親帶著小孩來見他。當母親在行跪拜禮時，這個小孩看著欽哲仁波切說道：「媽咪，媽咪，看，好大的巨人啊！」母親非常尷尬，試著讓他安靜下來，但小孩繼續叫著：「好大的巨人啊！」每當你坐靠近他時，總會感受到他的加持是如斯強大，讓你直想要融入他身上。

　　每當欽哲仁波切傳法時，他的語句從不會有任何多餘的贅字或複述；彷彿他是在朗讀一本書似的。我發現有一項特殊的功德，就是你不用成為一位寧瑪派的信徒就能是他的弟子，不像其他大多數的上師，要成為他們的弟子，得先要被納入他們那個教派才行。

　　有一次我跟欽哲仁波切、阿貢祖古（Akong Tulku）坐車在蘇格蘭旅行。阿貢祖古在問著一堆問題，當他問到：「當今你的學生中，誰是最好的？」仁波切說：「星札祖古（Sengtrak Tulku）是我的好學生之一，是位好修行者。」在欽哲仁波切圓寂後，即便經過這麼多年，我所遇到的許多人，都仍保有他們自己關於欽哲仁波切的故事；他讓他們覺得他們是最為特殊的那一個。實在沒辦法將所有這些神奇的故事蒐集起來，全擺進這本書中。

　　欽哲仁波切總是極強調要將心與佛法融合在一起，以及將修行與日常生活合一的重要性。他常說：「並不是在萬事順遂時，來判斷一位真正的修行者；而是當逆境現起時，你才能清楚看到某人修行的缺失。」他著重在禪修時，要將自心與佛法融合；並將禪修的功德，帶入日常的一切行為當中。他鼓勵我們要不斷檢視自己，是否變成更好的人。我們是否逐漸遠離煩惱？是否安享內心的自在與遠離煩惱的自在？

他強調在經年累月的修行之後，要評估自己的進步，端視能否獲得內在的祥和並變得越來越不重視外在的環境。內心的自在與甚深的快樂，代表了佛法修行的成果。這只有在煩惱與妄念消失後才會出現。他力陳假如我們的五毒還停留在熾盛的階段、不斷折磨我們、讓我們一直自尋煩惱的話，就是誤失修行的重點。

　　這本傳記沒有絲毫誇大其辭，試著傳達欽哲仁波切的樣子、他的一生是如何度過的、以及他每日事業的樣貌，好讓他的生平能啟發他人。在今日，具德上師是如此稀少，當人們讀到欽哲仁波切的生平時，或許能發現一位偉大上師的功德是怎樣的，這或許能幫助他們找到一位真正的具德上師。

　　雖然我們再也不能見到欽哲仁波切了，但當我們讀到他的法教與著作時，當能體會到他智慧與慈悲的深切。即便那些尚未獲得證悟的人，依然能夠獲得、散發出一種內在的美好，這就是一位好修行者的徵兆。一位不重修行的修行者，可能神經緊張且難以相處。這類的修行者，會有許多無法解決的妄念與問題。相反地，一位修行紮實的修行者，自然會心胸益發開放並體驗到內在的自在。透過欽哲仁波切發人深省的例子，我們可以掌握到以喜樂、精進、慈悲、信心與充滿熱忱，踏上菩薩修行之道的機會。

2007年五月誌於不丹，帕羅・薩參・秋登

英 譯 序

在頂果・欽哲仁波切圓寂後幾年，約是在1993年，當他的全集正準備付梓時，雪謙・冉江仁波切要我翻譯欽哲仁波切的自傳。欽哲仁波切在他七十多歲時寫下了這本自傳，書中只寫到1950年代中期他行將自康區前往前藏的那段期間。因為這本生平故事尚未完成，其後的歲月在冉江仁波切的請託下，我開始蒐集並翻譯那些與欽哲仁波切親近者，如他的妻子、親戚、侍者、親近弟子等人的訪談，以完成他的生平。我也翻譯了一些口傳故事的錄音帶，是欽哲仁波切告訴宗薩・欽哲和其他親近弟子的錄音。直到2004年，我在出版了《毘盧遮納傳》（The Life of Vairotsana）的譯本之後，才終於起手翻譯實際的書稿。

書稿中的大多數篇幅，是關於欽哲仁波切研讀、領受、教授的各種法教，以及對他師從之諸多上師的描述。對不熟悉這些上師與法教的讀者來說，要將這些全數消化，可能是項嚴峻的考驗。因此冉江仁波切容許我將欽哲仁波切的口傳故事參雜入書稿中，使一般讀者更易趨入。雖然欽哲仁波切的文稿未有任何的刪減，我們還是將它加入了他的口述記事，讓其更為豐富與平易近人。

在此自傳中，欽哲仁波切經常稱他的許多上師為「蔣貢」，意指「仁慈的怙主」。他也用不同的名號，來稱呼同一位上師，例如有時稱宗薩・欽哲・確吉・羅卓為達瑪瑪帝（Dharmamati）、有時稱他為喇嘛仁波切（Lama Rinpoche）、有時稱他為貝瑪・耶謝・多傑（Pema Yeshe Dorje）等等；而堪布賢嘎和其他的堪布則常被稱做堪仁波切。為了避免讀者的混淆，我試著用同一稱號來稱呼每位上師，當有時某位上師接連出現五種不同的名稱時，我就將其簡化為兩、三種，把其他名稱放在註解當中。我也常省略「仁波切」的尊稱，即「珍寶」之意，以便讓這些已然冗長的上師之名更形簡短些，雖然有些讀者可能會覺得這麼做似乎有失恭敬。

　　我們也決定將此書分成兩大部分。在第一部份，是欽哲仁波切的自述，包括了書寫與口述；在第二部分，則是其妻子、孫子等人的憶往。有許多位親近弟子與侍者的回憶，但無法將它們一一收錄在這本書中，所以我就試著挑出那些與欽哲仁波切生平事蹟最有關連、最具文獻性的訪談。有好幾次我請求其親近弟子暨法友的楚璽仁波切，講述一些他和欽哲仁波切相處的故事，但他要我翻譯他為欽哲仁波切《全集》所寫索引的開頭傳記即可。楚璽仁波切所寫傳記的絕大部分，占一百頁索引的近乎一半篇幅，是以優美詩詞所寫就的對欽哲仁波切的累世讚頌，非常難翻譯成詩體的英文；而其餘相關的事蹟，又和欽哲仁波切自身的記述相同。因為無法將這兩本傳記匯成一體，我只好從那本傳記中選出一些軼事，伴隨欽哲仁波切打算在尼泊爾建立一座寺院的計畫；在那一章中，把和由已故阿尼雅旺‧秋准（Ngawang Chödrön）在她八十多歲時所譯出的欽哲仁波切興建尼泊爾雪謙寺的記述，融匯在一起。烏金‧托傑仁波切在法國香特鹿（Chanteloube）講述所錄下的某些故事，係由艾瑞克‧貝瑪‧昆桑（Erik Pema Kunzang）英譯。在我的譯文中，則試著忠實譯出欽哲仁波切的確實話語，假如讀者覺得某些描述很奇怪，或注意到在某些地方邏輯不通，那是因為我盡可能保留了他的原句，而沒有自作主張、如擅自挪動一些相關資料的緣故，雖然那讀起來可能會比較合乎邏輯些。

　　由達賴喇嘛、宗薩‧欽哲仁波切、索甲仁波切、和雪謙‧冉江仁波切等人所寫的引言，已然詳盡闡述了欽哲仁波切的功德，故在此也毋須多言。在完成了自傳書稿與融合仁波切口述記事的翻譯之後，這個夏天我花了近六星期的時間，待在不丹與冉江仁波切詳加校閱，他做了某些重要的改變和增添。欽哲仁波切的長期侍者與譯者馬修‧李卡德，也檢視了整份草稿，並在口述故事的部分，做了一些有用的增補。今年在本塘（Bumthang，譯注：地圖上稱布姆唐）舉行的年度竹千法會期間，王太后珂桑‧秋准陛下也檢視了由她親筆、她的秘書洛本‧涅企（Loppön

Nyabchi）、和洛本・貝瑪拉（Loppön Pemala）所寫的欽哲仁波切在不丹佛行事業的記述，並做了一些有價值的更動。

至於我個人與欽哲仁波切相處的經驗；我是在1973年間遇到他的，當時他正在北印度的比爾，為已故的涅瓊・秋林仁波切舉行葬禮法會。從那時起，直到他在1991年過世為止，我很幸運地能長時間與他在一起。從七〇年代中期到1981年，我也在不同時期擔任他的翻譯。就這樣變得相當熟悉他的口音，這或許是冉江仁波切，我在他六歲時便認識他了，要我翻譯這本自傳的緣故。當翻譯著書稿和各個故事，遍覽了他一生的所有細節後，我對欽哲仁波切的真正樣貌與其佛行事業的層次，有了更為透徹的了解，所以對我來說這真是受益匪淺。當欽哲仁波切在世時，雖然我不能說自己對他的感覺，是真正的虔誠心，但至少我是無法離開他的，就像一根針被磁鐵吸住般。冉江仁波切慨允讓我著手進行這項工作，使我對欽哲仁波切的虔誠心自然增長；彷彿是持續沐浴在他的加持之中。

願老練的讀者，能多多包涵譯者對難免貽誤所願意擔負的全責。我也祈願任何值遇這本傳記的讀者，能對這麼偉大的人物生起信心，並被啟發而願意追隨這般的生活。我向諸佛、傳承上師、以及護法祈請，請原諒我在照實翻譯時的力有未逮，以及任何增刪上的錯誤，和籌備這本書時所犯下對祕密法教的不當揭露。願以此書之功德，讓佛法教言普及十方，願傳承持有者壽命久遠穩固，願所有眾生、包括所有與這本書接觸者，普獲快樂與證悟。

致謝

首先，我要感謝雪謙・冉江仁波切應允我從事這項工作，並寫了引言、回憶許多故事、並和我一起校訂了整部文稿。其次，我要感謝慷慨花時間告訴我他們

充滿激勵故事的所有人,如已故的康卓‧拉嫫(Khandro Lhamo)、天噶仁波切(Tenga Rinpoche)、不丹王太后珂桑‧秋准、烏金‧托傑仁波切、企凱‧秋林仁波切(Tsikey Choling Rinpoche)、堪布貝瑪‧謝拉(Khenp Pema Sherab)、貝雅祖古(Pewar Tulku)等許多人。我也要對無與倫比的十四世達賴喇嘛天津‧嘉措,為其寫下充滿啟發的引言,表達由衷的感激之情;並向殊勝的轉世宗薩‧欽哲與索甲仁波切,感謝他們卓越的引言,以如此甚深的方式表達出頂果‧欽哲仁波切某些奇妙的功德。我特別要感謝堪布耶謝‧嘉稱(Yeshe Gyaltsen),在2006年夏天於不丹,陪我我訂正了整部文稿的翻譯,並感謝所有其他喇嘛,如羌林祖古(Changling Tulku)、吉美‧欽哲仁波切(Jigmey Khyentse Rinpoche)、竹古‧秋賈仁波切(Drugu Chögyal Rinpoche)、堪布貝瑪‧謝拉、以及堪布久美‧楚欽(Gyurmey Tsultrim)等人,幫忙釐清了許多段落。尤其感激編輯邁可‧圖德(Michael Tweed),他將整部文稿讀過數遍,讓這本書以合適的英文呈現。我也非常感謝譯者馬修‧李卡德,讓我使用他的一些優越照片、並校閱文稿、還幫回憶錄部分做了有價值的增補。我也要感謝大譯者艾瑞克‧貝瑪‧昆桑,翻譯了一些烏金‧托傑所述的故事;並感謝已故的阿尼雅旺‧秋准翻譯與建尼泊爾雪謙寺的部分;也謝謝薇薇安‧科茲幫忙簽訂版權約。

中 譯 序

　　這本書的翻譯，是一個如此悲欣交集、難以言喻的經驗。在從事英文佛書翻譯的這些年裡，我從未有過這麼艱鉅的挑戰與這麼龐大的壓力，卻又同時充滿著這麼多的觸動、低迴與懷想的。我想，若沒有頂果・欽哲仁波切的加持，這本書是不可能在迎接頂果・揚希仁波切蒞台前夕，如期完成的。

　　首先，我必須先誠摯地向讀者道聲抱歉，因為整本書從版權洽談底定，到全書四百多頁翻譯完成，只有短短四個多月的時間，中間還加上了一篇南開・寧波仁波切（僅見於中文版）的訪談稿。書中的諸多名相與法教名稱，不僅難以尋覓到中文對應的專有名詞，也因為時間的侷限，在校勘上無法達到盡善盡美的程度，但我們已盡可能將中譯與英、藏版本仔細對校過，查證且釐清有疑義之處，並試著依名相出現的先後順序，將中、英、藏文的對照詞彙羅列於後，希望有助於讀者對這麼多的法教，建立一初步的認識，並寥備於此充當參考；書中的詩偈，皆以詩體迻譯，冀能保留原文的詩偈韻味與精煉風格，並有別於散文的記述。在一些通稱的名相上，如喇嘛、祖古等，乃至重要的法教名稱，因顧及藏文含意在轉譯後可能的流失，故採音譯的方式呈現；另外，在書中出現的仁波切、祖古、秋楚、堪布、洛本等稱號，與宗、林、炯等寺院的專屬用語，並無分隔號標示；若屬於人名、地名時，則以分隔黑點標出，以利辨別。在未來，期望中文世界有關藏傳佛教的專業翻譯，能日趨完備。更希望有更多人發心出力，使這些法教與重要傳記、著述能直接由藏文翻譯成中文，使藏傳佛教的精髓在華人世界的弘傳，更趨精準、信達與普及，而毋須倚賴英文的間接傳導。

　　同時，我也真心地要向讀者道聲恭喜，慶幸在這個時代裡，我們還能有機會閱讀到這樣真實、深刻又平易的自傳與訪談，彷彿頂果・欽哲仁波切就坐在我們面

前,微笑著娓娓道來他的這一生,而他的弟子們對他的回憶,以及那些師徒之間真摯的情誼,往往穿透了紙頁與時空,直接由文字中活靈活現地躍現出來,每每令我不能自已。不管如何不可思議、難以道盡,這些況味,也只能由您自己親身來體會了。

李白在遊黃鶴樓時,曾不由興嘆:「眼前有景道不得,崔顥提詩在上頭。」有這麼多上師款款道出他們與頂果・欽哲仁波切的諸般際會,根本毋須在此多做任何的贅語。但感念諸佛上師的恩德,深覺佛法的闊遠、奧妙與美好,我勉力完成此書的翻譯,也特別感謝吉美・欽哲仁波切在百忙之中,撥冗釐清一些名相;也感謝南開・寧波仁波切在台弘法期間,接受兩次長達數小時的專訪,縱使誤餐許久,仍興致昂揚、不減絲毫的溫煦與耐心;同時感謝堪布彭措・多杰協助藏文的對校、紹茵的事務幫忙,索南・倫珠先生的藏漢口譯,以及若干不願具名的法友鼎力協助查校,還有我家人對諸多午夜、凌晨清擾的包容。

最後,希望中文世界的讀者,皆能進入仁波切無垠的廣袤時空中,得到啟發、照拂、勸慰、與鼓舞,在憶念其德行與法教之餘,於自利、利他的成佛之路上,永不覺孤單且盈滿喜樂!早日速證圓滿佛果!

2010年八月譯者謹誌於台北

自傳

1. 早年

引偈

悲智之手解輪涅倒懸；
百尊怙主，諸佛眾中尊；
殊勝上師，皈依海妙首；
願吾熱誠之海常侍汝。

僅置汝名之花吾心苑，
芳香、饒富利樂袪苦惱：
殊勝三寶、妙冠、百信冕，
恆使吾享圓滿解脫蜜！

於吾業力煩惱堅石上，
功德猶如屛弱匍匐者：
充滿愧心吾將付紙墨
盡是誇飾虛矯之生平。

　　法教持有者且證得聖者果位的偉人，能夠以其行儀引領具信的弟子們邁向解脫。他們直接或間接地透過如海般的身、語、意妙行來指點迷津，備極風雅。但就我來說，過錯的糞堆讓須彌山相形見絀；即便能冒出功德相的丁點小芽，也沒辦法存活而萎黃，現下也已奄奄一息了。持續以不配的供養藏污納垢，用業力、煩惱的惡臭染污風息，明知已過卻絲毫不加隱諱，除了難堪之外，我一點都沒有想要寫下傳記的意願。

在當前這個末法時期，珍貴佛法的殊勝教證[3]，黯淡無光，大多數如日般真正博學者與成就者已然西沈。當完美法教和修行的歡慶日漸頹喪，對西藏不合理的外來統治，使西藏人最為輝煌與美好的部分，如灑豆於鼓般，散落於無人見識到佛教價值的異域國度，連我自己也尾隨其後。拜壇城無上怙主的仁慈之賜，我似乎並不欠缺博聞的寶藏，但因為沒將聞、思擺在心上，壞性情的野壞依舊僵硬如昔。

未曾嚐過金剛上師十德[4]的一絲況味，卻模仿佛法的我，成為一位徒具其表的上師，頂著猶如勝幢尖頂的欽哲轉世名號。由於這個莊嚴的頭銜，心想對任何現身請求甘露般成熟與解脫之禮物者，振鳴法鼓或許會有所利益之，便隨時隨地都這麼做。

如此一來，我被依名、義奉行法教的人士與熟知上師德行的信眾們，視為具德上師。出自真誠的信心和禮敬，他們請我寫下生平故事，當他們一再敦請時，我憶起了上師曾說過的話。之前，在多次特地請求遍知文殊・確吉・羅卓[5]寫下其生平故事後，他親自用韻文寫好後告訴我說：「假如你也能寫下你的傳記，將會功不唐捐。蔣貢・欽哲・旺波曾經對他的學生，博學的金剛持多傑・若滇（Dorje Rabten）說道：『你要同時請求蔣貢・康楚仁波切和大菩薩巴楚仁波切各寫下他們的傳記，這非常重要，稍後，我也會寫下我的。你必須促請他們寫下傳記，因為這意義深長且非常吉祥。』於是蔣貢・康楚寫下了他的自傳，但巴楚在被請求時並沒

---

3 教證，藏文lung rtogs，透過戒、定、慧三學，獲得聖者心中珍貴佛法的信實經教與證悟。

4 金剛上師十德，是：一、獲得密咒乘的灌頂並妥善持守三昧耶；二、極為祥和且傳授基、道、果；三、研習密續並了解其義理；四、完成了持誦的修行；五、圓滿了外、內、密的徵兆；六、以證得無我的智慧而解脫自身；七、以無盡的事業廣泛利他；八、捨棄世間八風，只關心佛法；九、強烈厭離輪迴之苦，且鼓勵他人如是；十、得到具德傳承上師的加持。

5 文殊・確吉・羅卓，為蔣揚・欽哲・旺波的五位轉世之一，住錫於宗薩寺，他的別名是貝瑪・耶謝・多傑和達瑪瑪帝、即梵文的「確吉・羅卓」。

有應允，所以欽哲‧旺波也就沒有寫下長軌的自傳。」當憶起這些零拾偶談時，我想到舉世的佛法導師、世間眼的古納‧薩姆札（Guna Samudra）[6]曾寫道：

「已臻無誤暇滿人身助，自然得獲四輪[7]之善緣，

精勤具戒之聞、思、修果報，即是成就捨誦三輪之徵兆。」

一直被尊貴上師大悲的仁慈所攝受，我若低估或輕忽他們的話是不對的。況且這些話可能會締造未來勝義諦的吉祥緣起，為此我將寫下任何所曾做過的善行。

我的出生地

一開始，這位男孩來到世上的地方是大吐蕃（Mahabhota），以「大西藏」[8]之名著稱。大西藏由上區阿里三圍、中區衛藏四茹、和下區多康三崗所組成，依照這種劃分，我出生的地方叫做麥康（Mekham）[9]。若照多康六崗的分法，我的出生地就叫做努雜‧色莫（Ngudza Zemo）或色莫崗。權傾天下的帝王忽必烈，把藏地三區獻給了卓恭‧秋帕仁波切（Drogon Chophak Rinpoche），根據這種區分法，這塊被稱為黑頭人區的康區，是高原的大財神久千‧東若（Gyogchen

---

6 「功德海」之意，即第一世康楚、羅卓‧泰耶‧雍滇‧嘉措（Lodro Thaye Yonten Gyatso）的名號之一。

7 摘錄自《蔣貢‧康楚‧羅卓‧泰耶全集》（*The Collected Works of Jamgön Kongtrül Lodro Thaye*）。四輪是：一、待在合宜之處；二、倚靠善知識；三、發崇高之願；四、有累世福德之助。

8 大西藏，藏文bod chen po；由阿里（Ngari）三圍（藏文稱mnga' ris skor gsum）、衛藏四茹（dbus gtsang ru bzhi），和多康六崗（smad mdo khams sgang drug）所組成。

9 藏文稱麥康（smad khams）或多康（mdo khams）；即安多和康區，構成了東藏地區。

Dongra）所管轄之地。這塊綿延的大地，佈滿了青草如茵的廣大縱谷，其間有許多源自小谷地的河川流經，造成了綻放的八瓣蓮花形狀，在中央點綴著眾多民宅，四周是井然有序的耕田，結實纍纍。邊緣是座高山，環伺著森林、岩石、和佈滿綠地的起伏山巒。當冬之女神[10]顧守山峰時，包覆的白雪如白頭巾般，纏繞著峰頂猶如鑲邊似的。

在四條來自安多（譯者：今日青海、甘肅南部和四川西北一帶）的大河中，只有金沙江由西往東傾流而下。在揚子江的右側，矗立著數百面款款飄動的經幡，彷彿征服十方的勝幢。就像雄偉的須彌山頂光芒四射的岩寶般，這座山頂因看管此地的地祇、威嚴的巴拉·才賈（Barlha Tsegyal）和其眷屬的駐守而蓬蓽生輝。山下的一處狹窄峽谷中，是一條波濤洶湧、宛如在空中翩舞的河流，從東南往西南流去。在這條河的左翼，是一座有著雙魚吉祥象徵圖案的山丘，在這條魚的頸部，是頂果的宅邸。周遭，是天空、向左右延伸的群山、小溪、巷弄等等，看似八吉祥圖的樣子。

中間的嘎（Ga）和滇（Den），盛產栽種或野生的穀物、水果、藥用植物等，農夫和牧民的受用豐饒。這個鄉間自給自足，因物產豐饒且金沙江流經其中央，故被稱為滇瑪[11]。翼轄鎮魔大寺達瑞·貝莫炯（Tare Pemo Jong），就坐落在其正東邊。

多康有著第二佛、苦行的蓮花王（Pema Gyalpo）[12]及其眷屬所造訪過的二十五處聖地。大西藏的多康，由上康區、中康區、和安多所組成。這三地的腹地甚廣，在河谷的上半部之間，幅員遼闊。形形色色的聚落，有各種民族和方言，這

---

10 冬之女神，藏文dgun gyi rgyal mo；寒時女神（Hemantadevi），為冬天的女神。

11 滇瑪，藏文ldan ma，字義是「具有某物」。

12 蓮花王，藏文gu ru pad ma rgyal po；蓮王上師，是蓮師八變之一。

些部落各自的風俗和舉止，無一雷同。其中有些散居在平原四處，有些則群聚相依，他們就像是夏季時節繽紛多彩的花朵般。

我的家庭

在多康中央九個主區的相連之處，住著德格（Derge）的菩薩國王和他的臣民。國王有二十五位自食其力的地方官，他們是大南方地域的頭人（譯注：當地土酋稱為頭人，頭人獨立治理，獻年貢給德格王）。這些官員是自治首長，熟悉政府的政策，也堪稱是國王的大臣。還有三十五位貴族，是北方十二牧民部落的頭人。他們全都是夏嘎家族的世系，聰明可靠，和國王關係緊密，也很關心百姓。

我生在一個勇敢、善巧的貴族世家，如同在蔣貢・欽哲・旺波的伏藏中所提及的：「他的家族是謬[13]（Myo），血脈是嘎。」我特別的家系叫做頂果，這個家族有三個主要的支系：迭隆・頂果（Terlung Dilgo）、阿洛・榮・頂果（Alo Rong Dilgo）、和滇・頂果（Den Dilgo）。這些全是同一個族系，但現在因地理位置而有所區隔。迭隆・頂果是主要的家族，其它兩系是由它分出來的。

我屬於滇・頂果一系，我的父親叫做札西・才仁（Tashi Tsering），祖父是德格的地方官札西・才沛（Tashi Tsepel）。在札西・才沛的要求下，繪製了《如意樹》[14]、即釋迦牟尼佛本生傳的唐卡。這也是為何他被稱為巴桑[15]的原因。

在我們的家族史中，有一個阿洛・頂果家的男人，死於為德格王效力的

---

13 謬，藏文smyos；字義是「瘋狂的」。

14 《如意樹》，藏文dpag bsam 'khri shing，由印度上師喀什曼札（Kshemendra）所著，描述了釋迦牟尼佛前一百世的本生傳。

15 巴桑，藏文dpag bsam；意指「滿願、如意」。

一場戰鬥之中。代表國王前來弔唁的德格官方，給了這個家族一大片位於丹柯
（Denkok）的良田。頂果家族曾派遣一男一女兩個僕人，前去照料這塊地。他們
種田並看管那兒，每年在春季前往，冬天回返。因為往返頻仍，到最後家族便決定
讓他們永遠留在丹柯。

當時，我的祖父札西‧才沛，是阿洛‧頂果家族的許多子嗣之一。他不是
那種說得上是得寵的兒子。事實上，因為有太多的兒子，讓他根本沒辦法得到青
睞。但是這兩位僕人，卻非常喜歡他，而且以某種方式收養了他，他總是睡在這兩
個僕人的住處。當這兩個僕人要去丹柯常駐時，對札西‧才沛來說會是很難過的一
年。他們試著將要別離的消息瞞著他，好讓他不致因分離而傷心，但這個男孩早就
知道了。在他們要出發時，他早已將東西收拾好，尾隨著。於是家族決定讓他跟著
僕人一塊去，一起留在丹柯。

當他長大時，成為一位非常有影響力的人，到最後，還成為德格政府裡的
要員。一段時日之後，他所擁有的土地，比其他所有德格貴族加總起來的都還要
多。他成為眾所周知的「德格地方官」，且以誠實、聰明、和博學而聞名。這就是
我的祖父。他的妻子是一位傑出的佛法修行者，持誦大量的觀世音菩薩咒語。

結果阿洛‧頂果家的其他子嗣，在社會上落得藉沒無名；有些還成了混混。
現下這個家族的士紳是出自丹柯。但是，這個家族的本源還是被認為是在迭隆‧頂
果的這個支系。蔣揚‧欽哲‧旺波也是來自迭隆地區的這個家族支系，在這個地
區，還可以看得到他的房間、床，和他閉關、禪觀、以及取出伏藏的各個洞穴。

還有另一個蔣揚‧欽哲的轉世，出自我們家族，他是一個真正的轉世。當第
一世的蔣揚‧欽哲圓寂時，他允諾其中一個轉世將會出生在苯教之中。在所有的轉
世裡，這個來自我們家族的男孩，在外形上最酷似蔣揚‧欽哲，或許是因為他有著
同樣的血脈。他甚至有著蔣揚‧欽哲不尋常的大眼睛。

我們家族、尤其是我祖父的主要上師,是蔣揚·欽哲·旺波和蔣貢·康楚。在他年輕時,我父親獵殺了不少的動物。我祖父告訴他:「在我們家族裡,沒人打獵;假如你殺了動物,蔣揚·欽哲會罵你。」有一天,全家人去見在宗薩的蔣揚·欽哲,當他把我父親叫進他房裡時,他問道:「你殺過任何動物嗎?」我父親很害怕,但是,他知道一個人不應該對上師撒謊,就說道:「是的,我殺過一些。」

「頂果家非常富有,所以你用不著打獵。」蔣揚·欽哲對他說:「而且,我敢說即便你要填飽肚子,也不用去獵捕任何東西。今天你要發誓,再也不去打獵了。」他馬上就拿了一個佛像,放到我父親的頭上,我父親覺得極不舒服和羞愧。

當他回到家中住處時,我的祖父就問他:「欽哲仁波切對你說了什麼?」我父親沒回話,因為他很不高興。「他有沒有說你不應該打獵?」

「是的,他說了。」我父親回答道。

我祖父向他保證,他從未告訴過蔣揚·欽哲任何關於打獵的事,但是蔣揚·欽哲能未卜先知。然後他又補述道:「你知道的,在我們家裡,蔣揚·欽哲是我們賴以指引的人,所以你若是再打獵是不好的。」因此我父親自此不曾再打過獵。

當我父親稍長時,札西·才沛建議他做普巴金剛的禪修。因為我祖父特別喜歡蔣揚·欽哲,翌年他們就到宗薩去向他請求普巴金剛的灌頂。但是,他們卻失望地發現蔣揚·欽哲在閉嚴關,不能見他們。幸運地是蔣貢·康楚碰巧在那時候去宗薩,我祖父覺得我父親若是能得到他的灌頂,會很吉祥,於是蔣貢·康楚就答應了。

在預定的那一天,當蔣貢·康楚完成了灌頂的預備法時,我父親、叔父、和其餘的眷眾都進到了蔣貢·康楚的寓所。全場都是德格貴族世家的人,蔣貢·康楚禮數周到地款待他們,所以在灌頂開始前,他們全在蔣揚·欽哲住居附近,享受一

場戶外的盛宴。蔣揚・欽哲的侍者意外地來到宴客之處，邀請全場的人往上去這位大喇嘛的閉關處所。雖然他在閉嚴關，但蔣揚・欽哲似乎知道下方寺院裡發生了什麼事。

當他們抵達他的住處時，事業金剛就站在門外，拿著一個裝了淨障水的寶瓶，似乎是在暗示一項灌頂的開始。裡頭的蔣揚・欽哲已經開始他們向蔣貢・康楚所請求的同一項灌頂；當他們一進到他的房間，蔣揚・欽哲・旺波立刻賜予他們詳盡的《口耳傳承普巴金剛精髓》灌頂、唸傳、和教授。事後他說道：「從現在起，你應該停止獵殺野獸；一個有信仰的男孩，不應該做不道德的事。你應該向噶瑪巴・卡恰・多傑（Karmapa Kakyab Dorje）領受正式皈依的居士戒。」[16]所以他們從蔣揚・欽哲處接受了灌頂，就如他們所期盼的那樣。

在灌頂後，他們回到了蔣貢・康楚的寓所，在那裡的窗台上還有一盞燈點燃著。蔣貢・康楚問道：「欽哲仁波切怎樣？」他們說他給了普巴金剛的灌頂。「喔，很好，再也沒有比從蔣揚・欽哲處得到灌頂更好的事了。但是，既然我已經開始了灌頂的預備法，我將要繼續下去，再給你們傳一次！」所以同一天傍晚，他們從這個修法的兩位始祖處：即取出此伏藏的蔣揚・欽哲，和寫下此法的蔣貢・康楚，領受了口耳傳承的普巴金剛灌頂。

康楚建議我父親要完成這個普巴金剛禪修法的一些持誦，所以他閉關修了三個月。我父親也從米滂・文殊（Mipham Manjushri）處，接受了上師與普巴金剛合一的教授。他給了我父親他親筆寫的手稿。[17]我父親完成了十萬遍節錄自《七品

---

16 正式皈依的居士戒，藏文skyabs gsum 'dzin pa'i dge bsnyen；為在家人正式皈依三寶。噶瑪巴・卡恰・多傑，又稱昆桑・卡恰・多傑（Kunzang Kakyab Dorje），是第十五世噶瑪巴（1871-1922）。

17 米滂・文殊；局・米滂仁波切（1846-1912），出生於札曲喀（Dzachukha）地區的寧瑪派著名學者。常被稱做米滂仁波切或喇嘛・米滂，他的寺院是雪謙寺的分院之一。

祈請文》（另譯：琉敦瑪）的〈熾燃如劫火〉六句祈請文，並從噶瑪巴‧卡恰‧
多傑處，領受了三皈依的居士戒，噶瑪巴賜給他噶瑪‧諾布‧仁津‧才旺（Karma
Norbu Rigzin Tsewang）之名。

我父親只對一些特殊的上師有虔誠心，雖然他對別的上師從未說過任何貶
語。在所有的上師之中，他最喜歡昂波‧天噶（Onpo Tenga）和雪謙‧嘉察
（Shechen Gyaltsap）[18]，但他對蔣揚‧欽哲‧旺波和米滂仁波切也有很大的虔
誠心。賈瑟‧賢遍‧泰耶（Gyalsey Shenpen Thaye）的姪子烏金‧天津‧諾布
（Urgyen Tenzin Norbu），俗稱昂波‧天噶，與其他證悟大師，都非常鍾愛我父
親。他累積了《大悲觀音痛苦自解》修法中的一億遍六字大明咒，也修了十萬遍的
度母咒。每年他都累積了許多十萬遍的度母祈請文，並供養了幾次的十萬盞燈。他
資助在班千寺（Benchen）和薩嘎寺（Sakar）的結夏安居，他在宗教和政治上的
修為都不錯。

我的母親，叫做拉嘎（Lhaga），是德格大臣的女兒。不像我父親有點嚴肅，
她總是十分溫柔可親。她見過蔣貢‧康楚和蔣揚‧欽哲‧旺波，以及米滂仁波
切、堪千‧札西‧沃色（Khen Chen Tashi Özer）和其他大師，領受了他們許多的
灌頂和法教。一旦她從某位上師接受過灌頂之後，就從未違背過這位上師所說的話
或對他不恭敬。她以淨觀、布施、和其它德行而被認為懿德遠播，她的生活一如其
聲名。

---

18 昂波‧天噶；賈瑟‧賢遍‧泰耶的姪子烏金‧天津‧諾布（Urgyen Tenzin Norbu）的俗稱，
來自格芒寺。雪謙‧嘉察‧久美‧貝瑪‧南嘉是頂果‧欽哲的根本上師，為其直指心性；他
也被稱做蓮花‧尊勝（Pema Vijaya），係其梵文名。

圖一、丹柯谷地，頂果・欽哲仁波切的出生地。馬修・李卡德攝

我的出生

德格王子有一次告訴我，米滂仁波切曾對我父親說：「我是一個行將就木的老病僧人，所以不需要房子；但是你應該在你家後面的山上蓋一間關房，這將會利益法王（譯注：指德格王）和德格政府。我不會離德格人們太遠的。」

有關外風水，當從東方看這座山時，它有著明顯的仰龜形狀，遍知米滂仁波切的小屋札西・巴拔林（Tashi Palbar Ling）就位在其中心點。附近有一棵大檜樹，米滂仁波切說它是棵菩提樹。烏龜的頭朝西，面對一座火形的山；向右，是一座木形的山；左邊是一座鐵形的山；其尾端，是一座似水的山[19]。東側開敞，所以太陽和月亮昇起得早、落下得晚，山頂看起來像是一個高掛在空中、輪輻眾多的大

---

19 仰臥的烏龜地形，是以喇嘛・米滂的關房為中心，如同心臟部位的裝飾，附近的檜樹被喇嘛・米滂稱之為菩提樹，在烏龜的頭部，頭部所正對的西方，是座火形的小山丘（因為其紅色的岩石成份）；其右側是座木形的小山（因為佈滿了樹木）；其左側是座金形的小山（因為其鐵質岩石表層）；其尾端是座水形的小山（因為周遭環繞著小河流）。

輪。這些全是風水寶地的吉兆。至於內風水，整個地區是北香巴拉的完美複製，中央的山就像是卡拉帕宮（Kalapa Palace），周遭的平原被河流切割，成了蓮花瓣的形狀，其間是錯落有致的村莊。冬天時，這些全被外圍一圈白雪皚皚的山巒所環抱著。就是在這裡，本初佛米滂‧久美‧密攸‧多傑（Mipham Gyurmey Mikyo Dorje）初轉法輪，傳下了《金剛日光》、即時輪金剛密續簡軌的詳盡釋論。

當我母親懷我時，我的家人去見米滂仁波切。他劈頭就問我母親是否懷孕了，我父親回說是的。我的父母接著問是男是女。「是個男孩，」米滂仁波切說：「重要的是，在他出生的那一刻，要讓我知道。」他給了我母親一條金剛繩，並告訴他們，在臨盆的那一天，他們應該要派個僕人來知會他。他還給了他們一些文殊甘露丸，和其它別的東西。

我在西元1910年金狗年三月的一個特別日子裡，誕生在山腳下的頂果祖屋裡，當時正在舉辦米滂仁波切圓滿講解了時輪金剛密續詳盡釋論的酬謝薈供。那是一個非常吉祥的星期一，當月的初三。遍知米滂仁波切捎來一個訊息，告訴我父母要將我命名為札西‧帕久（Tashi Paljor），並且要將一顆文殊甘露丸化在液體裡，只要我一出生、甚至還未喝母奶之前，就得馬上沾在我的舌頭上。在我出生那一刻，他們就用米滂仁波切的聖丸，在我的舌頭上寫下了帝（DHI）字。從那時起直到他過世為止，米滂仁波切一直給我文殊甘露丸和聖藥每天飲用。

就在我出生後不久，我的雙親帶我去見米滂仁波切，他為我修了一座淨障贖命的法，與勾召壽命的加持。他解說那是印度當小孩出生時，所做的宗教法事。他還給了我一匹黃絲綢和一個有著甘露的寶瓶。因為我出生時頭髮很長，我父親說長髮或許會影響我的眼睛，問可否剪去。米滂仁波切說：「不要剪他的頭髮，反

倒是有個中國習俗，將小孩的頭髮綁成像文殊菩薩一樣的五綹，那是你應該做的事。」

在我母親的請求下，他親手寫下了我的名字札西·帕久，我母親一直將這張紙片保留在她的課誦本中。有個印度習俗，是在小孩出生後舉辦慶生會，所以米滂仁波切送了一些奶油漬的野生蕃薯到我們家。稍晚，我們又去拜會米滂仁波切。他給了我一個文殊灌頂，並說道：「你的所有來世，我都會照顧你。」

每當我吃到一丁點不潔的食物，就會卡在我的喉嚨裡，所以米滂仁波切會給我一些他吃剩、用文殊咒[20]加持過的食物。當我父母每個月帶我去見他時，他就會邊唸誦文殊咒、邊對我吹氣，為了避免早夭，他還給我手寫的護輪。他要我的母親持誦吉祥天母的咒語，並給她由三種成份製成的幼兒礦藥，份量足夠讓我服用到五、六歲大。[21]就在他圓寂之前，他特地用他修持所依物的佛像，給了我智慧本尊文殊菩薩的身、語、意加持。他祈請並允諾會照顧我們全家，直到我們全都證悟成佛為止。因為米滂仁波切以如此無盡、廣大的仁慈來保護我們，就在我父親去世之前，他夢見他正準備要下到一個昏暗的地方去，但米滂仁波切就坐在內側，對他說：「不要去那裡；到這裡來！」所以我父親就往米滂仁波切那兒去。

每當我在傳法或學法時，總覺得我之所以能獲得些許的了解，全歸功於米滂仁波切的仁慈，他是文殊的化身——我絕對肯定這點。

---

20 嗡 阿 若 巴 雜 那 帝，文殊菩薩的咒語。

21 吉祥天母，藏文dpal ldan lha mo，梵文Shri Devi，是一位女性的智慧護法神。幼兒礦藥裡的三種成份，是象膽汁、藏紅花、和竹液。

> 至心頂禮文殊尊，
>
> 仁慈引生吾善念；
>
> 亦向善知識頂禮，
>
> 仁慈使吾漸增上。（譯注：出自《入菩薩行·迴向品》）

就像是寂天菩薩的這些話，我一出生，就馬上見到人身的文殊菩薩，他未經請求即仁慈地攝受我，這應當就是我生平故事的核心所在。

據說我是許多上師的化身。卓千仁波切（Dzogchen Rinpoche）和堪布賢嘎（Khenpo Shenga）[22]說我是我父親根本上師昂波·天噶的化身。昂波·天噶是一位相當嚴格的老師，時常長住在我父親的住處。有一次，要離開時，他的喇嘛將他的一項法器遺忘在我父親的住處。到了晚上，當晚課的時間到來時，他的侍者相當擔心，心想會挨罵，就解釋說是忘了帶走，會立即去取回。出乎意料之外地，昂波·天噶告訴他，沒必要這麼做，因為他之後會回去拿，而且這東西被留下是很吉祥的。昂波·天噶沒過多久就圓寂了，人們都說正因為他對法器之事的說法，很可能會投生為我父親的兒子。

果不其然我父親很快就有了個兒子，被正式認證為昂波·天噶的轉世。從格芒寺（Gemang）派出了一隊包括堪布雍嘎（Khenpo Yonga）在內的代表團，來迎接這位轉世。代表團來到了河的對岸，就正對著我父親和哥哥（這位小祖古）的所在。這隊人馬決定等到隔天早上，再過河來接走這位小祖古。但在傍晚發生了一場大地震，我們丹柯家房子的一面牆倒塌了，壓死了這位祖古和我的祖父母。

---

22 堪布賢嘎（1871-1927）；即堪布賢遍·確吉·囊哇（Shenphen Chökyi Nangwa），是頂果·欽哲的主要佛學上師，以堪布賢嘎之名廣為人知。

第十五世噶瑪巴，卡恰·多傑就在附近，有個僕人被派去請他來主持葬禮。噶瑪巴回覆說他可以去主持法事，但因為快要過新年了，假如他到頂果家去，就得主持法事且一併慶祝新年。所以他想知道在這樁不幸之餘，到那裡過新年是否恰當。他也解釋說他有一大批的隨從，或許會不太方便。我父親回報說，歡迎噶瑪巴來家裡舉行新年慶典，而且可以招待一百個人以上。所以頂果家來了上百人，大舉慶祝新年。噶瑪巴說這對這個家的未來，是非常吉祥的。

後來我父親於是問了卓千仁波切，這位祖古的投生之處。卓千仁波切說那時他還不清楚，但假如他有了任何的預示，就會讓我父親知道。四天之後，有位使者帶了一封卓千仁波切的信來，說這位祖古有三個化身：一個融入了蓮師的心間；一個投生為降伏了其洲眾魔的羅剎·顱鬘（Raksha Thotreng）之子；還有一個將會再度投生為我父親的兒子。我母親很快就懷孕了，這個小孩被認為就是這個轉世。

但是，雖然在我母親懷孕期間，有許多奇妙的徵兆，這個嬰孩卻胎死腹中。我是下一個小孩，人們因為未曾聽聞過這個夭死的孩子，就說我是昂波·天噶的轉世。所以，我就被許多上師，像是阿宗·竹巴（Adzom Drukpa）[23]和堪布賢嘎認定如此，而當我被雪謙寺認證為是欽哲·旺波的轉世時，卓千寺的人就不太開心。

在我家裡有個大殿，主祀一尊如拉薩覺沃（Jowo）大小的釋迦牟尼佛像。兩側是千手千眼觀音、蓮花生大士人身像、還有屬於蔣揚·欽哲的更小尊蓮師像，以及蓮師八變圖等等。還有一座佛龕，裡頭有《龍欽心髓》所有護法的食子，和另一個由昂波·天噶所設的佛龕，裡頭包括了長壽母（Tseringma）的食子。

我每天學習讀、寫數小時。當我們家境富裕時，有將近七、八個僕人，和

---

23 阿宗·竹巴（1842-1924）；欽哲·旺波的一位著名、高度證悟的弟子，也是一位作者。

法會所需的一切器物。為了好玩，我常盛裝披上披巾，還讓眾僕人披上生絲的披巾；然後我們做了一個大食子，假裝在修普巴金剛的法會。很多人來拜會我父親，一見到我們，還問說我們是打哪個寺院來的。

在我七、八歲大的夏天，早上讀過書後，就會到山上去，搭一個帳棚。開滿花的宜人草地，是我常待上整天、戲水的地方。到了傍晚，將近四點時，我會再讀一點書。我們家非常大，就像個宮殿似的，有超過上百間的房間。西廂有個薩迦派的護法殿。我父母常待在東廂；在那兒，他們聽不到我們在護法殿裡吹奏骨號和其它法器的噪音。這棟房子有五層樓。我們差不多有四、五十匹馬；七、八十頭騾子；和一萬頭佐犛牛、母犛牛[24]等。其中有些我們會託給別人看顧，稍後再被送回來。因為我們有許多地，也就有大量的穀物。每年差不多要播下一百袋的青稞。在夏天，田裡的耕作要兩個月，到秋天收割時又得花上兩個月。

我有三個兄弟和幾位姊妹。最長的大哥死於地震時還相當年幼、二哥謝竹（Shedrup）、三哥桑傑·年巴仁波切[25]、我是幼子。

我的認證

我父親不想要我們任何一個人被認證為是祖古。在桑傑·年巴出生前，我們家的常住喇嘛做了幾個夢，他講給我父親聽。其中一個，是他夢見在班千寺所保存的一對著名鐃鈸，在我們家裡演奏著，有許多人在場。他覺得這應該意味著下一個

---

24 佐犛牛，藏文稱mdzo，為公犛牛與母牛的混種；母犛牛，藏文稱dri。

25 桑傑·年巴·噶瑪·謝竹·滇貝·尼瑪（Sangye Nyenpa Karma Shedrup Tenpai Nyima），是頂果·欽哲一位兄長的全名，他是東藏噶哇（Gawa）地區噶舉派寺院邊倩寺的主要喇嘛之一。

兒子，就是桑傑‧年巴的轉世，因為他的住錫地就在班千寺。我父親很生氣，因為他不想讓他的兒子們落入寺院體系之手，顯然他還說要不是這位喇嘛已經一起同住了這麼久的時間，交誼深厚，他就要抽他一百大鞭。我父親還要他保守這個夢，所以這位喇嘛同意隻字不提。但是，過了一些時候，噶瑪巴宣佈這個小孩確實就是桑傑‧年巴。不過要我父親把他交給寺院，是非常困難的，他還考慮到，若是他有了另一個兒子，說不定又會被認定是另一個祖古。

當我一歲大時，另一位大喇嘛金剛持蔣揚‧洛迭‧旺波（Jamyang Loter Wangpo），即偉大薩迦派無數金剛乘密續的編纂者，來我們家拜訪。他是蔣揚‧欽哲的重要弟子，也是欽哲‧確吉‧羅卓的根本上師，是他為欽哲‧確吉‧羅卓指引心性的。那時當地瘟疫盛行，我父母親擔心我會染上病，我母親就把我帶到我們家的一戶牧民所待的山頂。當洛迭‧旺波來時，我母親帶我下山去見他。

當洛迭‧旺波待在護法殿時，我們在走廊見他。一看到我坐在我母親的膝上，他非常高興地說道：「喔，這男孩真好，請讓我看看他的手。」我母親照著做。當他看著我的掌紋時，他告訴我父親，當在宗薩時，欽哲‧確吉‧羅卓曾要他去找到無誤的欽哲轉世。「這就是蔣揚‧欽哲‧旺波的化身之一；你得將他給我。」因為他一再重複這麼說，我父親就說：「我已經問過米滂仁波切了，他告訴我，最好不要給這位轉世任何頭銜或讓他昇座。他說當我之前的兒子被認證為是昂波‧天噶的轉世時，為了他的昇座而募了大批的獻金，讓他變得非常出名，這給他的壽命製造了障礙。這一回最好讓這位轉世做任何他想做的事。」在我父親這麼說之後，洛迭‧旺波就順其自然，沒告訴宗薩寺轉世就在頂果家。

就在洛迭‧旺波到頂果家之前，他做了幾個夢，稍後他告訴了他的秘書堪千‧蔣揚‧堪若‧泰耶（Khenchen Jamyang Khyenrab Thaye）。蔣揚‧達瑪瑪帝上

師（譯注：即蔣揚・欽哲・確吉・羅卓）對我轉述了他所說的話，「在接連三天夢見我的上師欽哲・旺波，上師的心情愉悅，之後這個來自頂果家的小男孩就被帶來見我。宗薩的欽哲轉世確吉・羅卓曾要我認證一位了不起的欽哲轉世，我確定就是這個男孩了。」

我母親想要帶我回到牧戶家，所以洛迭・旺波給了我由他根本上師、遍知蔣揚・欽哲・旺波加持過的金剛繩。他還給了我一顆珠子，是來自蔣揚・欽哲修《道果》[26]時所用的念珠。他告訴他的姪子羅薩（Losal），一個也是他秘書的好男人，他想要給我一條上好的哈達和文殊甘露丸，當我們還坐在那裡時，羅薩替他拿來了一條舊哈達。洛迭・旺波說道：「不行，不要用過的，給我一條沒有任何髒污的新哈達！」所以羅薩取了一條更好的哈達回來，但即使那樣，還是不夠好，洛迭・旺波又要他去拿條全新的。我母親很謙虛地說道：「喔，這個就行了。」但稍後羅薩拿了一條全新的來，洛迭・旺波說這可以，就繞在我脖子上。他要我母親好好地照顧我，他還給了我一個名字，但弄丟了。

洛迭・旺波在頂果家待了一個月。他去見米滂仁波切，米滂仁波切在客棧獻給他白度母的長壽法會，並向他頂禮。洛迭・旺波獻給米滂仁波切一尊文殊像，是伏藏師索甲的伏藏物。[27]米滂仁波切用竹古・托滇・釋迦・師利[28]供養他的金子，為這尊文殊像鑄了劍和經書。米滂仁波切用它來做為修行的所依物，將它放在一只

---

26 《道果》，藏文Lam 'bras；是印度上師毘盧巴（Virupa）所傳的薩迦派密法。

27 伏藏，藏文gter ma；字義是「寶藏」，伏藏指的是各種不同種類的埋藏寶物，包括經典、修法物、舍利、和自然物等。這類埋藏寶物的法教傳承，主要係由蓮師和伊喜・措嘉所封藏，會在適當的時機，由伏藏取藏者所取出，以利益未來的弟子，是寧瑪派的兩大主要傳承之一（另一傳承是教傳。）據說伏藏傳承在佛陀的《律藏》失傳後，仍會延續地更為久遠些。

28 竹古・托滇・釋迦・師利（Drugu Tokden Shakya Shri）；竹巴・噶舉傳承最偉大的瑜伽士之一，也是第六世康祖仁波切滇貝・尼瑪的弟子。

小木盒裡，裡頭也裝了一個秋久・林巴（Chokgyur Lingpa）的伏藏，以及迦葉佛（Kasyapa Buddha）和釋迦牟尼佛的舍利甘露丸。他用五色的錦緞來包裹木盒，並隨身攜帶。每當當他要撰寫任何著作時，就會將這只盒子放在面前獻供，於是文殊菩薩的心間，就會放出帶有種子字的白光，他隨即寫下。有時，光會融入米滂仁波切的心中，他便不假思索地知道要寫些什麼。在他行將圓寂前，造了一尊更大的文殊像，如拉薩覺沃像的大小。他把小尊文殊像放入其心間，並交代要將它供奉在雪謙寺。當中共摧毀雪謙寺時，這尊塑像被帶往德格・更慶寺（Derge Gonchen）。

那時，米滂仁波切待在我們領地後面的山裡，當洛迭・旺波離開時，我父親去見米滂仁波切並告訴他洛迭・旺波說了些什麼。米滂仁波切回說，洛迭・旺波是一位非常偉大的上師，任何他所說的必定如此，但現在最好還是不要舉行認證大典與獻上法會的哈達，因為可能會有障礙。我父親對米滂仁波切有很大的信心，就聽他的話。

之後我父親到玉樹（Jeykundo）去見洛迭・旺波，並告訴他米滂仁波切所說的話。洛迭・旺波說很好，而且說我父親應該把我給他。因為我是蔣揚・欽哲・旺波的祖古，我父親沒辦法不把我交給他。但我父親不太相信他，並問他對於我是蔣揚・欽哲・旺波一事，他有什麼徵兆。他說在到我家之前，曾連續三天有過蔣揚・欽哲・旺波的禪觀，他見到我之後就確定沒有錯。我父親一再說米滂仁波切也說我是祖古，但不應該被正式認證，為此洛迭・旺波火大了，就說：「沒人能要我不去認證蔣揚・欽哲・旺波！」

一位蔣貢・康楚的親近弟子，叫做仲巴・喇嘛・天津・秋賈（Drongpa Lama Tenzin ChÖgyal），是我兄長桑傑・年巴秋楚（譯注：「秋楚」指的是法系的轉世，與家族血脈傳承的轉世不同）的親教師。有一次當他待在我們家，修了一個星期怙主若那・林巴（Ratna Lingpa）《密集長壽法》的竹秋法會，我父母、兄弟姊妹、和我全都榮幸地接受了主要灌頂。這是我這輩子的第一個灌頂，我想也許是因為這個最初的吉祥緣起，讓我能夠比其他頂果家族的人活得更長久些。

　　在1912年水鼠年藏曆四月二十九日，遍知米滂仁波切在靠近我們住家附近的山頂關房裡圓寂了。就在米滂仁波切圓寂之前，他告訴他終生的侍者暨弟子喇嘛沃色（Lama Ösel）說：「在我死後，你會經歷到極大的痛苦，但這不會持續太久。」當米滂仁波切圓寂後，喇嘛沃色變得好像瘋子似的。他不吃東西，也不待在一個地方，而是不斷地進進出出他的房間。百日之後，他見到了米滂仁波切在空中。戴著一頂班智達的帽子，米滂仁波切正在寫東西，每當他寫完一頁，就把它丟給喇嘛沃色。這些字不是用黑墨水，而是以光亮的金光所寫成的。喇嘛沃色看著其中一頁，可以讀出一些字，像是：「明光……虹光身……金剛……」接著米滂仁波切以手印指著天空，說了三次：「不壞、明光身！」在這之後，喇嘛沃色就不再難過了。

　　雪謙・嘉察仁波切來參加葬禮，並受邀和我們住在一起。那時他四十三歲。我定期去見他，有一天他對我父親說：「你得把你兒子給我；他將會利益雪謙的法教。」

　　「在今日祖古幾乎都涉入了營生，到處募款，」我父親回答道：「假如不是這樣，而且他真的能夠透過聞、思、修來為法教服務，我就把他給你。但為什麼你覺得我兒子是個祖古？」

　　「在你們家的佛堂裡，有尊長壽母塑像，是格芒寺的昂波・天噶所裝臟和開光的。」很少會談到這種事的嘉察仁波切，解釋道：「我夢見它真的變成了長壽母說道：『你應該照顧那個男孩；他將會利益你的法教。』」

　　所以我父親，他非常坦率，就說假如這是真的，他願意讓我被帶到雪謙寺；但假如我只是要佔據雪謙寺或卓千寺的一個法座，涉入政治和宗教的伎倆的話，那他就不會把我讓出去。雪謙・嘉察向他保證我將會利益法教和眾生，所以我父親就同意讓我走。但是，因為我還是個小嬰孩，直到我長大些，才會被送到雪謙去。

　　同時所有雪謙的年長僧人都認為我是冉江仁波切[29]的化身之一，甚至散播謠言來達到這個效果。在冉江・德千・賈波圓寂三天後，他的智慧身向嘉察仁波切示現，後者以詩偈記下了他所說的話，底下有這些字句：「由一分為三，讓其二稱首。」雪謙・康楚仁波切[30]說這表示會有三位冉江仁波切的化身，中間那一位必須昇座來繼任法座。出生於1910年金狗年的我，是最為年長的。中間的那一位被昇座的，是在1911年金豬年於果洛（Golok）出生。

　　前一世冉江仁波切和嘉察仁波切的一位親近弟子，來自北方果美・滇恰（Gomey Dengkya）的卡秋・昆桑・年札・嘉措（Kachu Kunzang Nyentrak Gyatso），認證了冉江仁波切的第三位化身。這位化身聰明、純淨、心智高尚，曾

---

29 冉江仁波切：即雪謙・冉江（Shechen Rabjam），雪謙寺的住持。他的第五位轉世德千・賈波（Dechen Gyalpo）才剛圓寂，第六世冉江的轉世昆桑・滇貝・尼瑪（Kunzang Tenpai Nyima）便繼任寺主，是德千・賈波三位轉世中的第二位。目前的雪謙・冉江仁波切是第七世，名叫噶瑪・久美・確吉・星給（Karma Gyurmey Chökyi Senge）。

30 雪謙・康楚（1901-1960），也叫做雪謙・康楚・貝瑪・智美（Shechen Kongtrül Pema Drimey）；雪謙寺的主要喇嘛之一，他的全名是雪謙・康楚・久美・昆桑・羅卓・賢遍・泰耶（Shechen Kongtrül Gyurmey Kunzang Lodro Shenpen Thaye）。

在無上烏金・敏珠林寺待了三年。在他的後半生裡,到了雪謙寺並在那裡待了一陣子。

在另一個時機點,卓千仁波切、圖登・確吉・多傑(Thupten ChÖkyi Dorje)來拜訪我們。「這個小孩是卓千寺非常重要的一位祖古,」他說道:「你應該把他給我們。」但我父親什麼話都沒說,事情就過去了。稍後我父親帶我的兄長謝竹和桑傑・年巴,以及喇嘛沃色和我,一起去見所有當時的大喇嘛們。我們去見了阿宗・竹巴,從他那裡接受了十天《龍欽心髓》前行的法教;我們也去拜會了第五世卓千仁波切、圖登・確吉・多傑,和其他人。當我們到雪謙去時,嘉察仁波切在八大嘿嚕嘎洞裡閉關,所以我們沒能見到他。

當我六歲大時,從昆桑・德千・多傑(Kunzang Dechen Dorje)那兒接受了長壽灌頂,他是北方札嘉寺(Dzagyal Monastery)吉美・嘉威・紐古(Jigmey Gyalwai Myugu)的轉世。

在解說灌頂時,他的佛母,被他叫做阿波(Apo),手裡拿著書,翻到正確的頁數。當他來到讀誦伏藏的歷史,即儀軌作者講述親身的銅色山淨土禪觀時,他開始談起了他自身的經驗,並告訴我們他如何到了銅色山淨土,在淨觀中見到了三頭、六臂的羅剎・顱鬘。「有些人到了銅色山淨土,見到了蓮師是寂靜尊的湖生金剛,有些人見到的是蓮花生大士。我卻見到他是忿怒尊的羅剎・顱鬘,有著九頭、十八臂。」接著,他吃了一驚,改變話題,說道:「我在說什麼啊?阿波,給我看看到了哪一頁。」

在長壽灌頂之後,我說道我們計畫明年要去前藏(Central Tibet,譯注:藏文

稱「衛」，指拉薩一帶，與後藏合稱為「衛藏」）和後藏（Tsang）朝聖，請求庇佑我們全家。「我會幫你祈請的，」他說：「假如我太太沒有提醒我的話，我常會忘了要把誰放進我的祈請文裡，但我不會忘掉你，小黑臉的男孩！你和我已經多世不曾分離了。我記得有一世，我們一起在河邊抓了一隻青蛙。俗話說得好：『春天若是沒有東西可吃，青蛙就會張開大嘴；秋天若是有一堆食物，青蛙就會閉起嘴巴。』當那隻青蛙坐在那裡緊閉著嘴，我們就用一把湯匙把它撬開。」然後他對著我問道：「你還認得我嗎？」

「你還認得他嗎？」我父親重複說道。

「是的，我認得。」我說。

「我要給他一件好禮，」昆桑‧德千‧多傑宣稱。

他真的不太在意東西；他只喜歡杯子，有一批罕見、珍貴的收藏品，是他最珍愛的東西。因為他是吉美‧嘉威‧紐古的轉世，他有一些非常珍貴的舍利。有時當一般的訪客，譬如說村民，談到這類的事：「喔，這個塑像真好，」他就把塑像給他們，碰巧這個塑像是個伏藏。所以他會送出各類珍貴的東西，像是稀有的藏書等，因為他毫不在乎。有一天他送出了各類的佛像，所以喇嘛們只好到處去蒐集佛像，歸還寺院。他就是不太在意任何這類的事；他所關心的只有他的杯子。這些杯子總是被細心地照顧著，他會一個接著一個地把玩。他會把杯子藏在袍子裡，要就寢時他就會注意到：「這是什麼？」然後從他的袖子裡取出另一個杯子。

這時，他轉頭向阿波說道：「把我的杯盒拿來。」然後他從中挑選了一只盛滿了三甜的藍色小瓷杯送給我，然後深情地望著我。顯然昆桑‧德千‧多傑也將同一個故事告訴了格芒寺的前一世昂波‧天噶。

有一回昆桑‧德千正在傳授一些大圓滿的法教，當提到了「清楚」、「洞澈」、「透澈」[31]這類的詞彙時，他說：「我沒辦法解釋這些詞語；你們應該問問我格芒來的小男孩。」[32]但隔天他就說道：「喔，我在夢裡見到了銅色山淨土的蓮師，請教他這個問題，他解釋清楚了。」稍後，當弟子問堪布雍嘎，他的解釋和蓮師給昆桑‧德千的解釋一模一樣。

阿波對昆桑‧德千極為虔敬，時時刻刻服侍著他。他做任何事都不能沒有她，也常說假如她死了，他一天都活不下去。有一天阿波去某地閉關往生了。當地人知道他對妻子的感覺，審慎考慮之後，他們決定不親自告訴昆桑‧德千，就請求他的好友穆若祖古（Mura Tulku）來執行這項困難的任務。穆若祖古去了他家說道：「我有一些不好的消息要告訴你。」

「什麼事？」昆桑‧德千問道。

穆若祖古告訴他：「阿波往生了。」

「什麼？為什麼你這副表情？」昆桑‧德千出乎大家意表地說道：「難道你不是佛法修行者？你總是說凡事都是佛法。現在看看你，你在幹什麼？你擔心什麼？她死了，就這樣；每個人終得一死。」

所以他是有點狂野和難以預測，從不執著任何事物。當其他人提議到：「我們應該幫阿波誦一些經。」他同意誦《智慧上師》，但誦了一些之後，昆桑‧德千開始笑起來，說道：「這有什麼用？她早已在淨土了，讓我們到此為止吧。」

---

31 藏文的 wa le wa、hri ge wa、sa le wa：分別是禪修時描述「明」的不同用語。

32 他給堪布雍滇起的暱稱。

當我們即將出發去前藏和後藏朝聖時，我很榮幸地從證悟的上師蔣揚・札巴（Jamyang Trakpa）處，接受了長壽灌頂和《道次第智慧心要口訣》的唸傳。在格龍寺（Kilung Monastery）我很榮幸地從大菩薩札穆若・吉美・貝瑪・德千・桑波（Dzamura Jigmey Pema Dechen Zangpo）處，接受了《六種中陰》的教授、與《持明總集》相關的明力灌頂[33]、和《智慧上師》的成熟教誡。我是和去參加夏季法會的父親一起領受的，雖然這些法教是密傳的，但因為我是位祖古，就被以淨觀對待。

前藏的朝聖

在1916年火龍年，我七歲時，在我們行經前藏和後藏的朝聖沿途，去了北達隆（Taklung），在那裡受到瑪楚仁波切（Matrul Rinpoche）的接見，他重重地拍了我的頭三次。隔天早上當他在他的內室接見我們時，我父親向他展示了刀槍不入的護身盒。其中有一個金剛橛[34]，是偉大的介攸（Kyeyo）持明列若・雜（Lerab Tsal）從旋風中所取出的伏藏。瑪楚仁波切在手中轉了一下之後，說道：「你的兒子需要這個來保護。」就把它給了我。接著他對著我父親說道：「你應當小心翼翼地照顧這個小孩，因為他應該是位轉世的上師。你打算要讓他在家還是出家？」

「他會是個在家人。」我父親回答道。

---

33 《六種中陰》，藏文bar do drug；六種中陰分別是生處中陰（skye gnas kyi bar do）、睡夢中陰（rmi lam gyi bar do）、禪定中陰（bsam gtan gyi bar do）、臨終中陰（chi kha'i bar do）、法性中陰（chos nyid kyi bar do）、與投生中陰（srid pa'i bar do）。明力灌頂，藏文rig pa'i rtsal dbang；是直指心性的灌頂。

34 金剛橛，藏文phur pa：是用在降伏惡魔修法時的金屬製三面橛，且與普巴金剛的密續法教相關。

瑪楚仁波切笑出聲來，說道：「你好好看著他會怎樣操持家業。等到他二十歲的時候就會很清楚了！」

　　當我們回到所待的寓所時，我父親說道：「上師們不讓我留著這個兒子，但我不會讓他成為一位上師，我們家大業大，有大批的土地需要照管。我要他成為一位居士，好讓他能夠看顧這一切。」

　　在後藏，我們同時從大班智達確吉・尼瑪（Chökyi Nyima）與調御大夫圓滿宮的薩迦・貢瑪（Sakya Gongma）處，接受了長壽灌頂。我們也見到了度母宮[35]法主的姊妹聽列・仁千（Thinley Rinchen）。在祖普寺（Tsurphu，或譯為楚布寺），我們見到了第十五世噶瑪巴和敏林・崔欽與他的兒子，也看到了祖普寺的「故朵」拋食子法會。[36]那時我因為出麻疹而性命垂危，秋林伏藏師的兒子秋楚・久美・才旺・天沛（Chötrul Gyurmey Tsewang Tenpel），告訴我們要做數目和我年紀相同的放生。他修了幾天《障礙俱除意成就法》一百遍的薈供，並不斷用秋林伏藏師取出的一尊珍貴的伏藏佛像來加持我，於是我就從病中康復了。我覺得瑪楚仁波切拍打我的頭，也幫我淨除了這個壽命上的障礙。

　　我和我的雙親、兄弟、姊妹一道，做了一趟漫長的朝聖之旅，歷經了前藏、後藏、和山南，在三法輪地[37]和所有的聖地與佛殿獻供。雖然我們的朝聖非常詳盡

---

35 圓滿宮與度母宮，是輪流擔任薩迦派法王的兩家族。現任的薩迦・崔欽出自度母宮。

36 故朵（另譯二十九朵瑪），藏文dgu gtor；是在藏曆新年前的十二月二十九日，所舉行的拋食子法會名稱。食子（或音譯為朵瑪）是在儀式上用來獻給本尊或神靈的供品，有不同的用途，依法會的效用與成就而異。

37 三法輪地，藏文chos 'khor rnams gsum；分別是在西藏所建立的第一所寺院桑耶寺、拉薩的大昭寺、與昌珠寺（Tradruk）。

周全，但我還太小，就像個小孩入廟堂一般，感覺不到那般重要性。我們也參加了傳召大法會[38]的薈供。然後我們去了哦‧伊旺‧秋丹寺（Ngor Evam Chode），在那裡見到了康薩‧堪仁波切（Khangsar Khen Rinpoche），他說要把我給他，好讓他能夠指定我為其中一位夏炯[39]。稍後，當他到了康區時，他也說了同樣的話，因此我父親就問他，為何要這麼堅持。康薩‧堪仁波切說道：「我夢見哦巴的僧眾，聲勢浩大地迎賓，在隊伍的末端，他們所歡迎的是個小孩。隔天，當我正在納悶這個小孩是誰時，他就來到了我的面前。你的兒子就是我在夢裡見到僧眾在歡迎的那個小孩，所以他必定是一位偉大聖者的化身。」

---

38 傳召大法會，藏文smon lam chen mo；是在每年正月在拉薩舉行的年度祈願法會。

39 夏炯，藏文zhabs drung；地位僅次於法王的重要喇嘛。

2.求學

　　在白玉寺，他們說我是噶瑪‧昆千（Karma Kuchen）的轉世。前一世噶瑪‧昆千是我的伯父，有一次他來我們家待了很長的一段時間，給了灌頂與傳法，並做了有益於今世與來生的長軌消災祈福法會。當他要回去駐錫地時，將他的雅達（yadar）[40]留在我們家，但他對他的事業金剛、來自嘉絨（Gyalrong）的僧人噶列（Gelek）說道：「你不用把它拿回來；這對有朝一日我這老僧回去那裡，是很好的徵兆。」隔年他就圓寂了，我隨之出生，噶陀‧錫度‧班智達（Katok Situ Pandita）便說我是白玉噶瑪‧昆千的轉世。當我還在母親的襁褓中時，事業金剛噶列在前往前藏和後藏的途中，在我們家暫歇，將他的禪杖、托缽、和一本《法界藏》獻給了我。

　　就在昂波‧天噶圓寂前，他告訴我父親要訂製一整套的銅製法器，我父親照辦並將法器獻給他。當他在分配所有物給一群弟子時，他給我父親的是賈瑟‧賢遍‧泰耶綁在手腕上的普巴杵，和他自己的普供杯[41]。阿宗‧竹巴說我是昂波‧天噶的轉世，並給格芒堪布雍滇‧嘉措寫了一封表明此事的正式信函。（為了回應所有的關心，頂果欽哲仁波切寫下了此偈：）

> 聖者喜悅發心祈願具，
> 真正功德應當俱顯現；
> 吾心滿載業惱之沈苛，
> 慚愧難提如此聖功德。

---

40 雅達，藏文g.yab dar；在密乘儀式中所使用的黑色哈達。

41 普供杯，藏文phud kong；用來新獻飲料或食物的供杯，主要用在護法的獻供上。

在薩嘎寺的村落裡，米滂仁波切的親近弟子暨終生侍者喇嘛沃色，傳授了
《文殊真實名經》和欽哲·旺波的前行[42]教授，而年巴仁波切噶瑪·謝竹·滇貝·
尼瑪則傳授覺囊派傳承的時輪金剛大灌頂，我也領受了此法。米滂仁波切的侍者
喇嘛沃色，在某個吉祥日開始教我一些讀誦；來自德格的資深教師噶瑪·秋津
（Karma Chodzin），也繼續教導我讀誦。因為我父親是德格王的秘書，他教我寫
字，我也很努力地學；因此毫無困難地同時學會了草寫體和正楷體。和我的兄長謝
竹一道，我從兩位蔣貢喇嘛[43]的心子、證悟上師蔣揚·札巴處，接受了若那·林巴
《普巴金剛》的灌頂和唸傳。

西元1919年土羊年的夏天，我九歲，和我父親與兄長謝竹一起去見阿宗·竹
巴。他的營地在一次打鬥中被毀了，所以阿宗·竹巴和他的眷眾在雪謙寺附近駐紮
下來。他經常穿著一件紅色緞領的白粗絲上衣，戴著一條瑪瑙項鍊，看起來令人印
象深刻；他有著一頭稍顯灰白的黑長髮，用一條巾子綁了起來。據說他圓滿了頓超
的四相[44]，有無礙的神通。

我父親身穿長服（chuba），阿宗·竹巴告訴他要上穿（把手臂穿進袖口，而
不是讓衣領垂下腰際），才是穿長服的正確方式。他說我祖父也是把他的長服下
穿。但是，隔天，我父親又再度讓他的長服垂下。阿宗·竹巴責罵我的兄長謝竹穿
著有補丁的僧服和一件長袖的襯衣，並說即使我兄長宣稱自己是米滂仁波切的弟

---

42 前行，藏文sngon 'gro；加行，共的外加行是四轉心念：思惟人身難得、生死無常、因果業
　報、與輪迴過患。不共的內加行是四個各十萬遍的修法，分別是皈依與發菩提心、金剛薩埵
　唸誦、供曼達、和上師瑜伽。參見蔣貢·康楚《了義炬》（Torch of Certainty，由美國香巴
　拉印行社於1977年印行）與巴楚仁波切《普賢上師言教》（Words of My Perfect Teacher，由
　美國香巴拉出版社於1994年印行）等書。

43 即蔣揚·欽哲·旺波與蔣貢·康楚。

44 頓超的四相，藏文snang ba bzhi；是大圓滿修行的四個階段：現見法性、證悟增長、明智如
　量、與遍盡法界。

子，也不知道如何做大禮拜。他也常常罵自己的兒子，所以他的兒子很怕他。

我的頭髮已留得很長，以德格樣式把長髮盤繞在頭上；我也穿著在家的袍服。他就問我是否是繼承家業的兒子。當我父親確認此事時，阿宗・竹巴笑著說：「是啊，他會繼承家業，但會有很大的障礙，要我看看嗎？」那時已經出現了許多壞徵兆──在我們家屋頂上差不多有五十面經幡，在經幡下發現鼠輩橫行。而且，有些罐子莫名其妙破了、當地的一座橋燒毀了。所以我父親說他真該進一步查看這些障礙的，阿宗・竹巴告訴我們說他會看一看。

隔了幾天，阿宗・竹巴說這些徵兆表示我父親會生病和我們會被騙，不過假如修一些法就沒問題。接著他又說：「若是你讓這個男孩出家為僧，會比較好。」我父親回說要讓我出家為僧行不通。「那麼我會袪除障礙。」阿宗・竹巴這麼說。他說我需要一個長壽灌頂，和一個適當的贖命（lalu）法[45]，所以他修了名為《甘露瓶長壽法》的灌頂。他們拿了一支長壽箭來，再測量這隻箭的長度。阿宗・竹巴先是唸誦長壽勾召文，然後說道：「看看這支長壽箭的尺寸。」這表示壽力的徵兆將會顯現。當他從我的手上拿開箭時，這支箭短了五吋。阿宗・竹巴有個兒子叫做久美・多傑（Gyurmey Dorje）是事業金剛。這時，他問說這個尺寸會不會弄錯了。阿宗・竹巴很生氣，罵他道：「你怎麼可以這麼說？這是千真萬確的！這正是我告訴你們的障礙──它顯現出來了。」我父親並沒有太驚訝。阿宗・竹巴又再度專心勾召壽力，並再唸了勾召文。之後當他拿開箭時，箭比原先的長度增長了五吋。「我可不是一介凡夫，」阿宗・竹巴說道：「我再說一次，如果你讓他出家為僧會比較好。」我父親不發一語，所以整整七天，阿宗・竹巴每天都給我長壽加持。

---

45 贖命法，藏文bla bslu；用來贖換「拉」、魂魄的儀式。

有一天他依《持明總集》唸誦贖命法，將一隻用油與青稞粉做成的芻羊，擺在碟皿上、放進裝滿水的鍋子裡。芻羊彷彿瞪著大眼，旋轉起來，停住後是面向著我的好方向，因此他說：「有很多魔障，但都不是有害或隱匿的，所以不會有太大的傷害。」之後他就不再擔心並說道：「有個障礙，不過我已經把它除去了。」

他說現在他會剪去我的頭髮，並傳我皈依戒與一個長壽灌頂。我父親終於首肯他這麼做，但我兄長謝竹提醒他說，米滂仁波切曾說過在我二十歲以前，都不能剪去頭髮。阿宗・竹巴問米滂仁波切果真這麼說過。當謝竹向他保證的確如此後，阿宗・竹巴就問說他能否只是剪下一小撮，我父親說可以。所以他就傳授我居士戒[46]，剪下我一綹頭髮，並說我已臣服於蓮師，給了我烏金・甲（Urgyen Kyab）的名字，意思是「受蓮師護佑」。但我不喜歡這個名字。

他傳授我父親和謝竹詳盡的成熟教誡，配合遍知欽哲・旺波所寫《龍欽心髓》前行的簡短教授。阿宗・竹巴親自從蔣揚・欽哲・旺波處，接受了完整的《龍欽心髓》成熟與解脫教授，遍知父子[47]的智慧身在禪觀中向他示現，傳授他這個近傳承的不共教誡。

當我自阿宗・竹巴接受了《龍欽心髓》的前行法教時，他待在森林裡的一處氂毛帳棚裡。當天氣炎熱時，帳棚的側邊會掀起，我就跟父親一起坐在裡面。如同前一世的欽哲仁波切，阿宗・竹巴在傳法時，也習慣抽煙。他常將鼻煙的煙草放在面前的一個鐵盒裡，有時他會拿一些，並說道：「啊……。」他告訴我父親我應該自卓千寺的堪布路廓（Khenpo Luko）處接受《龍欽心髓本續》。我父親說這位堪布是卓千寺最好的上師。當我們離開後，我就再也沒見過阿宗・竹巴了。

---

46 居士戒，藏文dge bsnyen gyi sdom pa；佛教在家人的戒律，受五誓戒：即戒殺、盜、淫、謊、酒。

47 遍知父子；即龍欽・冉江和吉美・林巴。

　　阿宗・竹巴真的很不尋常。欽哲・確吉・羅卓說當他十三歲大時，在宗庫
（Tromkuk）見過阿宗・竹巴。阿宗・竹巴捎了個訊息要他在早上去。他騎馬過
去，因為年紀還小，不太容易上馬，必須攀著一堆木頭爬上去。他騎到了阿宗・竹
巴的帳棚，後者在門口拿著哈達來迎接他。當他們頭碰頭時，阿宗・竹巴哭了。
欽哲・確吉・羅卓待了幾天，並接受了一部份的《龍欽心髓》全集。當他要離開
時，阿宗・竹巴告訴他說：「我有非常強烈的邪見。今日有許多的祖古，但既然你
承接了我根本上師的名諱，我就真的很想見你。當我一看到你，並沒有太多的虔誠
心，因為你只不過是個小孩，但隔天早上，當你騎上你的馬，我的確清楚見到了前
世的欽哲仁波切，我自然非常開心。我真的很想對你做大供養，但現在我沒有太多
的東西。」所以他獻給他一個金、銀做成的寶瓶，是噶瑪・昆千送給他的禮物，還
有其它許多東西。欽哲・確吉・羅卓先前從未收過這麼多的供養。然後阿宗・竹巴
用前額碰了確吉・羅卓，再一次哭了；他要確吉・羅卓常去看他。欽哲・確吉・羅
卓稍後將這只寶瓶給了宗薩寺。收下禮物後，宗薩的僧眾都說這位祖古對寺院非常
有用，所以他們就被稱為「寶瓶崇拜者」。

　　在雪謙・嘉察完成閉關後，我兄長請求了《傑尊心髓》的灌頂，所以我們就
去了雪謙。在那裡我見到嘉察金剛持，榮幸地和我的兄長謝竹一起接受了《大傑
尊毗瑪甚深心髓》的成熟與解脫教誡，以及唸傳。我在米滂仁波切的舍利塔和他
修持所依物的智慧尊文殊像之前，做了深廣的祈請，也被賜予從佛像所降下的甘露
丸。因為阿宗・竹巴曾說過我會有障礙，雪謙・嘉察便在米滂仁波切被保存下來的
身舍利之前，為我祈請。嘉察仁波切用他的日修儀軌函碰了我的頭，這些書函因為
使用頻繁而變髒。那時還未見到我將來會待在哪裡的任何蛛絲馬跡。

之後我們去了才仁炯（Tsering Jong），這是如丹・卓千寺（Rudam Dzogchen Monastery）的閉關地。大菩薩堪千・吉美・貝瑪・羅薩（Khenchen Jigmey Pema Losal）、又名袞秋・札巴（Konchok Trakpa）在此處為我們傳授了《寧瑪教傳》[48]中《幻化網文武百尊》的大灌頂和《大圓滿龍欽心髓》兩函本論灌頂，那是我兄長謝竹・滇津很久以前就請法的。他給了多・竹千所寫的《持明總集》廣軌灌頂與長壽灌頂、《大樂佛母》的長壽灌頂、以及《獅面空行母》、《巴千度巴》與四部飲血尊的灌頂。他傳授了《文武百尊清淨下三道》、《大悲觀音痛苦自解》、尼札[49]的《千佛》灌頂、《最密上師成就法》、《智慧上師》的成熟教誡與明力灌頂、以及一髻母、瑪哈嘎拉、和長壽母的命力囑咐。這些他都極為詳盡地傳授。堪仁波切對我非常好，每天都給我甜食的禮物。唸傳的部分我們是得自卓千寺的堪布圖登・年札（Thupen Nyentrak）。另從賈瑟・賢遍・泰耶的殊勝轉世賢遍・確吉・囊哇（Shenpen Chökyi Nangwa）處，接受了《無量壽經》的唸傳。當我見到師利・星哈佛學院的住持堪布賢嘎時，他給我一只盛滿了營養品的玉杯。

我們也去拜會卓千仁波切，他在卓千寺前方的一處大岩石邊舉行薈供。他要我待上一個月，但我們只能待十天左右。卓千仁波切說我會有障礙，應該放生。回到家後，既然我父親有許多動物，我們就赦免其中的數千頭不予宰殺。

克服障難

那時我們家已經鼠輩橫行，一隻接著一隻，串起來像條繩子似的。還有其它

---

48 《寧瑪教傳》，藏文snga 'gyur bka' ma；主要於蓮師待在西藏期間所譯出的法教，師徒相傳承續至今。由敏珠林的大伏藏師迭達・林巴蒐錄，並由敦珠法王擴編，目前總數有五十六函。

49 尼札（Nyitrak）；一位伏藏師，亦稱持明尼瑪・札巴（1647-1710）。

不好的徵兆，而且就像前面所說的，當阿宗‧竹巴和其他上師檢視這些徵兆時，看起來是不好的。

在我們的領地裡，總是有一大堆工作要做，我們雇用了一大批的傭人，為了他們得煮一大鍋的熱湯。有天傍晚，我兄長和我在一只大爐子旁玩耍，來回地丟著點燃的木材時，有一塊打中了我的頭。我往後仰，撞到了正在煮熱湯的大鍋子。熱湯灑在我的褲子和整條腿上。我所穿的羊皮長服黏在皮膚上，燙傷了。我的左大腿佈滿了水泡，痛徹心扉。那天晚上，他們請來了喇嘛仁津‧帖秋（Rigzin Tekchok），他是兩位蔣貢仁波切、巴楚仁波切、米滂仁波切和昂波‧天噶的直傳弟子。他已經圓滿了一億遍的六字大明咒和文殊咒的唸誦，並具有博學、戒律、和威儀的殊勝功德。他有個已經修了幾十萬遍的咒，對各種疑難雜症頗有神效。他對我灑了幾次加持過的水，讓痛楚減緩不少。

就某方面來說，這個意外是幸運的，因為不久之後，我父親問了很多喇嘛占卜的結果，都說我必得出家為僧。雪謙‧嘉察指出，假如不能讓我如願地成為僧人的話，我就活不久了。喇嘛沃色，米滂仁波切的主要侍者，修了一座《紛亂外相淨治法》的贖命法和一座迴遮死亡的贖命法。昂波‧天噶的弟子貢噶‧巴滇（Kunga Palden）被請來授予我淨行的居士戒，並修了一個月的長壽法。既然我開始能自己決定事情，我就想要出家。我父親問我：「你覺得修哪一種消災祈福法，能讓你從這次意外中康復？假如你能夠活下去，我會做任何得做的事！」我說出家並穿上法袍會有幫助。我父親答應了，並且高興地為我訂購僧服，也放了一個小的手鼓和鈴在我的枕頭上，還告訴喇嘛沃色在翌日清晨黎明時分幫我剪頭髮。他們說我母親哭了，因為她很害怕我那天晚上會死掉。我臥床六個月，實在很煎熬，因為我只能向左側躺；臀部酸極了。

隔天早晨，我從喇嘛沃色受戒，他剪去了我的頭髮，並授予我僧服。因為米滂仁波切已經給了我法名札西・帕久，喇嘛沃色說我不需要另取新名字。他也為我修了《浚斷輪迴》的法，以及迴遮死亡的贖命法。

每個寺院的村落都做了法事；我們放生了一萬頭的動物；還特地請庫夏・格芒[50]和堪仁波切羅薩（Khen Losal Rinpoche）修長壽法。尤其，我兄長桑傑・年巴，正在閉三年嚴關期間，代替我修了阿底峽傳承的白度母唸誦。在夢中，他清楚地見到了一隻夏若瓦[51]在無雲晴空中，前方還有一朵綻放的白蓮，被白光環繞著。正對著這隻野獸的尾巴，有一朵白雲以順時鐘方向的卍字形狀出現。他將夢境畫成一張彩圖，附帶著寶瓶水[52]、長壽物、和一封信寫著：「我弟弟壽命的障礙現在已經除去了。」一起送了過來。

倘若沒有這次的意外，我就不能隨雪謙・嘉察和其他上師學習。當我出家後，我父親心想應該將我安置在哪裡。許多上師都說我必須要昇座，但我父親說他想要留我在家裡。我父親說我是一位祖古，若是讓我到雪謙寺或卓千寺去，會把我的時間浪費在收取供養上。所以，在我成為僧人後，我仍留在家中。有兩位每年都會從康定（打箭爐）前來的商人，在我燙傷後，從商品裡送給了我杯子和甜食；他們真的很喜歡我。當我復原且成為一名僧人後，這兩位商人哭了，說現在我成了個出家僧，頂果家就斷了香火。那年冬天我閉關修普巴金剛法。

當我差不多康復時，堪布賢嘎來我們家拜訪。當我見到他時，他說：「這

---

50 庫夏・格芒（Kushab Gemang）；賈瑟・賢遍・泰耶的轉世。

51 夏若瓦（Sharawa），藏文sha-ra-ba；菩薩化身的一種神話性野獸，能以不同形象化現，例如獨角獸或帶翼的八腳獅子等等。

52 寶瓶水，藏文bum chu；修法所使用的寶瓶中，已受過加持的水。

個讓祖古生病的意外，促成了一椿美事。多・欽哲曾對他父母親提到多竹千（Dodrupchen）的祕密法名，還說：『我得去見那位上師，若見不到他，就會回老家去，我的家鄉是銅色山淨土。』同樣地，這位祖古出家是非常好的，否則他就不會活下去。我正要前往玉樹的結古寺（Dondrup Ling），因為哦派大師洛迭・旺波要我去那裡建一座佛學院，假如你往那兒去，我會教你所有的佛學釋論。當多・欽哲・耶謝・多傑（Do Khyentse Yeshe Dorje）年輕時，住在止貢（Drikung），那時偉大的護法羅睺羅（Rahula）的確現身了，告訴他要研讀經論。既然你是像他一樣的法教執持者，從現在起，你就應當廣泛地學習和思惟。」

因為他一直這麼說，我就去了遍知米滂仁波切的小屋札西・巴拔林，那時我已經完全康復了。在那裡，我的兄長謝竹和我修了一個星期《密集長壽法：最密隱修》的嚴關。之後，我和我的兄長謝竹一起前往玉樹的結古寺，謝竹是我的第二位上師。

鑽研佛學

當我來到了堪布賢嘎的所在，他的博學、戒律、和威儀功德，無與倫比，他備極呵護地照顧著我，我很幸運地聽聞、思惟令人印象深刻的如意寶《入菩薩行論》[53]。當我一開始研讀《入菩薩行論》時，堪布賢嘎派了一位學生來三度查校我的理解程度。隔天當我應試時，他很開心。堪布賢嘎說當巴楚仁波切在學習《入菩薩行論》時，一天無法學超過一個偈誦，因此堪布賢嘎教我的進度每天不超過一

---

53 《入菩薩行論》，藏文spyod 'jug，梵文bodhicharyavatara；由偉大的印度學者寂天（八世紀）所著有關菩薩行儀的根本論頌，共有十品，分別是：一、〈菩提心利益〉；二、〈懺悔〉；三、〈受持菩提心〉；四、〈不放逸〉；五、〈護正知〉；六、〈安忍〉；七、〈精進〉；八、〈禪定〉；九、〈智慧〉；十、〈迴向〉。參見蓮師翻譯小組英譯之《入菩薩行論》（The Way of the Bodhisattva）一書（由美國香巴拉出版社於1997年印行）。

頁以上。他用每天所教的內容做為本論的釋論，我的親教師要我讀上一百遍。中午時，我能夠玩個一小時；不知道是否是因為那小時的緣故，但我從不覺得厭煩。

每天下午，賢嘎的一位博學弟子阿庫‧索處（Aku Sotruk），會幫我們複習法教。我必須在堪布賢嘎的面前每天應試，但因為我的讀誦很好，所以考試的結果也從來不差。

我想那是1919年羊年四月的滿月那天，堪布賢嘎在傳統上五位僧人的輔助下，於玉樹佛學院的覺沃佛像前面，傳授沙彌戒。[54]我和我的法友，一位來自嘎地塔蘭寺（Tharlam Monastery）的年輕僧人，叫做蔣巴‧仁千（Jampa Rinchen），一起受戒。堪布賢嘎給了我一件有卍字圖樣的刺繡僧服，和法名吉美‧若瑟‧達哇‧堪若‧滇帕‧達傑（Jigmey Rabsel Dawa Khyenrab Tenpa Dargye）。他說我天資聰穎，在經典上會非常博學多聞。雖然他直接、間接地稱讚我，但現在當我回想起來，那時還年幼，也不是真的對經典有很好的了解，只是在字句上專精而已。

雖然我已經從燙傷中康復，我的皮膚還是因為膿泡而發癢。堪布賢嘎說在多提‧岡嘎（Dothi Gangkar），即蓮師加持過的姜（Gyam）地的一個特別之處，有溫泉能夠改善我的情況，他也建議到那裡上完《入菩薩行論》。所以我們就去了那裡，並在那個聖地附近圓滿了這個教授。

同時，來自班千的仲巴‧喇嘛‧才旺‧嘉稱（Drongpa Lama Tsewang Gyaltsen），對我很好，說道：「你能出家是很好的，我希望你可以是一位很好的上師。」他還給了我一個包在布袋中的高級金屬小缽，讓我非常開心。當我去拜會喇嘛天津‧秋賈時，他給了我一個裝滿了葡萄乾的罐子，並說：「現在你是個喇嘛了！」

---

54 沙彌戒，藏文dge tshul gyi sdom pa；藏曆四月稱「薩嘎達瓦」（Saga Dawa），被認為是修行的特殊月份，因佛陀的出生、證悟、與涅槃都在這個月當中。

　　幾個月後，我去了堪布賢嘎在嘉沃浦（Gyawopu）的閉關地。堪布賢嘎在閉嚴關，但當我抵達時，我見到所有卓千佛學院的僧眾，全都排好隊，好像是要接受堪布法教的樣子。當我進到裡面時，他要我坐在他根本上師過去所坐的法座上，而他坐在一個較低的位子上。在他開始傳法前，他對大眾宣佈，說我是他上師的轉世，所以大眾應該陸續走過來接受我的加持。

　　堪布賢嘎要我教授我母親《入菩薩行論》的前四品，當我在冬天一抵達家門後，就立即教她了。他說當我在我們家附近的桑竹林（Samdrupling）安頓下來時，可說是年方八歲就開始教授《入菩薩行論》了。桑竹林是薩嘎寺（Sakar）在滇地的駐地，許久以前由薩迦派的主校譯師楚欽・仁千（Tsultrim Rinchen）所建立。堪布賢嘎派了一位輔教師隨我前來，他是來自八蚌的出家僧，叫做噶瑪・楚欽（Karma Trultrim），人品謙和且非常有才華。在仔細教導這本論著時，我覺得闡述菩提心利益的品名確實符合了該品的法義。隨著對《入菩薩行論》信心的增長，我的了解也進步了些。當我應試並詳解《入菩薩行論》智慧品中的困難之處時，噶瑪・楚欽很開心，說道：「祖古，你學這本論學得這麼好，讓我比得到一塊金子還高興！」

　　在我們家佛堂裡，有座複製的銅色山淨土，我常去那兒。有一天，似乎讓我想到了某件事。我對一位玩伴說道：「今晚我要去銅色山淨土。」即使那天晚上入睡時，我沒有想著、也不記得銅色山淨土，在夢裡，我卻到了一座據說是銅色山淨土的宮殿。我短暫地見到了蓮師和米滂仁波切，在米滂的法座下方，有個鋪了方地毯的空位，他叫我坐在那裡。我記得當我一坐下，他就說道：「這是你的本尊。」並給了我一尊五吋高的長壽怙主大威德金剛金銅像，放在我前方的桌子

上。那時我還不太懂拼字或文法，但桑傑・年巴說在我讀了《入菩薩行論》後，在我寫給他的信裡，就再也沒有任何錯字了。

在1920年猴年時，我回到了玉樹。堪布賢嘎正在對約莫三百多位僧眾，講授《入中論》的一部釋論，我也跟著學。每天我獨自應試，但偶爾得在一大群學生當中獻試，這讓堪布賢嘎很開心，而我的同修則讚嘆不已。我的親教師噶瑪・楚欽，也教我《入中論》的廣解，我還讀了我兄長謝竹寫的精彩註解；不然單靠我自己是絕對沒有能耐或理解力能深入這本釋論的奧義的。

我兄長謝竹告訴我：「巴楚仁波切的弟子，先是靠逐字逐句的釋論，來獲得對本論的徹底了解。當初學者開始研讀一本論的詳解時，他們的理解是零散的。透過背誦綱要，我們就能夠了解大意，從這個地方著手複習整部釋論，研讀才會得力。今日有許多注解釋論，但缺乏大綱，所以無法產生良好的理解。」因此他給了我一些研讀經典入門的重要訣竅，這有極大的幫助。我父親寫了封信給慈怙錫度・貝瑪・旺秋（Situ Pema Wangchok），請求兩本《入中論》的批注，錫度仁波切給了我這兩本價值不斐的書。

我陪著堪布賢嘎去朝禮嘉那・瑪尼[55]，這是一處堆滿刻了觀世音菩薩六字大明咒的美麗石堆，堆疊有如山高。據說能讓那些親眼目睹的人們解脫。我在那裡接受了堪布賢嘎《佛說大乘莊嚴寶王經》的口傳。同時堪布賢嘎還給了我一尊由東印度合金製成的釋迦牟尼佛像[56]；昂波・天噶的大圓滿訣竅抄本《心性休息》；《龍欽

---

55 嘉那・瑪尼（Gyanak Mani）；是全西藏最大的瑪尼堆，就在玉樹郊外。在石塊上刻滿經文或禪修本尊的咒語。在此處最初的佛寺，是西元十三世紀時由嘉那祖古所建。

56 藏文rgya gar shar li；一種東印度數種金屬製成的合金。

心髓》中的大圓滿的生圓次第和施身法[57]寫本；一本昂波・天噶收藏之蔣揚・欽哲・旺波附有許多註解的道歌集；一本佛學綱要的手抄本；一對從哦・夏千・明珠・嘉稱（Ngor Sharchen Migyur Gyaltsen）手中得自欽哲・確吉・羅卓的精緻印度鈴杵；和一個有著金飾帶的象牙小手鼓。他私下給了我這一切，並要我再去看他，好持續從他那兒接受法教。

那年冬天，堪布賢嘎立誓要終生待在嘉沃浦閉嚴關。嘉沃浦靠近德格區的綽・喜充（Trö Ziltröm），是大成就者湯東・賈波（Thangtong Gyalpo）弟子貢噶・嘉稱（Kunga Gyaltsen）的禪修地，貢噶・嘉稱是德格王的親戚。但堪布賢嘎說沒完成對我的傳授是不對的，叫我在元月份昂波・天噶忌日那天去那兒。他告訴我父親：「你得在這個閉關地蓋間關房。」遵從他的建議，我在忌日那天去了嘉沃浦的閉關地，受到卓千寺堪布給列・南嘉（Gelek Namgyal）和師利・星哈佛學院所有僧眾迎賓隊伍的歡迎。

當我進到他的房間，堪布賢嘎用他冬天一直在修的《穢跡金剛》[58]淨水，幫我灑淨全身，並給了我一套新衣服。那一天他修了極為繁複的《巴千度巴》[59]的薈供，並安排我坐在比他還高的位子上。他要任何去看他的人──不管地位高低、博學或尊貴──都去拜會他上師的轉世。格芒寺昂波・天噶的親近弟子、偉大的出離瑜伽士貢噶・巴滇，給了我一個含曼達圈和頂輪的美麗大銅曼達盤後，我被安置在草地裡的一處犛牛帳棚裡，我住在那兒。

---

57 施身法，藏文gcod；字義是「斬斷」，以《般若經》為本的一種修持體系，由印度成就者帕當巴・桑傑（Padampa Sangye）與西藏女性上師瑪吉・拉准所傳下，其目的是為了斬斷四魔與我執。西藏的佛教八大實修傳承之一。

58 《穢跡金剛》，藏文sme brtsegs；忿怒尊之一。

59 《巴千度巴》，藏文dpal chen 'dus pa；是《龍欽心髓》主要本尊之一。

堪布賢嘎教導解說《龍欽心髓》前行的《普賢上師言教》，當他教到發菩提心[60]的章節時，他說為了配合究竟菩提心的教授，傳統上會給一些心性的法教。他要我們觀察身、語、意，何者最為重要，我答說：「心是最重要的。」然後他說：「觀察心性！」在我的犛牛帳棚附近，是一處岩棚下的迷人草地，我坐在草地上，假裝在觀看我的心。當認出心識的明空時，我告訴了堪布賢嘎。稍後，當我的上師堪布賢嘎跟他的法友、大圓滿行者的貢噶・巴滇談及此事時，這兩位上師都說我的這番話，是出自我先前的修學，並讚嘆我非比尋常。但我覺得認出剎那的心念是明空，可能只是因為我先前學過一些《中論》，應該並不是指認，而僅是一種阿賴耶識[61]的體驗而已。那時我有個侍者，我要他幫我找許多黑、白的小石子。為了習慣一些善的習氣，我決定自己應該像婆羅門羅睺羅[62]生平所描述的那樣來修學。

每當我去見我的上師堪布賢嘎時，他總是給我一些三甜之類的東西，而且他會開始興高采烈的交談起來。在他住處前方是一處花園，有時，在午後，他會帶著我去玩一下。在這座花園的前頭有顆大岩石，地鼠總是在那兒出沒。堪布說：「讓我們坐在這裡，對地鼠丟些小石頭。你可以找一些小石頭嗎？」我去蒐集小石頭，但我拿回來的石頭對於小地鼠來說，是太大了些，於是堪布要我去找些較小的石頭來。他開始把他的小石塊輕柔地丟向地鼠。他的石塊非常接近地鼠，牠們全都

---

60 發菩提心，藏文sems bskyed；發願修行，為了讓一切眾生得以解脫並引領他們證得圓滿證悟。

61 阿賴耶識，藏文kun gzhi'i rnam shes，梵文為alayavijnana；字義是「總基識」，八識之一，為一切世俗經驗根基的意識。

62 婆羅門羅睺羅首先用一堆黑石子計算他的惡行，一堆白石子計算其善行。一開始，以黑石子居多，但慢慢白石子變成較多數量的那一堆。

一哄而散。某一刻他咯咯笑起來說道：「也許我丟這些石頭比你還行！」我想他是想要逗我開心，好讓我不會對學習感到厭煩。他也常請我客，像是用牛奶做成的硬糖和他自己用許多藥草做成的某種特製西藏維他命。

他告訴我們一個某天昂波‧天噶走在卓千寺外所發生的故事。當昂波‧天噶看到一位教師在毆打一位沙彌，他告訴他的侍者堪布賢嘎道：「在我死後，他們會把我的名字給了某個小孩，說那是我的轉世，而一位沒有悲心的教師，會讓這個小孩難過，就像那傢伙的所作所為。」然後堪布賢嘎解釋道：「雖然你是出生在有權勢、富有、和地位崇高家庭中的幸運兒，也沒被寵壞，你的兄長把你教的很好，這讓我很安慰。我沒辦法嚴格，也不適合教你任何東西。」

圖二、雪謙‧嘉察‧貝瑪‧南嘉。馬修‧李卡德攝

堪布賢嘎常說從1920年猴年起，他就會把一切都丟下，不理任何人，閉嚴關去。即使他想要這麼做，但因為他已經授予我他根本上師轉世的名號，希望我能承擔昂波・天噶的法教，他就教導我經典。他的弟子德企・蒼達・昆讓（Dechi Tsangda Kyungram），正在幫堪布賢嘎蓋關房，當關房蓋好時，寺院的獻供法器一應俱全，堪布賢嘎對他的法友貢噶・巴滇說道：「我在我的閉關處，已經積聚了許多供具。當祖古二十歲時，他要不是成為一位偉大的上師，這很有用，就是會成為一位出離者，那時他就會放下一切。」

在教完《普賢上師言教》後，他按順序地教授《中論》、《迴諍論》、《七十空性論》、《六十正理論》、《精研磨論》和《中觀四百論》，讓博學和尊貴的美哇・索南・供波（Mewa Sonam Gonpo）當他的輔講。我常參加藏曆初十、二十五日的薈供。我的兄長謝竹說：「把上師送給你當做禮物的每件僧服，獻給重要的上師，並請求他們的庇佑，是很好的，可讓你的這一生和修行不會有障礙。」所以我從未穿過這些僧服，而是把它們全給了我的上師們。

圖三、左：第六世雪謙・冉江。雪謙文史庫藏／拍攝者不詳
　　　右：雪謙・康楚。雪謙文史庫藏／拍攝者不詳

圖四、左:第五世卓千仁波切圖登・確吉・多傑。拍攝者不詳
右:八蚌・錫度仁波切。雪謙文史庫藏／拍攝者不詳

　　堪布賢嘎的關房,是個僻靜之地。附近是一座雪山山脈,下方有座天然的高
聳岩山,飛瀑奔騰。因為長年的濃霧,根本見不到太陽,夏季的下雨常會伴著降
雪,因此地面的樹枝總是覆蓋著露珠;但我從不覺得沮喪或無聊。堪布賢嘎撰寫了
一首有關三部怙主[63]、蓮師、度母、和所有印度與西藏班智達、成就者的歌,類似
於〈遙呼上師〉。他說這是給在家人在繞行嘎托・宗涅(Gatod Dzomnyak)佛塔
時唱誦用的。以此為範本,我寫了一整頁滿滿的虔誠偈頌,有些彼此相關,有些根
本沒有任何關連。我常觀看野雛羊在這個隱蔽之處的平緩岩坡,戲耍飛躍的美妙景
象。偶爾,當雨下得老大時,崖壁間會有水流傾瀉而下。看到這一切,我很想寫下
對此地的謳歌。我想我寫的,是懸崖就像是清淨之地的本尊,而水流就宛如榮耀本
尊的旗幡,但那時我還未學過詩詞,也不知道要如何以適當的韻文來寫作。

---

63 三部怙主,藏文rigs gsum mgon po;是三位菩薩觀世音、文殊、與金剛手。

當我的一位姊姊過世時，我想那可能是我生命的某個障礙。這個懷疑讓我做夢，夢見去到一處叫做綽‧喜充殿的大殿。在大殿裡，是一位戴著蓮花帽[64]的上師，他給了我長壽灌頂。當我告訴我兄長這個夢時，他鬆了一口氣。

我有個鑲銀線的缽，是在那年冬天回家時得到的。當堪布賢嘎看到這個缽時，他對我和我的親教師說道：「在你十五歲以前，都可以做任何你想做的事。當你一到十五歲，你就得過午不食，也不能有鑲銀線的缽或是有裝飾的念珠之類的東西。你的整個生活形態必須符合寺院的戒律。」

不丹的國王烏金‧旺秋（Urgyen Wangchuk），派了五位有教養的僧人，包括滇帕‧仁千（Tenpa Rinchen）在內，來跟堪布賢嘎學習。跟他們一塊，我接受了堪布賢嘎自己所寫的，關於巴楚仁波切《前、中、後三善道》釋論的口傳。

我在回家的路上，在南卓林（Namdroling）的薩隴（Zalung）關房暫歇，在那裡拜會出離的法主丹秋‧仁千（Damchoe Rinchen）和蘇曼‧創巴仁波切（Zurmang Trungpa Rinpoche）噶瑪‧確吉‧寧切（Karma Chökyi Nyinche），並接受了後者撰寫的《格薩長壽加持法》。我經常想著應該要在研讀經典上持續下功夫，於是就搬到了薩嘎寺的桑竹林，那兒靠近我父母、兄弟姊妹的老家。在桑竹林有間新屋子，在那兒的樓上，謝竹和我修了一個月米滂仁波切《續部普巴金剛》[65]的閉關。

我很喜歡聽故事，特別喜歡向年長者問東問西。當聆聽密勒日巴的傳記時，聽到他所修的黑咒術是多麼成功地降在他伯父和姑姑身上時，我瞠目結舌、緊咬下唇。我常聽說米滂仁波切喜歡誅法，在我們家會請一些挑選過的薩迦派喇嘛，每

---

64 蓮花帽，藏文pad zha；蓮師所戴的一種帽子形式。

65 《續部普巴金剛》；米滂仁波切的普巴金剛修法。

圖五、欽哲・確吉・羅卓、錫度・貝瑪・旺秋、堪布賢嘎、康謝堪布。拍攝者不詳

年修昆氏傳承[66]的普巴金剛禳災法，以及降伏宿敵、親眷的死亡和不幸等法事，這已成慣例。因為這樣，我常會和我同年紀的一大群小孩，在下午搖鈴、打鼓、吹脛骨號，假裝搬演各種法事，像是摧毀邪惡食子的泥塑像、焚燒食子、跳金剛舞等等。

當我聽到班千寺的仲巴・喇嘛・才旺・嘉稱和我的兄長謝竹，獻上了許多普巴金剛的讚頌時，我增長了信心，變得很喜歡普巴金剛。在我閉關時，我的年輕侍者跑掉了，即便我不知道任何其他的觀想，但我一直觀想他在普巴金剛的腳下被踩扁。他因為迷路而惹上一大堆麻煩，他的眼睛也因為雪地陽光的折射而紅腫……等等，我覺得很驕傲，認為這是因為我的力量的緣故。

---

66 昆氏傳承，藏文'khon，昆氏傳承是由昆・袞秋・賈波（Khon Konchok Gyalpo）建立薩迦寺所傳下，這也是薩迦派的啟始。

　　在家中，我們每年都會修十萬遍的〈七支祈請文〉，我也加入其中。我們的佛堂有一尊三尺高的蓮師像，我一直很仰慕祂，覺得祂的存在是如此地無遠弗屆，到最後我開始懷疑祂是否就是蓮師本人。在那之後，當我見到喇嘛沃色刻印的木刻版、由米滂仁波切所寫〈七支祈請文〉的釋論《白蓮花釋》，並見到嘉察仁波切所撰的跋時，我發現這些文字是多麼啟發人心而著迷不已。

　　當我完成閉關時，我們邀請了在北札曲喀（Dzachukha，譯注：即今四川的石渠縣）羌瑪關房[67]的巴圖・堪仁波切（Bathur Khen Rinpoche）。他很願意前來，但不能騎馬，所以沿途碰到了一大堆麻煩，又是下雪、又是下雨。從他那兒，我請求了彌勒菩薩的二莊嚴（譯注：《現觀莊嚴論》和《大乘莊嚴經論》）與二辨（譯注：《辨法性性論》和《辨中邊論》），以及《寶性論》。我的兄長桑傑・年巴接受了米滂對《中觀莊嚴論》廣解釋論的解說。那時，我的兄長因為發燒和腹瀉而病倒，每天堪布賢嘎都會幫他唸誦《穢跡金剛》的淨障和贖命法。我順便問了堪布賢嘎寶瓶、咒線、和金剛杵[68]的作用，他回答說：「這些代表壇城本尊的三金剛：寶瓶是身、咒線是語、金剛杵是意。」

　　當我父親獻出了薩嘎寺結夏安居的捐款後，堪布賢嘎前往薩嘎寺，開始了夏季的閉關，我自己也主動答應留在那裡。在吉祥的布薩[69]法事時，講授了巴楚仁波切的《律讚》，我也接受了此法教。謝竹和我在那個冬天於一個小關房裡，唸誦米滂仁波切的上師瑜伽法、《最密上師成就法：明點具印》、和《密集長壽法》；那時我見到了卓千寺的堪仁波切索秋（Khen Sochoe Rinpoche），他剛從前藏和後藏

---

67 羌瑪關房（Changma Hermitage），藏文lcang ma ri khrod；堪布圖登的關房。

68 寶瓶、咒線、和金剛杵，藏文bum pa gzungs thag rdo rje；小小的金剛杵以五色線與寶瓶相連接，用作寶瓶的開光。

69 布薩，藏文gso sbyong；一種僧尼用來還補與清淨所破犯誓戒的儀軌。

朝聖回來。他告訴我我將會有個障礙，並說他會去除這個障礙。他給了我《龍欽心髓》的三根本灌頂，以及謝竹請求的多・欽哲甚深伏藏《執著自解》的灌頂和口傳。他還給了我們在水晶洞[70]（另譯協札）製成的法藥。

通常我父親只對出家眾有信心，認為剃度後的喇嘛和祖古不應該坐高座或沈溺在輕佻的行為上，例如唱通俗歌曲。因為我父親和兄長恪遵《律藏》[71]，他們成為我的善知識。我也相信淨行並保有自己的三法衣、托缽、濾網和水瓶。[72]我熟記出家戒、菩薩戒和密乘戒的偈頌，常會唱誦這些偈頌。我不喜歡看表演，一想到表演，就覺得父親和兄長是我的道伴對我幫助極大。

我兄長謝竹的本尊是妙音天女，遍知米滂仁波切告訴他要有一幅白妙音天女的彩繪唐卡，來做為三昧耶所依物。這幅唐卡由米滂仁波切所開光，掛在他的床邊，有一天晚上當我要就寢時，夢見妙音天女出現在空中，周遭環繞著五彩的虹光。

那個春季，卓千寺的出離者，已經圓滿了取悅其上師米滂仁波切的三規，且修學了（大圓滿）四相的喇嘛沃色，傳授我們米滂仁波切的《智者入門》。我們也很榮幸地接受了《智者入門》的「精簡本」和「目錄」口傳、《讚頌集》、共與不共的《八大教誡：八大嘿嚕嘎儀軌》、《言教》、《大圓滿》、《八大教誡》[73]的釋論，以及其他經論。謝竹總是告訴我，同時從尊貴的喇嘛沃色和雪謙・嘉察處，接

---

70 水晶洞，藏文shel brag；在前藏雅隆谷地的一處著名蓮師洞穴，在此烏金・林巴（Urgyen Lingpo）取出了蓮師的《蓮花遺教》。

71 《律藏》，藏文'dul ba；戒律，是佛法三藏之一，包含了佛陀所教授的道德、戒律、與德行，是所有佛法修行者，包括在家人與出家人的必備基礎。

72 這些是受具足戒的比丘必須隨身攜帶的不同器物。

73 《八大教誡》，藏文bka' brgyad bde 'dus；由娘・若・尼瑪・沃色（Nyang Ral Nyima Özer）所取出的九或十三函伏藏法，有瑪哈瑜伽部的八位主要本尊法教，和其相對應的密續與儀軌，分別是：文殊身、蓮花語、清淨（嘿嚕嘎）意、甘露功德、普巴事業、召遣非人、猛咒詛誓、與世間供讚等。

受遍知米滂仁波切的《全集》有多麼重要，所以我很期待能夠領受《全集》。

在我從卓千寺回家途中，在一處叫薩拉寺（Sara Monastery）的地方停了一下，在那裡閉了三個月的關。之後，繼續我的旅程，並在滇地的南嘉林（Namgyaling）關房暫歇，會見極為博學的成就者丹秋・沃色，他是兩位蔣貢的心子，他說：「你若是能夠領受《寧瑪教傳》是非常好的。」一邊讚嘆的同時，他堅持我要領受此法。

3.遇見根本上師

　　據說有一位善知識做為典範，是非常重要的。我的兄長謝竹，相信我會成為一位賢者，就對我說：「你應該追隨一位具德上師，並以經教和伏藏[74]的灌頂與口傳來提昇自己。有了聞、思、修的功德，你應該承續尊貴上師的典範；透過修學、戒律、與善德，你要能夠持有法教。」他也經常教導我要怎麼做到這些，並告訴我說：「他們總是說蔣揚‧欽哲、米滂仁波切、雪謙‧嘉察、和格芒堪布雍嘎的行儀，比其他法教持有者更為傑出，所以現在你得從雪謙‧嘉察那裡，接受寧瑪派傳承的經教、伏藏灌頂與法教，來增長你的心性。像米滂仁波切一樣，獲得修行的精髓是很重要的——這就是要義所在。一般來說，三位蔣貢[75]有許多博學、持戒、威儀、且有成就的弟子，但在他們當中，米滂文殊對雪謙‧嘉察特別青睞，在圓寂之前，他最後的遺願是要把所有藏書都送給雪謙‧嘉察，想必是認為雪謙‧嘉察出類拔萃。所以你應該依止他為你的根本上師。」

　　那時我們住在一處帳棚裡，有兩位僕人，其中一位是僧人，也是位很棒的長途跋涉高手，他被派往雪謙，帶了封信去詢問雪謙‧嘉察何時可前去參訪。勝皈依、壇城怙主病得很重；那時他已漸年邁，無法待在寺院的住所，於是住在雪謙寺後山的閉關山洞裡。這個山洞是《八大教誡：善逝總集》的佛堂，他住在那裡像個隱士般，遠離一切俗務。他回了一封信說道：「我是一個老病的傢伙，等死而已，我已經放下一切。假如到最後碰巧恢復健康，就會盡可能地傳法和灌頂。」當我的兄長得知這個消息時，他相當開心地說道：「現在我們成辦某件事了！」

---

74 經教和伏藏，藏文bka'gter；分別是由口傳傳下、與由伏藏取出的法教。

75 三位蔣貢；兩位蔣貢（是蔣揚‧欽哲‧旺波與蔣貢‧康楚）加上米滂仁波切。

　　我父親決定我應當前往並待在雪謙寺，和嘉察仁波切在一起。那時我兄長桑傑‧年巴剛完成三年三個月的閉關，他也想要去參見雪謙‧嘉察。所以木鼠年、西元1924年的夏天，當我十五歲時，為了能在雪謙‧滇尼‧達吉林，親炙家族不共怙主、圓滿證悟的上師嘉察仁波切久美‧貝瑪‧南嘉，我兄長桑傑‧年巴、我的親教師謝竹，和我一道前往雪謙。我們待在嘉察仁波切蓮花光閉關中心的無死蓮花天界小屋裡，這屋子位在寺院和關房之間。尊貴的上師正在他勝樂金剛（Chakrasamvara）關房[76]的結界裡閉嚴關。他派他的出家侍者辛貢（Shingkyong）送給了我們兩條哈達，還捎來一個訊息說，既然先前已見過謝竹，明天就能見他。但這是我們的第一次晤面，所以他會在三天後的吉祥日裡，見桑傑‧年巴和我。我想要立即就見到上師，所以這幾天就顯得頗為漫長。

　　當我們在適當的日子抵達他的閉關地時，雪謙‧嘉察並沒有穿著平常的僧服，而是穿著一件黃色、毛邊的外衣。他的頭髮及肩，髮尾捲了起來。當我第一次見到他珍貴的面容時，他極為欣喜並詢問桑傑‧年巴領受過的大小教授等，還談論了頗長一段時間的佛法。當侍者對師徒奉上茶、飯時，向嘉察仁波切要木缽倒茶時，他開玩笑地回說：「你說的可是我的寶盒嗎？」

　　在我們離去前，我請求了米滂仁波切《全集》的口傳和講解。雪謙‧嘉察病得不輕，但說若是他的健康許可，他會給我們米滂仁波切《全集》的灌頂和口傳。

　　我尊貴上師的資深侍者康果（Khamgo），和我們待在同一個地方，他告訴我們說：「過去，在金剛持欽哲‧旺波傳授整套教傳與伏藏的《普巴金剛》灌頂後，他告訴嘉察仁波切說：『既然你是光象尊者（Prabhahasti，譯注：光象尊者

---

[76] 雪謙‧嘉察仁波切的關房，有一在岩石上自顯的勝樂金剛像，故以此得名。

出家時的法名為釋迦光Shakyaprabha）和朗拉・江秋・多傑[77]的化身，當你去到雪謙之後，必須在你的住所廣修普巴閉關，直到圓滿一切徵兆為止，屆時再修火供。」依照這些指示，嘉察仁波切在雪謙關房的巴瓊（Barchung）住所閉關。一百天之後，雖然因為生病沒辦法完成持誦，但他已經獲得了一切的徵兆，所以就修了火供。也就在那個時候，他在房門前的石頭上留下了腳印。」為了怕人們發現，他就把這塊石頭丟到遠處，但康果找到了這塊石頭，把它放在他的佛龕上。當我聽到這個故事後，滿懷信心，對雪謙・嘉察也有了比平日更多的信心。

有一天我們接到一個消息，要我們在某個特定的日子去拜訪雪謙・嘉察。在預定的那一天，我們又再度前往他的住居，他說那一天是開始傳法和灌頂的日子。我們從法王迭達・林巴（Terdak Lingpa）甚深《敏珠林金剛薩埵》伏藏法的成熟灌頂開始，這是偉大密乘如海的核心。他依據蔣貢・康楚的灌頂儀軌，鉅細靡遺地加以傳授，隔天他給了根本頌的講解。他還給了補充的教授和本論的唸傳。之後來了一位相同傳承的弟子，也請求了《金剛薩埵》的灌頂，依他謙恭的請法，仁波切根據嘉察・天津・秋賈（Gyaltsap Tenzin Chögyal）的灌頂解注，傳授了灌頂。我們也得到了此灌頂解注的唸傳，我還抄寫了此法本。

嘉察仁波切的個人本尊是咕嚕・秋旺（Guru Chowang）甚深的《普巴金剛最密利刃》[78]伏藏法，他依據蔣貢・康楚的著作來給我們灌頂，包括見的教授。然後他傳授了他自己的普巴金剛釋論《持明言教》的教授和成熟灌頂。最後，他說他從兩位蔣貢處接受了完整的成熟與解脫教法，藉由這位本尊而證得了一些加持徵

---

77 朗拉・江秋・多傑（Langlab Changchub Dorje）；一位十三世紀修持普巴金剛的成就者。

78 《普巴金剛最密利刃》，藏文phur pa yang gsang spu gri；由咕嚕・秋旺・確吉・旺秋（Guru Chowang Chökyi Wangchuk）所取出的《普巴金剛》伏藏法，通稱為秋旺上師（1212-1270），是五大伏藏法王之一。

兆。之後，他給了我們欽哲·旺波甚深《口耳傳承普巴精髓》伏藏法的灌頂和四種普巴[79]的講解。接著我們很榮幸地接受了他所寫下的普巴儀軌《普賢大樂之道》的唸傳，以及《祈賜普巴加持》、《普巴勾召壽命法》、《普巴勾召財富法》等的唸傳。他對謝竹說：「信賴這兩位可敬的本尊是非常好的。」[80]聽從他的話，我持誦相關的日修儀軌。

　　然後我們向雪謙·康楚[81]請求舊譯派的命脈——《幻化網文武百尊》的大灌頂、還有兩種《浚斷》灌頂、索（So）傳承的《清淨嘿嚕嘎》、和九乘次第相關的《措千度巴》灌頂[82]以及其正行的四大灌頂和所依法教，還有教傳壇城儀軌的唸傳。於是我們接受了大圓滿心部和界部[83]、《毘瑪心髓》、《上師精髓》、《空行

---

79 四種普巴，藏文phur pa bzhi；一、本覺本淨普巴（rig pa ka dag gi phur pa）；二、大悲遍布吊索普巴（khyab pa thugs rje'i dpyang thag gi phur pa）；三、菩提心明點大樂普巴（byang sems thig le bde ba chen po'i phur pa）；四、和合物質普巴（'dus byas rdzas kyi phur pa）。

80 即金剛薩埵和普巴金剛。

81 雪謙·康楚是雪謙寺另一位主要喇嘛。

82 兩種《浚斷》灌頂，藏文dong sprugs gnyis；是兩種《浚斷地獄》的灌頂，出自於《寧瑪教傳》的法教。索傳承，藏文so lugs；是蓮師二十五弟子之一索·耶謝·旺秋（So Yeshe Wangchuk）的傳承。《措千度巴》灌頂，藏文tshogs chen 'dus pa theg pa rim pa dgu'i dbang；是教傳的阿努瑜伽部主要灌頂。

83 大圓滿法教分成三部分，稱為「大圓滿三部」。第一部份是「心部」（sems sde），依心部的教授，所見的現象皆不外乎心性，即不可言喻、俱生智慧的化現。心部教授是為了那些關注於心之作用的人所設，在了悟一切現象皆是無法言詮之法身、俱生智之後，吾人安住在空明的相續之中，在此境中，無一物可名、無一物可拒、無一物可增。證悟之心如無盡的虛空，其示現的潛能如鏡子般，無盡的幻化之相就猶如鏡中的映影，既然凡事皆是證悟之心的化現，吾人毋須阻止念頭的生起，就只是安住在「如是之心」（mind-as-such）的本然狀態中。
　　三部中的第二部分是「界部」（klong sde），依界部的教授，俱生智與一切現象於其相續中現起，但從未逸離普賢王佛母（Samantabhadri）之界：一切相均是清淨與解脫的。界部是為那些心如虛空般的人所設，在證得一切現象從未離於普賢王佛母之界，且是本初清淨與自在的之後，吾人安住在究竟本性的相續之中，沒有目的、費力、或尋求。毋須使用任何的對治；住於空中，念頭與概念自行消失。現象就如同星辰自然地羅列，是究竟本性之蒼穹中的妝點；和心部不同，吾人毋須思慮現象的生起猶如明覺的化現。萬物是本初解脫的無盡界。
　　依第三部「訣竅部」的教授，在輪迴與涅槃的本性中，無任何染污需要去除，也無證悟需

心髓》、《空行精髓》、和《甚深精髓》等的完整灌頂和唸傳。

縱使我還相當年幼且智力尚未成熟，絲毫不了解灌頂的目的，但謝竹老是談著心性，讓我備受啟發。當在第四灌安住於禪定時，我珍貴上師會凝住他的目光，用手指著我，問說：「心是什麼？」我心想：「這麼一位偉大的瑜伽士，他的確證得了究竟心性！」而且，感覺到深厚的信心，我甚至對如何禪修有了一些心得。

之後嘉察仁波切傳授我們敏珠林傑尊‧明珠‧巴卓（Jetsun Migyur Paldron）有關《毘瑪心髓母子合一》的釋論《大樂勝妙道》，和由欽哲‧旺波所寫的《毘瑪心髓》前行儀軌的唸傳。他還給了《心髓》的三根本儀軌和《如意寶瓶》[84]的完整灌頂和唸傳。然後他給了敏林‧迭千（又稱迭達‧林巴）《善逝總集》的瓶灌，與其後殊勝的三上部灌頂、《大圓滿甚深無上心要》[85]的教授、以及根據康區傳承所給予的護法象鼻天（Tsokdak）。特別是，在無與倫比岡波巴的圓寂紀念日，他同時傳授了廣行派和中觀深見派的菩薩戒。[86]

因為我尊貴的上師年事已高且病情嚴重，他不太喜歡鋪張。但那一天，他穿戴起三法衣和一頂班智達帽，在戴上欽哲‧旺波的帽子時[87]，還頗為興致高昂。打

要獲取。在指認出「如是之心」是本初淨空後，吾人修持立斷，讓心與一切現象處在其本初解脫的本性中。然後，在證得了自身的本俱壇城後，吾人修持頓超並見到本俱明光、在自身中本初智的真正面目。沒有傾向心部的明分，也沒有傾向界部的空分，吾人只是安住在本淨的自信證悟當中，離言絕思，在此境中現象是本然光明的。

84 《如意寶瓶》，藏文'dod 'jo'i bum bzang；迭達‧林巴所編纂的《大寶伏藏》根本伏藏集。《大寶伏藏》係由康楚‧羅卓‧泰耶編纂而成，他以迭達‧林巴《如意寶瓶》的根本伏藏為本（康楚的年代晚於迭達‧林巴），故《如意寶瓶》乃是《大寶伏藏》的基礎。

85 三上部灌頂；是密灌（gsang dbang）、慧灌（sher dbang）、與文字灌（tshig dbang）。《大圓滿無上深義心要》，藏文rdzogs chen a ti zab don snying po；是迭達‧林巴所取出的一個伏藏法。

86 菩薩戒兩種傳承傳下：廣行派（rgya chen spyod brgyud）是先由彌勒菩薩傳給無著的傳承；中觀深見派（zab mo dbu ma'i lugs），則是傳自龍樹的傳承。

87 在傳授灌頂時，金剛上師常會戴上特殊的帽子。

從那天起，我兄長桑傑‧年巴便一直供養我們的珍貴上師三白（奶酪、牛奶、和奶油）和三甜（糖、焦糖、和蜂蜜）。我兄長說我們能從這樣的大菩薩領受菩薩戒，真是幸運極了，應該要增長信心並發願，他特別囑咐我從那天起，要不間斷地在每天早上受菩薩戒。

在藏曆五月份猴月的初十，雪謙‧滇尼‧達吉林舉行極為繁複的法會和金剛舞表演，當第五世卓千仁波切來觀賞舞蹈時，我有了拜見他的機會。

除了從我的上師雪謙‧嘉察處領受法教外，我還得背誦《幻網續》（譯注：另譯《祕密藏續》）的本續。在此之前我從未讀過任何金剛乘的典籍，所以不了解《幻網續》，在背誦時也有點問題，但到最後我還是熟悉了其中的文字。

確切的時間我記不得了，在某個吉祥日的清晨，雪謙‧嘉察和弟子們，一起唱誦著《文殊吉祥妙供》的儀軌，做為口傳俱生悲智怙主米滂仁波切《全集》的前行，為的是在末法時期宣揚大乘的獅子吼。為了要給唸傳，雪謙‧嘉察使用德格‧倫竹滇（Lhundrup Teng）印經院Ka、Kha、和Ga函的長刻版，以及OM A RA PA TSA NA DHI函的中刻版。[88]從卓千寺版，嘉察仁波切給了我們《入菩薩行論‧智慧品》釋論《澄清》（Ketaka）的口傳、《釋量論》、《幻網續總義：明光心要》、傳承祈請文、米滂仁波切對《如意寶藏論》的廣解釋論與對第十八品的逐字釋論、宗義、綱要，以及對《釋量論》的廣解。

從拉卡版（Lakar），我們接受了《釋迦牟尼佛儀軌：加持寶藏》和其釋論《白蓮花所依法》。從雪謙版，我們接受了《藥師佛讚頌儀軌》；從噶陀版，《清淨嘿嚕嘎密解》的釋論；從宗薩版，《讚頌集》、儀軌部、教誡部、《甚深口訣》、《圓滿次第》、《大圓滿》、《祈願文》、〈七支祈請文〉的釋論《白蓮花

---

88 西藏每部特定的佛書，都是依藏文字母來排序的。

釋》。然後我珍貴的上師給了我們他所編纂的心性、心性分析、和顯教經論困難之處的法教合集唸傳。

綜覽這些尚未付梓的法本，他給了我們《具光天女》（另譯摩利支天）和《作明佛母》不共儀軌的完整唸傳、《四大食子》與其應用、《文殊咒》占卜表、息法《金剛薩埵》的火供、增法《大勝嘿嚕嘎》[89]的火供、懷法《馬頭明王》的火供、誅法《閻王》的火供、和一切事業《普巴金剛》火供的完整口傳。他還給了我們《大圓滿金法》的全部唸傳等等。

當我的上師開始米滂仁波切關於至尊彌勒菩薩《二辨》釋論的唸傳時，我還只是個懵懂未開的小孩，但聽聞其《吉祥妙供》[90]的妙語，仍為我注入了信心與願力。我的兄長桑傑・年巴立即抄寫了這部法本，正因如此，當瀏覽我上師的著作時，我們也因緣際會地接受了《賢劫千佛妙供》的唸傳、《三律儀布薩》、智慧傳承（Mati tradition）的《白文殊》、《白妙音天女》儀軌和持誦解注、和大譯師文殊羅卓・泰耶的祕密伏藏《忿怒金剛密成就法降伏諸魔》持誦解注等的唸傳。[91]受到這件事的啟發，我生起了不共的勝解信，從那時起，在做任何重要事情之前，我總會唸誦《吉祥妙供》。那時桑傑・年巴也接受了《甚深內義》、《二品》（譯注：《喜金剛續》的簡稱）、和《寶性論》的唸傳，以及他已經從八蚌寺的喇嘛・格旺・札沛（Lama Kewang Trapel）受過本續的兩本附論唸傳。

---

89 《具光天女》，藏文lha mo 'od zer can ma；馬頭明王的佛母。《作明佛母》，藏文ku ru ku le；女性本尊，被認為是度母的形相之一，其不共妙用是攝受，故身色為紅色。《文殊咒》占卜；由米滂仁波切所寫以文殊咒為本的一個盛行占卜法。《大勝嘿嚕嘎》，藏文che mchog；大勝嘿嚕嘎是《八大教誡》中的主尊，祂通常被視為是甘露功德的本尊、寶部的嘿嚕嘎主尊。有時，在《善逝總集》中，大勝嘿嚕嘎是所有佛部總集的嘿嚕嘎。

90 《吉祥妙供》，藏文bkra shis mchod chog；由雪謙・嘉察所寫的廣軌獻供儀軌。

91 《忿怒金剛密成就法降伏諸魔》，是蓮師八變之一忿怒金剛（rdo rje gro lod）的一個儀軌，在此法中，蓮師示現出忿怒尊相，騎在一頭雌虎上。

在獻給我上師十呎浸過紅花的紙、兩枝筆、和一條絲巾之後，我請求了一些口頭教誡，然後熟記所有他所傳授的這些要訣。每天在心中默唸這些言教，我覺得應該恪遵不悖，並謹慎牢記在心。我父親已拜謁過札曲喀地區的吉美‧嘉威‧紐古舍利，以及參訪羌瑪堪仁波切（Changma Khen Rinpoche）、格芒寺、格龍寺等地方，當他抵達雪謙寺時，傳法差不多快結束了。雪謙‧嘉察仁慈地為他傳授了他自己的《修心七要》[92] 廣解《圓滿蜜瓶》的法教、以及《虛幻休息》的要訣。在傳法和灌頂的最後，我們依照若那‧林巴取藏的長壽法，修了一個三天的酬謝供。雪謙‧嘉察也給了這同一套重取伏藏《密集長壽法》的簡軌和廣軌灌頂。

在那之後，我常常去見雪謙‧嘉察仁波切。他很喜歡小孩子，無論我在什麼時間去，他似乎都挺愛跟我說笑。他總是一派溫和、體貼、輕聲細語。在灌頂期間或別的時候，他總會找時間和年幼的祖古、僧人玩耍，為他們講故事。

學習文法和詩詞

之後，我們前往如丹‧卓千寺，在那裡向我們埋藏在山裡的堪千‧羅薩珍貴舍利獻供。從格芒仁波切處，我們接受了《無量壽經》當做法緣，桑傑‧年巴和我則接受了身、語、意所依[93] 的禮物。我見到了大成就者第五世的卓千仁波切，從他那兒，我接受了一百次的長壽灌頂和普巴金剛密續的口傳。

我也去了卓千佛學院，在那兒再度接受《無量壽經》的口傳，並見到了堪布拉貢（Khenpo Lhakong），他來主持其姪子的葬禮。從他那兒我接受了《椎擊三

---

92 《修心七要》，藏文blo sbyong don bdun ma，阿底峽尊者著。

93 身、語、意所依，藏文sku gsung thugs rten；證悟身、語、意的象徵物，舉例來說，各是佛像、經典、與佛塔，在特殊場合，與供曼達一起獻上。

要》的口傳。他也給了我這個法本的手抄本,和我談笑風生;我非常喜歡他。在卓千寺之後,我去了卡林寺(Karling Monastery),那兒是著名隱士貢噶‧巴登(Kunga Palden)的住處,從他那兒,我接受了《持明總集》的長壽加持。然後我回到賈沃浦,堪布賢嘎又再度傳授給我這個法教。

接著,我們去了八蚌‧圖登‧瓊擴林(Palpung Thupten Chokor Ling),並待在阿洛‧頂果僧眾的住處,在那兒我的叔父、八蚌寺的喇嘛札敦(Lama Tradon)非常慈愛地關照我。他給了我一套新僧服,和一只裝在盒子裡的古董茶杯。他有一間夏季小屋,把我們安置在那兒學習。

顯然錫度仁波切將要閉三年關,根本不可能接見我們。他是位很好的學者,已經從堪布賢嘎處接受了印度十三部佛學大論的法教。錫度仁波切要我們等到新年,屆時他會暫停閉關,那我們就可以見到他了。我們還受邀待到過年後,好參觀金剛舞和獻給蓮師的初十慶典。於是我叔父札敦請了位名叫天津‧多傑(Tenzin Dorje)的資深維那師,他曾是蔣貢‧康楚的親近弟子,來教我五明[94],包括文法和詩詞在內。

天津‧多傑具有教、證的功德,正在寺中為了整個噶舉派法教的穩固而閉《忿怒上師智慧熾然》的關。我們去拜訪正在閉關的他,他給了我們以《松大善說:殊勝日光》為主的文法和拼讀詳細解說。他說他以前跟著欽哲‧旺波的秘書蔣揚‧列貝‧羅卓(Jamyang Lekpai Lodro)、又名才仁‧札西(Tsering Tashi)學習文法。他說他教三種時態、動詞、主詞、受詞等的方法,是依據他上師的口訣來教授的。

---

94 五明:內明、聲明、因明、醫方明、和工巧明。

　　錫度仁波切有位秘書，非常擅長拼讀，即便他考了我許多，我也只有一、兩個問題答不上來。他說我的程度極高，頗為讚賞。

　　雖然桑傑・年巴先前已學過聲明，他還是又受了這個法，並說大多數的範例都很棒。天津・多傑也教了《正字學：語燈論》和《再後加字Sa廣析》。然後他用了蔣貢・秋炯[95]的心子，也是他同儕的多康巴・確吉・尼瑪（Dokhampa Chökyi Nyima）所寫的重要釋論，給了《詩鏡》三品的廣解。我借用我老師依白度母三十五種語飾所寫下的譬喻，並列舉出同義字來加以學習，然後接受了作文的測試。天津・多傑說因為我先前學過一些內明，學識已相當豐富。遍知吉美・林巴和欽哲・旺波的道歌與讚頌全集，特別投我所好，我詳盡地研讀了一番。只要我想寫下任何對吉美・林巴的讚頌或祈請文時，立刻就會文思泉湧，也很容易下筆寫就。當我們讀到中品時，老師對於我在寫作範文上的才情，還作詩大表讚賞。他說普遍來說，讀過《詩鏡》以後，每個人的行文就依性情而定，而非照詩詞的軌範了。天津・多傑對於我的進步頗為開心，他也希望在我完成學習後能留下來，但我父親並不同意。

　　在教授雪謙寺秘書[96]所著的《構詞五支》（譯注：即五種連詞、造句的方法，有字詞構詞、韻母構詞、體構詞、聲母構詞、和時態構詞）之前，天津・多傑給了完整的聲明典籍「嘎拉巴」（Kalapa）和聲明釋論（Tika）的廣解。他說他從白玉寺的喇嘛謝拉・沃色（Sherab Özer）接受了這些法教，喇嘛謝拉・沃色是欽哲・

---

95 蔣貢・秋炯（Jamgön Chöjung）；即錫度・確吉・炯內（Situ Chökyi Jungney），第四世康祖仁波切確吉・尼瑪（1699-1774）的上師。《詩鏡》，藏文snyan ngag me long，是七世紀印度的婆羅門上師丹諦（Dandi）所寫的一本書，共有三品，其中頂果・欽哲主要研讀與教授的是中品，也是最重要的一品。

96 雪炯・班智達；即雪謙・昂楚・圖託・南嘉（Shechen Ontrul Thutop Namgyal），一位非常博學的祖古，是雪謙寺的秘書。

旺波秘書才仁・札西的學生之一，住在宗薩。他一直說我已經正確地精通了聲明的句式，但當今已鮮少人能了解聲明理論了。他說那些能了解聲明理論的人，唯有過去的譯師和兩位蔣貢喇嘛。

桑傑・年巴先前已學過了詩詞，所以他的文章很好。當他再度和我一塊學習時，模仿他的寫作技巧，對我來說可是助益匪淺。當桑傑・年巴在讚頌米滂仁波切於十明學問上的淵博時，運用了四無礙解與藏式的普賢輪[97]寫法，我也用了八大辯才寶藏與四無礙解寫了一首離合詩。

桑傑・年巴當我的家教，指正我的寫作並訓練我。我們接受了博學喇嘛札沛的考試，他是兩位蔣貢仁波切的心子，而且，毋庸置疑地，桑傑・年巴的考試結果好極了。至於我的成績，我們的主考官說：「較年輕祖古的詩詞表現當然好極了。」並把作文卷還給了我，還附上了一條絲的哈達。當桑傑・年巴在博學喇嘛札沛即將圓寂前去見他，喇嘛札沛要他的侍者在大信紙上寫下他上師們的名諱，擺在他看得到的地方。他說：「這是用來讓我憶起上師們。」在喇嘛札沛圓寂後，桑傑・年巴拿了這串名單，結果成了《傑尊心髓》的傳承系譜。當我寫了對遍知吉美・林巴的讚頌後，結果這首讚頌成了那時我所寫下的最好作品。我把它拿給幾位大堪布看，他們都說寫得非常好，當他們把這首讚頌拿給別人看時，我聽到了一大堆的溢美之詞。

在四月份，賈瑟秋楚前來主持若那・林巴伏藏法《觀音密集》的竹千大法會。我見到了賈瑟秋楚，也很榮幸地接受了《觀音密集》主要的灌頂。在五月份，當德格王子、前藏官員昌東（Trethong）、所有德格大臣，都來參加在八蚌寺舉行的初十慶典，西藏法海怙主的欽哲・確吉・羅卓，也來到了八蚌寺。這是我第

97「普賢輪」，藏文kun bzang 'khor lo；一種對稱的離合詩體。

一次見到他，我覺得有一種自然的、真正的信心和情感，就像是兒子見到父親一般。當他和我說話時，說再過不久他就會去向雪謙‧嘉察仁波切領受《教訣藏》的灌頂和口傳。

每位八蚌錫度仁波切的轉世，都期望有一位來自頂果家族的上師，能在佛法和世法上承事、襄助法教的弘傳，這是一個行之有年、持續不輟的良好體制。在西元1924年、木鼠年新年的那一天，我見到了錫度‧貝瑪‧旺秋，每當我去見他時，他總是給我水果禮物、日常所穿的中國式製緞鞋和其它東西。當我的兄長謝竹和我要離開前往雪謙時，他送來了四隻載貨牲畜和兩位僕人。他一直給我們任何所需的物資，極為仁慈。

當我聽到欽哲‧確吉‧羅卓決定離開，前往接受嘉察仁波切的《教訣藏》時，我跑去見他，並請求灌頂。當他證實了這些消息後，我們去向八蚌錫度辭行。但是錫度仁波切希望我的兄長桑傑‧年巴留下來，因為在傳統上某個出身自丹柯的人，得要分擔八蚌寺的寺務，但他同意謝竹和我離去。他頗為仁慈地提供了我們幾匹公犛牛和母犛牛、一切所需和許多其他東西。我們比欽哲‧確吉‧羅卓早幾天到達雪謙寺，去拜見了嘉察仁波切。在雪謙的蓮花光閉關中心，我們待在巴瓊喇嘛住所，極為幸運地能和雪謙‧嘉察在一起，並領受他教導的甘露。我請他幫我檢核剛撰寫的離合詩和一首對米滂仁波切的讚頌，他詳細地看了好幾天。有一天他說我能廣泛地學習和訓練是非常好的，我的寫作也極好；他微笑著把一條吉祥的絲哈達繞在我的脖子上。當我的兄長謝竹說道：「仁波切，與其讚美和在他的脖子上繞上哈達，請務必仁慈地告訴我們要如何改進他的作文。」嘉察仁波切回答說我的文學作品真的很棒，所以我的詩也會登峰造極。

從雪謙・嘉察受沙彌戒

先前我已經從堪布賢嘎那兒受過沙彌戒，堪布賢嘎的戒德與博學是無與倫比的。但因為他的戒律傳承是上律部[98]，且這時正好有我尊敬的上師雪謙・嘉察傳受沙彌戒予一些人的因緣，我兄長謝竹便請求讓我能再次受戒，嘉察仁波切仁慈地應允了。

於是雪謙・恭托秋楚（Shechen Gönto Chöktul）、我上師的姪子堪千・羅卓・若瑟（Khenchen Lodro Rabsel）和我，一起接受了沙彌的剃度。在勝樂金剛關房裡，我們如實地接受了沙彌戒，有五位誦戒師：身兼授戒師與輔戒師的尊貴上師雪謙・嘉察，即釋氏弟子堪千・局美・貝瑪・南嘉；雪謙・康楚仁波切久美・昆桑・羅卓・賢遍・泰耶；以及雪謙堪布久美・羅登（Gyurmey Loden）等人（譯注：受戒時，依照儀制，須有五位誦戒師在場）。我的授戒師雪謙・嘉察從卓千寺的堪千・貝瑪・瓦傑拉（Khenchen Pema Vajra）得戒，後者又被稱為貝瑪・丹秋・沃色，也是安多法教隻眼（Single Eye of the Doctrine）賈瑟・賢遍・泰耶的心子。

由於曾因障礙而生重病，我的上師在他左手的無名指上戴著一只金屬戒指，這是用一把意外殺人致死的刀所打造出來的，做為護身之用。[99]當我在那天早晨去見他時，他說：「今天這位老僧也需要戒律。」並從他手上脫下了這只戒指，放進他面前的一只缽中。[100]雖然他是位戒德圓滿的出家僧，他說他也曾破了許多戒。

當我的上師在著裝時，謝竹問我是否需要捨還先前受持的沙彌戒，他的回答

98　上律部，藏文stod 'dul；由喀什米爾的班智達釋迦・師利（Shakya Shri）傳入西藏的傳承。下律部的傳承，是由堪布寂護大師傳入。

99　這類的戒指（藏文稱gri lcags）是由某人曾用以犯下謀殺的刀刃所打製。戴著這種刀刃所製成的戒指，據說有很強的保護作用。

100　出家僧被認為不宜戴戒指，但嘉察仁波切常戴著這只戒指做為保護之用。

是：「依大乘和小乘各自而言，有兩種見，就大乘來說，為了自利、利他的兩種目的發起勝義菩提心時，是不需要捨戒的，就像是一個人可以為佛塔鍍上好幾層金般。」恭托秋楚被授予久美・謝竹・嘉稱（Gyurmey Shedrup Gyaltsen）的法名，堪千・羅卓・若瑟被授予久美・圖登・嘉稱（Gyurmey Thupten Gyaltsen），我的法名則是久美・拉素・嘉稱（Gyurmey Labsum Gyaltsen）。我也很榮幸地接受了我上師所撰寫的密乘共前行法《遍知言教解脫乘》的講解口傳，以及《了義續》和其綱要。

《教訣藏》

就在遍知欽哲・確吉・羅卓蒞臨後不久，受到騎馬前去迎接之雪謙寺僧眾的歡迎。當他趨近寺院的村落時，樂聲四起，在他抵達雪謙・康楚於蓮花光閉關中心的住居時，有各種燃香和法號吹奏歡迎著他。在用過茶和米後，他被安置在冉江仁波切的住處，鄰近我尊敬上師的寓所。堪千・旺杜（Khenchen Wangdu）曾邀請欽哲・確吉・羅卓去主持一位哦巴堪布的昇座，但他說他不想主持這個昇座，而是要接受嘉察仁波切的《教訣藏》。

欽哲・確吉・羅卓告訴嘉察仁波切：「我之前就見過這個孩子，強烈地感覺到他就是蔣揚・欽哲・旺波的轉世之一。現在你照顧著他是非常好的，我也會盡我所能地來服侍他。我懇求你給他《教訣藏》的口傳和《四部心髓》。在未來我也會供養他《大寶伏藏》[101]的口傳。」

101《大寶伏藏》，藏文rin chen gter mdzod；蓮師、無垢友、毘盧遮納和他們最親近弟子的最重要伏藏，被（後世）取出後的合集，由蔣貢・康楚・羅卓・泰耶在蔣揚・欽哲・旺波的協助下，集結而成。頂果・欽哲仁波切加入了一些新的伏藏函冊與釋論，在印度的新德里印製了六十三函的《大寶伏藏》。亦是蔣貢・康楚五寶藏之一。

為了成熟與解脫而專程前來的具信大眾，嘉察仁波切詳盡解說了猶如日、月的遍知欽哲・旺波和法王蔣貢・康楚，從實修傳承八大乘[102]所編纂出之偉大《教訣藏》[103]的原委與宗旨。他也解說了圓滿上師暨壇城共主之雪謙・嘉察的真實傳承，並教導了受法的正確發心和行止。他說明《教訣藏》只會傳給堪布和認真的修行者，他不接見旁人。所以他寫下了那些可接受灌頂者的名字，我們也標示了結界的記號。

在某個特殊的日子裡，我不記得確切的時間了，我們修了若那・林巴《密普巴金剛》儀軌的還淨和迴遮法事，來消除障礙。我們修了整整兩天敏珠林傳承的廣軌《成就海》，有繁複的唱誦和奏樂。先是廣軌的《遂願任運妙供》獻供和度母法，在某吉祥日開始了傳法與一系列的口傳，叫做「吉祥焰幡」，然後我珍貴的上師穿上了法衣，從噶當派的法教開始傳授起。超過三個月的期間，我珍貴的上師在他的閉關地對將近二十個人，傳授了《教訣藏》的灌頂。我很幸運地從開始的《遠離四種執著》修心三導引到《大圓滿三部》[104]，接受了整個成熟與解脫的教授。

在《教訣藏》的施身法灌頂中，欽哲・確吉・羅卓沒辦法吹好脛鼓，我也不行。沃色・董雅（Özer Dongnak）的一位學生索塔（Sotar），後來成為巴楚仁波切的弟子，坐在我身旁。他花了許多時間在僻靜處修施身法，脛鼓吹得好極了，但嘉察仁波切的事業金剛覺得他只是在炫耀而已。

---

102 實修傳承八大乘，藏文sgrub brgyud shing rta brgyad；在西藏興起的八個獨立佛教教派，分別是：寧瑪、噶當、馬巴・噶舉、香巴・噶舉、薩迦、時輪或六雙運（Jordruk，即覺囊）、近成（Nyendrub，或稱烏金・念住）、息解（Shije）與施身法（合為一系）。

103 《教訣藏》，藏文gdams ngag mdzod；包含了八大實修傳承法教的十三函合集，由蔣貢・康楚・羅卓・泰耶編纂而成，是五寶藏之一。

104 《遠離四種執著》，藏文zhen pa bzhi bral；薩迦派關於遠離執著之自在的四種口傳教授，有簡、中、廣軌的講授方式。《大圓滿三部》，藏文rdzogs chen sde gsum；秋久・林巴所取出的伏藏，稱為「大圓滿三部」，包括了大圓滿所有的三部法教。

一般而言，我的上師雪謙‧嘉察顯然真正具備了經、續上所言一位上師的所有功德，他尤其獨步於大圓滿「如是」最高見的體驗。之後，當我在聞、思並假裝傳授這些時，我覺得我非常幸運，能從我珍貴的上師、圓滿佛處實際領受到宛若如意寶的這般黃金法教，讓這個人身有其價值，我也比以往更為虔誠和發心。即便至今，當假裝在教導這些法教時，我也憶念著我珍貴的上師，裝作向他祈請，好讓解說與修學有意義。

我的上師給予猶如日月的兩位蔣貢秋楚和恭托祖古（Gontoe Tulku）、閉關上師卡竹（Kardrup）、和大多數的我們，香巴‧噶舉護法神六臂瑪哈嘎拉和夜叉護王（Kshetrapala）[105]的應許加持，做為密法。當在修香巴‧噶舉儀軌薈供的上師供養時，他們歡喜地唱起了祕密主[106]蔣貢‧康楚的道歌。欽哲‧確吉‧羅卓曾給了我上師一個鑲銀的猴子顱器，我上師把它給了我。當閉關上師卡竹請求如何觀想心間中脈裡的智慧尊的方法時，嘉察仁波切面露微笑，詳盡解說了許多從密續中引述的中脈象徵、道理和原因。當傳法結束時，謝竹在我們回家的路上說道：「當你傳法時，我希望你也能夠像仁波切今天所做的一樣。」

在傳法中間的休息時段，雪謙‧康楚說他先前曾接受過一些詩詞的教授，尚未結業，希望我能幫他講解剩餘的中品部分。我的兄長謝竹告訴嘉察仁波切說：「既然我的兄弟對詩詞困難處的意義一竅不通，讓他去教導康楚仁波切詩詞並不恰當。所以我們該怎麼辦？」嘉察仁波切的回答一模一樣，說最好聽話並去教雪謙‧康楚，所以我就解說了我所知道關於中品的一切。

---

105 夜叉護王，藏文rgyal skyong；屬於六臂瑪哈嘎拉眷眾的一位夜叉，夜叉是一類非人的眾生，通常是行善的，但有時也會危害。有些夜叉是地祇，有些居住在須彌山上，守護天境。兩位蔣貢秋楚；在此指的是欽哲‧確吉‧羅卓和雪謙‧康楚。

106 祕密主；在此的金剛手稱號指的是蔣貢‧康楚。

我生性偏好詢問、仔細探究如何修法和製作特殊的食子。所以在那段時間一直向雪謙‧康楚和我尊貴上師的事業金剛，一位很好的修行者蔣揚‧羅瑟（Jamyang Losel），就如何製作食子、修持儀軌等，尋求他們直接、間接的仁慈教授。

嘉察仁波切計畫在雪謙寺興建一座佛學院，在某個藏曆的好日子，他說他們應該舉行破土大典。那幾天裡，欽哲‧確吉‧羅卓傳授了以欽哲‧旺波所寫的《文殊真實名經》釋論為主的廣軌法教，雪謙‧康楚、恭托秋楚、嘉察仁波切的姪子堪千‧羅卓‧若瑟、和堪布帕康（Khenpo Phakang），所有《教訣藏》的受法者都齊聚一堂。稍後他們全都成了經、續、五明的無與倫比修行者，既博學、守戒，又有善德。

多虧了一位巴‧林卡（Ba Lingkar）維那師的好心，他向雪謙‧康楚請求大伏藏師法王久美‧多傑整個《全集》的口傳，和蔣貢‧滇尼‧林巴（Jamgön Tennyi Lingpa）甚深《三根本密意總集》伏藏的主要灌頂，我才能一起接受這些法。拜茶查寺（Tsatsa Monastery）閉關上師卡竹的請求，我接受了欽哲‧確吉‧羅卓的八近侍佛子[107]加持灌頂。又因為另一位具信弟子的請法，我也接受了出自《龍欽心髓》的《巴千度巴》灌頂和《普巴金剛摧破魔軍》的灌頂。這是我與欽哲‧確吉‧羅卓結上法緣的初始。

在這期間，當尊敬的上師嘉察仁波切身體微恙時，他會聆聽欽哲‧確吉‧羅卓給予的五函才列‧那措‧讓卓（Tsele Natsok Rangdrol）《全集》、三函印度大手印經典、零星的《密意通澈》、一函多傑‧林巴《吽字心髓》、《持明心髓》各典籍合編……等的口傳。我也很幸運在那時接受了這全部的法教。由於欽哲‧確

---

107 八近侍佛子，藏文nye ba'i sras brgyad，是八大菩薩：觀世音、金剛手（即大勢至）、彌勒、文殊、普賢、地藏王、虛空藏、和除蓋障。

吉‧羅卓特別鍾愛我，他會請我在大雨天裡留下來和他一起用午餐，因為我的住處離傳法的地點相當遠。為了法緣之故，他請我給予他米滂仁波切《全集》、《四部醫續要解》和其他典籍的口傳，我照辦了。在受法時，他會做一些事，像是讓我和他一起唸誦法本。在這些時候，他極為仁慈的暖陽照亮了我。

平心而論，那時受法的人都是博學和有正智的人，所以當金剛持雪謙‧嘉察在準備灌頂時，兩位蔣貢秋楚便傳法，而其他弟子則修十萬大禮拜或禪修大手印和大圓滿。兩位秋楚和其他人會以文會友。有一天，在合宜地傳法、辯經、和寫作時，壇城怙主嘉察仁波切談起了這兩位蔣貢的行止，由於緣起之故，將來他們的講經、辯論、和著述，都會像昔日吉祥那瀾陀寺[108]那般興盛。

在休息時間，當我在如廁途中見到我尊貴的上師時，他會微笑地握住我的手，並且（暗指未來我會娶一位法侶）開玩笑地說道：「蜜蜂等著要在未綻放的花朵裡結合！」[109]還一直用他的手撫摸著我的頭。雖然那時我還只是個小孩，但對我的上師深具勝解信，也因為那時我還不解這類的事，心中納悶著他在說什麼。我頗為擔心，猜想以他的智慧，應該知道在未來我會變成一個邪惡的老祖父。

任何時候當我珍貴的上師在給予甚深的灌頂時，臉上總是洋溢著光輝。某一次，在教授直指心性，當他凝住目光並用手指指著我時，我覺得因為我有限的虔誠心，因此視我的上師為凡夫，事實上他是鄔底亞納的第二佛蓮花生大士，在授予他二十五位主要弟子灌頂。我經常認定蓮師和我的上師在見的證悟上，並無高下之別，這般地向我的上師祈請著。我兄長謝竹一直提及米滂仁波切的生平，桑傑‧年

---

108 那瀾陀寺，梵文為nalanda；建造於印度比哈爾省菩提迦耶北邊稍遠處，舍利弗（Shariputra）出生地的一所著名僧院大學。那瀾陀有著悠久、輝煌的歷史，許多大乘佛教的最偉大上師皆在此常住、修學、與講學。約毀於1200年（譯注：在回教徒入侵時，被毀）。

109 未綻放的花朵指的是一位具德的法侶，意指後來他應該要結婚。

巴也具信地談及我親教師的偉大功德無餘。拜聽聞這些事情之賜，我對我所有的善知識都充滿了信心和虔誠心，也顯然知道要如何視他們所做的任何一切事，皆是好的。

當我讀到我珍貴上師所寫的，關於對上師虔誠心此主題的整套教授時，碰巧有一首是他寫給遍知米滂仁波切的偈頌，詩中讚嘆米滂仁波切已證得實修傳承八大乘的甚深、廣大經續法教精義。米滂仁波切寫了一首答贈詩。在讀完這首詩之後，我深受啟發地寫下了約十首偈頌，猶如供養我的了悟，當我把詩偈呈給上師看時，他很高興地收下了。但後來我從頭到尾仔細地檢查了一遍，發現這些詩偈連心性的體驗都算不上，更遑論說是了悟了。平心而論，既然我是個世族子弟，有個祖古的頭銜，指導我的上師們無不鍾愛著我，從不會責罵我或揭露我隱藏的過失，因此讓我變得頗為自負和矯情。我猜想我珍貴的上師是否完全不在乎這些，事後我覺得挺可怕的。雖然在這裡擺上這些詩句並無不妥，但我不小心把它們全搞丟了。

欽哲‧確吉‧羅卓替我尊敬的上師修了禳除咒詛的《金鑰解脫》[110]，我也蒙幸接受了此法。當法智（Dharmamati）以米滂仁波切的著作為本，結合了桑傑‧林巴和堆督‧多傑（Dudul Dorje）的灌頂，獻給我尊敬的上師米滂仁波切增長財富與壽命的《紅文殊》灌頂時，我也很幸運地接受了。

那時我尊敬的上師有一套他自己的著作《教言合集》，刻印成木刻版，並要我校正與監督刻印，所以我把它徹底讀完了。當我讀到《出離心莊嚴》時，這是一本常住隱僻的警語，它改變了我的心念，讓我想要捨棄此生的一切俗務，像我的珍貴上師一樣待在僻靜處，以證得大圓滿。當我坐在山坡的一簇乾草上，以信心與渴望一再地閱讀此書時，這個想法變得牢不可破，常在我心中現起，我心想這或許是

110《金鑰解脫》；屬於禳除咒詛法（byad grol）之一，是一種禳除有害詛咒的修法。

過去的一種習氣。我也寫了許多零碎的道歌，相關或無關的，還獻給了欽哲・確吉・羅卓選自米滂仁波切《全集》部分作品的口傳。

4 . 昇 座

在傳法的某個期間，欽哲‧確吉‧羅卓必須去參加林卡（Lingkar）公子（譯注：舊時西藏對貴族長子的敬稱）的昇座大典，林卡位於林‧給薩王出生地的三處河谷匯流處的季索雅（Kyisoyak）。我去送行時，他送給我他親自手抄的小品《般若攝頌》歷代傳承持有者上師系譜。同時，我有一些血壓的問題，便請求嘉察仁波切的加持，好去除障礙。嘉察仁波切在我的頭上擺了一個普巴杵，還接連把他的拇指和腳放在我的心口。然後他要我再度去他的閉關地。

當我的上師在傳授欽哲‧確吉‧羅卓有關文殊友長、短口傳傳承記載的休息時間，是某個藏曆吉祥日的清晨，他要我去他的無上勝樂金剛關房。當我到達後，那時還頗年輕的雪謙‧康楚，帶了一條絲哈達和許多燃香，在小屋門口迎接我，當我一踏入屋內，他們就馬上要我坐在一個由四層坐墊和有著金剛杵與卍字圖案的白毯所鋪成的法座上，屋裡只有寥寥數人。

依照我上師替祖古昇座所寫成的儀軌，先做前行的淨、沐法事，再以我們自身傳承的敏林‧迭千甚深教法《無死精髓》，廣修長壽法和昇座儀軌。之後，當嘉察仁波切在唸誦供品呈文時，他提到我是蔣揚‧欽哲‧旺波轉世，並描述先前我父親是如何將我獻給他。然後他唸出我的名字：久美‧帖秋‧滇貝‧嘉稱，意指「不變勝乘教法之勝幢」，並誦了一首讓我壽命穩固的祈請文偈頌。

他給我一尊用東印度響銅（譯注：一種以銅為主的金屬合金）做成、無價的具加持力釋迦牟尼佛像，做為身所依物，這是米滂仁波切在卓千寺的小森林關房裡，傳給他《智者入門》[111]講解時送給他的。至於語所依物，他給了我米滂

---

[111]《智者入門》，藏文mkas-'jug；米滂仁波切濃縮佛法三藏的精簡版（由俱生智出版社 Rangjung Yeshe Publications於1997年印行）。

仁波切手寫注解的《如意寶藏論》本續。而意所依物，他送給我米滂仁波切日常使用，極具加持力的一套印度鈴杵。他賜給我他畢生所用的米滂仁波切銀製盛米盒，當做功德所依物；他還給了我米滂仁波切鑲有珠寶和絲縷的顱骨手鼓[112]，和一只栗色的鍍銅方形印章，做為事業所依物；以及馬匹、珠寶和許多東西。

然後他呈給我一份他用詩偈寫成的文箋，任命我為雪謙・滇貝・達吉林的法教持有者；教傳和伏藏的怙主、舊譯派要義的索（So）、素（Zur）、和努（Nub）三法脈持有者；怙主班智達[113]和其兄弟、遍知父子、敏林兄弟、釋迦牟尼佛全部法教上師總集的兩位蔣貢法王、以及勝乘精神導師米滂仁波切……等的法教持有者。這份文箋也說若我能依循上師的教誨，以十二分教的弘法、修行和事業來利益法教和眾生，那麼他這一生便功德圓滿，願望遂成。文中還提到上師、三寶、三根本和護法需要廣修佛行，人天善者應盡一切時、地行善，一如鳴響吉祥勝鼓般。

坐在法座上時，我想到既然我是因欽哲・旺波的轉世而昇座的，那就應該記得我的過去世才對。當我一念即此，就憶起了一處山上的岩洞，前面有棵枝繁葉茂的小樹，從中間的空地可以看到天上的日、月。這個景象清楚地在我的心中現起，但我沒告訴任何人。後來當我造訪尼泊爾的揚列穴[114]時才發現，不管箇中原因為何，這就是我在那個境相中所見之處。

我的上師對謝竹說我們應當先回家，稍後再回來待在他的關房裡。他說最好能做普巴金剛的閉關，當他在傳授一些同修以課誦本為主的灌頂和教授時，我也榮

---

112 手鼓，藏文da ma ru；在法會與儀軌修法時所用的一種小手鼓，常用兩片頭蓋骨做成。

113 怙主班智達，指的是阿里・班禪・貝瑪・旺賈（Ngari Panchen Pema Wangyal）。

114 揚列穴（Yanglesho），藏文yang le shod；在加德滿都谷地南方的一處蓮師聖穴，據說蓮師在此處修持普巴金剛與清淨嘿嚕嘎。

幸地再次領受了這個法教。謝竹要我請一些心性的教授，所以嘉察仁波切給了我深見和廣見的教訣。稍後，無論何時當我在接受《七寶藏論》或其他典籍的大圓滿口訣時，都能清楚憶起本初怙主那些無遠弗屆的話語。當我告訴他，我的心是空和明時，他告訴我要安住在那個狀態之中。

有一天當欽哲‧確吉‧羅卓回來後，和我一道用餐時，他告訴我他是如何對哦派的洛迭‧旺波和他的秘書安托‧堪‧欽若（Onto Khen Khyenrab）談到我的。他仔細向我說明，為何他們真的相信我是欽哲‧旺波的轉世，還有他們談話的內容。洛迭‧旺波捎了封信說我是蔣揚‧欽哲‧旺波的祖古，為此嘉察仁波切給我起了這個法名：「不變勝乘教法之勝幢」。

當嘉察仁波切將此事公諸於世時，欽哲‧確吉‧羅卓也說：「從今以後，當你和你的兄弟到宗薩去時，你可以待在欽哲上師的住處。我覺得我應該給你《寧瑪十萬續》的口傳，和《成就法總集》[115]的灌頂與口傳。」他極為仁慈地照顧著我，並給了我一個有代表證悟身、語、意聖物的銀製曼達盤，和一秤五十兩的中國銀幣[116]。他還借給我他一直隨身攜帶的尊貴嘉察仁波切關於心性的手稿。

我將稍早嘉察仁波切送給我的馬匹和物品等禮物歸還了，謝竹對他說：「假如祖古能持守清淨的戒律，並為法教奉獻，既然他除了您之外沒有別的上師，他就會奉行您所說的任何話語。」之後我們去了八蚌寺。因為錫度仁波切身體微恙，桑傑‧年巴就在那兒待了一陣子。我的兄長和我收到了一對鍍金的鈴杵和其他禮物，隨後由丹卡的法主杜莫秋楚（Dulmo Chötrul）陪同一道返家。

115《成就法總集》，藏文sgrub thabs kun btus；由蔣揚‧欽哲‧旺波與蔣揚‧洛迭‧旺波所編纂的儀軌合集。

116 銀幣，藏文rdo tshad；一種幣制。

我一直從雪謙・嘉察處間歇地領受法教，前後約有五年的時間。我並不住在寺院裡，總是待在閉關中心，在寺院的上方約莫二十分鐘的腳程。我在那兒，接受了先前提到過的所有法教。我的父親是一個非常直率的人，從不責罵我。當我修學得好時，他總是非常開心，會給我水果和小禮物。假如我到人多的地方去，他就會不高興。

在我昇座的那段時間，有位親教師叫做丹秋，他的發心純淨、對我非常好。他說他需要《口耳傳承普巴精髓》的灌頂和教授，我已經從仁慈的嘉察仁波切那兒受過灌頂，但沒有人教我要怎樣給灌頂。我只有《口耳傳承普巴精髓》的日修和灌頂法本，我依照他的需求，從《清淨嘿嚕嘎甚深心要》擷取了累積福德、前行和結行的部分。現在當我回想起這件事，似乎沒有太過離譜。我信口開河地按照綱要，隨意講解了一下四種普巴。

蘇曼・創巴・確吉・寧企也來向喇嘛丹秋・沃色領受欽哲・旺波近傳承的大伏藏師多傑・林巴整套法教的直屬傳承。從林卡寺傑尊瑪・蔣揚・楚欽・桑嫫（Jetsunma Jamyang Tsultrim Zangmo）處，他領受了蔣貢・康楚的祕密主多羅那他（Taranatha）《全集》的口傳傳承。我去見了創巴仁波切，請求長壽加持並締結他所寫的給薩長壽法法緣。在路上，我也巧遇喇嘛丹秋仁波切，他一直告訴謝竹說，假如我能修欽哲・旺波和蔣貢・康楚的甚深伏藏法中的唸誦法，對法教和眾生將會有莫大的裨益。

之後我們回到家，我開始做《普巴金剛最密利刃》的閉關。我參考了上師的口訣和唸誦法本、普巴金剛的釋論、和米滂仁波切《三根本唸誦法本》，在座上我盡可能地保持觀想的清晰。在座下，我和謝竹一起研讀有註解的釋論，雖然要照

堪布師徒一樣地講、學很容易，但我的了解卻沒辦法深入底蘊。謝竹告訴我說：
「你必須依照巴楚仁波切的傳承，徹底地明白如何精通字句與義理。所以要背熟
《慈氏五論》的本論，特別要看巴楚仁波切對《般若經》的總義和逐字釋論。」我
有札嘉寺（Dzagyal Monastery）的喇嘛哲羅（Lama Trelo）註解的《般若經》本
論、總義、逐字釋論等，他同是巴楚仁波切和格芒寺昂波·天噶的親近弟子，終生
隱居，我假裝在研讀這些書。

研讀《幻網續》

那年夏天，我請來了北方羌瑪關房的大金剛上師堪千·圖登·秋沛，在那兒
沒有任何寺院，只有帳棚而已。他沒騎馬，也無視徒步旅行的辛勞，欣然到來。當
我去見他時，接受了以《般若現觀莊嚴論》為主的測試。他很開心地說我已經打下
良好的根基、用功學習。雖然我在三智（譯注：所知之境的三智：基智、道智、一
切種智）與四加行（譯注：指能修之道的四種加行：正等加行、頂加行、次第加
行、剎那加行）的了解上，尚未篤定，卻擅於背誦字句，且能把逐字釋論的一切用
語和本論互通融通，為此令堪布圖登很欣慰。

有一天他說：「這時我之所以來到這裡，是為了在六個月內將《十方暗除》
傳授給祖古。」於是他為了謝竹、羌瑪堪布楚魯（Tsulu）和我，安排了一個依照
巴楚仁波切傳的密續儀軌總覽。堪布圖登熟背了整部本續和釋論，並在十天之內
教授完畢。他的確待了六個月，一共教授了三次。之後修了一個廣軌的《文武百
尊》[117]酬謝薈供與結行法。我兄長謝竹再請他從頭開始教起，他每天給兩頁半的詳

117《文武百尊》，藏文zhi khro；一百位寂靜尊與忿怒尊的總和。四十二位寂靜尊，包括了普賢
　　王如來、普賢王佛母、五方佛父與佛母、八大男女菩薩、六道如來、和四方男女門神。
　　五十八位忿怒尊，包括了五男女嘿嚕嘎、八瑜伽女（yogini）、八獸首非人（tramen）、四
　　女門神、二十八自在女神（ishvaris）。

細教授；堪布圖登後來又傳了一次，每天教五頁。

堪布圖登的身、語、意，一切如法。他的持戒極為謹嚴；在用餐時絕不講話，持誦時保持靜默，在閒暇時也絕不浪費任何時間——唯有讀誦、著述、傳法、或研讀佛法而已。他從不囤積任何物什，只有簡單的必需品和衣物，把一切都拿來供養或利益他所碰到的任何人。即便成就怙主第五世卓千仁波切，說堪布圖登是巴楚仁波切的化身之一，我聽說堪布自己卻請他不要公開此事，如實而為。[118]

那時我已經發誓不吃自家宰殺或新鮮屠宰的肉，這讓堪布圖登頗為開心。每當我聆聽他每天三時段的密續釋論廣解時，會把他所引述而無法當場想起的部分，做成筆記發問。除此之外我全都記得每個細節，一個字也不遺漏，所以可以接受每個翌日的測試。我對於廣軌和簡軌的修法、自生壇城與對生壇城的排序、三尊的目的、以及近修四支分的目的[119]，都有了明確的了解。而且我對於四大因[120]深廣要義的直觀、二諦無別……等，也有所進展。我完全樂在經、續的聞思上，例如撰寫灌頂和三昧耶[121]的論述，這是在所學當中，我覺得最有價值且最能滿足我心智傾向的一項。

---

118 巴楚仁波切過得像個托缽僧似的，身無長物，任何供養給他的物品，他都為法而分贈出去。他對頭銜不屑一顧，堪布圖登也是以這種戒儀過活。

119 自生壇城與對生壇城，藏文bdag mdun；在某些儀軌中，吾人自觀為壇城本尊，並觀想在面前有一個同樣的本尊壇城。三尊，藏文sems dpa' sum brtsegs；為誓句尊、智慧尊、與禪定尊。在修本尊法時，吾人觀想自身為誓句尊；智慧尊是誓句尊心間的本尊，和誓句尊相同，但只有一面二臂；禪定尊是智慧尊心間的種子字。近修四支分，藏文bsyen sgrub yan lag bzhi；在儀軌持誦時對本尊咒語的近修四支分，是近、全近、修、全修。近好比是結交一位有權勢之人；全近是使自己與本尊無二無別；修是能夠掌控智慧；全修是以此成所作智來利益他人。

120 四大因，藏文gtan tshigs chen po bzhi；中觀的四見：一、金剛屑因（rdo rje zegs ma）；二、破四句生因（mu bzhi skye 'gog）；三、緣起因（rten 'brel chen po）；四、離一異因（gcig dang du bral）。

121 三昧耶，藏文dam tshig；金剛乘修行中的神聖誓言、戒律、或允諾。三昧耶基本上是外在與金剛上師、法友維持和睦的關係，在內在不逸離修行的相續。

堪布圖登只談佛法，我都是在準點的時候去見他。藉著教授，他讓我知道如何使身、語、意轉向佛法，對此我銘感五內。謝竹曾供養他一本精美的手抄《法界藏》本續，堪布圖登經常用以唱誦。耳濡目染之餘，讓我也產生了強烈的興趣，便請求這部本續的口傳。在聽過堪布圖登講述，有關唱誦遍知龍欽巴著作的莫大利益之後，我便每天都會唸誦一個章節，這也讓我的普巴金剛唸誦修持進步不少。我想在《幻網續》上的聞、思、修像堪布圖登一樣，達到爐火純青的地步，這個念頭常會在我心中現起。

堪布圖登說：「當法王巴楚仁波切待在堪布雍滇・嘉措的格芒寺住處，修一整年的《文武百尊浚斷地獄》[122]時，堪布雍滇・嘉措是他的侍者。」巴楚仁波切教他六個月的《十方暗除》，另外六個月則教他《祕密主密意莊嚴論》和《祕密主言教》。

「他說不要中斷密續解釋之流，所以堪布雍滇・嘉措熟背了全部的《十方暗除》密續釋論，他對密續義理的了解，就如同祕密主素、梅和昂（Zur, Mey and On）祖孫三代[123]。」當某人從如此上師處，接受了《十方暗除》的教授時，便能完全明白《祕密主密意莊嚴論》、《祕密主言教》和《三寶釋》。不管是任何釋論，堪布雍嘎都會以這部密續為本加以解說，即便他的弟子所用的釋論各不相同，卻猶如他正在解說每位弟子所選的那些釋論似的，這真的很奇妙。

「當昂波・天噶和雍滇・嘉措在一起講、學《幻網續》時，師徒兩人同時患了眼疾，成了一個大障礙。當他們告訴遍知米滂仁波切此事後，米滂仁波切說在教

122《文武百尊浚斷地獄》，藏文zhi khro na rak dong sprugs；一種出自教傳傳承，用以浚斷地獄的文武百尊儀軌。

123 素、梅和昂；三位寧瑪派密咒乘的上師，即素波切・釋迦・炯內（Zurpoche Shakya Jungney）、素瓊・謝拉・德謝・賈沃（Zurchung Sherab Deshek Gyawo）、和卓浦巴・釋迦・星給（Drophukpa Shakya Senge）。

授《十方暗除》時，應該要祕密傳法十天，如同設定外、內的閉關結界；這麼一來，當往後再次聞法，不管講、學幾年或幾個月，都不會出現任何障礙。他給了堪布雍滇‧嘉措一個普供杯的第一部分，說他已經遣令護法了。他們繼續這樣教授和學習下去，都沒再出現講授或學習這部密續的任何障礙。

「堪布雍滇‧嘉措每年都會教一回《幻網續》，終其一生從未有一年耽誤過。我也熟記《十方暗除》的字句，並從未中斷過每年十天傳法的受法。希望我現在的講解，能夠讓這個法教延續下去，你也應該照這種方式來學習。」他真心誠意地多次對我說過這些話，還說即便他擔心揭露這部密續的甚深密義，但他獲准能這麼做。

在完成這部密續的廣解與研讀之後，他強調說：「從今以後，不要中斷你對這部密續的研讀和宣講，可要牢記《十方暗除》。」然後堪布圖登就往北方去，接受噶果‧蔣揚‧札巴（Kargo Jamyang Trakpa）以蔣貢‧康楚廣解傳承為本的《二品續》教授。

那年冬天，我邀請了卓千寺的堪布仁津‧沃色前來我的閉關地。他是格芒寺堪布雍滇‧嘉措的親近弟子。我從他那兒，接受了遍知米滂仁波切《智者入門》的本論、攝義與綱要，和以羌瑪堪仁波切註解為本的《功德藏》廣解教授，以及《龍欽心髓》前行釋論《普賢上師言教》的完整導引。除此之外，他還教授了巴楚仁波切和米滂仁波切的經教傳承、佛學難處……等，極為詳盡，對於明辨各派學說的差異非常有用。

透過先前《幻網續》的廣泛講解，我對金剛乘的灌頂、三昧耶的種類、以及生圓次第和大圓滿的體系，都有了一定程度的了解，口訣也幫助我能更清楚了解這些法教，彷彿是開啟了我的本覺之門。稍後，當我將這件事告訴證悟的欽哲‧確吉

‧羅卓，他說，「《功德藏》有很強的加持力，即便當遍知米滂仁波切在研讀這本論時，這本論也開啟了他的智慧之門，一如日出時太陽的昇起。」

我寫了一封韻文的信，給壇城怙主嘉察仁波切，提及我在研讀《幻網續》和《功德藏》上所得到的進步，還附上一幅八吉祥[124]的西藏唐卡。」他回了一封信說道：「善男子啊，你能夠廣泛從事令人讚嘆的研讀和修學，是非常好的。」這些話成了他給我的遺言。

總之我所倚賴的所有上師，都是宛如日月般，以其無比的聖法功德而聞名者，他們全捨棄了對俗事的顧戀。因為他們的仁慈，也造就了我對世俗不太感興趣的性格。因為我尊貴父母的仁慈，我得以心無旁鶩地師事具德上師，專心聞思，而毋須涉入成為家寺領主或寺院宗主之類的佛法職涯。仍是我親教師的謝竹，建議我說：「你的言行，得像我們的上師一樣，合宜地安住在聞、思、修上，以圓滿佛法的功德。我可以負起一切俗事的責任；你只要裝聾作啞就行了。」因為他的仁慈，即便我年紀尚輕，也不需有任何獻金，能全心投入聞、思、修，立誓不浪費任何一小時。每天，猶如我的親教師般，我的兄長鼓勵我撰寫各種的讚頌詩、祈請文、論著、道歌等，說這會幫助我的寫作和詞章。所以我寫了各種相關和無關的作品。每當我在憶念某些事情有困難時，就會看一下巴楚仁波切和其他許多證悟上師的讚頌和教言，持續地鍛鍊我的寫作，總算是對我的作文有些助益。即便如此，我的書法還是沒什麼起色。

那時，當薩嘎‧桑竹林聚落每年一度修《極樂淨土》儀軌時，我到那兒主持法會並教授三天的《極樂淨土》修法，每個受法的人都頗為驚奇。我也唱誦了

---

124 八吉祥，藏文bkra shis rtags brgyad；分別是：華蓋、雙魚、寶瓶、蓮花、右旋海螺、無盡結、勝幢、和法輪。

《龍欽心髓》中的《阿彌陀佛速道》灌頂儀軌。從喇嘛仁津‧迭秋（Lama Rigzin Tekchok）處，我接受了米滂仁波切註解的《沙彌律儀》和多竹‧滇貝‧尼瑪（Dodup Tenpai Nyima）的《文殊讚》講解。

在我將要完成一年的普巴金剛持誦，差不多是在1926年火虎年的春天，我以火供結束了閉關。之後去見竹‧蔣揚‧札巴並接受他傳給少數幾人的龍欽巴《七寶藏論》、《三休息》、《文選》和《沙彌律儀》。他說最好是待在閉關地。

那年夏天我先前的五明老師天津‧多傑，是八蚌寺資深的維那師，到班千‧朋措‧達吉林，依照馬巴‧噶舉[125]的傳承，接受了密乘修法、唱誦、儀軌梵唄、初十法會、臘月二十九日的拋食子法會等檢核。所以我也去了那裡。我重溫了先前所受的訓練，也廣泛地研習了蔣貢‧康楚釋論中的音律品、噶瑪‧恰美（Karma Chagmey）所著《太歲曆算法：巴嫫丁闍》[126]中的占卜品、《疾病松算法》、和《亡者命盤》等。

上師圓寂

在我十八歲的某一天，在嘎果（Gakok）時，接到了一封我父親寫的信，講述遍在怙主嘉察仁波切在1926年火虎年的五月十八日圓寂。他得年僅五十六歲。我的心沈痛到彷彿是被撕裂了一般。在那天傍晚修完護法的請供之後，要是再唱誦先前的上師長壽祈請文，好像不對，但也沒辦法就此作罷，於是我嗚咽地唱了一首祈

---

125 噶舉派，藏文bka' brgyud；由馬爾巴傳入西藏的法教傳承，最初由法身佛金剛持傳給印度大成就者帝洛巴、薩惹哈等人。由那洛巴與梅紀巴（Maitripa）傳給西藏譯師馬爾巴，就此傳下予密勒日巴、岡波巴、帕莫竹巴（Padmodrupa）、噶瑪巴等人。主要著重在那洛六法之方便道，與梅紀巴所傳大手印之解脫道的修行。

126 巴嫫，藏文dbal mo；某一類的女性神祇（譯註：經查證，此處的巴指產羊毛之地，巴嫫指尼泊爾的女人）。

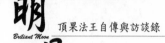

請文，哀傷地睡著了。為了安慰我，謝竹說：「不要像凡夫一樣哀悼你上師的過世；將你的心融入他的心！你們倆都是轉世祖古，所以你會接受到死後以心傳心的加持！」

隔天早晨我坐在屋後草地的涼蔭下，準備讀書。當假裝在注視心性時，一想到我的上師，一種難掩的悲痛就從心中生起，滿溢難忍的淚水，我寫下了這首悲歌：

嗟呼，具德上師尊，
縱吾事汝人中佛，
難以實解教訣義，
汝怎棄吾如遺孤？

如月皎顏笑眼神，
以慈悲心垂顧吾，
吾惡業眼不能見；
汝子難忍喪其父！

清甜嗓音幽微引，
任運深廣法甘露，
清音不入吾耳聞；
汝子無助唯哭求！

潤手輕撫吾頭頂，
賜予加持甘露瓶；
恐吾無緣享其味，
豈能不發悲中嘆？

證悟明力普照耀，
當汝明眸凝視吾；
何時復得蒙汝視？
無奈唯哭以赤忱！

勝樂金剛關房立
無上蓮花光坡地，
現吾心中感欣悅；
為何汝離任空蕩？

博學證悟禪修眾，
和睦猶如親手足，
持明總集奉法行，
已然消散如暮鳥。

灌頂教言勝他人，
法主、法嗣悉如願；
猶如戰敗之垛門，
如今怎能闔門戶？

冬雅‧滇尼‧達吉林
老幼堪布、祖古、僧
眾皆稱揚汝仁慈；
為何你去無形界？

天境蓮山之峰頂，
岩洞以及木屋內，

與諸自在瑜伽士，
誰可暢談覺受證？

縱使在家男女士，
受縛輪迴金繩索，
以信心寶為莊嚴；
生、死、中陰誰能助？

往昔吾疑汝住處，
非真吉祥銅色山；
如今汝貌現吾心，
悲感難止淚縱橫。

上師十方淨土住，
無緣大樂常清新，
智眼顧汝遺棄生，
大慈之手置吾頂！

弟子居此不淨界，
夢想揣度汝境況，
置身諸佛菩薩中；
唯一慈父，吾難耐！

縱汝融入本初界，
獨一怙主汝悲鉤，
頃刻擲出無差池，
召吾至汝欣面前！

在我讀書的休息時間裡，會出去野餐，在上抵岩壁的頂端時，我筋疲力盡地得坐下來喘口氣。雖然沒有刻意注視自心，但一種彷彿虛空般、無邊無中心的空明體驗，自動現起。我過去從未有過這般體驗，就坐在那裡等它消失無蹤。

當泰‧錫度‧貝瑪‧旺秋到班千來時，我從他那兒得到了許多法緣，像是紅帽法會、他個人專修的噶瑪‧噶舉傳承白度母灌頂等。然後我回到自己的住處，在秋天時回老家去。那年冬天我在一處關房裡，修了一個咕嚕‧秋旺的普巴金剛持誦閉關，並研讀了一些《十方暗除》。我也假裝給了十位薩嘎寺僧人《入菩薩行論》的廣解。

在我家不遠處，有一處叫做札擦（Draktsa）的關房，是一處長滿松樹的美麗、高聳岩山。中心處是一個山洞，足夠日常行、住、坐、臥的空間，我深感興趣，就前往一探究竟。即使是嚴冬，那兒還是有個小溫泉把四處結冰都融化了，水像夏天一樣湧出。當地人都說，那是當地神祇很高興我到來的徵兆。

在黎明前，我會先在床上修四加行，有一天，就在我坐處的前方，有個女人手持長壽箭旗一閃而過的身影，清楚地顯現在我眼前。我猜想那會不會就是法藥女神長壽母，覺得她就是當地的神祇。昔日止貢法王的許多弟子，曾待過這個聖地，現下卻似乎是荒廢了。有一位有時會待在那裡的僧人，請我寫下一個煙供的儀軌，我照做了。

我經常會閱讀遍知持明吉美‧林巴的傳記，那時我也正在讀他有關修行的道歌；還有巴楚仁波切對離群索居的建言《鳴天鼓》、和《律讚》；格芒寺昂波‧天噶的《戒讚》和道歌；以及我尊貴上師嘉察仁波切的隱居建言《出離莊嚴論》。謝竹常說米滂仁波切在晚年，是如何只專注在修行上，提醒我應該要終生在隱僻處修行。

之後，我去見博學、德高、成就自在的蔣揚‧札巴，他是兩位猶如日月的蔣貢和多康巴‧滇貝‧尼瑪（Dokhampa Tenpai Nyima）的心子。從他那兒，我接受了遍知龍欽巴《七寶藏論》、《三休息》、《十方暗除》和《密咒共義：梵音流佈》的口傳，這些他都是得自於蔣貢‧康楚‧羅卓‧泰耶處。我接受了這些典籍的詳盡廣解，以及由協仲‧班智達（Shedrung Pandita）所寫的目錄。喇嘛蔣揚‧札巴在1926年火虎年的年尾傳法完畢，在1927年火兔年的新年那天，他說：「這是我第五次給《七寶藏論》的口傳，你們兄弟能夠受法實在是很吉祥。」在讚賞我們的同時，也把絲哈達繞在我們的頸項上。為了所需，我們也接受了大伏藏師桑傑‧喇嘛的《三根本合修儀軌》的灌頂和口傳，這是由蔣揚‧欽哲‧旺波重新取藏的儀軌，還有《成就法總集》中《作明佛母五尊》的隨許加持。

　　我跟著上師的姪女伊喜‧秋准（Yeshe Chödrön）一塊學《曆算五支合集》，雖然我們在一週內就學完了，但之後因為我沒有繼續鑽研，對這本書的了解，成了所學裡頭最糟糕的。當我在教伊喜‧秋准《沙彌律儀》時，在她所住關房的前方是座高山，四下有兀鷹盤旋，每當我看著開滿美麗花朵的森林時，就渴望去隱居，覺得再也忍耐不住了。

5. 渴望閉關

那時，我的心一天到晚想著要找處自己的山洞。因為我無法離去，晚上就在房子的陽台上，對著尊勝喇嘛（Lama Vijaya）[127]駐錫的方位行大禮拜，祈請且一再發願要好好修行。為了祈請能完成這個誓願，我還寫下了這首應機之歌：

八大本尊愉悅大殿內，
水晶蓮山聖域之頂峰，
蓮花尊勝，各部總攝主，
吾心渴望汝之綻笑靨！

汝心離惑，仍居僻靜處，
博學、成就勝化身信眾，
俱解此生現象之羈絆，
吾心渴望自在之本然！

吾等華麗堂皇高宅第，
坐擁井然良田之福地，
任憑休憩、佳餚與美釀，
輕柔華服，吾心未曾喜！

人跡罕至美麗天成洞，
搖曳樹影清涼遮蔽處，
縹緲天光浮雲盡環伺：
吾願以此聖岩洞為家！

---

127 尊勝；雪謙·嘉察的梵文名，有時在頂果·欽哲的詩歌中出現。

親密父母兄弟姊妹聚，
鍾愛微笑禮待仍不足；
縱使即刻獲得所欲物，
汝子之心依舊悵悵然！

鹿羊、小鳥、野獸之相伴，
乃是慈悲迫切提醒者，
一旦與之為伍，狂亂心
必離希懼；此汝幼子願。

掌管金銀、牲畜、馬、牛等，
荷擔良田、粧稼、與農夫，
犛牛、馬、驢充塞滿倉庫；
無意求取經商務農財。

飽餐、避寒住處可化緣，
離欲不求酒血肉美食；
浪跡天涯以修行眾善，
吾心已決離去之念頭。

絲綢所飾法座錦靠背，
置於吾等華府深宅內，
眾人敬我頻邀賜加持；
推百引千，無心當大師。

自生良洞俱足四事業，
口耳傳承訣竅薄書冊，

缽及解脫勝幢之三衣[128]，
吾願身著蔽衣修苦行。

邪業、愛、憎、競逐之沈苛，
招致破法、犯戒、損福報；
吾已無心娶妻飲酒樂，
叢生禍端積累倒逆行。

發心聚集出離之果報，
於三摩地碉堡離散逸，
吾願猶如密勒日巴尊，
永不饜足覺受證悟財。

三時、煩惱、虛偽之念頭：
狡猾之心編造如陶輪；
伴隨光鮮外衣當偽裝，
機敏欺詐之人吾走避。

就此告別這輪迴之敵，
吾將坐擁荒郊如野獸；
居於雲霧縹緲之洞墟，
企盼見證覺受證悟現。

雲遊四海皆吾閉關房，
隨遇而安乃眾生愛子；
能捨一切世間之俗務，
怙主，加持吾能效法汝！

---

128 三衣，藏文 rnam thar rgo gsum；字義是「解脫三門」，在此指的是三法衣。

另有一回我想留下家書後，便前往閉關，於是寫下了這首詩：

嗟呼，摯親生此暇滿身！
慈愛自幼撫養我至今，
雙親仁慈引介具德師，
傳我圓滿法教解脫道。

心想仿效具德上師例，
具足佛法聞、思之成就，
全然放下此生之俗務，
吾願悠遊孤絕僻靜處。

雙親居此宏偉華美屋！
汝之幼子傾心於空穴！
縱汝慈愛給予軟華服，
吾愛白布粗衣，豈無用。

捨去價值不斐之長物，
安於禪杖、乞缽與法衣；
拋卻一切愛物毫不悔，
吾想積聚甚深教言書。

拋卻此座美麗繁花苑，
隻身前往隱僻之岩棚；
毋須侍者招致諸煩惱，
吾欲群鳥野獸相為伴！

昔於遍在上師之跟前，
授吾《祕密心髓》灌頂時，
承諾捨棄今生諸盤算，
致力投入依法之行止。

唯尋山巔獨居無他計，
盼此猶如心中銘刻石；
記取前賢生平之記事，
片刻難忍無法立即修！

吾等此生歡悅之牽繫，
必由死神閻魔剷除之；
縱汝幼子暫隱山林中，
亦難割捨汝欣喜笑魘！

憶念雙親難忘之仁慈，
當吾攻克覺證王國時，
必將不忘表達感激心，
以及回報汝等之恩慈！

值此末法時期貪嗔痴，
熾盛如焰寺院亦難免；
若要依法奉行實不易，
吾願獨居宛如獨角獸！

厭倦讚詞名聲之響雷，
無異噪音須臾之表述。

但獲無益猶如市場貨，

無跡可尋迷蹤如採蜜。

甚或結禍一生難避爭；

如秋末時蜂生死難料；

他人快活，吾愛無執樂，

唯聖法得現安與來喜！

功成名就身心皆勞頓，

猶似浪費吾暇滿人身！

寸身能容之穴為棲所，

吾求自在隱士離俗慮，

一心依止上師與三寶；

懇請圓滿汝之幼子願！

前去閉關

在寫完這首詩之後，我拿給謝竹看，他說：「你一心想要修行，是很好的決定。你把一生都花在修行上，也能夠圓滿我的發願。不過你年紀還小，現在先不要說大話，不然再也沒有比修行不成更讓人難堪的事了。再過不久，我們倆就能去一個僻靜之地，輪替地聞、思、修了。到那時父母親也不會不高興或阻止你前往了。」這番話讓我放下了心，不消多久，在1927年火兔年，我十八歲那年，就跟謝竹還有兩位閉關侍者待在一處僻靜的岩棚裡，我們把它弄好到能住下。

早上我會持誦約一千遍若那‧林巴《密集長壽法：最密隱修》的咒語，和一千遍遍知米滂仁波切文殊儀軌《慧日》的咒語。在每一座的開頭，我會輪流誦

米滂仁波切的十二位大圓滿祖師[129]祈請，或出自《上師精髓如意寶》的祈請文與禮敬。在每一座的結尾，我則唸誦一些遍知龍欽巴的祈請文。之後花一個禮拜的時間，專注在出自《心性休息》的大圓滿根本導引《三住三善》上。在座間，我會背誦一頁的《十方暗除》，即《幻網續》的廣解。我也經常研讀、思惟《心性休息》的本論和釋論，以及《功德藏》的本論和釋論，還有《二乘》[130]暨《日光論》與《月光論》。在別座思惟四轉心念[131]的觀想時，我會閱讀一品的《功德藏》本論並思惟其義理，因為兩者相輔相成，使我能稍稍將自心融於正法。那時我寫了一首對此處聖地的讚頌：

尊勝怙主圓滿佛，

至心對汝虔祈請；

懇轉吾心向佛法，

加持終生得修行。

於此寶地突硬磬，

心形山巖拔入空，

形成一對迷人穴，

---

129 十二位大圓滿祖師，藏文rdzogs chen ston pa bcu gnyis；分別是：一、妙顯孺童（Kyeu Nangwa Dampa）；二、不動光孺童（Kyeu Od Mitrupa）；三、救難（Jigpa Kyob）；四、（大悲）普化孺童（Shonnu Namrol）；五、金剛持（Dorje Chang）；六、英勇孺童（Shonnu Pawo）；七、忿怒王仙人（Drangsong Trospai Gyalpo）；八、清淨金光（Ser Od Dampa）；九、大悲智（Tsewai Lodro）；十、光護老叟（Osung Drepo）；十一、究竟圓滿王（Ngondrok Gyalpo）；和十二、釋迦牟尼（Shakyamuni）。

130 《二乘》，藏文shing rta gnyis；是指《二諦乘》（gden gyis shing rta）和《遍知乘》（rnam mkhyen shing rta），都是吉美・林巴的著作。

131 四轉心念，藏文blo ldog rnam bzhi；四種將心轉向佛法的方法，藉著思惟：一、八有暇與十圓滿之暇滿人身難得；二、生死無常；三、因果業報；以及四、輪迴苦空（輪迴過患）。更多詳盡的解說，請參見《普賢上師言教》一書。

草木綴錦於邊坡，
垂墜宛如珍項鍊。

頂之娑羅樹如傘，
蔭木散佈於兩側，
小鳥發出愉悅音；
前方林木繁枝上，
花朵露珠如珍珠。

周遭盡是松樹林，
野獸咆哮狼群嘶；
前端新枝尖頂上，
自在群鳥野獸鳴。

爛漫鮮豔繁花間，
蜜蜂穿梭歌詠唱，
溫馨洞天宜四業[132]，
冬季溫暖夏季涼，
不壞石階為妝點。

東邊日月明燈現，
西邊乃壯岩冰河；
濃霧陡坡掛白冰，
日月明光而照亮。

---

132 宜四業，藏文spyod lam bzhi shong；換言之，從事行、住、坐、臥等四種日常活動，綽綽
有餘。

大小群鳥盤旋舞，
前有淨水供神飲；
此地斯悅無貪執！
何其美好無沈掉！

於此關房如法行，
逍遙自在心輕安，
毋須忙碌吾三門，
祈賜加持法增上！

　　我在丹柯一處很棒的洞穴中住了七年，在洞口下方是塊大圓岩，我得攀爬幾個台階後才能進去洞中。那兒也有間屋子，所以謝竹和兩位侍者便在屋內作飯，但房門不太好，小熊常會從門口一路便溺入屋內，但沒辦法上到真正的洞裡，因為有台階的緣故。也有隻小杜鵑鳥充當我的鬧鐘。我一聽到杜鵑的叫聲，就會起床。

圖六、頂果‧欽哲仁波切二十多歲時在嘎浦。雪謙文史庫藏／拍攝者不詳

圖七、頂果・欽哲仁波切位於巴拉・才賈的閉關山洞。馬修・李卡德攝

　　我只穿粗絲做成的袍子，盤坐在一只箱子上，偶爾伸伸腿。從座位上我不用起身，只需彎腰就可以湊近爐火泡茶。我沒有一只像樣的茶壺，便從鍋子直接倒茶喝。在傍晚時，我習慣讓爐火微燒著，這樣到了早上就不用重新生火。早晨我差不多在三點鐘左右起床，修一座到五點鐘。我習慣自己燒茶，所以一直到午餐以前都不會見到任何人。有一次我侍者的父親來了，見到我的侍者們都還在睡覺；叫他們起床時，我已經泡好茶了。

　　當我站起來時，頭並不會碰到屋頂——洞裡還頗高的——但十分潮濕。康區的所有洞窟都是冬暖夏涼。我在那個洞穴裡足足待了七年，沒有中斷過閉關，但家人會來看我。沒有其他人到訪。前方是座森林，有許多狐狸和各式各樣的鳥。也有豹，曾吃了我養的一隻小狗。

圖八、東藏的雪謙寺。馬修・李卡德攝

　　當我修護法的請供時，總是會有一些烏鴉在旁喧嘩吵鬧，當我供出食子後，牠們就來把食子叼走。也有許多小鳥跑進洞裡來，我會在手指上抹上奶油，小鳥就會跑來吃掉。有兩隻我經常餵食糌粑[133]的老鼠；在我的腿上跑來跑去的。還有約莫二十或三十隻的黑鳥。

　　我在洞前擺了很多種滿花的陶盆，牧民的小孩常會跑來看花。我在窗戶上掛了一塊布，所以沒人看到我。所有的食物，都是侍者從家裡帶來給我的。我從不會無所事事地休息；我有許多書，在午餐後就讀書。我的兄長謝竹常要我寫些祈請文或文章，對寫東西我沒什麼問題。他覺得藉著寫作，可以讓我熟悉撰文。我在閉關時，頭髮長的很長，偶爾會洗洗頭，除此並不常洗澡。

---

133 糌粑，藏文rtsam pa；炒過的青稞粉，是西藏人的主食。

除了晚上就寢和白天如廁之外，我不曾有片刻的休息，總是在寫東西、讀經論、上座禪修，並勤於做大禮拜和持咒。我兄長謝竹老是說如果我不偶爾休息一下，可能會變得很沮喪，有時我父母來看我時，也會這麼說。

我父親說：「兒子啊，你說你想要出家為僧，你也被授予轉世上師的頭銜，並接受了許多的灌頂和口傳。既然你能夠努力地研讀經典，並付諸實修，我死而無憾矣。如果你能夠繼續以非凡的覺受與證悟來和上師們印證，你終將獲致真知，這是非常重要的。」

雖然我努力不懈、從無間斷，拜尊貴上師金剛持雪謙·嘉察的仁慈之賜，我並沒有碰到任何障礙。我會閱讀珍貴怙主密勒日巴的證悟道歌，和遍知吉美·林巴傳記中有關堅毅修行的篇章，來當做消遣，這讓我生起了強烈的信心和願心。[134]遍知、偉大的吉美·林巴在巴瑞[135]修行時，曾許下了七個誓戒，並儘量奉行不悖；當我讀到這個故事，和當他待在桑耶·青埔[136]時，有一隻野貓咬死了大白鳥群以及一位具信施主供養他用宰殺的動物內臟、血肉做成的臘腸時，他如何生起了慈悲心的故事後，讓我增長了強烈的出離心和慈悲心，發誓一天只吃一次肉。

在此地的農作物被嚴寒所侵毀，乾旱不雨讓農夫十分擔心時，我心想如果我是一位強有力的菩薩，就會施展神通，讓烏雲蔽天、降下甘霖；我一直期盼此事直

---

134 密勒日巴（1040-1123）；西藏歷史上最著名的一位瑜伽士與詩人。噶舉派的許多法教皆是由他傳下，他的生平故事已出版，見張澄基翻譯的《密勒日巴十萬歌集》（Hundred Thousand Songs of Milarepa）（由美國香巴拉出版社於1862年印行）和羅桑·拉隆巴（Lobsang P. Lhalungpa）翻譯的《密勒日巴傳》（The Life of Milarepa）（由紐約Penguin Books在1992年印行）。

135 巴瑞（Palri），藏文dpal gyi ri；指的是巴楚仁波切的關房巴瑞·鐵秋林（Palri Thekchokling）。

136 桑耶·青埔，藏文bsam yas mchims phu；前藏桑耶上方的關房，是蓮師教導二十五弟子之處。

到成真。我們有一隻報時的公雞和一隻老狗，我向蓮師一再地祈請，當牠們被野獸抓住、咬傷時，並沒有流血不止。即使牧民在我的僻居附近放牧牛羊時，牲畜也從不會被野獸殺死。雖然我總是持誦文殊菩薩的咒語，我覺得這都是得力於當時我一心的持誦和觀想。我對甚深經續法教的理解，以起先前好一些，詩文也進步了不少。我思索著要從此獨自待在僻遠山區，無視衣食的舒適，像隻受傷的鹿般躲起來修行。計畫著要如同密勒日巴尊者般的過活，我覺得有股不可逆轉的熱切之心，於是寫下了這首詩歌：

縱汝圓滿三身之功德，
為了解脫不淨道眾生，
汝示現為殊勝出離者；
蓮尊勝主，至心渴仰汝！

此珍貴所依暇滿人身，
終將落入盜敵閻王手，
吾心萬分痛苦不可抑，
猶似驚惶小鳥嚇墜地。

下三道之深淵難揣度，
眼前上三道之舒適樂，
宛如天上彩虹行將逝；
想想漫佈烏雲諸惡行！

愉悅宮殿或許極美妙，
無法抵禦閻王之迫懼！

一切飲食或許極美味，
可為銅漿地獄之成因！[137]

無論如何珍惜華服身，
何時初聞腐屍臭未知；
英俊青壯肉身悅吾心，
肉眼化入顱骷又何用。

光耀珠寶許是迷人物，
無法誘惑忿怒鬼閻王；
縱使聲名響譽全國度，
身心分離之際毫無益！

縱使高位權力威嚇人，
隻身獨行之時不能護；
身世顯赫或許令人敬，
無法避免閻王法庭見！

眾人群聚乃愛憎之源；
中陰之時吾將踽踽行。
持守遠離此生之俗務，
吾將獨居僻靜之岩棚！

猶如負傷隻鹿度此生，
吾心渴求注視內心境；
往昔大師皆居僻山岩，
攻佔覺受證悟之王國。

---

137 即導致投生在吞下熔化銅漿之地獄的業因。

記取密勒日巴尊者傳，
餓時三摩地禪悅為食，
冷時奧秘內拙火[138]為衣；
鳥獸為伴入雲霧深山！

住於人跡罕至岩洞中，
毋須栽培枝葉為滋養，
岩間清澈冷泉為飲水，
至心之願即山鳥為伍。

美妙婆娑樹影涼蔭下，
鬆坦自由自在心境中，
清新微風吹撫身強健；
一切自主行止皆如法！

浩瀚穹蒼高岩之頂峰，
增長內在明覺之明力，
頂上日月煦光觸吾心，
已然入於本覺六燈界[139]。

偶有雲層迷霧現起時，
響雷閃電乍現如幻舞，
咆哮風吼旋掃烏雲際，
映現怖畏中陰巨響光。

---

138 拙火，藏文gtum mo；那洛六法之一，透過氣脈的修練，產生神秘的內熱。

139 本覺六燈界，藏文dbyings rig pa sgron drug；在頓超修行中的明光。大圓滿（譯注，應是大
圓滿三部中的「訣竅部」）有兩大部分：立斷（trekcho，音譯為且卻），「斬斷」之意；
與頓超（togal，音譯為脫嘎），「直截超越」之意。前者強調本淨，後者強調任運。

清淨草地款款流水邊，
吾伴雛羊戲耍攀岩石；
悅耳光鮮黑鳥展翅飛，
白色禿鷲悠閒盤旋繞。

除卻此地集聚空行母，
邪曲之人未曾駐足過；
遼闊藍色大湖滿盈水，
指示四全放[140]之大休息。

天鵝作伴歡唱學展翅，
提醒修持各種慈悲心；
空谷仰賴雪山淨冽水，
吾將攻克覺證之王國！

誓從今後一切無所需；
此生悲喜盡如水上畫。
只為積聚輪迴深習氣，
反觀此身即知助益否！

抱持希懼營生未來計，
耗盡一生囤積諸業行；
一旦被敵閻羅[141]繩索拘，
臨終末息當知斯益否！

---

140 四全放，藏文cog bzhag bzhi；在大圓滿頓超的修行中，四種安住在本覺中的方式。

141 閻羅，藏文'chi bdag，梵文為yama；死神、閻羅王。

吾雖涉世未深不成熟，
吾父怙主嘉察上師尊，
加持入心深感促逃離，
觀見此生諸事皆迷惑。

難忍此念瀰天促逃離，
脫口而出之際旋寫下；
縱使凡夫之念皆無常，
祈賜離於一切障逆擾。

一切佛法之根出離心，
堅固穩若刻印之磐石，
願我猶如怙主蓮尊勝，
無修之師，虛空瑜伽士！

　　我讀了金剛持欽哲·旺波的道歌，並寫了一本類似注釋其道歌的歌集。當我把這本書拿給遍知欽哲·確吉·羅卓看時，他說道：「當今你和敦珠[142]在道歌的撰寫上無可匹敵，就像遍知父子一樣。」

　　大部分的寧瑪派持明者，尤其是三位蔣貢和我偉大的上師，隱居在僻靜之處專修時，全都是聞、思、修並行的。他們是我的主要典範，向我示現要如何宏法利生。我覺得應該見賢思齊，除了我父母不見任何他人。我放下此生的一切俗務，將諂媚和偽裝拋諸腦後，除卻少數的交談外，不說任何不必要的話。我的生計一點問題也沒有，想要一輩子都能這般快樂地過下去。

---

142 敦珠（Dudjom）；即季哲·耶謝·多傑（Jigdral Yeshe Dorje, 1904-87），偉大伏藏師敦珠·林巴的轉世，寧瑪派當代的偉大上師與伏藏師，他是一位極高證量的作者與詩人。

遵循堪千‧圖登‧秋沛的教示，我勉強地記誦《幻網續》的釋論《十方暗除》。有幾年的時間，我一直都待在一處有草地的迷人森林關房裡，我兄長謝竹是我的親教師，他說除非我能夠出外走走，否則我的心會變得散亂。所以有一次，桑傑‧年巴和我就去了一個地方，是帕當巴‧桑傑的禪修洞，想要和此聖地締結法緣。不過，此處雖雪山環繞，卻不是什麼好地方。

某個七月初十，在曆算吉日的星期一，我們修了《無死聖度母心髓》的薈供，當我們在修法時，我寫下了以欽哲‧旺波的淨相伏藏《五見》為本，配合五嘿嚕嘎[143]甚深義理的祈請文。當我一寫完之後，小河谷裡的河流突然漲滿，變得像春夏的河流一般。

那時格芒寺的堪千‧迭秋和其他眾堪布，來到此閉關地，我從他們那兒領受了《龍欽心髓》、《幻網續》的釋論《祕密主密意莊嚴論》、《祕密主言教》、《三寶釋》、《六種中陰》、格芒寺昂波‧天噶全集、《妙喜金剛薩埵》與《龍欽心髓》中的阿底峽《白度母》灌頂等。這兩位堪仁波切待我甚好，當他們要離去時，好像無法忍受要和我分離的感覺似的。堪布迭秋送給了我他自己謄寫的《日光論》和《月光論》手抄本，即《功德藏》的廣解釋論。

---

143 淨相伏藏，藏文dag snang。這是五大嘿嚕嘎以五種顏色，各自騎在不同動物身上的不共淨相，分別是：蔣揚‧欽哲‧旺波騎在烏龜上；賢遍‧泰耶騎在大象上；夏魯‧洛薩‧滇炯（Zhalu Losal Tenjong）騎在獅子上；蔣貢‧羅卓‧泰耶騎在龍上；以及秋林伏藏師騎在老虎上，出現在虛空中。欽哲‧旺波受持了七種口傳傳承（藏文稱bka' babs bdun），分別是：一、口傳或教傳（bka' ma），是寧瑪派的三藏與密續法教，經師徒相傳的無間斷傳承；二、巖藏（sa gter），由伏藏師所取出的伏藏法；三、重取伏藏（yang gter），是過去伏藏法的第二次取出；四、心意伏藏（dgongs gter）由上師或伏藏師的心中取出的伏藏法；五、口耳傳承（snyan brgyud），直接從證悟者領受；六、淨相，在清淨禪觀中接受；七、隨念（rjes dran），憶起前世。

那時從我家裡來了一批侍者，他們很訝異先前養尊處優的官員之子、富裕雙親的愛子， 能夠待在這種閉關的洞窟之中，都說我定是非比尋常的聖人。而其他待在那座山中閉關、歷經苦行的修行者，也心想若是一位富家官宦子弟都能過這種閉關的生活，那為何他們不能忍受艱困呢？我聽說這對他們也頗有幫助。總而言之，某個在過去世中一直待在群山之中的人，諸如獵人或出生於山林之人，不管他們今生是何身世，只要一見到好洞穴或茂林中的關房，都會心生歡喜並坦然以對。這是因為他們的習氣使然，想要待在這類安靜、偏僻之地的念頭，也會自然油生。

研讀《上師精髓》

那時約有二十名僧人在薩嘎寺結夏安居，我傳授他們《喜金剛》儀軌的觀修法。[144]我只想修最重要的心要大圓滿法，並終生在僻靜之處修行。為了這個目的，在1930年鐵馬年，我邀請了貢噶·巴滇仁波切到關房來，接受個人實修的教導。他是昂波·天噶的親近弟子，終身待在僻靜之處，放下一切俗務，專修《心性休息》與《上師精髓》合一的修法。

這位上師傳給我他終身修持的《上師精髓如意寶》解脫教授的廣解，他也從頭到尾教導了我依《龍欽心髓》修練氣脈的訣竅。在教授完《上師精髓》中《口耳小傳承：智慧自顯》之後，他傳給我極為寶貴、廣泛的口訣。那一次他也給了我一些額外的開示，例如：

「當我從昂波·天噶仁波切處接受《上師精髓》的灌頂與解脫教授時，我承諾要每天修持《上師部成就海次第》的上師瑜伽以及《次要口傳》中的上師瑜伽，永不間斷。我總是將《上師精髓如意寶》帶在身邊，專修此法。我終身修持

---

144 藏文稱kye rdor mngon rtogs，「喜金剛現證」之意；是喜金剛儀軌中生起次第的教授。

此法，雖然對自己的覺證沒有信心，但即使在夢中，也從不覺得這些教授是騙人的，我永遠對這些法教有著不退轉信。

有時當我閉黑關時，雖曾經歷一些極為嚇人的中陰境相，卻更加增長了我對佛法與上師的信心。我有神經系統方面的問題，在努力修行了一段很長的時間以去除身體上的障礙後，就痊癒了。雖然我家族的人通常都不長壽，但我每年不中斷地私下禪修《上師精髓如意寶》唸誦法後，壽命得以延續至終老。

在過去，當昂波·天噶仁波切傳授我們《上師精髓》灌頂和教授時，他在傳完法後說道：『頂果家的兒子給了我一幅遍知龍欽巴的唐卡，這是個很吉祥的緣起。』然後他把這幅唐卡送給我，當作禮敬的對境。現在我已經傳給你廣解的教授，你應該把它當作你的主修法。除此之外，當具信之人出現時，你應該一直傳授他們共與不共的法教。」

他解說了弘法利生的必要，還厚愛地送給了我他終生當作禮敬對境的《七寶藏論》和《心性休息》。他告訴我要持續地聞、思、修這些典籍。遵照他的教誨，自此我假裝精進地盡量研讀、思惟這些經論。

我兩位尊貴的上師都說：「當教法興盛且益發廣傳時，大地上到處都是穿棉衣的瑜伽士；當教法衰落且越趨式微時，除了喇嘛巴給[145]，就再也沒有傳承持有者了。」巴楚仁波切不共地接受了多竹·吉美·聽列·沃色（Dodup Jigmey Thinley Özer，譯注：即第一世多竹千仁波切）傳給若札·巴給[146]的《龍欽心髓》氣脈修持訣竅。當他在帳棚中修練時，他的頭撞到中央的柱子，所以柱子變得有點髒。昂

---

145 在吉美·林巴的時代，當《龍欽心髓氣脈法》（Nyingtik Tsalung）、即依據《龍欽心髓》的氣、脈修持法，盛行且廣為流傳時，西藏到處是穿著棉衣修此法的瑜伽士。當《龍欽心髓氣脈法》的修行者式微後，唯一的傳承持有者僅剩巴楚仁波切。

146 若札·巴給（Rogza Palge）是傳授巴楚仁波切氣脈瑜伽修法的上師，他是從多竹·吉美·聽列·沃色領受了這些法教的。

波‧天噶和阿宗‧竹巴是從巴楚仁波切處接受了這個法教，昂波‧天噶終生修持此法，未曾中斷過。

既然這兩位上師都曾接受、修持此法，且常提及此法的重要性，我在關房裡便花了很長的一段時間努力修練氣脈。雖然我從未有過任何氣的徵兆或心的輕安，但我對於氣脈修持教授的嫻熟程度，已趨穩固；所以花了一輩子在隱居禪修大圓滿的貢噶‧巴滇，對我說：「孩子啊，你待在山裡閉關，可說是沒有白費力氣。」

同時我也修了差不多三十萬遍的《吉祥妙供》和《文殊圓滿布施金剛儀軌》薈供。在我居住地象徵當地主要護法的聖泉，我埋下了能增長土地富饒的寶瓶，也準備了護法的象徵住處、並修了煙供和淨障法，然後輕鬆了一陣子。在座間的休息時間，我給桑傑‧年巴、卡果‧若則祖古（Kargo Rabzey Tulku）、和約莫十位學生《七寶藏論》和《三休息》的唸傳，並傳授《功德藏》給一位班禪寺的堪布噶瑪‧古茹（Karma Guru）。

一般而言，我的所有具德上師都經常告訴我說：「你應該適當地在聞、思、修上用心，然後持戒謹嚴地護持、維續、宏揚法教。從今以後你應該給具信弟子灌頂和傳法。」因此我傳授了幾次《普賢上師言教》和《智慧上師》給一些求法的謙恭之人。

稍後，當我問欽哲‧確吉‧羅卓要如何傳授、弘傳如《經續心三部》[147]、

---

147 《經續心三部》，藏文mdo sgyu sems gsum；指的是三部經典：一、《經部‧密集經》（mdo dgongs pa 'dus pa），是阿努瑜伽部的主要經典，有七十五品；二、《續部‧幻網經》（rgyud sgyu 'phrul drva ba，梵文mayajvala），或稱《幻網續》，是瑪哈瑜伽部的主要經典；和三、《心部‧十八母子經》（sems sde bco brgyad），由印度上師師利‧星哈（Shri Singha）傳給毘盧遮納和蒼‧列竹（Tsang Lekdrub）的一套大圓滿密續，由毘盧遮納與無垢友（另譯毘瑪拉米札）傳入西藏。十八密續中包括了五部早譯密續與十三部後譯密續，其中的五部早譯密續，是毘盧遮納在被流放到察瓦絨（Tsawarong）之前所譯出的，其餘的十三部，則由無垢友與玉札‧寧波（Yudra Nyingpo）譯出。這些是寧瑪派密咒乘中生起次第、圓滿次第與大圓滿的主要經典與密續。

《八大教誡》、《密意總集經》之類的大灌頂和口傳時，他說道：「藉由延續遍知吉美・林巴的佛行事業，你將會授予無數眾生成熟與解脫的教法，就彷彿是他們被帶到最高階的淨土一般。」他常給我一些很棒的詩偈。當我長大後，在不能掌控自心，卻也不得不繼續偽裝成一位上師來欺瞞許多人時，便猜想這是否就是欽哲・確吉・羅卓所說的那回事。

從怙主康珠・噶瑪・沃色・倫竹（Kangyur Karma Ösel Lhundrup）處，我很榮幸地接受了《賈村六函》的教法、他得自參初・蔣巴・諾布（Tsentrul Jampal Norbu）的唸傳、《天法》十三部、恰美仁波切的傳記、祖古・明就・多傑與恰美仁波切的歷代轉世故事、《恰美閉關指南》與其所依法、《觀音法實用導引》和其前行、《玉陀心髓》的十八附屬法、噶瑪・堪千・仁千・達吉（Karma Khenchen Rinchen Dargye）有關詠給・明就・多傑（Yonge Migyur Dorje）的《忿怒金剛》寫本、《蓮花遺教》、《五部遺教》、和他得自仲・仁千（Drung Rinchen）唸傳的伏藏師達香（Taksham）所取出的《蓮花遺教》和《伊喜措嘉傳》[148]。

曾經，當我在二十歲左右時，那時還在隱居當中，我夢見自己坐在烏雲濃霧密佈的空中，下方是一片大海。我的身體是黃色的，由帶著頂冠的群蛇和各式珠寶裝飾著，下半身蜷曲成一條蛇，我夢見自己在空中歡喜地飜動著。稍後我將這個夢告訴達瑪瑪帝，他回說：「你是隱匿的廣財龍王[149]之子。」（譯注：有八位龍王，

---

148 伊喜・措嘉；赤松德真王的王妃，她成為蓮花生大士的主要法侶，也是蓮師所傳所有不可思議法教的主要編纂者。她的傳記有英文版，參見由賈哇・江秋（Gyalwa Changchub）與南開・寧波（Namkhai Nyingpo）所撰之《蓮生王妃：伊喜措嘉之證悟與生平》（Lady of the Lotus-Born: The Life and Enlightenment of Yeshe Tsogyal）一書，蓮師翻譯小組英譯（由美國香巴拉出版社於2002年印行）。

149 廣財龍王（Naga Jasuki），藏文klu nor rgyas；八大龍王之一。龍是強大、長壽的蛇形眾生，棲息於水域之中，常守護著大寶藏。他們屬於半畜生道半天道，通常以蛇形過活，但很多也可以轉成人身。

其名號為：無邊、安止、力游、具種、廣財、護貝、蓮花、大蓮花等。）我請他寫了一個請供，他好心地照做了。當我觀察自己的性情，發現若是我睡得很深沈、烏雲密佈下起傾盆大雨、地上很潮濕而草木崢嶸、或天氣涼爽清朗時，我的健康狀況就好很多。當我的身體碰到炎熱的太陽光、很少下雨而晴空萬里時，我的健康就不對勁，且肩膀處老是會冒出一堆小疹子，像是蟾蜍的表皮似的。當我一想到這件事，就覺得我應該曾經是住在濕地的某一種動物，在此順帶一提。我覺得自己對大圓滿法的廣證，應當要在二十歲左右臻至圓滿，雖然我假裝在修持這個心要，並在心裡牢記此願望，卻無非在吹噓罷了；即使現在我已七十歲了，甚至還未達到安住在「止」[150]的程度。

我從桑傑·年巴那兒，接受了密勒日巴尊者上師法（譯注：這是上師、本尊、空行三部之一的修法，與四加行的上師瑜伽並不相同。）的灌頂、唸傳與教授。然後自一位班千寺的堪布處，接受了一些鏡卜和曆算的法教。這位堪布也是位維那師，我的鏡卜和曆算學得非常好。

在一出關後，我先到宗薩去。那時我差不多二十七歲，欽哲·確吉·羅卓要我前去，因為他想要傳給我《寧瑪十萬續》和《大寶伏藏》的唸傳。當我抵達時，欽哲·確吉·羅卓說：「你今天到，是非常吉祥的徵兆。」第一次我只待了將近兩個月的時間。慢慢地我每年夏天都會去那兒，冬天就回到丹柯老家或去別的地方，像是企凱（Tsikey）的秋林寺，好接受各個上師的口傳，如在蘇曼寺從宗南·嘉楚（Drungram Gyatrul）處領受了《勝樂金剛空行口耳傳承》。[151]

---

150 止，藏文zhi gnas，梵文shamatha；靜心的禪修，為了安住在免除妄念的境界中。

151《勝樂金剛空行口耳傳承》，藏文bde mchog mkha' 'gro snyan brgyud；一部阿努瑜伽部的密續，也是新譯派的主要本尊法之一。

丹陀仁波切[152]正在康傑佛學院（Khamche Monastic College），所以我去見了他，他要我給他米滂仁波切《口傳典籍》的唸傳。當圓滿宮的薩迦・貢瑪[153]在傳授《成就法總集》的灌頂時，塔唐祖古（Tarthang Tulku）也來了，那時他只是位普通出家僧，因見不到欽哲・確吉・羅卓而大發雷霆，有太多的訪客所以侍者不讓他進去。雪謙・冉江寫了封介紹信，表示塔唐祖古非常聰明，請讓他拜見欽哲・確吉・羅卓，於是終於讓他見到了。之後塔唐祖古去了賈瑟・久美・多傑[154]的營地，並接受了後者的《幻網續》，他非常擅長此法。

---

152 丹陀仁波切（Dangtok Rinpoche）；薩迦派的一位高階喇嘛，也是頂果・欽哲仁波切的上師之一。

153 薩迦・貢瑪；薩迦派法王的頭銜。

154 賈瑟・久美・多傑（Gyalsey Gyurmey Dorje）；阿宗・竹巴的兒子，住在阿宗嘎（Adzom Gar）、阿宗・竹巴的營地。他當今的轉世出生在不丹，是尼泊爾雪謙寺的主要祖古之一。

6.上師的轉世

當我二十三歲，時值1932年水猴年七月初十的慶典，遍知蔣揚・確吉・羅卓，平息了輪迴與涅槃的痛苦，以其無礙的智慧，覺察到無比仁慈之嘉察秋楚的第四世轉世，並予以認證。這位轉世出生在囊謙的多旺（Dowam）小白佛塔附近，在我無上上師的駐錫地雪謙・滇尼・達吉林的法座上昇座。

當我徒步到那兒初次見他時，雪謙寺極為禮遇我，在屋頂上大肆奏樂等等。由主要的上師們帶領，包括語獅子第六世冉江、蔣貢秋楚貝瑪・智美・列貝・羅卓（Jomgön Chöktrul Pema Drimey Lekpai Lodro）、我和他一起接受律戒、菩薩戒、和密乘戒的法友恭托秋楚、巴瓊秋楚（Barchung Chöktrul）、洛千祖古（Lochen Tulku）、以及上師昂・格列・嘉措（On Gelek Gryatso）……等人，還有其他上師與僧人，全都費心地關照我，宛如父子的相會一般。當我在遍知上師的墓前修薈供並向他祈請時，天空佈滿了七彩的虹雲。在裝有米滂仁波切修持所依物的文殊塑像前，我修了一遍又一遍的薈供祈請文。[155]

我去參加大眾的初十薈供廣供時，冉江仁波切、雪謙・康楚和其他人都以三程[156]去歡迎這位殊勝的轉世。卓千寺的僧眾和其他噶舉派與寧瑪派的寺院，也都騎馬去歡迎他。當諸部怙主坐上他的法座時，他們以極為盛大的儀制隊伍，來迎接這位年輕、容光煥發上師的優雅到來。

---

155 這尊小的文殊像是米滂仁波切的修行所依物，安奉在雪謙寺的大尊文殊像心間。據說這尊小佛像真的開口說過話，後來當頂果・欽哲仁波切返回西藏時，此像被獻給他。頂果・欽哲仁波切把它裝在一個金聖物盒裡，掛在脖子上，現今存放在尼泊爾雪謙寺其舍利塔的中央部位。

156 當重要喇嘛來訪時，慣例要用三程的馬隊前往迎接，這三程是：寺院附近、稍遠些、與寺院甚遠處。

他的昇座大典，是按照我們敏林・迭千傳承《無死精髓》的長壽法來舉行的，長壽法會則依據我遍知上師蓮花尊勝的著作來舉辦，這是過往證悟大師的傳承。我們也為此辦了一場別開生面的薈供，我寺院的上師和祖古們，紛紛獻上了不斐的賀禮。

我同時從蔣貢・秋楚・開珠・旺波（Jamgön Chöktrul Khedrup Wangpo）與圓滿了三種承侍尊貴上師行止的大修行者喇嘛蔣揚・羅薩處，接受了我遍知上師《全集》的全部唸傳，當時我並未親自從上師處接受過。從雪謙・康楚處，我接受了《八大教誡：善逝總集》的主要灌頂；從冉江仁波切處，接受了他的專修法，即敏林・迭千的《閻羅摧破傲慢魔》，以及欽哲・旺波甚深伏藏教法的完整唸傳與灌頂；從成就主卓千・圖登・確吉・多傑處，我接受了他專修法的主要灌頂，即遍知吉美・林巴的《續部普巴金剛》。在大威德金剛穴，我見到了拉康（Lhakang）的堪千・貝瑪・帖秋・洛登（Khenchen Pema Tekchok Loden），他已圓滿了大圓滿四相，並與他締結了法緣。當雪謙・冉江邀請林卡的法王旺千・噶瑪・天津（Wangchen Karma Tenzin）來參加餐敘時，我向他請求了米滂仁波切法系的拉瑞・德千・若巴（Lharik Dechen Rolpa）淨相法的《給薩王命嘎》。我不斷地鑽研雪謙寺儀軌傳承的上師口訣。

在冉江仁波切位於蓮花光閉關地的小屋裡，我稍微修了《普巴利刃》的持咒，那時冉江仁波切對我特別赤忱相待，他說道：「當今的金剛持蔣揚・欽哲・確吉・羅卓無人可媲美，宛如佛陀再世。除他之外，在卓千、八蚌、薩迦等地所有兩位蔣貢的殊勝轉世當中，再也沒有人比雪謙寺的欽哲轉世與康楚轉世，更有智慧、純淨、高尚了。和別人相比，嘉察仁波切殊勝轉世的品格更應當是舉世無雙的聖者，所以你們兩位前上師最傑出的法嗣，應該是照料嘉察仁波切轉世的主要人

選，我們和寺院也會盡上一份心力。」他反覆地說著這件事，並詳盡地談了他的個人覺受與悟境。

同時我也假裝傳授冉江仁波切詩藝的中品，並對米滂秋楚與我的法友洛千祖古解說《妙明善釋》中的文法與拼音。我獻給嘉察秋楚和堪・羅卓・若瑟有關瑪帝《文殊法》的授權，和帕當巴的《語獅子》與《白妙音天女》。當我尊貴上師的殊勝轉世要回他老家宅第時，我去送別，雖然我答應他稍後會傳他《教訣藏》，但這個時機卻從未出現過。

這時爆發了中國與西藏之間的紛爭，我便回老家去過冬。在路上，我在八蚌寺暫停了一下，去探望錫度仁波切，他才剛從前藏回來。那個冬天，1932年水猴年的十月，我父親過世了。我們全家——桑傑・年巴、其他兄長和姐妹、我母親——為了他做了許多善事。

那時我見了宗南・嘉楚仁波切，一位如法奉行經續的上師。我和桑傑・年巴一道向他請了岡波巴的《解脫莊嚴寶論》以及《時輪金剛》的教授，他一直待我甚好。當時一場嚴重的天花在我的家鄉肆虐，怙主米滂仁波切舍利塔裡的文殊像對治了天花，遏止了疫情的蔓延。我回到先前的關房去閉關，用泥巴封住了入口。

在我開始修金剛薩埵持誦的當晚，我夢見一個裹著長絲哈達的漂亮五股金剛杵，哈達上佈滿了象徵文字，並聽到一個聲音說道：「這乃是你是蔣揚・欽哲意化身的徵兆。」翌年，1933年水雞年，我創立了每年一度、為期七天的盛大金剛薩埵心意儀軌大法會，當做我父親的忌日法會。我去一處叫做巴拉・才賈（Barlha Tsegyal）的山頂野餐，那是家鄉主要的地祇所在地，並在那兒修了盛大的除障法與煙供，也埋藏了能增長土地富饒與做為當地護法象徵駐地的寶瓶。那時，我唱了這首詩歌：

於此高山虛空之擎柱，
臻至頂峰東方天空下，
住吾父圓滿佛號蓮花，
證悟大師群聚眾眾圍繞；
歡喜微笑致甘露雨降
乃成熟與解脫之法教。

吾念蓮花光閉關中心
位於滇尼達吉林聖山；
憶念吾父縱使難數計
其稚子心傷又有何用？

吾與法身上師明光心
深信早已超越離與聚，
修持吾父深廣密遺教，
猶如享用國王之寶藏。

若於聞思修間不放逸，
不信甚深之道是欺誑；
實修法系先祖之行儀，
終生為界依岩棚僻居。

怙主，思汝解脫之決心，
吾欲遣除世間八風敵。
年紀雖輕吾畏懼死亡；
不求榮祿願來世永樂！

怙主，見汝勤勉之修行，
吾心希冀終生以閉關，
融入《八大教誡》之近、成（譯注：近、成、大成等，是持誦咒語時的修行次第）
與諸支分合一集大成。

怙主，聽聞汝之精進行
修持氣脈明點之修道，
忖度方便解脫不二道
吾將證得俱生智之見！

怙主，覺察汝之殊勝證，
吾已不信萬法唯心造；
裸然覺空俱生明點中，
吾心渴求見、修、行一味。

怙主，念及汝之教誨時，
縱使無能無力吾心欲
努力弘傳佛教於普世，
藉諸傳法、修行與事業。

父者，仁慈、真誠之眷顧，
備極關愛集於吾一身；
為示感激汝之信賴恩，
吾願此生當中能回報。

怙主，尋思汝殊勝功德，
銘感五內吾具勝解信；
自此直至證得菩提果，

須臾未曾離於汝之側，
既然已為汝親近心子，
祈願父子之心得相融！

既然已證外相為幻相，
順緣逆緣如法身大樂；
內心妄念淨化於本界，
離於執著覺受究竟智。

法界大空無執禪境中，
安適之念觸及即崩解，
日月明光本性永無竭；
願吾終生得住安樂中！

願諸所作利教與群生，
願正法行執著崩壞解，
願妙覺性壇城常增長，
願吾得證十力具善巧
引領有緣眾至本初界！

那時我兄長謝竹到雪謙寺和宗薩寺去，想要商借這兩座寺院所蒐藏的任何米滂仁波切著作。米滂仁波切在札西·巴拔林的關房圓寂，他的親近弟子和終身侍者喇嘛沃色傳給我們《壽主閻王》持誦寫本與附錄的唸傳和授權加持、《十忿怒尊》的持誦寫本、《顯起剪禳法》、《猛咒》釋論、《明力部》、宗薩寺刻印的儀軌集中廣軌與簡軌的《吉祥天母》助修法、《羅睺羅訣竅》、《玉仲鏡卜》與滿願供。[157]

---

157 剪禳法，藏文mdos；一種密乘儀式，用五色線纏在木棍架上來禳除世間的鬼魔。玉仲，藏文g.yu sgron；多傑·玉仲瑪（Dorje Yudronma），一位護法女神。

同段時間，當有一次我正在寫信時，尊貴的上師確吉・羅卓打趣地問我是否是在寫心意伏藏，我猜想那是對未來的預言。我將米滂仁波切著作的手抄本，整理成一個新版本，包括了七冊關於灌頂的甚深著述、兩本有關忿怒咒的各式講解、神變部、以及米滂仁波切的傳記等，我請遍知文殊怙主達瑪瑪帝保管這份草稿。他給了我一條絲哈達和一首詩，來表彰與推崇這份著述的完善，還有一套鈴杵、一匹紅色的中國緞、以及金剛持欽哲・旺波的伏藏盒和黃卷[158]。

生重病與迎娶法侶

我去住在一處高聳岩山斜坡上的洞穴裡，此山叫做巴拉・才賈；當我到那兒時，出現了彩虹和其他的好徵兆。為了去除障礙，我修了一個月《巴千度巴》的持誦，和文殊怙主甚深《忿怒金剛》伏藏的祕密儀軌。當桑傑・年巴從涅薩寺的喇嘛札沛（Nesar Lama Trapel）處，接受了哦・謝當・多傑（Ngok Zhedang Dorje）《如實莊嚴》的講傳（exegetical transmission）時，那是《二品》的釋論，我也同時領受了此法。

之後在1934年木狗年，二十五歲那年，我患了一種腹絞痛，發高燒、打冷顫，在嘴巴和體孔處都佈滿了水泡。高燒的疼痛常使我痛不欲生。那時，我努力持誦法主秋久・林巴的甚深《祕密主金剛棍》[159]伏藏，因此感覺病況好轉了些。我特別專注修女性本尊《大樂佛母》和《迴遮時辰住世法》的十萬遍薈供，也詳細修了

---

158 黃卷或黃羊皮紙，藏文shog gser，是用來封藏巖藏或巖藏目錄的小貝葉，有五種黃卷，象徵五佛部。這些伏藏只能由與此伏藏有業緣的伏藏師解讀而出。

159《祕密主金剛棍》，藏文gsang bdag rdo rje be con；金剛手的形相之一，也是除去三摩地障礙的修法，是秋久・林巴的伏藏法。這是四位除障本尊之一，其分別是：一、度母（rje btsun sgrol ma）；二、不動明王（mi g.yo ba）；三、金剛棍（gsang bdag rdo rje be con）；和四、穢跡金剛（smre ba brtsegs pa）。

遍知文殊怙主達瑪瑪帝法系的《大黑天與大黑母遮戰贖供》。

在我的關房裡出現了一些生病的徵兆，像是鼠輩叼走了一整串的念珠、啃食了我的書籍等等。當我修米滂仁波切證量示現的《作明佛母》儀軌法唸誦時，我先前想找一位法侶來扭轉壽命的障礙而得以長壽的妄念頻頻出現，於是我決定成為一位咒師（ngakpa）[160]。有一些上師告訴我，要成為一位伏藏師，就得要娶妻。米滂仁波切最親近的弟子與終生侍者喇嘛沃色，重述了米滂仁波切曾對他說過的話，就是在類似的情況下，如果有人在伏藏師的身旁焚燒未來法侶的頭髮，那麼這位伏藏師的病情就會好轉。所以喇嘛沃色說要拿一些拉嫫（Lhamo）的頭髮，在我的身邊焚燒，但他們告訴我說那是米滂仁波切的頭髮。這麼做以後，我的健康就明顯變好了。

我修了米滂仁波切《明力部》的寂靜尊文殊法持咒廣誦，在1935年木豬年的三月，我到無上上師確吉‧羅卓的駐錫地宗薩‧札西‧拉則去見他。在路上，我在麥絨‧竹古第（Marong Drugutil）的下方待了一天，依照夢境寫下了薩惹哈（Saraha）的上師儀軌。

無論何時當我在宗薩見到珍貴的上師時，他總是情深意重地款待我，讓我覺得彷彿是回到家一般。這一回，他又比以往更欣喜地到駐錫的大門口來歡迎我，手上拿著長長的燃香。我一見到他，他就對我行大禮拜，要我坐上大位，並遞上茶和米，說道：「昨晚我夢見遍知欽哲‧旺波神采奕奕、異常高興，那是你今日到來的前兆。我在本覺中記得欽哲心意化身的外貌，那就是你的樣子。」

我請求他傳授《大寶伏藏》，在之前我就請過了。雖然他很想給予此法，但因為外來的侵擾使安多地區動盪不安，只好拖延再三。他極詳盡地傳給我熱譯師

---

160 咒師，藏文sngags pa，梵文mantrika；密咒乘的修行者，有娶妻。

（Ra Lotsawa）法系的《大威德金剛》、茶巴（Tsar）傳承的《白度母》、《湖生心髓》、四部空行的《空行密集》、《無死聖度母心髓》和其他法教。然後他告訴我說：「這些法教確實需要釋論，你有資格來寫下這些釋論。」他給了我一條絲哈達、一套鈴杵、前上師欽哲・旺波用來當做書寫用紙的一百多張上等紙、一個中國硯台、和一些筆。

我請求《北伏藏》唐拉護法神[161]的命力囑咐，雖然這並沒有任何秘密的封印，但他說要暫緩一下。為了改善環境的邊變，他修了《龍欽心髓》中《獅面空行母》[162]的食子袪魔、《如意寶》中的煙供酬供、和山淨儀式——這全都是在他屋頂的帳棚中修法的。

那天傍晚，雖是藏曆的二月份（相當於西曆的三月），瑪曲河（Mechu，譯注：黃河）的河水卻高漲得如同夏季一般，我覺得可敬的上師頗為開心。他為駐錫地做了從頭到尾的廣軌開光，也調伏了康切佛學院上方的一處危險地。他向我展示了他屋內的所有聖物，並詳盡解說這些聖物的來歷。然後他對我說，要我給他《龍欽心髓》母續內本尊法的長壽灌頂以及《句義寶藏論》的唸傳，我照他所說的去做了。

就在我即將離開前夕，他給了我一個印度製的莊嚴釋迦牟尼佛銅像，那曾經是蔣揚・欽哲・旺波的修行所依物，就擺在他圓寂時的房間內側。他還給了我許多其他禮物，像是欽哲・旺波寫下的雅恰伏藏師（Yakchar）《度母》伏藏法、欽哲・旺波終生使用的鈴杵、欽哲・旺波和其叔父莫通・季札・秋英・多傑（Mokton Jigdral Choying Dorje）共有的空性法帽、欽哲・旺波的一整套法衣、和其他物

---

161 唐拉護法神（Thangla），藏文gnyan chen thang lha；念青唐拉，是寧瑪派法教的一位重要護法，被認為是八地的菩薩，也是一處山脈的名稱。

162《獅面空行母》，藏文seng gdon ma，梵文singhamukha；一位有著獅頭的忿怒空行母。

件。然後他說道：「不要忽視你甚深的伏藏口傳，那確實會利益這個末法時代。你迎娶法侶的決定，絕對會讓你勝過一百個持戒謹嚴的出家僧。」

當我請他檢查我剛寫下的《口耳傳承普巴精髓》釋論時　他很高興地說道：「你應該對欽哲・旺波《口耳傳承》五大部的每一部，都寫下這樣的釋論。你得撰寫欽哲・旺波的伏藏法教，包含完整修道的詳細導引，如同敏珠林迭達・林巴和他兄弟所寫下的著述那樣。你應該也要寫下《龍欽心髓》四部嘿嚕嘎不共法的灌頂儀軌，以及《最密上師成就法：明點具印》的灌頂綱要。現今，在西藏的四大教派[163]當中，寧瑪派約有四位大師能夠撰寫釋論，真是妙極了。」他要我在滇地的薩嘎寺為蔣貢・康楚所寫的著名且亟需的《釋迦牟尼佛暨八大近侍菩薩供養法》，啟建一個密集的修法法會，我照辦了。然後我去了八蚌寺見錫度仁波切和堪楚仁波切（Khyentrul Rinpoche），並接受長壽加持與護佑法會。

之後我回到自己的住處，照常地住在關房裡時，第十世蘇曼・創巴仁波切噶瑪・確吉・寧切特地前來看我。他休息了三天，給我秋林伏藏中《不動明王》[164]四種修行的灌頂和唸傳。他告訴我說：「成為一位密乘的修行者，你絕對會有甚深的伏藏口傳，那會真正利益這個末法時代。能結合欽哲、康楚與秋林的志業，是個吉祥的因緣與發願。」然後他給我一首長壽祈請詩偈，並接著說道：「我們會時常碰面，稍後我也會給你素傳承（Sur tradition）的《勝樂金剛空行口耳傳承》灌頂和唸傳。」他也給了我法侶一些建議，並傳給她大圓滿的甚深、簡短教授。宗南・嘉楚仁波切也來到我的關房，我向他請求了一個長壽灌頂。他說道：「能坐上法座成為蓮師的代言人，這是個很吉祥的緣起。」並送給我一件上衣。

---

163 西藏的四大教派是格魯派、噶舉派、薩迦派、與寧瑪派。

164《不動明王》，藏文mi g.yo ba；字義是「不可動搖」，一位深藍色的忿怒尊，能除去氣脈修行時的障礙。

　　差不多在那個時候，我正在修欽哲·旺波重取伏藏《馬頭明王雷擊焰輪》的持咒。因為我的請求，在1937年火牛年，我母親和我幸運地從喇啊噶瑪·沃色·倫竹處，接受了曉暢、咬字清晰、語調悠揚的珍貴《甘珠爾》唸傳。他非常有智慧且仁慈，為了傳授此法而到來。他神態優雅，也傳給了我們蔣貢·康楚《廣大教訣藏》的講傳和偉大的《知識寶藏》。我修了十萬遍《空行密集》儀軌的薈供和盛大的《五大之滿願供》。他請求了《大傑尊甚深毘瑪心髓》的講解，於是我便寫下了導引冊子。然後我修了米滂仁波切《明力部》中的《龍王羅剎》持咒。

　　當班禪喇嘛到噶陀玉樹（Jeykundo）的結古寺時，我去見了他，並建立法緣。正好噶瑪巴讓炯·瑞貝·多傑（Rangjung Rigpai Dorje）也來到班千寺，我也去見他，並目睹了見即解脫的黑帽法會。從桑傑·年巴那兒，我得到了《四部醫續》的講解和導引，以及米滂仁波切《時輪金剛》釋論廣解的講傳。從怙主康珠仁波切處，我學會了如何辨認不同的藥草等等，頗為詳盡。

　　同時，在我有了班千寺後山是觀世音菩薩聖地的妄念時，也出現了一些好的徵兆，諸如村子的寶瓶灑淨甘露丸增加等等。我並沒有去這座山繞山或寫下相關的導引書。在姜賈（Gyamgyal）神聖的水晶蓮花山，我在空行母池修了薈供，並獻上禮物。當我回到關房時，我們的長女出生了，欽哲·確吉·羅卓將她命名為企美·卓卡（Chimey Dronkar）。

　　從穆桑·堪布·昆桑（Muksang Khenpo Kunzang）處，我接受了《八大教誡》九函伏藏的唸傳。差不多在1938年土虎年時，我去了班千寺的閉關中心。在內院，我從噶瑪巴卡恰·多傑（Kakyab Dorje）法系的拉卓·諾布祖古[165]處，接受了

---

165 拉卓·諾布祖古（Ladro Norbu Tulku），他的全名是噶瑪·久美·楚欽·丹秋·旺波（Karma Gyurmey Tsultrim Damchoe Wangpo）。

《噶舉密咒藏》的灌頂、唸傳和講解。我也接受了十五世噶瑪巴整部《全集》的完整唸傳。

從桑傑·年巴處，我接受了兩次噶瑪·噶舉傳承的《金剛亥母》灌頂；他說他是從堪千·札西·沃色、第十五世噶瑪巴、以及錫度·貝瑪·旺秋處接受此法的。從我的兄長謝竹處，我接受了他得自噶瑪巴卡恰·多傑的《二臂黑袍大黑天》、《勝海觀世音》、和《金剛亥母》等的口傳。[166]從班千寺的堪布梭巴·塔欽（Zopa Tharchin）處，我接受了巴楚仁波切的整部《全集》，以及堪千·雍滇·嘉措的《功德藏》釋論《日光論》與《月光論》和《功德藏》綜述《四法建言》。

然後我修了幾次烏金·林巴（Urgyen Lingpa）甚深伏藏《教法總集法海》的近、成、事業持咒的廣誦和簡誦，還有無垢友《加持心髓》的上師法。我也修了許多《無死聖度母心髓》持咒的廣誦和簡誦，和竹古·揚旺（Drugu Yangwang）的甚深伏藏《馬頭明王驕慢全解》。[167]

為了住在附近十位弟子的請求，以淨除我的障礙，我在關房裡唸了一次珍貴的《甘珠爾》。也為卡果寺（Kargo）的一些好喇嘛，供養了一次蔣貢·康楚《廣大教訣藏》的唸傳。然後我去了宗南·嘉楚·任波切的蔚藍天堡關房。途中，我在噶陀的燃岩（Blazing Rock）前方過夜，在那兒依照夢境，寫下了帕當巴的上師法。

我在蔚藍天堡關房待了蠻長的一段時間，在那兒宗南·嘉楚極為關愛地照料我。我供養他珍貴的《教訣藏》和《噶舉密咒藏》的灌頂和唸傳。我也供養他蔣貢

---

166 《二臂黑袍大黑天》、《勝海觀世音》、和《金剛亥母》，藏文nag rgyal phag；二臂黑袍大黑天（ber nag can）是噶瑪·噶舉的瑪哈嘎拉主尊；賈哇嘉措（rgyal ba rgya mtsho），「勝海」之意，是觀世音菩薩的形相之一；金剛亥母（phag mo）是一位重要的空行母。

167 《馬頭明王驕慢全解》，藏文rta mgrin dregs pa kun grol；是《八大教誡》中《世間供讚》（'jig rten mchod bstod）的壇城主尊。

．康楚《廣大教訣藏》和《知識寶藏》的本論和釋論，以及三部印度大手印的經論。他備極雍容地傳給我蘇曼寺完整的《勝樂金剛空行口耳傳承》灌頂，那是他得自第十世創巴仁波切確吉．寧切的法要。

之後我去了宗南寺，主持新設立的若那．林巴《觀音密集》的竹千大法會。宗南．嘉楚告訴我說：「大多數的伏藏師都不長壽，但你必須得享天年，好讓你能真正廣泛地利益法教和眾生。」他一再地給我長壽灌頂和三摩地加持，並持續做不共的祈請、發願，也囑咐甚深伏藏口傳能對我顯現。他還給了我和我的法侶衣物、飾品、和其他物件的許多禮物。

之後，在我的生命中突然出現許多憂傷之事。我的母親過世了；不久之後，怙主米滂仁波切的終生侍者和親近弟子喇嘛沃色，也辭世了；然後我姊姊的先生，掌管頂果家業的人，也去世了。我邀請冉江仁波切到家裡來，他花了很長的時間修法，將我母親的靈識牽引到淨土去，他也為喇嘛沃色的遺體舉行荼毘。嘉察秋楚也來了，為了最初的法緣，我請他給予敏林．迭千《精髓總集》長壽法的長壽灌頂。他說他想要桑傑．年巴和我一道給他長壽灌頂，我們照做了。我們也拜會了在關房裡的錫度仁波切。

1943年水羊年間，我三十四歲，拉嫫和我有了另一個女兒，欽哲．確吉．羅卓替她命名為德千．旺嫫（Dechen Wangmo）。當我待在米滂仁波切的札西．巴拔林關房閉關時，我寫下了四部密續的寂靜尊文殊菩薩灌頂儀軌和修法。在1944年木猴年的二月間，我和桑傑．年巴一起去了八蚌寺，在那兒會見錫度．貝瑪．旺秋、賈瑟．蔣貢秋楚、和來到康區的乃朗．巴沃仁波切。[168]

---

168 乃朗．巴沃仁波切（Nenang Pawo Rinpoche, 1912-1991）；一位來自前藏的噶舉派喇嘛，與頂果．欽哲仁波切互為師徒。他是由十五世的噶瑪巴所認證，成為十六世噶瑪巴的上師之一。後來，他在法國的多荷冬創立了一處佛學中心，但他回到尼泊爾，於1986年在波達納斯建立了一所新寺院乃朗．朋措．秋林（Nenamg Puntsök Choling）。

7. 欽哲・確吉・羅卓的法教

接著，我去了宗薩寺，師事遍知文殊怙主確吉・羅卓。他給了重取伏藏《三根本合修儀軌》的長壽灌頂、以米滂仁波切釋論為本的《小品般若經》講解、大班智達無垢友的《文殊真實名經》釋論、薩迦派的《喜金剛》、昆氏傳承的主要灌頂、護法神金剛帳（Gur）的主要灌頂。在藏曆三月十四日那天，相當於西曆的四月份，他給了布頓學派的廣軌《時輪金剛》灌頂、米滂仁波切《時輪六雙運》導引、與茶巴傳承《那洛空行》[169]不共加持合一的《六吉祥天女》、欽哲・旺波《密道甚深教訣》的唸傳、米滂仁波切對《四部醫續》最後一部尿液與脈象診斷的釋論、傑尊・札巴・嘉稱（Jetsun Trakpa Gyaltsen）的《百水食子》儀軌、欽哲・旺波淨相《毘瑪心髓》中紅與白《無量壽佛》的灌頂與唸傳、以及主要的《續部文殊》灌頂。

藏曆七月十日，西曆的八月，我們在章龍（Dzamnang）聖地之一的水晶蓮花洞（Crystal Lotus Cave，譯注：即宗薩寺的聖地貝瑪喜布）前修了《三根本合修儀軌》的十萬遍薈供，康傑佛學院的所有學生都參加了。在那兒欽哲・確吉・羅卓說道：「幫我找一塊形狀像狗或狐狸頭的石頭來。」我找到了一塊類似的，當我將石頭獻給他時，他說：「把它埋在這處聖地的山腳下。」然後轉頭向他的事業金剛秋滇（Chokden）說道：「繼續唱誦煙炭母[170]的請供。」我猜想他是不是有了某個禪觀。

---

169 布頓（1290-1364）；一位十四世紀的西藏學者與歷史學家，是早期的佛典編纂者。《時輪六雙運》，藏文dus 'khor sbyor drug；音譯為「度闊究竹」（Dukhor Jordruk），究竹是實修傳承八大乘之一，擁有時輪金剛修行的口訣。《那洛空行》，藏文na ro mkha' spyod ma；金剛瑜伽母的形相之一，由那洛巴所傳下，是薩迦派的常修法。

170 煙炭母，藏文dud sol ma；一位女護法神。

在這處聖地上方的心界洞（Mind Expanse Cave），我們修了蔣貢甚深的《勝樂金剛祕密心髓》伏藏的薈供。然後我們繞行了山頂，在那兒向星沽松耳石湖（Singu Turquoise Lake）獻供。在榮美（Rongmey）的白虎穴，我們修了《三根本合修儀軌》的薈供。欽哲‧確吉‧羅卓待在那兒，給閉關者傳授昆氏傳承的廣軌《普巴金剛》灌頂，這是由祕密主多羅那他與蔣貢‧康楚所編纂的。我聽說尊貴的上師早先曾在這個地方修完持誦，因此我的虔誠心、喜悅、與信心變得比以前更加強烈。他也讓我給閉關者傳授《空行密集》的根本與食子灌頂。然後我們到宗薩寺後的山丘，待在札噶‧札西第（Trakar Tashitil），從那兒確吉‧羅卓仁波切回到他的駐錫地。

我接受了《如意寶藏論》本論與釋論的詳盡教授，以及米滂仁波切著作的某一部，確吉‧羅卓仁波切將此法傳授給昆楚‧貝瑪拉（Kyungtrul Pemala）、我和其他一些人。他對我說：「很久以前，我有過一個禪觀，說宗薩寺是大威德金剛的聖地之一，你應該替這個聖地寫下一本導覽手冊。」他給我一條絲哈達，遵照他的吩咐我於是寫下了這本導覽手冊。在宗薩寺大殿的正門，我殊勝的上師放上一個標語，寫著我是真正的欽哲心意化身。

我珍貴上師也把我當成他的侍者，來指認自生相、閉關洞穴等。在宗薩寺的大殿上層是一個佛堂，先前我上師曾在此修過勝處開光法，他又灑淨加持過。在那兒他要我穿上蓮師的法衣，戴上前一世欽哲‧旺波的帽子，手上拿著欽哲‧旺波作為獅吼蓮師[171]法器的一支伏藏天鐵金剛橛，他要我唱誦《威猛遣令》。這時有股強風掃過，確吉‧羅卓說他見到了札雅（Trayap）的邪魔和眷眾，我的上師用三昧耶手印將其降伏，之後這些魔軍全都獻上命力，口誦著 吭 相 叱。

---

171 獅吼蓮師，藏文gu ru seng ge sgra grogs；蓮師八變之一。

隔天我供養他一篇致諸天鬼神的離合詩體文誥，我也寫下了《文殊心髓》，並稱之為我的心意伏藏，因此我的上師叫我要在某個吉祥日給他唸傳。翌日他說他在當天晚上夢見了米滂仁波切。

此時囊謙・玉仲瑪（Queen of Nangchen Yudronma）的王后和王子來拜訪宗薩寺，隨行的還有擦給・札巴秋楚（Tsage Trakpa Chöktrul）和其他人，所以我也見到了他們。他們請求遍知吉美・林巴的《續部普巴金剛》灌頂，我供養了此法。我也傳授他們遍知欽哲・旺波淨觀法的《五見》儀軌和圓滿次第灌頂、極喜金剛的上師法灌頂、以及薩迦班智達祕密上師瑜伽法的灌頂。

我解讀了遍知欽哲・旺波蠟封伏藏盒裡的黃卷，寫下了《甘露法藥宗堡》。當我在我上師的寢室裡獻上此法的灌頂時，他說他見到了無垢友坐在前方的虛空中。

後藏覺摩・喀喇山的藥女神金剛大鵬女[172]獻給了蔣貢・欽哲・旺波一支天鐵金剛橛。我解讀了空行母的黃卷，將顯現在卷上的文字寫下成為忿怒蓮師[173]的修持儀軌、灌頂法、事業和薈供法，其下半身是金剛橛的樣貌。

還有一尊度母的銅製塑像，背後有象徵文字；我的上師寫下了這些象徵文字交給我，我解讀出這些文字，寫下了外、內、密的綠度母儀軌。之後我陸續供養他這些灌頂，以及遍知吉美・林巴上師法的灌頂與教授，和三根本合一的《自生蓮花心髓》[174]教授。為了給我信心他說道：「在今日，你心意伏藏的文辭和意義是無與

---

172 金剛大鵬女（Dorje Kyungtsunma），音譯為多傑・瓊鈞瑪，藏文rdo rje khyung btsun ma；是十二位滇瑪（tenma）女神之一。她常駐在後藏的一處山脈覺摩・喀喇山（Jomo Kharak），與其他長壽五姊妹一起，是大伏藏師秋久・德千・林巴（Chokgyur Dechen Lingpa, 1829-70）重取伏藏《障礙俱除意成就法》伏藏法的不共護法。長壽五姊妹據說駐錫在尼泊爾與西藏交界的一處五峰雪山覺摩・岡嘎（Jomo Gangkar）上。

173 忿怒蓮師，藏文gu ru drag po；字義是「忿怒上師」，由持明貴滇（Rigzing Gödem）所取出的北伏藏意成就法。

174 《自生蓮花心髓》，藏文rang byung pad ma'i snying thig；頂果・欽哲仁波切的心意伏藏。

倫比的。」每當我供養一個灌頂或唸傳，他總是回贈一個禮物。

　　然後我們又去了章龍的水晶蓮花洞，在那兒修了《教法總集法海》與加持甘露法藥合修的竹千大法會。我們一共有二十個人左右，包括珍貴的上師確吉‧羅卓和噶陀‧錫度。我們也做了火供、食子祛魔、和開光大典。八蚌‧錫度仁波切、昂堅（Ongen）和其他上師前來領受成就法加持，我們一起唱誦了《供燈祈請文》。欽哲‧確吉‧羅卓也在密續界封藏了一些神聖甘露，因為在札噶‧札西第後面有一個巖藏伏藏，上師特地交代我在當時將它取出來，但我一直沒福份能得到它。

　　為了說明這個地方的偉大，我的上師告訴我們一些故事，他說：「在過去，當欽哲金剛持開啟水晶蓮花山的伏藏寶地時，噶瑪巴‧迭秋‧多傑和錫度‧貝瑪‧昆桑也來了，於是成了授記《觀世音心性休息》[175]的吉祥緣起，現在就是一個最好的吉祥徵兆。在這個水晶洞裡有725位自顯本尊，在蓋大殿時，欽哲‧旺波事必躬親，小至大樑安放的位置都親力親為。他要求要用最上等的材料。

　　「在蓮師的主尊像裡面，是秋久‧林巴《障礙俱除意成就法》的本論，欽哲‧旺波是此法十位法教持有者中最主要的一位。他用所承襲的蓮師襯衣，上頭有措嘉佛母的血液所畫成的蓮師像做為智慧尊。[176]這尊佛像必須在猴月的初十造好，但工匠把本尊的頭部鑄得有點歪了，在開光時，欽哲‧旺波將注意力集中在這上面，於是頭就變正了。」

　　我的上師讓我坐在比以往更高的法座上，認可我是一位偉大的伏藏師，並給

---

175 《觀世音心性休息》，藏文thugs chen sems nyid ngal gso；觀世音菩薩的修法之一，與一般常見的形相不同，以菩薩坐姿坐著。

176 智慧尊，藏文ye shes sems dpa'，梵文jnanasattva；住於法界的真正本尊，或本尊的本覺面向。在生起次第的修行時，本尊的智慧尊常被觀想為位於主尊的心間。在此，於佛像心間的智慧尊，是用伊喜‧措嘉的血在蓮師襯衣上所畫出的一尊上師像來表示，參見第四章的註解119。

了我一個曼達盤和身、語、意的代表物。我請求我上師寫下一個含有他莊嚴的剃度、菩薩戒與密乘戒法名的長壽祈請文，他開心地照做了。

伏藏師智美·林巴[177]的兒子祖古·貝瑪·圖傑·旺秋（Tulku Pema Thukjei Wanghchuk）、他的兄弟雍登（Yonden）、和德格王子玉准（Yudrön）贊助了《八大教誡：善逝總集》和加持甘露法藥合修的薈供共修，由噶陀·錫度秋楚主法，茫康·賈瑟祖古（Markhan Gyalsey Tulku）、來自德格恭千寺的資深堪布祖古·桑滇·羅卓（Tulku Samten Lodro），還有噶陀寺的事業金剛與維那師等，整個寺院附近的人都來參與盛會。尊貴的昂喇嘛才旺·多傑（Tsewang Dorje）和他的弟子修了《無死聖度母心髓》的長壽法，宗薩寺的金剛上師和其他與會者則修了昆氏《普巴金剛》傳承的《金剛段》持咒。[178]他們修了結行的息、增火供，以及利益眾生的聖法藥儀軌、五大收攝等等，極為詳盡。我很幸運地能置身其中。

敏林·堪仁波切（Minling Khen Rinpoche）到訪並從我上師處接受了《傑尊心髓》的甚深教授。他待了很長的一段時間，並特地造訪我。他溫柔且堅定地對我說：「我一直深心盼望能從可靠的真正傳承，接受甚深的伏藏灌頂與口傳。但現在欽哲·確吉·羅卓卻對我說，他相信你會是當代的伏藏師，所以我想要接受你的伏藏法教。」

然後我的上師傳授了《寧瑪教傳》中的《經續心三部》、《清淨嘿嚕嘎》、兩部《浚斷》的法教、昆氏與羅氏（Rog）傳承的《普巴金剛》、榮宗傳承的《普巴金剛》、《藥師佛》、《大白傘蓋》、白與黑的忿怒尊《摧破金剛》、經續的

---

177 智美·林巴（Drimey Lingpa, 1700-1776），一位伏藏師，又名特欽·林巴（Tekchen Lingpa）。

178 《金剛段》，藏文rdor rje mtshams pa；在竹千法會中所修誦的三個儀軌之一，是一密集的共修法。在傍晚時，《金剛段》的領誦師要跳黑帽舞。

《雷登》、《吉祥天母》、《多聞天王》等法。[179]以此，他傳授了每一部大法、古抄本、儀軌、壇城的連續灌頂和唸傳等等，極為詳細地傳授了《寧瑪教傳》中的所有內容。

在完成護法雷登的灌頂之後，他告訴我們說：「當怙主欽哲・旺波給白玉的嘉楚・冬雅・天津（Gyatrul Dongnak Tenzin）詳盡傳授《寧瑪教傳》的灌頂與唸傳時，他傳到了密乘護法雷登食子灌頂的誦誓時，一尊深藍色的忿怒尊彷彿是真的殊勝嘿嚕嘎，從欽哲・旺波的嘴中冒出來，威猛地難以逼視，在上師住處的門口發出一聲嘶吼、震耳欲聾。嘉楚仁波切廣泛地弘傳了教傳的灌頂和口傳，並把整部教傳的法教印製出來。他創立了教傳的竹秋法會（譯注：Drupchoe是僅白天修法，和竹千法會的二十四小時連修不同），廣大利益了此法的延續。現在，在這個雷登的灌頂時刻，我也實際見到了雷登，這或許是個很好的緣起，表示你們將會利益教傳法教的延續。」

然後他傳授了《龍欽心髓》中的兩函；給予《二十一度母》空行母內成就法的開許，這是欽哲・旺波的重取伏藏之一；《寂忿本尊淨除惡趣》伏藏法的唸傳，這是三根本合修的法；《續部普巴金剛》；主要的《解脫明點：密意自解脫》灌頂；阿底峽傳的《白度母》；以及《妙喜金剛薩埵》。[180]他給了多竹・吉

---

179 榮宗；指的是榮宗・班智達・確吉・桑波（1012-88），他和龍欽巴尊者被認為是寧瑪派最睿智的學者。《藥師佛》，藏文sman bla rnam bdun；藥師佛與其眷眾的藥師七佛。《大白傘蓋》，藏文gdugs dkar，梵文sitatapatra；佛的化身之一，能防護各種障礙。《摧破金剛》，藏文rnam 'joms，梵文vajravidarana；誅法的忿怒尊。《護法雷登》，藏文dam can rdo rje legs ldan；寧瑪派的主要護法之一。經續，藏文mdo rgyud：在此上下文中，「經」指的是九乘次第的《措千度巴》（mdo tshogs chen 'dus pa）根本灌頂，和瑪哈瑜伽部的密「續」。《多聞天王》，藏文rnam sras；財神以及鎮守北山峰（譯注：指須彌山腹的犍陀羅山，此山有四山峰，四大天王各守一方）的天王。

180 《解脫明點：密意自解脫》，藏文grol thig dgongs pa rang grol；是由伏藏師謝拉・沃色（Sherab Ozer, 1517-1584）所取出的伏藏。《妙喜金剛薩埵》，藏文rdor sems mngon dga'；敏珠林傳承的金剛薩埵修法。妙喜是不動佛的淨土名，意指「真正喜樂之境」。

美‧聽列‧沃色《龍欽心髓》灌頂大綱的唸傳；菩薩戒；從《功德藏》本論中依據
中觀傳承所傳的菩薩戒；列若‧林巴的廣、中、簡《消除惡緣》[181]；《毘瑪心髓》
的廣、中、簡、極簡灌頂。這些法教他都極為詳盡地傳授給噶陀‧錫度秋楚、桑給
‧年楚、昆楚、貝瑪‧旺千的兒子貝瑪拉等人。

　　當欽哲‧確吉‧羅卓接受怙主欽哲‧旺波的兩函《龍欽心髓》時，那是德格
‧更慶寺圖書館所印製的版本，此法的護法在一陣閃電中顯現，被稱做大覺仙。[182]
欽哲‧確吉‧羅卓把這些法教拿來當做自己的主修法，並開心地從這些《龍欽心
髓》函冊中給予灌頂和唸傳。七月初十，當欽哲‧確吉‧羅卓在修《上師密集》[183]
時，我很榮幸地接受了由遍知欽哲‧旺波所寫的一頁精髓食子灌頂。

　　當我的上師在傳授《知識寶藏》本論的講傳給恰美‧桑傑祖古時，那是他
得自博學的喇嘛札沛的教法，我也榮幸地領受了此法。然後，我上師給札拉寺
（Dralak）的噶陀‧堪千‧努登（Katok Khenchen Nuden）和恰察祖古（Chaktsa
Tulku），傳授了《毘瑪心髓》伏藏的本論與宗喀巴的《菩提道次第廣論》，後者
是他得自木雅‧昆桑‧索南（Menyak Kunzang Sonam）的弟子阿帕（Apal），所
以我也領受了。我還供養他們巴楚仁波切傳承的《上師精髓》，因為我上師說他想
要接受此法。

　　為了替上師的長壽修法，我們修了七天廣軌與簡軌的《白王六贖命法》以及
出自米滂仁波切《贖命法》法本盛大的《王魂贖命》。整個冬天尊貴的上師都在閉

181《消除惡緣》，藏文rten 'brel nyes sel；前一世的索甲仁波切列若‧林巴，又名伏藏師索甲
　　（1856-1926）的伏藏法。

182 大覺仙，藏文drang srong chen po；護法神羅睺羅的異名。

183《上師密集》，藏文bla ma gsang 'dus；由秋旺上師所取出的伏藏，他是最早期與最重要的
　　伏藏師之一。

關，修《空行密集》本論的持誦、《金剛空行母長壽法》、和《蓮花空行母懷愛法》。我則待在欽哲·旺波曾示現本初證悟的房間裡，持誦上師瑜伽法。

領受《大寶伏藏》

西元1945年木雞年的二十一日，我們修了《障礙俱除意成就法》的竹千法會，當做怙主欽哲·旺波的紀念法會，欽哲·確吉·羅卓表示隨後他將會開始傳授《大寶伏藏》。雪謙·冉江、茫康·賈瑟祖古、昆瑟·貝瑪拉、宗薩堪布欽若·星給（Khyenrab Senge）和其他人都參加了。

某個星期二是藏曆的大好日子，在竹千法會的休息時間，仁波切給了《法身上師意成就法》的灌頂，算是《大寶伏藏》成熟與解脫法教的小小開場。在竹千法會的解脫灌頂時，他給了廣、中、簡的《障礙俱除意成就法》以及詳盡的吉祥長壽灌頂。他給我起了一個法名，叫做貝瑪·嘎旺·冬雅·林巴（Pama Garwang Dongnak Lingpa）。為了消除障礙，雪謙寺的所有與會者，由雪謙·冉江主法，唱誦了兩天詳盡的《成就海》，並配合了音律與每位護法的不同燃香。

當時，因為噶陀·錫度也要接受這項灌頂，便請求尊貴的上師前往噶陀傳授《大寶伏藏》。但那天傍晚，當欽哲·確吉·羅卓到外頭如廁時，跌倒了，身體有些不適。他說：「過去，在接受完整個《寧瑪教傳》之後，白玉的嘉楚·冬雅·天津想要開始每年一度的竹秋法會，便邀請怙主欽哲·旺波前去。怙主欽哲想要去白玉，但表示如果他前往的話，就回不來了。他踩到一株長在他住處附近的荊棘，生了病，這件事阻止了他的前去，也讓這裡成為他的駐錫地。昨天在修《成就海》時，當召請護法雷登幻化時，我覺得祂的確融入了九位護法的唐卡中，所以我將在此駐錫地給予《大寶伏藏》的灌頂。」

　　欽哲·確吉·羅卓接受了一百位以上重要的出家上師來受灌，如噶陀·錫度、莫擦（Moktsa）、尊貴的昂上師、詠給·明珠祖古、多札祖古（Dortrak Tulku）、雪謙·冉江、昂楚、巴瓊祖古、貝雅祖古、宗薩·剛納祖古、嘎多·那旺·列巴（Gatod Ngawang Lekpa）的姪子堪布、札雅·堪布·羅卓（Trayap Khenpo Lodro）等人。《大寶伏藏》的法教遍及康區、前藏和印度等地，毫無間斷地延續至今。因為兩位在本質上無異於第二佛的蔣貢的慈悲，在四大教派中奧妙的、被稱許為日月的寧瑪派教傳、伏藏的成熟與解脫講解之流，方被開啟。

　　談到對大眾的講解方式與對親近弟子的私下講解，蓮生上師的謙恭代理者將他前世的傳承延續下去，猶如昨日的太陽普照於今日般，有著一整套完備的灌頂、教授與唸傳。我上師的父親、怙主仁津·久美·才旺·嘉措（Rigzin Gyurmey Tsewang Gyatso），是大譯師毘盧遮納的化身，被授記為殊勝伏藏師欽哲與康楚甚深伏藏法的法教持有者。他是他們的主要心子，也親眼見到最初的《法教總集法海》伏藏法本與《三根本幻化網》的黃卷。[184]久美·才旺·嘉措待在寧瑪法教源頭的敏珠林寺很長的一段時間，師事崔欽·桑傑·貢噶（Trichen Sangye Kunga）、傑尊·德千·秋准（Jetsun Dechen Chödrön）等人，學習教傳與伏藏的成熟與解脫教授，並依照我們自身敏林·迭千與其兄長[185]的傳承來修持。他圓滿了三根本近、成持誦的徵兆，並被特地告知要延續蔣貢·滇尼·林巴（Jamgön Tennyi Lingpa）的甚深伏藏法，此法是他得自白玉寺噶瑪·揚希（Karma Yangsi）[186]的完整灌頂、教授與唸傳。

---

184 欽哲·旺波對他的伏藏法極為保密，但當他在傳授《法教總集法海》的灌頂時，曾讓欽哲·確吉·羅卓的父親一睹這些伏藏。

185 敏林·迭千的兄長是敏林·洛千·達瑪師利（1654-1718）。

186 噶瑪·揚希是白玉寺噶瑪·古千（Karma Kuchen）的轉世，其全名是烏金·冬雅·確吉·尼瑪（Urgyen Dognak Chökyi Nyima）。

　　欽哲‧確吉‧羅卓從他父親那兒，接受了此根本傳承暨欽哲與康楚伏藏最甚深的法教。他從他父親得自蔣揚‧欽哲‧旺波的法系，接受了完整的敏林‧迭千伏藏法教。他從雪謙‧嘉察接受了整個北伏藏法，這是雪謙‧嘉察得自欽哲‧旺波的近傳承。他也接受了《儀軌心要五類》與《成就者心髓》，主要是得自法教持有者噶陀‧錫度‧班智達[187]，另從某真實傳承接受過三、四次。

　　確吉‧羅卓大部分的灌頂物都來自於取出的伏藏，一有時間，他也會做自灌。在每項灌頂中，他至少會把灌頂物給所有的弟子一次。所有的聖物，像是七次重生甘露與法藥，都有不共的意義，譬如是由珍貴上師的前世所修成的等等。

　　確吉‧羅卓說《八大教誡》密續的釋論、《寂靜尊善逝總集續》的本續[188]、以及《八大忿怒嘿嚕嘎儀軌》的密續，全都包括在欽哲‧旺波的近傳承中。《無死湖生心髓》伏藏的甚深圓滿次第教授的本論；廣、中、簡《無死聖度母心髓》的灌頂本論；和許多欽哲‧旺波重取伏藏法，如寂靜尊與忿怒尊的《仙人洛戚札》並沒有收錄在任何欽哲其他法教系列之中。

　　在藏曆的六月初十，相當於西曆的七月份，確吉‧羅卓傳授了以札倉寫本（Tratsang manual）為本的《上師密集》灌頂，和涅拉‧圖登‧嘉稱（Nyakla Thupten Gyaltsen）直接得自怙主欽哲‧旺波，猶如匯流[189]之單一口傳傳承的《觀世音心性休息》。之後，他傳授了出自五世達賴喇嘛《具印淨觀》中的《心性休

---

187 《成就者心髓》，藏文grub thob thugs thig；蔣揚‧欽哲‧旺波的主要心意伏藏，著重在大成就者湯東‧賈波的法教上。噶陀‧錫度‧班智達，又名噶陀‧錫度‧確吉‧嘉措（Katok Situ Chökyi Gyatso, 1880-1925），噶陀寺的主要喇嘛。

188 《寂靜尊善逝總集續》，藏文bde 'dus zhi rgyud；《八大教誡：善逝總集》中的一部份。

189 匯流，是指此法教欽哲‧確吉‧羅卓同時得自其父親與噶陀‧錫度‧班智達，所以成為合一的傳承。

息》；秋林伏藏師《蓮芽》教誡主要灌頂的《三身諸佛部總集》，這也是噶陀‧錫度‧確吉‧嘉措親自得自欽哲‧旺波的法教；蔣貢‧康楚仁波切的甚深伏藏《三根本密意總集》[190]的全部伏藏本論；《勝樂金剛祕密心要》與《金剛亥母祕密心要》的完整伏藏法、灌頂和教授等等。這些全都屬於一個不共囑咐的傳承：即康楚‧羅卓‧塔耶曾告訴確吉‧羅卓的父親，說他是毘盧遮納的化身，他們的心續完全相同，因此要延續這些甚深的伏藏法。

然後他給了得自迭瑟‧貝瑪‧旺秋的《護法一髮母》灌頂；傳授他得自博學的喇嘛札沛有關蔣貢之蓮師與毘盧遮納傳記的封印伏藏；他得自噶陀‧錫度關於竹古‧揚旺的《馬頭明王驕慢全解》密續伏藏；和從《諸佛密意總集經》中，依照蒼秀（Tsangsho）寫本與沛欽（Petrin）儀軌修法的藍綠色忿怒護法雷登囑咐；以及錫度仁波切對噶陀法王噶當巴‧德謝[191]的《女護法神吉祥天母成就法》具印加持灌頂的編修版本。當時，尊貴的上師達瑪瑪帝經常會傳授往昔持明共口耳傳承的額外教授。

他說不管在任何時候受法，只要在聽聞字句的同時，就應該要有觀想，將聲音和對境融合在一起。他說就唸傳而言，一般只要聽到聲音就行了，但在給完教授之後，他說道：「假如弟子起修了一座觀想，傳承就真的發生了。」對大多數重要的圓滿次第教授，我都假裝有真的起修，我也很幸運地當他在灌頂時，大多會特別將注意力放在我身上。

---

190 五世達賴喇嘛《具印淨觀》，藏文rgyal dbang lnga pa'i dag snang rgya can；五世達賴喇嘛的伏藏法。《三根本密意總集》，藏文rtsa gsum dgongs 'dus。

191《護法一髮母》，藏文bka' srung sngags srung ma；女護法神一髮母的灌頂。迭瑟‧貝瑪‧旺秋（Tersey Pema Wanchuk）是伏藏師智美‧林巴的兒子。噶當巴‧德謝（Kadampa Deshek, 1122-92），在1159年創立噶陀寺的寧瑪派上師。

在灌頂時，發生了一件趣事。我坐在冉江仁波切身旁，我旁邊坐的是秋林仁波切[192]，其次是噶陀‧錫度和錫度仁波切的親教師謝拉‧星給（Sherab Senge）。噶陀‧錫度當時還很年輕，有時會被謝拉‧星給指責或摑打，以做為訓誡。謝拉‧星給是位很嚴格的親教師。他想要將他與錫度仁波切接受過的法教與灌頂，保留一份完整的紀錄做為將來的參考。秋林仁波切在冗長的灌頂期間，常會煩躁不安而找些別的事情來做，所以他就告訴謝拉‧星給說如果能幫他寫下要寫的東西，他會很開心。於是謝拉‧星給就很高興地將他所有的書寫本子都交給了秋林仁波切。

幾小時過去了，我注意到秋林仁波切將儀式與灌頂的紀錄記得很好。舉例來說，在《伏魔普巴》灌頂時，他寫到噶陀‧錫度仁波切戴著黑帽，並詳細地描述了此項灌頂舞蹈的其他服飾。他也以極為細緻的敘事體，記載了祛魔食子[193]的儀式。他甚至還寫了我在《空行密集》灌頂中，如何穿戴黑帽與服飾，那是在事業空行部分時的儀式。事實上秋林仁波切就坐在我身旁，因為他老是惹麻煩，與其他高階喇嘛爭吵或窸窣作響。因為我比較年長與冷靜些，欽哲‧確吉‧羅卓就叫我看顧他。他說秋林仁波切甚至想要和錫度仁波切作對，錫度仁波切也是很年輕、調皮。

在《空行密集》灌頂中，當他們在事業空行部分拋出儀軌食子時，所有的喇嘛都到外頭站在走廊上，有金剛舞和鳴天價響的法樂。因為我不熟金剛舞，雪謙‧昂楚就跳舞，而我負責敲鐃鈸。欽哲‧確吉‧羅卓有一隻寵物的猴子，被綁在走廊的柱子上。當這隻猴子聽到鼓聲、鐃鈸作響和脛骨號音時，牠就爬到柱子的頂端，開始劇烈晃動、擺來盪去。牠也用手指頭扯著眉毛做鬼臉。稍後，當秋林仁波切在紀錄當天的大事與吉事時，我對他說：「你為什麼不記下那隻猴子跳了很棒的舞呢？」

---

192 這個秋林是涅瓊‧秋林（Neten Chokling），是烏金‧托傑（Orgyen Topgyal）、欽哲‧耶謝（Khyentse Yeshe）、和吉噶‧康楚仁波切（Dzigar Kongtrul Rinpoche）的父親。

193 祛魔食子（zor），是一種修法的糕餅和儀軌程序，用來對治魔障、阻礙、和怨敵。

「我真的也得寫下那件事嗎？」秋林仁波切問道。

「當然囉，」我回說：「你是每事必記，假如你漏掉了這件事，就是很大的疏失。」所以他幾乎照我所說的每句話，字字不漏地寫下了。

秋林仁波切記錄的敘事，有許多的部分，每當一部份完成時，他就會交給謝拉‧星給。謝拉‧星給感謝地說道：「十分感謝，我已經老了，有風息的毛病，所以很難自己親自寫下這些東西；我實在非常感激。」當他在翻閱這些記錄時，我看到他讀到猴子那段時的表情。他的眉頭深鎖，又重讀了一遍。之後他看著秋林仁波切，這時後者的心思已經飄到別的地方去了，說道：「你需要被痛罵一頓！你們這些年輕的喇嘛都是一個樣！你想這是欽哲‧確吉‧羅卓傳記的一部份嗎？你為什麼要把猴子跳舞的事寫進來？」謝拉‧星給揮舞著拳頭，秋林仁波切被嚇壞了。謝拉‧星給越想越生氣地說道：「就連噶陀‧錫度仁波切現在也是這樣，他的舉止就像你這個猴樣。」錫度仁波切當然就是謝拉‧星給根本上師的轉世。

秋林仁波切一開始啞口無言，但最後他說道：「嘿，祖古‧瑟嘎（Tulku Salga）[194]叫我把這個寫進書裡的。」

「是啊，現在你想把過錯推到可憐的祖古‧瑟嘎頭上，他可是一直都是很溫文儒雅的。」謝拉‧星給這麼說道，叱責著秋林仁波切：「我以為你是想要幫我的忙！沒想到你卻搞砸了，這根本一無是處。」

秋林轉頭向我說道：「拜託，你叫我把這個寫進去的，不是嗎？」不過謝拉‧星給打斷他的話：「不要說謊了，別把他扯進去！多虧祖古‧瑟嘎非常慈悲與溫和。至於你們其他人可就……。」然後他打了秋林仁波切，有好幾天都不跟他說話。

---

194 瑟嘎，是「若瑟‧達哇」的縮寫，頂果‧欽哲仁波切的名字之一。他最常被稱做祖古‧瑟嘎，尤其是當欽哲‧確吉‧羅卓在場時，出自敬意，後者是唯一能被稱為仁波切的人。

秋林仁波切對我很不高興，說道：「你看，這下你們這些貴族的兒子都露出本性來了，你扯了謊，我卻挨了揍，而你還悶不吭聲！」

秋林仁波切是捉弄的好對象。有一次他和我一起上謝拉・星給的詩詞課。為了練習，我們必須實際作詩吟對。秋林仁波切用其他詩人當做靈感來源，有一天他對我說：「祖古・瑟嘎，詩好像是從你身上自然流露，根本不用你去多想似的。對我來說可就困難多了。」我回說只是因為我有較多寫詩的練習與經驗罷了，要他別擔心。但過不了幾天，他又問我這件事，他再次求我說：「拜託你，請告訴我你怎麼辦到的。」所以我就對他說：「妙音天女來到我的筆尖；她教我所有的東西，我只是把它寫下來而已。」

「你發誓這是真的？」他問說，但我沒回話。

和其他喇嘛一起用午餐時，秋林仁波切說起了他寫詩的困難和我告訴他妙音天女來坐在我的筆尖告訴我寫些什麼的這件事。他想知道其他喇嘛覺得這是否是真的，欽哲・確吉・羅卓說這當然是真的。於是我就很擔心地告訴秋林仁波切，說我只是開玩笑罷了。[195]欽哲・確吉・羅卓覺得這整件事挺好玩的。

有時當我嘲弄秋林仁波切，他會氣得不得了，一整天下來都不和我說話。但他是如此妙不可言的人，也很有氣度，到最後他總會跑來對我說：「不行，你是欽哲、我是秋林，所以我們必須永遠是朋友。」

宗薩寺不像其他寺院，是一個非常忙碌的地方，總是有高階喇嘛來來去去。依照來訪喇嘛的位階，傳統上得有盛大的迎賓儀式，燃香、奏樂、由二十一位或

---

195 對自己的根本上師撒謊，被認為是破犯三昧耶的行為，因此頂果・欽哲擔心他的玩笑話會傳到欽哲・確吉・羅卓耳裡。

一百位騎在馬上的騎士去迎接。我第一次去宗薩時，還沒成親，欽哲‧確吉‧羅卓精心地歡迎我。當我第二次和我的夫人拉嫫一起造訪宗薩時，一位當陀寺（Dang-tok）的老喇嘛說：「去年是如此大排場地迎接他，孰知今年會是怎樣的光景。」但我卻被以比往年更為壯觀的方式來迎接，所以他們都說欽哲‧確吉‧羅卓很高興我娶了法侶。

之前，當我去當陀寺拜訪阿托祖古（Ato Tulku）全家時，曾被盛情迎接，但沒有任何奏樂。稍後，在我娶妻之後，當我從班千寺前往當陀寺時，他們總是在我到達時奏樂。很多人都說那是因為我是蔣揚‧欽哲‧旺波的轉世，我若娶妻會更加裨益法教。但還是有許多不太喜歡我結婚的事實，雖然他們從未說過任何難聽的話。無論任何時候當我回到宗薩時，總是會有大場面等著我，我也很期待。我知道欽哲‧確吉‧羅卓總會在駐席地的大門等著我，手裡拿著燃香和法會用的白色供養哈達。無論何時當我們以這種方式碰面時，我總會向他頂禮三次，他也向我頂禮。

當我初次造訪宗薩時，只有噶陀‧錫度前來，但慢慢地有更多喇嘛來到。在錫度仁波切來了之後，雪謙‧嘉察的轉世和其他雪謙寺的轉世祖古，也一個接一個來了。夏天時，欽哲‧確吉‧羅卓很喜歡去宗薩附近一處相當美麗的地方野餐。有時他會在那兒待上一星期或甚至一個月。有一次我們全都去野餐，差不多八天之後才回來。

我真的覺得欽哲‧確吉‧羅卓能見到人道之外的其他各道，為此他的舉動常異乎常人，有時還頗為嚇人。有一回我們待在宗薩寺下方草地的一處帳棚裡，下了一點雨，欽哲‧確吉‧羅卓表示他很怕格魯派的護法雄天（Shukten）。我想這可能是有特殊原因，所以就沒有回話。當我在猜想他的用意為何時，欽哲‧確吉‧羅

卓又重複說道：「我真的很擔心，你能不能觀想自己是蓮師來幫助我們？」既然這是我上師的請求，我就唱誦了一些蓮師的咒語，並觀想自己是蓮師。一會兒後，欽哲‧確吉‧羅卓說：「很好，現在我覺得好多了，我確定一切都沒問題了。」

有時他的行為很像個小孩。從他的臥室去廁所，約莫是十公尺往下走的無照明走廊。那是條漆黑的通道，我通常會下榻在他臥房外的右側房間裡，和一位寺院的總管住。還有另一間和他臥室相連的房間，是他的貼身侍者桑滇住的地方。夜晚，尤其是他肚子不舒服的晚上，欽哲‧確吉‧羅卓總是得走到暗道的最後面去上廁所。那些晚上，他就會喊我說：「嘿，祖古‧瑟嘎，我要去上廁所！」然後他就把我們全都叫醒來幫他。我跟他說過很多次，沒什麼好怕的，但他還是怕。我相信這是因為他能見到一般人所見不到的景象。

他也很怕老鼠，甚至是怕無害的小兔子類的動物。他常說他怕魔和鬼。連我和他的侍者札西‧南嘉（Tashi Namgyal）和他的秘書才旺‧巴久（Tsewang Paljor）就睡在旁邊，他也還是說怕。在寺院裡，窗戶是用厚的手工紙做成的，那些是外側的窗戶，有些紙已經破損了。他的事業金剛秋登（Chokden），就說那是老鼠咬掉的。當天晚上欽哲‧確吉‧羅卓顯得十分擔心，他告訴我說：「如果有人能把那些紙修補好，我心裡會舒服許多；不然我整個晚上都會提心吊膽。」為了滿他的願，他們幫他修好了窗戶，但即便他們完成之後，他告訴我說，他還是擔心那些鼠輩會有一隻跑進來，咬他的鼻子。我覺得這實在是太孩子氣了，終於咯咯笑了出來。突然之間欽哲‧確吉‧羅卓看著我說道：「我說真的，這不是開玩笑的。」因此我回說：「請別擔心，你是個大人，鼠輩有時會咬小孩，但牠們鐵定不會咬你這個大人。」然後欽哲‧確吉‧羅卓說：「你真的覺得牠們知道我是個大人嗎？」我一再向他保證，叫他別擔心。

他常會睡在灌頂法會附近的建築物裡，當我待在宗薩時，總是住在欽哲‧確吉‧羅卓的住處。我常和他一起用餐，順便談天。有時晚上我會去自己的房間，總管總是幫我打理好一切，但我通常都待在欽哲‧確吉‧羅卓房外的走道。他不太想讓我離開他身邊，假如有人來參見，他們得直接講重點，好讓我們的談話可以繼續。當有許多人要拜見他時，我就會去隔壁房間，也就是蔣揚‧欽哲‧旺波圓寂的地方。我會在那兒修行，直到他又有空為止，然後我們又重啟話題。

我在前面提過，欽哲‧確吉‧羅卓有一隻寵物的猴子，有人曾經建議他，最好把猴子的尾巴剁掉，這樣牠就不再有辦法那麼調皮。所以有一天，欽哲‧確吉‧羅卓心血來潮地說：「現在我們應該就把猴子的尾巴剁掉。」札西‧南嘉抓著猴子，我抓住尾巴，欽哲‧確吉‧羅卓用一把廚房的菜刀就把牠的尾巴剁了。之後我想欽哲‧確吉‧羅卓或許多少會改變他的說詞——可能會傷心或對猴子生起慈悲心，但出我意料之外，他卻仍是一派輕鬆和自然。

當其他喇嘛造訪宗薩時——如噶瑪巴、噶陀‧錫度、或雪謙‧嘉察等人——可是件大事。所有欽哲‧確吉‧羅卓的僧眾和侍者都會很開心，因為這些既崇高又有錢的大喇嘛們，在離開前會賞賜很多的禮物。因為他們也會隨身帶著自己的侍者，所以僧眾和侍者相對上沒有什麼事好忙。可是當我去的時候，既沒錢、也沒有多少禮物可給，有時還會給寺院裡的僧眾和弟子們添麻煩，因為我常會帶著文稿和經書去工作。

欽哲‧確吉‧羅卓非常喜歡宗薩佛學院出身的弟子；卻不太鍾愛寺院裡的一般出家眾。當個出家僧可能就像個普通的職務般，去村子裡做法事賺錢等等。另一

方面，佛學院裡的學生，卻很認真地苦讀。所以這些學生若是要去造訪欽哲·確吉·羅卓的住處，就簡單多了，但當我待在宗薩時，卻聽到他們老是說：「喔！那個長頭髮的祖古·瑟嘎在這裡；我們的訪談時間就沒了。」

當時敏林·堪千·那旺·欽哲·諾布（Minling Khenchen Ngawang Khyentse Norbu）來接受重取伏藏《空行密集》的廣軌與簡軌灌頂以及《四部空行》的灌頂和教授。他給確吉·羅卓大部分的弟子傳授了《精髓總集》長壽法的長壽灌頂。在他的房間裡，他給了娘氏伏藏的《四臂瑪哈嘎拉》、《白命護法》的長壽灌頂、以及以《精髓總集》伏藏法本為本的教授，我也領受了此法。[196]

敏林·堪千仁波切對我說：「你應該供養一個和你最甚深的伏藏法教有關的灌頂，任何浮現在你腦中的教法。」當我問欽哲·確吉·羅卓這件事時，他說：「持續弘傳前一世欽哲金剛持如海般成熟與解脫的口傳與伏藏法教，是極為需要的，你應該在我住的灌頂房間內傳授這些法教。所以以伏藏法的本論為主，我供養了《文殊心髓》九乘次第的灌頂、五佛部中女性本尊妙音天女的灌頂，給遍知蔣揚·確吉·羅卓、堪千·欽哲·諾布、雪謙·冉江、昂·才旺·多傑、噶陀·錫度秋楚、莫擦祖古、噶陀·昂楚、雪謙·昂楚、嘉察仁慈的事業金剛和一位大修行者喇嘛·蔣揚·羅薩（Lama Jamyang Losel）、我的金剛師兄弟喇嘛秋登，還有其他一些人。隔天我的上師要我傳授敏林·堪千日修儀軌的教授，我照辦了。

---

196 娘氏，指娘·若·尼瑪·沃色（1124-92），他是五位伏藏法王的第一位，也是赤松德真王的轉世。他所取出的一些伏藏，被收錄在《大寶伏藏》當中，其中最負盛名的是《八大教誡：善逝總集》——這是著重於《八大教誡》的一系列法教，和叫做《桑林瑪》（Zanglingma）的蓮師傳，這本傳記已有英譯本，即伊喜·措嘉所作的《蓮師傳》（The Lotus-Born, 由美國的香巴拉出版社於1993年印行），另見第二章的註解73。

七月初十，由雪謙・冉江主法，雪謙寺的喇嘛與僧眾為首，我們修了敏珠林傳承的《上師密集》薈供，唱誦、奏樂、獻供且舞蹈。冉江仁波切做了盛大的供養，給了許多薈供品和禮物。這是欽哲・確吉・羅卓的慣例，要不是在七月初就是在七月末，一定會修一次盛大的《上師密集》薈供；[197]他說似乎會在這段期間見到蓮師。

當所有成熟與解脫的教法都傳授完畢時，我們修了一個敏林・迭千的《金剛薩埵意成就法》竹千法會，以及嚐即解脫的甘露製作法。第三世的雪謙・昂楚是維那師，依雪謙傳承來領誦。在竹千法會的休息時間，我珍貴的上師解說了《道次第智慧心要口訣》釋論。[198]他說欽哲與康楚經常在竹千法會的薈供期間傳授詳盡的法教。我們以一場盛大的長壽法會來當做結行，仁波切傳了《秋林新巖藏》中的《金剛薩埵祕密心要》[199]灌頂給全體信眾，無分軒輊，並發送嚐即解脫的甘露給在場的每個人。

這時有一隻禿鷲停在上師住處的屋頂上，為了遣除障礙，我們修了盛大的雅恰《度母贖命法》，以及《空行密集》中的《迴遮空行母召喚》與長壽法。我珍貴的上師給了一小撮人，傳授了他得自嘉察金剛持《大寶伏藏》中祕密封印之三函法教的灌頂與口傳。

---

197 有時在藏曆上會出現兩次相同的月份，若是這種情況，蔣揚・欽哲就會在第一個七月裡或第二個七月裡，修《上師密集》的薈供。

198 《道次第智慧心要口訣》，藏文 zhal gdams lam rim ye shes snying po；蓮師最珍貴、精簡、與甚深的法教，濃縮了整個修道。蔣揚・欽哲・旺波盛讚其價值遠勝過三十頭犛牛馱載的經書，本續與蔣貢・康楚所寫的釋論被收錄在《大寶伏藏》與《秋林新巖藏》的最後一函中。參見蔣貢・康楚《智慧之光》第一冊（Light of Wisdom, Vol.1，由美國香巴拉出版社於1986年印行）。

199 《金剛薩埵祕密心要》，藏文 gsang thig rdor sems；《三部祕密心要》（Three Cycles of the Secret Essence）之一，此為秋久・林巴與蔣貢・康楚的伏藏。《秋林新巖藏》，藏文 mchog gling gter gsar；秋久・林巴所取出伏藏的合集，兼含蔣揚・欽哲・旺波和蔣貢・康楚的伏藏。

仁波切給蘇曼寺一群由迭千・若貝・多傑秋楚（Terchen Rolpei Dorje Chök-trul）帶領的弟子，傳授了《三根本光明心髓》的詳細灌頂與口傳，這是尊貴的怙主欽哲・旺波的心意伏藏，由我編纂了灌頂儀軌並寫下導引寫本。我先前與《三根本光明心髓》中的《普巴金剛》修法建立法緣時，普巴金剛近持誦的九字咒語與修持誦的十四字咒語在我的明覺中顯現，彷彿是對欽哲・旺波遲遲未解讀的《普巴金剛》伏藏的延續。當時我並未寫下任何字句，所以現在欽哲・羅卓仁波切要我將之寫下。在謝竹、我法侶拉嬤和女兒到來後，我請求了《無死聖度母心髓》主要的自灌頂，以及《空行密集》中《蓮花空行》的灌頂與教授。

在康傑佛學院的大殿擴建之後，按照前世欽哲的計畫建造了一尊巨大的彌勒塑像，在其下方，欽哲・確吉・羅卓說要埋藏一個真正的誅法符咒，來對治當前的敵患、親人死亡、和不幸。我唸誦了幾天的《密集長壽法》並供養了主要的灌頂。我的上師非常仁慈地賜予遍知欽哲・旺波有關無著[200]近傳承《慈氏五論》的本論，以及講解了大成就者盧依巴（Luhipa）近傳承的《勝樂金剛根本續》。我也很榮幸地接受了我上師得自若多秋楚（Roldor Chöktrul）不共之湖、巖伏藏法教的根本與支分灌頂與唸傳、教授。

在灌頂與傳法結束後，若多仁波切給了我尊貴的上師和我有關證悟身、語、意的象徵物。同時他還要我珍貴的上師撰寫一本《金剛手密續》的釋論，並要我寫下中軌的《道次第智慧心要口訣》釋論。他說：「你應該守護並弘傳《措札》伏藏法教。若是能到蘇曼寺傳授先前創巴仁波切請你給予而你還沒有給予的《經續心三部》灌頂，是很值得的。」他甚至傳授我一些法會的規制，並告訴我要修持《敦札本塘母》的口傳，並使用敏珠林寺炮製的加持法藥，我照辦了。

---

200 無著，偉大的印度佛學上師，是彌勒菩薩的直傳弟子。

我供養若多仁波切《龍欽心髓》中的《巴千》灌頂、《四部嘿嚕嘎》中不共修法的灌頂、以及所有拿得到的德格‧更慶寺印製的米滂仁波切《全集》唸傳。我也很榮幸地接受了林卡‧貝瑪‧謝巴（Lingkar Pema Zheypa）甚深咒語伏藏《命母旆陀離》系列法教的灌頂與唸傳，他對我說：「我傳授你灌頂，是因為伏藏師說你是法教持有者之一。」

有一次在水晶蓮花洞，也就是在《大圓滿三部》取出的地方，欽哲‧確吉‧羅卓修了《法教總集法海》的竹千法會。他的侍者桑滇老是掛一漏萬，看起來他好像老是跑去跟仁波切懺悔他忘了某樣東西。在這個竹千法會中，他們需要有四大天王[201]的代表物，也要有甘露漩的圖像放在門內以及馬頭明王的圖像放在門外。桑滇把所有這些圖片都忘留在宗薩並不讓我感到意外，水晶蓮花洞是在個荒郊野外，所以也不可能借到或繪製這些法相。

無論任何時候當這些侍者犯錯時，他們總是先跑來找我，要我轉告欽哲‧確吉‧羅卓，這樣他們就很可能躲過任何的責罰。我有點擔心這對竹千法會的開場是否會不吉利。就在法會開始之前，我謹慎地報告護法的法相忘了帶來之事。所以欽哲‧確吉‧羅卓就對兩位事業金剛說：「好吧，那就用好墨水在門上寫兩個吽字，就這麼辦。」他們試著去找墨水，但遍尋不著。到最後欽哲‧確吉‧羅卓對他們吼說，只要拿火爐裡的木炭寫下種子字就行了，他們照辦了。稍後他們真的找到了一些好墨水，妥善地畫好了字。

欽哲‧確吉‧羅卓原本來自噶陀寺，那地方崎嶇不平，當地人也頗強悍。當僧人稍稍犯了點小錯，就會被用皮鞭抽打五下。剛好噶陀‧錫度和他的總管也參加

---

201 四大天王，藏文rgyal chen bzhi；東方持國天王（梵文Dhritarashtra）、南方增長天王（梵文Virudhaka）、西方廣目天王（梵文Virupaksha）、和北方多聞天王（又名毗沙門，梵文Vaishravana）。

了這場竹千法會。在第一天結束時，總管去見欽哲・確吉・羅卓，說道：「看來在這裡上師和僧眾可以隨意行事，在噶陀他們可要挨鞭子。因為頂果家的兒子在這裡，即使馬頭明王的法相也可以改用炭條和吽字來替代。」

當我打算回老家一陣子時，遍知上師很難過，還掉眼淚，所以讓我也覺得很傷心。我問他我的壽命如何，他給了我一篇詩偈寫成的文章，並說道：「修各種共與不共的三根本長壽法的唸誦，並修幾次十萬遍的三根本薈供。你的壽命會有一些障礙，尤其在你四十九歲那年會特別難熬。如果你撐過去了，你就會活到七十三歲。」此外他還說了：「如果外、內、密的徵兆沒有錯的話，你或許會活到八十歲。總的來說，尊貴的上師欽哲・旺波顯示可以活到一百零八歲的徵兆，雖然看來他想要活得長久些，卻只活到七十出頭。在他之後，必有一位欽哲的轉世會長壽。」

他給了我一尊上好的薩迦・班智達[202]塑像，那是他的專修所依物；至於語的所依物，他給了我二十函《大寶伏藏》中最必需的法教與欽哲・旺波甚深伏藏法中最重要的法教。而意的所依物，他給了我一套大乘的鈴杵，他說那曾是噶當巴・德謝的鈴杵。他還給了我加持過的鍛鐵馬頭金剛橛，那是欽哲・旺波修《馬頭明王驕慢全解》的修法所依物；我上師終生所使用的有裝飾小手鼓；他自己在傳授《大寶伏藏》時所戴的持明帽；一件袈裟和其他一整套的衣物；在他擁有的舍利篋[203]中任何的不分派聖物；價值不斐的梵文手稿黃卷；許多嚐即解脫的聖法藥；還有其他東

---

202 薩迦・班智達（1182-1251）；薩迦五祖之一，薩千・貢嘎・寧波（Sachen Kunga Nyingpo）的孫子。他是十三世紀的西藏上師與學者，代蒙古人行使政權。

203 鍛鐵（Dzikshim），藏文dzhi-kshim；用各種金屬做成的一種珍貴材質。舍利篋，藏文rten sgam；裝有舍利與各種喇嘛所屬物，如頭髮、骨頭、衣物等的盒子。

西；和一批供品與吉祥的長壽祈請文。之後他還給了我一個先前欽哲·旺波所使用過的大型、美麗金屬曼達盤和一堆各色寶石；遍知欽哲甚深的《儀軌心要五類》伏藏，包括了灌頂儀軌、法會、和導引寫本；以及一本說明合宜承侍欽哲伏藏的刊物。然後他說道：「你的伏藏有迫切的需求，所以你必需將它們解讀出來，也不要忽視了那些和這時代有緣的人。你明年還要回來！假如我不像你一樣行事，不知道能不能活得很長。」[204]他給了我的法侶一顆三眼的天珠，那是欽哲·旺波取出的伏藏物，並告訴她不要違犯任何的三昧耶。之後他給了我兄長和兩個女兒豐厚的禮物，我們離開了我無上上師的駐錫地。

在途中，我們造訪了聖度母的聖地，並去了德格的倫竹滇（Lhundrupt-eng），在那兒我主要幫王后和王子圖登（Thupten）修了一個法，並修了《口耳傳承天女贖命供》和其他的法。半路上我們順道在麥絨·竹古第上方的溫泉停下來泡澡。在滇地，我們造訪了班禪·師利帝嘉納（Panchen Smritijana）的舍利塔，同時參觀了初十的喇嘛舞。

我待在班千寺的密咒明覺宮閉關中心，幫剛落成的大殿準備除障寶瓶、給地祇與龍族的寶瓶，新譯派、舊譯派的吉祥伏藏寶瓶，和其他諸事。我修了《威猛遣令》啟建了當地護法與吉祥天母的象徵駐地，並修了《羅剎顱鬘》[205]的誅法，對治造成當前障礙的魔。為了年楚仁波切新建寺院的奠基大典，我們與拉卓·諾布祖古（Ladro Norbu Tulku）、四十位弟子共修了盛大的《甚深七普巴》竹千法會，結合了上部與下部的修法。[206]

---

204 意指為了要延長壽命，他可能也要迎娶法侶，就像頂果·欽哲仁波切所做的一樣。

205《羅剎顱鬘》，藏文rak sha thod phreng；蓮師十二化身之一。

206《甚深七普巴》，藏文zab bdun phur pa；由秋久·林巴所取出的《普巴金剛》伏藏大法之

　　在1946年火狗年的初夏，我從噶瑪‧才滇（Karma Tseten）處接受了覺囊‧傑尊、即祕密怙主多羅那他[207]的《全集》唸傳，噶瑪‧才滇是蘇曼‧南嘉哲寺（Zurmang Namgyaltse）一位叫做迭瑟‧仁津‧才旺‧諾布（Tersey Rigzin Tsewang Norbu）的能士（tokden），和噶瑪‧堪千‧若那（Karma Khenchen Ratna）與創巴仁波切確吉‧寧企的學生。從班千堪布梭巴‧塔欽（Zopa Tarchin）處，我接受了巴楚仁波切整個《全集》的唸傳，以及堪千‧雍滇‧嘉措的《功德藏》釋論《日光論》和《月光論》，這是他得自堪千本人的法教。

　　秋末時我去了蘇曼寺，在那兒供養了《幻化網文武百尊》的完整灌頂和唸傳；與九乘次第相關的《措千度巴》；《寧瑪教傳》中的《心部》、《界部》、與《訣竅部十七密續》給迭千‧若多秋楚、創巴仁波切噶瑪‧確吉‧嘉措、蘇曼‧南嘉哲的噶旺秋楚、拉卓‧諾布秋楚、多寺（Do Monastery）的堪千欽若、蘇曼‧德孜緹寺（Zurmang Dutsitil）的堪布、以及金剛上師等人為首的僧團大多數人。[208]

　　我接受了昆氏傳承的《普巴金剛》灌頂以及依照蔣貢‧康楚寫本中的上部與下部儀軌解脫灌頂，這是噶旺仁波切的心願；並接受了若多秋楚盛大的素傳承

一，每年在錫金的隆德寺與尼泊爾的邊倩寺，都會跳此法的金剛舞。上部與下部的修法；獲得證悟的上部修法（藏文stod las byang chub sgrub pa）與解脫敵、障的下部修法（藏文smad las dgra bgegs bsgral ba）。

207 多羅那他；其全名為多羅那他‧貢噶‧寧波（Taranatha Kunga Nyingpo, 1575-1635），他是覺囊派最傑出的上師。能士，藏文rtogs ldan；證悟的人，是已獲得金剛乘修行證悟者的稱號，也用來稱呼竹巴‧噶舉傳承中的出家瑜伽士。

208 《幻化網文武百尊》，藏文sgyu 'phrul zhi khro；瑪哈瑜伽部的文武百尊壇城。訣竅部，藏文man ngag gi sde；大圓滿三部的第三部，由文殊友（Manjushrimitra）所編纂，著重在不共的關鍵教授。依訣竅部的法教，輪迴與涅槃的本性是沒有任何需要去除的障礙，也沒有任何需要獲得的證悟。要證得此義，需要讓超越智識的俱生智在剎那間生起。在訣竅部中，指認出「如是之心」是本初淨空之後，吾人修持立斷，讓心與一切現象處在其本初解脫的本性中。然後，在證得了自身的本俱壇城後，吾人修持頓超並見到本俱明光、在自身中本初智的真正面目。沒有傾向心部的明分，也沒有傾向界部的空分，吾人只是安住在本淨的自信證悟當中，離言絕思，在此境中現象是本然光明的。

《勝樂金剛空行口耳傳承》的主要與支分灌頂，以及噶瑪‧噶舉傳承的《遍主大日如來》灌頂。[209]

在創巴的卡堅瑪（Khargenma）駐地上方《障礙俱除意成就法》被取出的殊勝地點，他們要我詳細地修《勝處開光法》和《威猛遣令》，我照辦了。我也要求一睹《障礙俱除意成就法》的唐卡，這幅唐卡曾是大伏藏師秋林與欽哲‧旺波在德格的倫竹滇，一起修《意成就法》合修[210]的竹千法會時的修法所依物。

接著我們去了位於前世創巴仁波切閉關中心金剛金翅鳥堡[211]的狐洞，在那兒我供養了創巴祖古《北伏藏》中的《王權》灌頂。從那兒我們去了若多仁波切的札墨‧囊（Tramo Nang）閉關中心，若多仁波切說他想要在此創立一年一度的娘氏《黑忿怒母》[212]和《空行密集》竹秋法會，需要灌頂與口傳，因此我便供養若多仁波切、創巴祖古和住在那兒的閉關者，這兩項空行母的灌頂與口傳。

沿途我們在拉卓寺暫停，前往姜賈的水晶蓮花山（Crystal Lotus Mountain），這是金剛部的息災要地，也是多康二十五處重要聖地之一。我們在那兒去了多提‧岡噶（Dothi Gangkar）前方的嬰奶湖（Infant Milk Lake），我在那裡向當地神祇獻供，並修了幾天《障礙俱除意成就法》中的《法身上師無量壽佛》薈供，甚至還寫下了此聖地的寫本。在淺藍湖邊有許多的朝聖者，當風吹拂起浪花時，湖面上就會顯現出四門完備的寂靜尊壇城，還有其他吉祥的徵兆。我也參

---

209 《遍主大日如來》，藏文kun rigs rnam par snang mdzad；五方佛之一的毘盧遮納佛形相之一。

210 《意成就法》合修；是指《障礙俱除意成就法》與《遂願任運成就》合一的修法。

211 金剛金翅鳥堡（Vajra Garuda Fortress）；蘇曼寺上方的閉關中心，在此的創巴祖古指的是十一世創巴仁波切丘陽‧創巴（1939-1987），他後來前往西方，創立了名為香巴拉國際中心（Shambhala International）的全球性佛學社群。

212 《黑忿怒母》，藏文khros ma nag mo；根據娘‧若‧尼瑪‧沃色所取出的伏藏法，黑忿怒母是女性佛金剛瑜伽母的黑色忿怒尊相。

訪了姜地的黑湖，並修了薈供。當晚在夢中，我見到了蔣揚・欽哲・旺波手寫的《長壽九本尊》法本，這對我來說就好像是心意伏藏般，於是我寫下了《蓮花長壽心髓》。[213]

接著我去了敏卓・諾布林（Mindrol Norbu Ling）的沃色林（Ösel Ling）閉關中心，這是偉大的秋林伏藏師的寺院所在，就坐落在企凱・諾布・朋森（Tsikey Norbu Punsum）的前方，我在那兒見到了迭瑟祖古。[214]我請求了秋林伏藏的寂靜尊《甚深七淨鐵幻化網》[215]與忿怒尊《浚斷》的詳細灌頂與唸傳。我也請求了依照迭瑟・才旺・札巴儀軌法門的不共儀軌《報身上師不動佛意成就法》、《毘盧遮那》、《釋迦牟尼》、與《藥師佛》的灌頂與唸傳，以及《法身上師》的灌頂和一項迭瑟祖古表示他直接得自蔣貢・康楚的灌頂。

然後我去了敏卓・諾布林，在那兒見到了秋林祖古，並供養他《無死聖度母心髓》最甚深的長壽加持。我仔細端詳了迭千・秋林的所有物、灌頂物、和蓮師的代表物。在迭千・秋林的珍貴舍利之前，我做了《七品祈請文》的供養和《清淨道障》祈請文，並修了詳盡的《障礙俱除意成就法》薈供。

就在偉大的伏藏師秋久・林巴圓寂後，遍知欽哲・旺波將他的伏藏物分予他的法侶、兒女們。他表示屬於伏藏師女兒貢秋・巴卓（Konchok Paldron）的部

---

213 《蓮花長壽心髓》，藏文pad ma tshe yi snying thig；由頂果・欽哲仁波切所取出的長壽修法，他是在前往冰封的多提・岡嘎朝聖時，得到禪觀而取出此法的，這是他的主要伏藏法之一。

214 迭瑟祖古（Tersey Tulku），全名是迭瑟秋楚久美・才旺・滇佩（Tersey Chöktrul Gyurmey Tsewang Tenpel），他是秋久・林巴兒子旺秋・多傑（Wangchok Dorje）的轉世。有關迭瑟祖古的更多記載，參見祖古・烏金仁波切所著的《大成就者之歌》（Blazing Splendor）一書（由俱生智出版社於2005年印行）。

215 《甚深七淨鐵幻化網》，藏文zab bdun sgyu 'phrul lcags byang ma；秋久・林巴的一百零八位寂忿本尊的伏藏。

分,是一張放在銀筒中的《八大教誡》女性本尊黃卷。迭瑟祖古將它與一件若那·師利·塔拉(Ratna Shri Tara)清淨白襯衣交給我,要我將其中的所有內容解讀出來。這張黃卷包括了《八大教誡》中外、內、密的九大嘿嚕嘎佛母儀軌以及此法教護法屍林女神(Dutro Mamo)的儀軌,我寫好後請他檢查。迭瑟祖古說:「沒有一位欽哲的轉世能夠見到此法,而你現在正確無誤地見到了!讓我鬆了一口氣!」他頗為開心。[216]

然後他給了我一幅以前藏風格製成的上好《障礙俱除意成就法》唐卡,這曾是才旺·諾布[217]的修持所依物。他要我代他將之供養給確吉·羅卓仁波切,並要我請欽哲·確吉·羅卓將《三身諸佛部總集》[218]中的《圓滿次第六種中陰》解讀出來。

我繼續前往色拉·奇度德寺(Sera Kyidudey Monastery)和雪謙寺的分院雄涅寺(Shongnak Monastery),在那兒供養了一個長壽灌頂給祖古·阿蒼(Tulku Atsang)、他的法侶和兒子。然後去了宗南寺見我的兄長謝竹、我的法侶和女兒們,他們比我先一步到那兒。

我見了嘉楚仁波切,鉅細靡遺地告訴他近期內發生的所有事情。我往南搭船渡過供托(Gonto)的河流,在昂陀佛學院(Ontod Monastic College)見到了容光煥發的堪布欽若。然後去了德格的倫竹滇,在那兒見到了錫度·貝瑪·旺秋、白玉·噶瑪·揚希(Peyul Karma Yangsi)、卓千·康楚(Dzogchen Kongtrul)、吉迷

---

216 有關此事,請詳見Blazing Splendor(英文版)第281-84頁。(由俱生智出版社於2005年印行)。

217 才旺·諾布;是秋林伏藏師的兒子之一,他是大譯師毘盧遮納主要弟子玉札·寧波(Yudra Nyingpo)的轉世。

218《三身諸佛部總集》,藏文sku gsum rigs 'dus zab thig;秋久·林巴的伏藏之一。

‧沃色‧多傑、德格王子、王后、與大臣們。和德格王后、王子一起，我從錫度仁波切處，接受了秋傑‧林巴的淨觀法教《大成就者長壽法》的灌頂一百零八次。[219]

之後我回到了宗薩‧札西‧拉則，它僅次於輝煌的那爛陀，在那兒幸運地見到了容光煥發的確吉‧羅卓。我珍貴上師的弟弟企美仁波切（Chimey Rinpoche），盛情地款待我，傳授我老色帕伏藏師（Serpa Tertön）的長壽法以及《馬頭明王》灌頂。我解讀出《空行密集》與盛大的贖供和此法教的護法。

我的上師照我先前的請求，寫下了他的自傳，並堅持我也要寫下我的自傳，和我的伏藏源流史。他印製了沒有包括在秋久‧林巴伏藏法教裡的共與不共四部《意成就法》、《甚深七部》等伏藏的根本灌頂法本、此釋論的註解與兩位蔣貢所寫下有關此法的所有內容、迭瑟祖古所擁有的兩函秋久‧林巴著作，以及《口訣心要如意寶意成就法》中《上師如意寶》的十三本尊灌頂。[220]

我唱誦了完整的《如意寶瓶》灌頂與唸傳，與《大寶伏藏》中三函祕密封印的法教灌頂與唸傳，給噶陀‧米滂秋楚（Katok Mipham Chöktrul）、賈瑟‧綽嘎（Gyaltse Troga）的兒子拉卓‧諾布等人。為穆桑‧卡列的祖古昆桑‧讓卓（Muksang Kalek Tulku Kunzang Rangdrol）等人，我則給了才列‧那措‧讓卓《全集》中的五函法教唸傳。

---

219 秋傑‧林巴（Choje Lingpa, 1682-1725）；一位伏藏師，又名烏金‧若則‧林巴（Urgyen Rogje Lingpa）。《大成就者長壽法》，藏文grub thob tshe sgrub；大成就者湯東‧賈波（1361-1485）的長壽法，他是一位西藏的成就者。

220《上師如意寶》，藏文gu ru yid bzhin nor bu；蓮師的形相之一，此相的蓮師，沒有持金剛杵，或是在臂彎持卡杖嘎，而是雙手結等持印、持一個內有長壽寶瓶的顱器。這個形相被稱為大樂蓮師（Guru Dewa Chenpo）。《口訣心要如意寶意成就法》，藏文thugs sgrub yid bzhin nor bu'i zhal gdams snying byang；屬於《障礙俱除意成就法》伏藏合集中的根本法與大法。

　　當確吉・羅卓在康傑佛學院助講師的請求下教授《道果隱義》[221]的講解與導引時，我也很榮幸地接受了此法。一開始欽哲・確吉・羅卓對我說，我並不需要接受《道果》或其釋論的法教，我回說無妨。事實上我曾給他貢秋・倫竹（Konchok Lhundrup）的《道果》唸傳與釋論教授。我沒再問過他，但當此教授開始時，他告訴我說最好接受此法，而我說無論他說什麼我都照辦。他會交替地傳授《道果》和《成就法總集》。有時他會教《道果》五天，然後再給《成就法總集》的三到五個口傳與釋論。所以我從欽哲・確吉・羅卓處接受了完整的不共教授。[222]《道果》的共教授被收錄在《教訣藏》中，當雪謙・嘉察在傳授《教訣藏》時我已經接受過了，所以我接受過兩次的《道果》。

　　我的上師說：「甚深的《大圓滿三部》伏藏一直是有著嚴格祕密封印的單一傳承，上自迭千流傳至今，雖然我覺得從目前的第五世傳承者以降，封印有一點漏失，但一切仍操之在你。」在《大圓滿三部》的灌頂與唸傳期間，噶陀・堪千・努登、伏藏師智美的兒子祖古・貝瑪・圖傑・旺秋、迭瑟・德千・南嘉的兒子智美祖古和其他人也都來參加了。

　　當我尊貴的上師從祖古・貝瑪・圖傑・旺秋處接受《寧瑪教傳》中《蓮花具印浚斷》的灌頂時，我也碰巧接受了此法。當迭千・智美・貝瑪・林巴（Terchen Drimey Pema Lingpa）[223]圓寂後，他去了銅色山淨土。我尊貴的上師有他關於臨終之後的不共上師法教誡，我也很榮幸地接受了此法的灌頂與唸傳。

---

221 《道果隱義》，藏文sbas don lam 'bras；《道果》的釋論之一。

222 不共教授，藏文slob bshad；為親近弟子所做的《道果》祕密講解，著重禪修的口訣，稱為道果的不共教授，或音譯為「洛些」。共教授，藏文tshogs bshad；為一般大眾講解的《道果》，稱為道果的共教授，或音譯為「措些」。

223 貝瑪・林巴（1445-1521）；他是大譯師毘盧遮納的意化身。

圖九、頂果・欽哲仁波切三十多歲時。拍攝者不詳

　　當堪布努登待在水晶蓮花洞時，我珍貴的上師寫下了方便道甚深關鍵的法教，是關於如何在金剛長壽法上藉由蓮花手印來增長修道上的證悟。堪布努登與確吉・羅卓以頻繁的書信往來交換見地。我們修了十萬遍以上的《空行密集》薈供，當我上師從堪布努登處接受《甚深精髓》[224]的灌頂時，我也很榮幸地接受了此法。

　　我的上師捎給我一封用詩體寫成的信，要我解讀出《空行密集續》中最重要的伏藏法，主要是其中的贖供儀軌，並給了我一套上好的印度製鈴杵。應康傑佛學院堪布的請求，他仁慈地給予《道果隱義》的詳細教授。

　　木雅・堪布・丹秋（Menyak Khenpo Damchoe）傳授了二十天《金鑰》的教授，我也接受了此法。《道果》在第三灌時有許多的教授，所以他詳加解說，欽哲

224《甚深精髓》，藏文zab mo yang thig；龍欽・冉江《四部心髓》的一部份。

‧確吉‧羅卓盛讚此第三灌的教授。木雅‧丹秋對欽哲‧確吉‧羅卓有很大的信心，當他要離開時，提及欽哲‧確吉‧羅卓或許會考慮娶個法侶。稍後，在某餐間，欽哲‧確吉‧羅卓告訴我說因為他盛讚此教法在第三灌上的教授，所以木雅‧丹秋才會認為他想要娶個法侶，他猜對了。

所以那年冬天，為了讓欽哲‧確吉‧羅卓的壽命能延續至終、擴展法教與眾生的福份、並平息外來的侵擾等吉祥的緣起，欽哲‧確吉‧羅卓迎娶了才玲‧秋准（Tsering Chödrön）為法侶。她是拉卡家族（Lakar）的女兒，曾被授記是空行母之后、白水晶金剛湖后的化身。

當欽哲‧確吉‧羅卓結婚時，我的妻子拉嫫和兩個女兒也都到場，手拿哈達祝賀。在藏曆二十五日那天，我很幸運地供養這對新人《大樂佛母》空行母儀軌的長壽法，並供養了我自己的伏藏《蓮花長壽心髓》全部的三根本灌頂與口傳。米滂仁波切的轉世、我的兄長謝竹、秋登、札西‧南嘉也都與會了。在宗薩寺的頂樓，熱貢（Rekong）的咒師札西‧巴登（Tashi Palden）和我一面將《障礙俱除意成就法》咒語裝進一個金勝幢裡，一面唸誦著曾在《意成就法》聖地開光加持過的《安置大白傘蓋》儀軌。

康卓‧才玲‧秋准從未到過宗薩，她由她的姊姊才露（Tselu）、我的姪女蔣噶（Jamga）陪同前來。當她抵達時，是個剃光頭的尼師，欽哲‧確吉‧羅卓授她皈依，要她把頭髮蓄起來。她在宗薩待了一個月後返回她家，新年時才又再回來。

就在欽哲‧確吉‧羅卓娶妻時，很多人嚇了一跳，但是當他較年輕時，曾去過拉卡[225]傳授《持明總集》灌頂給雅孜伏藏師（Yakze）。在那兒見到了兩位年輕的拉卡女兒：才露和才玲‧秋准，當時她們才七、八歲大。熱貢伏藏師告訴他這

---

225 拉卡，欽哲‧確吉‧羅卓的法侶才玲‧秋准和她姊姊才露的老家，才露是現今索甲仁波切的母親。

圖十、欽哲・確吉・羅卓。雪謙文史庫藏／拍攝者不詳

是個非常好的緣起，這兩位女兒能夠延長他的壽命。欽哲・確吉・羅卓覺得很尷尬，有好幾天都沒跟伏藏師說話。

寺院裡或是佛學院的僧眾都沒有任何異議；只有葛列・欽哲（Gelek Khyentse）稍微責罵了他一下。當岡納祖古（Gangna Tulku）供養一個長壽法時，他說娶妻是延長欽哲・確吉・羅卓壽命的最好方法。夏炯・當巴（Zhabdrung Dampa）非常驚訝欽哲・確吉・羅卓會捨還他的別解脫戒，但他說因為欽哲・確吉・羅卓的證悟就如同薩惹哈般，即便他娶了妻還是可以傳授《律藏》的戒律，他又進一步說道確吉・羅卓是一位偉大的上師。

欽哲・確吉・羅卓說他有了妻子，對寺院來說可能不太好，所以考慮在水晶蓮花洞蓋間房子，搬到那兒去；但宗薩寺以岡納祖古為首的僧眾，請求他繼續待在寺院裡。

欽哲‧確吉‧羅卓隨後走遍了德格、囊謙、宗薩等地，所到之處盡是隨喜與被獻上長壽法。八蚌錫度不太喜歡密咒師，但他說這對欽哲‧確吉‧羅卓的佛行事業來說是件好事，並獻上了一個曼達與長壽法。堪布賢嘎曾說過若是雪謙‧嘉察能成為一位伏藏師，就會是蓮師的代表，但雪謙‧嘉察並沒有結婚；所以當欽哲‧確吉‧羅卓成婚時堪布賢嘎非常高興。卓千寺與拉卡家族的關係良好，因為欽哲‧確吉‧羅卓娶的是拉卡家的女兒，所以他們也沒說什麼。

　　欽哲‧確吉‧羅卓曾經和他的法侶在宗薩附近山丘的一處聖地，發現過一些伏藏；當時我並不在場，但他似乎常在那個地方發現伏藏物。有好多次，在一大清早他剛做完晨課，在日出之前，當他的侍者進房時，會注意到欽哲‧確吉‧羅卓有一些奇特的東西。舉例來說，有一天總管才旺‧巴久在清晨進來，就在他一入門

圖十一、康卓‧才玲‧秋准。雪謙文史庫藏／拍攝者不詳

時，欽哲・確吉・羅卓馬上說道：「嘿，看一看窗櫺，有東西在那兒，那是我的份。」[226]當才旺・巴久走過去察看時，他發現有一個小金剛杵，看起來十分獨特。當這位侍者拿起金剛杵後，欽哲・確吉・羅卓變得像個找到了遺失的心愛玩具的小孩般，興奮地想要馬上拿到它。

勇父、空行與護法常會獻上這類的伏藏物給伏藏師。有一次我在清早走進我珍貴上師的房間，他說道：「昨晚你有沒有收到某種伏藏盒？」我變得有些擔心，猜想他到底指的是什麼。仔細盤算了一下之後，我回說：「沒有。」然後他解釋道：「昨晚我有個禪觀，見到一髮母獻出一個伏藏。我想祂把那伏藏獻給了你！」但事實不然。

我的上師完整地傳授了《上師密意總集》的灌頂[227]，而且為了利益德格當地的宗教與政治，我們在綽替・息充（Troti Ziltrom）南方的札西・拉則小屋修了以《口耳傳承清淨嘿嚕嘎甚深心要》為主的製作聖法藥儀軌。當我珍貴的上師在主法時，我很幸運地置身其中，他也很仁慈地安排了法本的儀軌修法。尊貴的上師說他做了一個關於如何修《蓮花長壽心髓》中《最甚深持明長壽法》持咒的好夢。

在賈果（Jago）家掌櫃的贊助下，我們在息充東邊的瑪尼格貴（Manigenko）修了一個聖法藥儀軌和以《龍欽心髓》中《巴千度巴》為主的竹千法會。同時與會者超過了上百人：包括我、嘉絨・南楚（Gyalrong Namtrul）、來自熱貢・瓦秀（Yakze Washul）的喇嘛與祖古等人。在拉瑞宮我修了我自己《給薩》伏藏的詳

---

226 通常被給予的伏藏，會有幾位不同的伏藏尋寶者，每一位會發現不同的部分或類別，這是此處「份」的概念之意。

227 《上師密意總集》，藏文bla ma dgongs 'dus；由伏藏師桑傑・林巴（1340-96）所取出的伏藏法，有十八函，每函將近有七百頁。

細風馬修法。[228]在請求了與四部密續[229]相關的解脫灌頂之後，我搬離了我上師的住處，與德格王和賈果大臣一道，我們去了息充修《三根本合修儀軌》中的《勝處開光法》，以及《囑咐地祇》。我珍貴上師仁慈地修了伏藏寶瓶、壇城的成就法等等，他也捐出了供品和前、後兩位蔣貢的其他東西做為開光之用。[230]

在卡多（Khardo）管家企美·宮波（Chimey Gonpo）的贊助下，在麥絨·竹古第的後面、息充的西方，我們和將近二十位來自桑·果（Zang Go）的僧人，共修了密集的《妙喜金剛薩埵》竹千法會。我們在那兒也修了《勝處開光法》和《囑咐地祇》，之後我就回家了。

在班千寺我替高度一箭長的鍍金蓮師銅像，修了一般的咒供養，也特地為整個財神壇城的主導與聖眾準備了曼達盤和修法的物品。在家裡，我修了《障礙俱除意成就法》，並修了以《上師財神行持聖者》[231]為主的廣軌《寂靜尊上師》上部事業，和以《除魔》下部事業為主的護佑、祛魔、誅除、和壓制。

我第一次去蘇曼·德孜緹寺的時候，差不多三十歲左右，我在那兒修了《障礙俱除意成就法》中的《法身上師長壽法》，並造了許多增長地利與消除不幸的伏藏寶瓶。我供養了桑傑·林巴（Sangye Lingpa）主要的《上師密意總集》灌頂與蔣貢·欽哲·旺波整個《全集》的唸傳，給蘇曼·噶旺仁波切（Zurmang Garwang

---

228 風馬，藏文rlung rta；求財與求功成名就的修法，由刻畫在旗子上的財富之馬來代表。給薩，林（Ling）地區的國王，也是一位西藏史詩英雄。

229 四部密續，藏文rgyud sde bzhi；即事部（bya rgyud）、行部（spyod rgyud）、瑜伽部（rnal 'byor rgyud）、與無上瑜伽部（bla med rnal 'byor rgyud）。

230 確吉·羅卓將前一世前兩位蔣貢的獻供法器，給了德格王和賈果大臣，做為他們正在為當地護法神象徵駐地所舉行的開光之用。

231 《行持聖者》（音譯為《介秋促桑》），藏文skyes mchog tshul bzang；蓮師十二化身之一。

Rinpoche）、若多祖古、創巴仁波切、企凱・秋林祖古、前一世創巴仁波切的弟子，像是閉關上師、堪布等人。

在若多仁波切的札墨關房，我供養了秋林《大圓滿三部》的灌頂與唸傳，給若多祖古與創巴祖古和一些閉關者。從若多秋楚處，我接受了迭千・若多《全集》的唸傳。我也寫下了迭千・若多《金剛手密續》伏藏法的釋論，並給了口傳。

我在拉薩第一次見到電力，覺得電力對居家實在是太有用了。在康區，人手一隻發電的手電筒，但我並不喜歡這玩意。漢人曾送了一台吉普車給德格的賈果・託滇（Jago Topden），他是個地方官員。賈果家族對卓千・庫夏・格芒（Dzogchen Kushab Gemang）有很大的信心，有一次當庫夏・格芒去拜訪他們時，曾表示他得去創古（Trangu）取出一個伏藏法。賈果家的人說他們可以用吉普車載他去，我問說我是否可一道前往；那是我第一次見到車子。他們說可以，於是我們有四個人坐上了這台吉普車：庫夏・格芒、他的寺僧、我、和賈果家的司機。

我們在清晨三點鐘從拉瑞・頗章（Lhari Phodrang）搭吉普車出發；當我們抵達札拉貢（Traglhagon）時天剛破曉。庫夏・格芒在那兒稀鬆平常地取出了一個伏藏；然後他說他想要到創古去取另一個伏藏。我說我可以待在培瑞寺（Peri Monastery），他問我為何不想去，我說因為創古有許多欽哲仁波切的弟子，假如我去了就得到處去走訪，所以我寧可待在目前所在之處。

我和庫夏・格芒的寺僧待在涅若寺（Nyarak Monastery）的樓上。於是庫夏・格芒就去了創古，那兒離札拉貢並不遠。這位寺僧說他想去附近的一間寧瑪寺院看看，那座寺院的名字我忘了，我們便一道前去。那座寺院正在蓋新的大殿，有很多木匠和畫師在工作。我們去看了護法殿，那是一座贊瑪（Tsemar）殿，有著一幅

美麗的新贊瑪畫像。打鼓的僧人曾在宗薩見過我，就問我是否是頂果祖古，我說是的。他問我打哪兒來，我說我是做為庫夏‧格芒的侍者而來的。之後他便帶我到寺院的賓館，那兒的負責人替我們端來食物和茶水。他們問我既然我是頂果祖古而且這是寧瑪派的寺院，為何我不待在那兒。我說我只是在等庫夏‧格芒去創古取出一個伏藏後再返回此地而已。在喝過茶之後，我們就回到了庫夏‧格芒離開我們的那個地方去。他在早上八點鐘回來。

　　培瑞家聽說庫夏‧格芒在附近，就邀請我們前去、在他們家用餐；我不想去，就問說可否免去。他們一直要我去，但我並不想前去，於是庫夏格芒就去了，並在那兒用餐。當他們回來時，給了我三十二個銀幣。然後我們就搭車離開，在接近中午時分到達拉瑞‧頗章。當時那裡已經有直通的路了；漢人修了條從瑪尼格貢上通到德格‧更慶寺的路。庫夏‧格芒當時待在賈果府第中。在我們回返賈果府第之前，庫夏‧格芒也在札瑞‧揚嘎（Trakri Yangkar）取出了一個伏藏。那時康卓‧才玲‧秋准的侍者喇嘛多樂（Lama Dole），正在札瑞‧揚嘎閉關，他和一些僧人前來領受庫夏‧格芒和我的加持。當我們來到拉卡，拉卡伏藏師和才露已經去了宗薩，所以我們沒在那兒停留。當我們回到賈果府第時，庫夏‧格芒多了三顆圓滾滾的石頭。

　　欽哲‧確吉‧羅卓不曾在眾人面前取出過任何伏藏，但是他可能取出過一些有形的伏藏。當欽哲‧確吉‧羅卓待在噶陀時，他才十三歲大。他的上師是噶陀‧錫度的親教師圖登‧仁津‧嘉措（Thupten Rigzin Gyatso）。當時林蒼（Lingtsang）的國王與王后前來，要求建立法緣，所以他就傳授了他們「岡洛瑪」。[232]當他們一見到他，想起了前一世的欽哲仁波切，就開始哭了起來；不久之

---

232 「岡洛瑪」（Gangloma），藏文gang blo ma；對文殊菩薩的著名讚頌，讚頌一開頭的前幾

後，他們就邀請他前往林蒼，他就去了。

差不多在那時，噶陀·錫度仁波切去了章柯（Trangkog）和札拉；當時欽哲·確吉·羅卓是僅次於噶陀·錫度的重要喇嘛。在回程中，噶陀·錫度在玉隆·拉措（Yilung Lhatso）過夜，那是個很棒的地方，所以他在當地遊歷了一下、到處看看。欽哲·確吉·羅卓也想要四處看看，但因為他年紀還很小，噶陀的寺僧就叫他留下來看書。但他無論如何還是騎上了他的馬，當他趕上其他人時，噶陀·錫度並沒有責罵他，反而帶著他看湖光山色。幾年之後，當賈果家想要在瑪尼格貴舉辦竹千法會時，我在路上去了玉隆·拉措，在那兒待了一天。

欽哲·確吉·羅卓說當共黨政權瓦解時，我們應該在玉隆·拉措蓋間房子，住在那兒。有一間很好的木造房子曾蓋在那兒，但已被毀掉了。班禪喇嘛曾想在同一塊地蓋房子；他已經取得了所需的簽文。在那山的上方是個山洞，從那兒可以眺望整個湖；前一世的盧登·嘉措（Luden Gyatso）曾在那兒閉過許多關。前一世的德松祖古（Deshung Tulku）想要閉一年的關，曾問過欽哲·確吉·羅卓這件事，但卻被告知最好是去服侍薩迦·貢瑪。欽哲·確吉·羅卓還說，假如德松祖古去閉關，瑪媞（mamos）會騙他。[233]

卡盧仁波切（Kalu Rinpoche）曾在同個山洞待過一年，沒有侍者隨侍。他告訴我一切都很順利；他完全子身一人，沒有任何的干擾。拉瑞家常會給他送食物去。他想要在那兒待上許多年，但他的親戚告訴他最好不要。我第一次見到卡盧仁波切，是在八蚌寺的察卓·仁千札（Tsadra Rinchen Trak）閉關結束時。當時我並

個藏文是：「岡記 洛卓……」因而得名。

233 瑪媞，藏文ma mo；字義是「世間女神」，是《八大教誡》之一的「召遣非人」。瑪媞是一類女神，從法界中化現，但其示現的方式會配合世俗現象，因世間與我們體內氣、脈、明點的相互關係而異。這個語詞也可指某一類半天人的眾生，有時是佛教的護法。

不認識他;他們通常叫他做若塔・卡盧(Rata Kalu)。當出關時,他父親給他帶了一匹淡毛色的馬,馬頭上有金飾和緞帶裝飾。

當錫度仁波切供養《勝者千供》時,卡盧仁波切也在場。欽哲・確吉・羅卓為噶瑪・達倉(Karma Taktsng)閉關中心傳授了香巴・噶舉的法教,並待在那兒約十五天。他也接受了卡盧仁波切的一些唸傳。卡盧仁波切撰寫了他自己的傳記祈請文,文中提及他曾經有一個過蔣貢・康楚的禪觀,卡盧仁波切的一位弟子將這篇祈請文拿給了欽哲・確吉・羅卓。有一天當他們在一起交談時,欽哲・確吉・羅卓問卡盧仁波切他是否曾有過蔣貢・康楚的禪觀,卡盧仁波切有點尷尬。我們在拉薩時有了頗深的交情,時常彼此造訪。[234]

當薩迦・貢瑪去中國時,欽哲・確吉・羅卓在閉關。那時我待在水晶蓮花洞,閉《巴千度巴》的關,那是個備受加持的地方,但我還是生了重病。就在我面前,有尊蓮師的的塑像,每當我看著祂,心就開始噗通地跳。這一切似乎都是因為此地加持力的關係,一個月之後我漸漸好轉,覺得好多了。我在雪謙關房的嘉察仁波切先前小屋裡待了一天,那是個很可愛的地方。

雖然我從未見過她,但有一位叫做玉仲(Yudron)的女人住在白玉,我們常會在那一帶停歇喝茶。[235]無論任何人在晚上經過那條路時,都會相當害怕惡鬼出現。玉仲長的很胖,經常穿著長服。她養了約五、六隻狗;常和狗兒們混在一起、睡在一起。但沒有任何狗排泄物之類的痕跡。那些狗總是對著人狂吠,有兩

---

234 卡盧仁波切(1905-1989)就讀於八蚌寺,被錫度仁波切指派為八蚌寺三年閉關閉關中心的關房上師。在流亡印度之後,很多西方學生前往就教於他,1970年代他在法國,創立了第一個為西方人所設的閉關中心。之後,在他在西方成立了更多閉關中心。他的轉世在1993年被泰・錫度仁波切尋獲。

235 這個玉仲似乎是某種有著不尋常法力的巫女。

隻狗叫做賈如瑪（Gyaruma）和烏古瑪（Uguma），當牠們在吠叫時，玉仲就會說：「賈如瑪、烏古瑪，坐下。」牠們就會安靜下來。每當有人來了想要煮茶喝，她就說她會慢慢弄，但她並沒有任何可用來生火的燧石，她也從不緘默，老是一直說個不停。

每當噶陀·錫度、欽哲·確吉·羅卓、或是堪布那嘎去旅行時，常會路過她那兒，她總是說：「仁波切，仁波切，來這裡和我說說話，我老了，聽不清楚。」所以他們經常會進去和她說話。第一次欽哲·確吉·羅卓在他去噶陀的路上經過時，她說：「喔，你是那位待在宗薩的蔣揚·欽哲祖古，對吧？」看來她似乎能夠光憑一眼就清楚了。當問她是怎麼知道的，她只會說她經年住在大馬路上，道聽途說來的；但沒有人，包括噶陀·錫度和欽哲·確吉·羅卓在內，曾見過她在七、八十歲時起身的模樣。

有一次有位從噶陀來的人，見到她在走動。她告訴他說見到她走動是不好的，問他可否有東西給她。他給了她一包糌粑，她謝了他，說這樣就沒問題了。然後他去了噶陀問那裡的上師，看他會不會因為見了玉仲走動而受害。上師問他她是否傷害了他，他說他給了她一包糌粑。於是上師給了他防止非時死的護佑，所以即便他後來生了重病，一個月後也就好轉了。

宗薩寺的長壽殿有很多黃金的畫像，當欽哲·確吉·羅卓要修復這些畫像時，他會派某人到玉仲那兒尋求協助，她就送了一些尿來，全都變成了黃金。然後有一天，她供養了她的貝殼念珠給德格王，道了聲再見。七天之後，她就死了。霍帕（Horpa）的地方官若貢·索札（Rakong Sotra），將她的顱骨獻給了欽哲·確吉·羅卓，並告訴他許多關於她的故事；她絕非等閒之輩。

說到不同凡響，當欽哲·確吉·羅卓在宗薩傳授《成就法總集》的灌頂給約

一百名僧人時，才旺‧巴久就坐在噶陀‧錫度的後面，見到地板上有一些芝麻大小的黃金顆粒。他以為這些黃金是從欽哲‧確吉‧羅卓的桌上掉下來的，但不久就見到這些金粒繼續從欽哲‧確吉‧羅卓法座上的掛簾落下，像是陣黃金雨般。他將這些黃金顆粒蒐集起來，替一座佛像鍍金。我自己第一次傳授《成就法總集》，是給欽哲‧確吉‧羅卓的轉世、欽哲‧揚希，但是並沒有黃金從天上落下來。我第一次給《大圓滿三部》，是在蘇曼寺傳給創巴仁波切和若貝‧多傑（Rolpai Dorje），第二次是傳給欽哲‧揚希。

在去熱貢的途中，有位觀世音菩薩的化身，是巴楚仁波切的轉世，住在安多；他是位很有名的人。他會給任何前來的乞討者食物、教他們修前行。[236]他會提供他們停留期間的所有食物。寺院裡住滿了這類的乞討者，全都在修前行。

我待在熱貢寺約一年的時間。在那兒的時候，我首次傳授《大寶伏藏》。在夏嘎‧措助‧讓卓（Shabkar Tsogdruk Rangdrol）常住的那個地方，有一顆大石頭，後面有棵樹。夏嘎經常坐在那兒唱歌，當地人殷勤地請我也坐上那顆大石頭。當我在那兒傳法時，出現了許多彩虹，雪花如花朵般從天上飄落，這讓人們相信我就是夏嘎的轉世。

我熱貢從旅行到瑪千‧彭拉山（Machen Pomra Mountain），在那兒有一處聖地需要被打開。秋久‧林巴和蔣揚‧欽哲‧旺波原本應當將之打開，但他們沒能去到那兒。我很幸運地能夠將它開啟。那天晚上，在夢中，我見到了秋久‧林巴以伏藏師的形相出現，他告訴我說，我能夠將通往這處聖地的入口打開是很好的，這比供養一塊如羊頭般大的金塊，功德還要大得多。在我即將回返德格時，有一大群密

---

236 參見第二章註解42。

圖十二、頂果·欽哲仁波切在熱貢。雪謙文史庫藏／拍攝者不詳

咒師和很多群眾聚集來向我道別。

　　當我們再度碰面時，欽哲·確吉·羅卓非常高興，他說：「你應該有許多伏藏來利益他人才對。」他解釋在夢中，他見到了八吉祥圖案和許多其他形狀的雲，包括諸佛、菩薩在內；還有許多雨落下來利益眾生。「你應該宏揚你的伏藏法」，他對我這麼說。之後欽哲·確吉·羅卓準備前往前藏朝聖，我請他給我建議，看我是否應該終身閉關。「對你來說並不需要一直閉關，」他回答道：「慢慢地我會看看你應該做些什麼。」

　　那年夏天，我首度在容莫關房（Ngonmo Hermitage）傳授了《教訣藏》給宗南·嘉楚。一位綽嘎仁波切（Troga Rinpoche）的兄弟，是位很好的出家人，住在宗薩，在欽哲·確吉·羅卓的要求下，我給他傳授了《如意寶瓶》的灌頂，這好比簡軌的《大寶伏藏》。我拿到了灌頂所需的法照，是前一世欽哲仁波切的，我也傳

圖十三、左：頂果‧欽哲仁波切的兄長桑傑‧年巴仁波切。拍攝者不詳
右：頂果‧欽哲仁波切四十多歲時。雪謙文史庫藏／拍攝者不詳

授了《大寶伏藏封印法教》。我在蘇曼寺另傳了一次，有一次在敏珠林，還有這期間的，所以這次是第四次傳。

　　嘉絨‧康卓[237]長的很胖，經常穿著法袍、披著生絲的披肩。她常會跟才玲‧秋准講很多笑話。有一次嘉絨‧康卓給欽哲‧確吉‧羅卓傳一個長壽灌頂時，我也接受了。在召請本尊時，嘉絨‧康卓吟唱了一個曲調，因為她年事已高，聲音有點顫抖，才玲‧秋准就笑了出來，於是嘉絨‧康卓說道：「假如你是這樣從我這裡接受灌頂的，真的能接到灌頂嗎？」她十分地特別；她的長壽灌頂對我助益頗大，她也為欽哲‧確吉‧羅卓修了許多法。她是個死裡復生的人，並說她將會去銅色山淨土。當她生病時，欽哲‧確吉‧羅卓帶了許多珍貴的藥丸給她。在吞下這些藥丸之後，她從胸腔把這些藥丸取出來，說這些藥丸沒用。

---

237 嘉絨‧康卓（Gyalrong Khandro）；卓千寺分院嘉絨寺之嘉絨‧南楚（Gyalong Namtrul）的姊妹。

有一次在賈根・辛陀（Jagen Shingtok），她和欽哲・確吉・羅卓與康卓・才玲・秋准一起修薈供。在法會期間，嘉絨・康卓有了一個禪觀，她站起身來，直接走到一個伏藏的所在之處，但卻難以靠近，因為她實在太胖了，所以她叫了康卓・才玲・秋准來幫她。當她上到那個地點時，移開了一些小岩石和土壤之後，發現岩石中的一個金剛橛。當她們把金剛橛從岩石中取出時，還是溫熱的。嘉絨・康卓告訴康卓・才玲・秋准，把它交給欽哲・確吉・羅卓。這支金剛橛目前在甘托克（Gangtok，譯注：錫金首府），我有個和這支金剛橛相關的法本和灌頂，此法的普巴是多種顏色的，由十位忿怒尊所圍繞著。

在夏天從丹柯到宗薩的途中，我常喜歡在錫闊（Zikok）停歇。要到那裡，得先穿越一條很高的隘口，叫做果瑟・拉（Goser La）。附近是一處小平原，蔣揚・欽哲在那兒取出了《口耳傳承普巴精髓》的伏藏。在師利・星哈佛學院與卓千寺之間有幾處很棒的草原，開滿了鮮花，周遭盡是許多獨自閉關之處，像是札西炯和巴楚仁波切寫下《普賢上師言教》的大威德金剛洞。從那兒往下俯瞰，卓千寺看起來像是一個獻供的地方。

當堪布賢嘎在師利・星哈佛學院時，堪千・夏炯・當巴前往接受堪布賢嘎的十三部大論教授。在卓千寺和師利・星哈佛學院之間，有條淺溪，有很多青蛙在夜晚會蛙鳴、鼓譟不休。狗兒們常會去那裡吃青蛙。夏炯・當巴的侍者不知道那是什麼噪音，就對夏炯・當巴說待在卓千寺，真得要有好的修行功夫，因為有太多的惡鬼了。夏炯・當巴反問他為什麼，他就告訴了他那些噪音。於是夏炯・當巴對他說那只是青蛙的叫聲，稍後他去一探究竟，發現果然如此。

當我在宗薩時，薩迦・貢瑪來了，因為他很少到訪，受到極為盛大的歡迎。當謠傳說薩迦・貢瑪是來傳法的，有很多僧人紛紛跑了來。除了當地的所有僧眾外，整個宗薩山頭擠滿了欽哲・確吉・羅卓穿著黃色法袍的弟子。有一百名在家人趕在前頭去迎接他，後面接著一百名僧人；欽哲・確吉・羅卓、丹陀祖古、涅若祖古、貝雅祖古和我都騎上馬，戴著金色的帽子。我們先在札西・巴塘（Tashi Barthang）的一個帳棚中迎接薩迦・貢瑪，在那兒每個人都獻上了法會用的哈達。依照雪謙和卓千的傳統，我們在脫帽繞行他一圈後，再把帽子戴上。當他抵達頂宮（Summit Palace）、欽哲・確吉・羅卓的駐錫地時，米滂祖古和十位僧人跳了供養天女的舞蹈來歡迎他。

在薩迦・貢瑪兒子——他六、七歲大——生日那天，欽哲・確吉・羅卓、我、和其他一些人修了一個長壽法，岡納祖古和十名僧人則修了一個《無量壽佛》的法。佛學院的僧人也獻上了一個長壽法，隨後在康傑佛學院辦了一個辯經。薩迦・貢瑪有一副唱誦的好歌喉，因為我的歌喉也不錯，所以當為欽哲・確吉・羅卓獻上長壽法時，薩迦・貢瑪要我以渾厚的嗓音，唱誦《大圓鏡智總集》。

頂宮非常美麗，薩迦・貢瑪在那兒待了約一年之久。欽哲・確吉・羅卓常去看他，並每天和他一起用餐。當薩迦・貢瑪在傳授《道果》的法教和《成就法總集》時，是在大殿中傳法的，傍晚他就回到頂宮去。

我珍貴的上師不僅告訴薩迦・貢瑪我是蔣揚・欽哲・旺波的轉世之一，他也說我是一位偉大的伏藏師。他還說他應該要我把我的長壽心意伏藏傳給他，好延長他的壽命。所以薩迦・貢瑪就向我這麼要求，有一天我就獻給了他長壽灌頂。

當薩迦・貢瑪在宗薩的消息四處傳開時，每天有越來越多的人前來見他。無論任何時候欽哲・確吉・羅卓向薩迦・貢瑪請任何法時，他都會叫岡納祖古和我一

起去受法；不然我們哪敢請什麼法。最後薩迦‧貢瑪去了中國，但他的妻子仍待在宗薩。

在蔣嘉水晶蓮花山前方的嬰奶湖，我修了《紅彌陀意成就法》。從那兒我去了蔣地的黑湖，修了一個《三根本總集》的薈供。然後我去見了在沃色林閉關中心的迭瑟祖古，沃色林閉關中心屬於秋林的企凱‧諾林寺（Tsikey Norling Monastery），我向他請了迭瑟‧才旺‧札巴《報身上師浚斷下三道意成就法》中《心性休息》教授的不共灌頂、《不空胃索續》、《蓮冠》、和《金剛心》等法教。[238]在裝有秋久‧林巴舍利的珍貴代表物之前，我修了一百遍《障礙俱除意成就法》的薈供。

我從那兒前往噶瑪寺[239]，見到了噶瑪寺的釋迦牟尼佛像。在大聖者噶瑪巴的寓所中，我近距離地觀看了薩惹哈的壁畫、確實開口說話的歷代噶瑪巴畫像、和許多其他身、口、意的代表物。我也在噶瑪巴傳承的大殿中和密咒宮（Secret Mantra Palace）做個廣大的供養。我見了祖古‧仁千‧寧波（Tulku Rinche Nyingpo），並在護法大殿中，見到了宏偉的勝樂金剛雙運的金屬塑像。這曾是嘉旺‧秋札‧嘉措（Gyalwang Chötrak Gyatso）的修行所依物，在特殊的情況下，白明點會從本尊雙運的地方流出來。我也見到了特殊的瑪哈嘎拉與吉祥天母的金屬塑像，並得到了吉祥天母膝上的一個小巧但完整的黃卷，這個黃卷被稱做《涅普巴》。[240]

---

238 《不空胃索續》，藏文don yod zhags pa'i rgyud，梵文amoghapasha；以觀世音菩薩為主的一部密續，屬於事部。

239 噶瑪寺，噶瑪巴在東藏的駐錫地。

240 《涅普巴》，藏文gnyag lugs phur pa；字義是「涅傳承的普巴」。這成為頂果‧欽哲仁波切最主要的普巴金剛伏藏。「涅」指的是蓮師二十五位弟子之一的涅‧嘉納‧庫瑪拉（Nyak Jnana Kumara）。他是首批西藏僧人之一（譯注：指七試士）和接受了口傳四大河的專精

隨後我打道回府，在一處關房閉關，在座間的休息時間內，寫下了《涅普巴》的法教。寫完後，我就去了宗薩，將之呈給我上師的法眼，在刻意接受過灌頂和唸傳之後，他說道：「遍知欽哲‧旺波有個九頭十八臂普巴金剛的甚深伏藏口傳，這個看來像是其中的一部份。」他仁慈地寫下了此儀軌的法會修法、日修法、食子袪魔、和灌頂法。

　　在藏曆九月，西曆的十月，欽哲‧確吉‧羅卓說他要出發去朝聖了。中共並不是他離去的唯一原因；他應該是知道他的壽命將盡。因為康卓‧才玲‧秋准和她的姊姊先前從未去過拉薩，她們要他前往拉薩。所以我就返家閉關。

譯者，意指他的口傳得自蓮師、無垢友、毘盧遮納、與玉札‧寧波。尤其，他與無垢友密切合作，譯出了瑪哈瑜伽部與阿底瑜伽部的密續。與赤松德真王一致，他的灌頂投花落在大勝嘿嚕嘎上，因此，他從蓮師那兒接受了《甘露法藥》的口傳，他在雅隆的水晶洞修行，從堅硬的岩石上引出水來，據說到今日這水依然還流著。

8.禪觀與重取伏藏

*這一章摘錄自頂果‧欽哲法王的伏藏著作，包括一個取出伏藏與禪觀的口述故事。

在這個五濁惡世，即便像我這樣具備業報與煩惱的凡夫，也有機會寫下一些現在被視為是心意伏藏的東西；甚至，我遍在、慈藹的怙主喇嘛‧文殊‧貝瑪‧耶謝‧多傑告訴我說：「你的伏藏有清楚、詳細的源流史是很重要的，所以把它寫下來吧！」憶起他的話，我才開始把我的伏藏史寫下來。

有兩種伏藏：分別是取自於大地的伏藏，和自心中現起的伏藏。蓮花生大士將巖藏隱藏在山中、岩石中、湖中等處。然後囑咐各種護法、神祇、龍族、地祇等來守護這些伏藏，依照他的授記，直到時候到了才會將這些伏藏送交給伏藏師。當正確的時候到來時，伏藏師便能夠從這些伏藏被封藏的地方，取出這些伏藏。

心意伏藏是以下列的方式現起的：在很多情況下，每授予一項灌頂或傳了一個法之後，蓮花生大士就會祈願：「願在來世，這個伏藏會在某某和某某伏藏師心中現起。」在這麼做的同時，他會將把祈願與加持聚集在那位伏藏師身上，通常那就是他某位弟子的轉世。拜蓮師的加持力之故，當時候到了，伏藏的字句與義理就會同時清楚地在伏藏師的心中現起。這位伏藏師可以將之不假思索地寫下。我自己的伏藏大多是心意伏藏。因為我在各地旅行，有好幾次我會想起有某些巖藏要取出，但它們並不會自動到來。

黃卷是用空行母文字寫在貝葉上。有很多種的空行字體；不過，迭達‧林巴的手稿全是用藏文寫成的。在過去，所有的象徵文字都是用草寫體與印刷體的「ㄨ」母音所寫成的；伊喜‧措嘉的手稿就是這樣。伏藏法本有時會有象徵文字，是為了記誦之用，不全然是為了伏藏師而寫。伏藏師會認出他自己的象徵字體；別的人很難認得出來。象徵字體不太可能學會；只可能因為記起過去世和當時

所受過的任何法教而知曉。一見到黃卷時，伏藏師即憶及他的過去世。一個象徵可以包括十萬個字句；事實上，過去的不丹國王曾說過，在一個象徵符號裡，可能就是一整函的法教。有一次當秋久‧林巴發現一個伏藏時，並沒有任何象徵文字，但當他和蔣揚‧欽哲‧旺波一起寫下一個法藥儀軌時，他們將那個黃卷浸泡在一個神聖的法藥顱器中，七天之後，所有的象徵都顯現在黃卷上。當時在場的一位薩迦堪布香巴‧南開‧企美（Shangpa Namkai Chimey），說秋久‧林巴和蔣揚‧欽哲‧旺波是無誤且真正的伏藏師。

當我在二十多歲時，我有很多黃卷但不是很在意，所以這些黃卷全都弄丟了。當我去噶瑪寺時，有一尊四臂瑪哈嘎拉的護法塑像，那是第七世噶瑪巴的修行所依物。它被保存在一個檀木盒裡，只給特定的人看。我要求看一看，發現在它的手臂裡有一個寫著空行文字的黃卷，所以把它取了出來，交給了欽哲‧確吉‧羅卓。從這卷黃卷中，我寫下了《涅普巴》。

有一次在康區，我唸誦了《七品祈請文》的口傳給一些具信弟子。唸誦散置在每品當中的簡傳，讓我憶起了蓮花生大士在桑耶傳法的時期。然後我就寫下了《自生蓮花心髓》。

談到《三根本意成就法》，有一次當我正在唸誦蔣貢‧欽哲‧旺波《金剛歌鬘》開頭的一首任運金剛歌，以三脈為修道，叫做〈喜悅日月甚深祕密覺受之雲〉時，有了一個強烈的願望，想要有和這首歌相應的儀軌。雖然我查遍了《大寶伏藏》和其他典籍，但都沒有任何斬獲。

之後當我二十一歲時，我想那應該是1930年鐵馬年，我正在一處叫做白岩的洞穴附近閉關，這個洞穴因為是成就者怙主帕當巴‧桑傑的洞穴而聞名。在這個

洞的下方，是個長有藥草與藍綠松樹的稠密森林，我單獨待在勝利伏魔林間關房（Victorious tamer of Mara Grove Hermitage）裡。有一次在黎明時分，當我正在修行時，在夢境與清明交雜的狀態當中，現起了一個奇妙的禪觀；我的身上現出了三脈和五脈輪，在脈輪當中，是如同《意成就法》上所解說的身壇城，清晰透亮、沒有任何障礙。我充滿喜悅，覺得我染污的覺受就和那首先前讓我深受感動的金剛歌一樣，但卻延擱了寫下儀軌等事。當時我所能做的，就是寫下一首類似的金剛歌並不斷地祈請。

後來，當我三十六歲時，就在我有幸在我無上上師的駐錫地宗薩，領受了《大寶伏藏》的完整成熟與解脫法教之後不久，我唱誦了蓮師《七品祈請文》的唸傳給一些具信徒眾。在給予口傳時，我唸了有關蓮師答覆王子問題這段歷史的註解，當我非常渴望地想到蓮師時，各種大小的蓮師形相，大的小的，全都落了下來融入我自身。在我的意識當中，我想到住持（譯注：指寂護大師）、蓮師、法王（譯注：指赤松德真）和各大臣等在桑耶寺聖髮辮殿（Arya Palo Temple）的景象，都沒有任何障礙地不斷清晰現起。為此，我解讀出《三根本上師法》並將它獻給我的上師；不久他就接受了此法的灌頂與唸傳。

後來，當在他的吉祥天林（Auspicious Celestial Grove）駐錫地舉行初十的薈供時，確吉·羅卓說：「我覺得這兼蓄了舊伏藏的遣詞用字，有很大的加持力。」我也對此法有信心，雖然我寫下了此修法的一些部份、日修儀軌等等，但日久之後它卻消失湮沒了。

之後，在尼泊爾，在與聖地揚列穴（Yanglesho）締結法緣時，我憶起了曾經發生過的事，突然想要把其他部分寫下來。因為楚璽仁波切（Trulshik Rinpoche）不斷地請我寫下此法，我終於把它完成了。雖然我無法記起那無可匹敵的詞藻，但其重要性是相同的，我想它是可被接受的。

談到《究竟任運金剛心之歌》，當我這個幸運的、無所求的瑜伽士曼嘎拉（Mangala，吉祥之意），漫遊於自由的國度時，偶然來到了在錫金隱密聖境的仙境札西汀（Tashi Ding Mountain）。[241]我有種如同濃雲密佈般悲喜交加的複雜心情，我悲喜交織的心情猶如狂落冰雹般持續著。我唱了一首祈請的歌，同時在心理集中在對我上師的強烈渴盼上，將自心與上師心融合在一起，我直接見到了俱生明覺的龍欽・嘿嚕嘎（Longchen Heruka），他也賜予我一個象徵性的灌頂。透過他的加持，我也發現了此法的精髓，並在有信心的狀態下將它解讀出來。當一個化身放出無數幻化身時，我也見到了我的上師蔣貢・確吉・羅卓喜悅的尊容，在喚醒無染著的證悟界時，我繼續領受他撫慰的慈悲加持：

> 兒啊，注視此虛幻奇景！
> 一切生死皆由妄念造；
> 實無所存，吾離來與去。
> 任汝分別執念擁此界！
> 老父羅卓漫遊諸淨土，
> 汝乃聖者常行利眾生。
> 吾等父子無別一體性。
>
> 切勿追隨虛幻之感官；
> 一味之見制苦樂妄影。
> 清淨緣起利法教群生，
> 觀無別之分猶水中月。

---

241 曼嘎拉，札西（Tashi）一詞的梵文，指的是頂果・欽哲仁波切的名諱之一札西・帕久。他在很多著作上都署名「曼嘎拉」。

適時勤修護佑抵魔障；
具備清淨外、內、密法緣，
解脫自然可得，且用之。
恆常調伏一切諸違緣。

依密法言，甚勿倚他處；
命氣之鉤掌體性神變，
持守隱密猶護汝之心。
吾可體驗釋出十六喜；
覺受自在，縛之如畫筆。

虛空之后一髮母助汝，
且羅睺羅必傾力裏助。
解讀了義經典，恆無誤，
依其義理，立以法身印。
三昧耶　唉　唉　唉

談到《蓮花長壽心髓》，約在二十世紀，1935年木豬年，我在蔣嘉的水晶蓮花山朝聖，這是一個息災的金剛部聖地，也是康區的二十五處聖地之一。水晶蓮花山是一個終年的冰河，自然的外觀像是雄偉的嘿嚕嘎，在其前方有一座宛如長壽寶瓶形狀的白色湖泊，可供修無死長壽法，這湖叫做嬰奶湖。我為了修長壽法而去到那裡，修了《障礙俱除意成就法》中《法身上師無量壽佛》的薈供。在修薈供時，一個具備四門和所有上、下層構圖的四方形曼達盤，以藍綠色的圖樣，在白色湖泊的湖面上顯現，每個人都看到，這時《蓮花長壽心髓》的儀軌清楚地在我的心中揭露。那天晚上，我夢見我在讀著一本由前一世欽哲所寫的《祇多梨無量壽經》釋論，隔天，當我正在讀怙主多羅那他的《無量壽經》釋論時，我確定這本釋

論和祇多梨（Jetari，譯注：印度超戒寺的班智達，意為勝敵）傳承的無量壽佛九位本尊，已融合成同一個加持之流。

翌年，在我往宗薩去見我尊貴上師碓吉・羅卓仁波切的途中，我在水晶蓮花洞前方的壤塘（Dzamthang）停留了一天。當晚，我夢見從蓮師柺杖上萌芽冒出的一棵大松樹，在此聖地前方的一顆大圓石上生長了起來。當我到了這棵樹旁時，一個女人，我想是措嘉，交給了我一卷黃卷。當我看著這黃卷時，在我的意識中浮現出整部《蓮花長壽心髓》的完整法教：包括了《無死長壽續》和無量壽佛九位化身本尊的外修法；無量壽佛十七位報身本尊的內修法；空行母曼達拉娃五位本尊與圓滿次第六法結合的密修法；以上師蓮花生大士和其眷眾為主的最密持明長壽法；除障的馬頭明王長壽法；和此法的護法旃陀離（Chandali）女神修法。我把這些全都寫下，自己也修了一點。我也供養了我上師灌頂和唸傳，他圓滿了此法，有很好的徵兆。

雖然這樣的長壽法先前也曾在我的意識中顯現過，因為我讀到一頁前一世欽哲所寫的關於印度祇多梨長壽法的著作，但當時我並沒有把它寫下來。我的上師說：「你所寫的內容和義理是合一的，所以這個法很完美。」他教了灌頂的儀軌編制、內修法等等。我也給了十六世噶瑪巴、敏林・堪千、淳仁波切（Chung Rinpoche）、楚璽仁波切、圓滿宮薩迦・貢瑪之子、桑傑・年巴等人灌頂。我自己也修了持咒法，覺得很吉祥。當我獻給達賴喇嘛外、內、密合一的灌頂時，他非常高興，我也恭敬地供養了他此法的源流史。

在蔣揚・欽哲的淨觀法《嘿嚕嘎五兄弟心髓》中，他去到的那個地方是極為廣袤、平坦的，就像是印度大陸，有著群花點綴的草原、湖泊。那是一個愉

悅之地，在那兒他騎著烏龜，象徵他是文殊師利的化身；薩魯‧秋楚‧羅薩‧天詠（Zhalu Chöktrul Lösel Tenkyong）騎在一頭白獅上，象徵他是時輪金剛的化身，在輝煌的薩迦傳承中，他的仁慈是無與倫比的；大圓滿修行者賢遍‧泰耶（Shenphen Thaye）騎在一頭象上，象徵他是我們仁慈佛陀的化身；迭千‧秋久‧林巴騎在一頭強壯的印度虎上，象徵他是鄔底亞納三時遍知的化身（譯注：指蓮師）；蔣貢‧康楚騎在一頭藍色的龍上，象徵他是偉大譯師毘盧遮納的化身。後三者對寧瑪派教傳與伏藏的法教，有莫大的裨益。他們全都穿著嘿嚕嘎的服飾，周遭圍繞著許多勇父、空行，全都穿戴絲衣與骨飾，手持鈴鼓與各式法器，全體唱著金剛歌、舞蹈。蔣揚‧欽哲說他經歷了這個極為愉悅的禪境很長的一段時間，實在嘆為觀止。

當我讀到遍知欽哲‧旺波題為《五見》淨觀伏藏的源流史時，我一直在想，為何上師法當中字詞的義理能夠這麼深奧與寬廣。因此，當我三十六歲時，我待在噶波‧囊（Karpo Nang）的帕當巴‧桑傑洞穴，在正月二十五日非常吉祥的那天，西曆的二月，我修了一個極為盛大的《無死聖度母心髓》薈供。配合了四喜、四空、和四見，我寫下了對出現在《五見》當中五位具力瑜伽士的祈請文。當我唱誦了這祈請文幾遍之後，河水突然滿漲起來，我覺得這是一個吉祥的緣起。

後來，當我四十七歲時，就在於宗薩‧札西‧拉則完成欽哲‧旺波的紀念獻供法會之後不久，我見到了一幅掛在他寢室中的《五見》唐卡。在佛法怙主欽哲‧旺波圓寂的那個房間裡，我修了上師瑜伽的祈請，當我在那兒時，見到了一本遍知上師稱做《嘿嚕嘎總集心髓》的正版寫本，和看起來是秋久‧林巴解讀出的《清淨嘿嚕嘎雙運諸佛》象徵物目錄。因此我以金剛詩行寫下了《五見》外上師法的《莊嚴嘿嚕嘎兄弟心髓》，以及《幻化網》道次第的圓滿次第、《時輪六雙運》、《勝樂金剛五次第》、《五吽忿怒尊》、和《文殊大圓滿》等法。

當我將此法呈給我上師看時，他說：「當我昨天在紀念法會上見到那幅唐卡時，我也想要寫下一點類似的東西，但我忘了，也沒寫下什麼。你所寫的東西很棒！」他馬上想要接受灌頂。當我獻上灌頂時，噶陀·錫度也來了，所以供養灌頂的時機恰恰好。

後來我逐漸寫下不共的內修法《文武百尊》、《時輪金剛》、《紅勝樂金剛》、《忿怒金剛》、和《五部文殊》儀軌，以及《八大教誡》的密修法合起來成一個灌頂。雖然我上師接受了完整的成熟與解脫灌頂，目前只有《五部文殊》的儀軌尚存，為此我假裝將外、內、密的義理統整為一個修法儀軌。雖然在內修法的部分，我應當要逐一寫下每個觀想，但因為時日久遠，今日在我腦海裡已不是那麼清楚了。

在1944年木猴年秋天，為了密修法的《八大教誡》，我有幸躋身於怙主文殊·達瑪瑪帝在章龍的水晶蓮花洞修《二十一供曼達授戒大會》的竹千法會與聖法藥儀軌之列。當時——我不確定是在夢中或是在禪境中——《八大教誡》的主尊和眷眾全都自然顯現在此洞中。想起這件事，九殊勝尊（Nine Glorious Ones）的清晰樣貌與中間的大勝嘿嚕嘎（Chemchok）清楚現起，因此我想要把它寫下來。

所有伏藏師的領頭與成就者秋久·林巴曾經在多康的玉巴岩（Yubal Rock）虛空寶庫中，取出一個五吋長、兩吋寬，裝在一個天然銅盒裡的黃卷。在他圓寂後，蔣揚·欽哲·旺波將這個黃卷交給了大伏藏師的女兒、智慧空行母若那·師利·迪滂·塔拉。[242]當我幸運地親見此黃卷時，藉由鄔底亞納偉大上師、三世

---

242 即袞秋·巴准（Konchok Paldron）；有時以她的梵文名字若那·師利·迪滂·塔拉（Ratna Shri Dipam Tara）來稱呼。她是祖古·烏金的祖母，關於她的更多記載，詳見Blazing Splendor一書的79-85頁。

遍知者的慈悲與佛行事業，與其明妃契合時機且從不失誤的行動，我接受到了不共加持。偉大的伏藏師秋久・林巴是甚深密法的主要持有者努・南開・寧波（Nub Namkai Nyingpo）的本然智慧相，其心子旺秋・多傑（Wangchok Dorje）的轉世迭瑟祖古，送給我一個來自天境岡底斯山（Kailahs）的水晶與一些白寫字紙當做吉祥物，懇求我解讀出這卷黃卷。在秋久・敏卓・諾布林（Chokgyur Mindrol Norbu Ling）大殿的珍貴舍利前祈請，殊勝持明以上師瑪哈蘇卡（Guru Mahasukha）的形象顯現，加持我、蓮生上師的謙卑侍者貝瑪・噶旺・沃色・冬雅・林巴，得以解讀出《八大教誡》的九位嘿嚕嘎佛母儀軌。願我與一切無盡眾生，皆能在殊勝持明所在之殊勝密道上獲得解脫。

談到《忿怒蓮師》法，透過一個夢中的淨觀，壇城遍在怙主貝瑪・耶謝・多傑（Pema Yeshe Dorje）了知卡若的金剛大鵬女曾親自獻給殊勝的伏藏師蔣貢・欽哲・旺波一個天鐵金剛橛。靠著顯現在金剛橛表面的指示文字，我解讀出這個法；願此使遍知成就者蔣貢・達瑪瑪帝戰勝四魔的障礙，得讓其發願與佛行事業如虛空般遍布、無所不在。

當我有幸能將甚深的密法《涅金剛薩埵》帶出時，我將它獻給遍在的金剛薩埵本人確吉・羅卓仁波切，他很高興並要我給他最基本的成熟與解脫灌頂。當我在我無上上師的吉祥天林駐錫地恭敬地獻上此法時，他告訴我說有必要寫下灌頂與修法的儀軌編制，好依法起修，但因為壞時節破壞了法教並使每個西藏人遭逢苦難，我只好暫且作罷。

精通甚深、祕密的融合覺、空根本修法的怙主，致力在持誦的修行上，並一

再鼓勵我。喇嘛・若那・若思密（Lama Ratna Rasmi）和他兒子也向我請求，他們是精進的修行者，對殊勝的光明道有著不退轉信；吉美・開桑（Jigmey Kesang）也請求，他是來自熱貢的密咒師，後來到了不丹擔任我的秘書，在七十多歲時過世；還有楚璽仁波切，是真實祕密法教的殊勝莊嚴；以及許多其他大人物的請法。

他們都想接受成熟與解脫灌頂，並鼓勵我說他們需要修法的儀軌編制，幸運的持明者貝瑪・噶旺・德千・沃色・林巴，[243]自在享受寧瑪派教傳與伏藏法教無盡寶藏的加持，在南方的朋措林（Puntsoling）編撰了這個單行法本，由聰慧的修行者烏金・賢遍（Urgyen Shenpen）筆錄記下。願此成為如虛空般無盡眾生得以在金剛薩埵三密的智慧幻化大樂中，安享任何願望之因，曼嘎拉，願眾善！

在無比噶瑪寺的東方，殊勝智慧護法與其傲慢尊眷眾，確實向幸運、可敬、具善的瑜伽士嘿嚕嘎勇士龍欽・南開・沃色・貝瑪・冬雅・林巴[244]示現。當智慧空行母從第二大焰嘿嚕嘎（Great Blazing Heruka）的寒林尸林顯示出密碼，我便解讀出《涅普巴》；願此成為能修持甚深道傳承且無障礙之因。曼嘎拉。

243 貝瑪・噶旺・德千・沃色・林巴（Pema Garwang Dechen Ösel Lingpa）是頂果・欽哲仁波切的伏藏師之名。

244 龍欽・南開・沃色・貝瑪・冬雅・林巴（Longchen Namkai Ösel Pema Dongnak Lingpa）是頂果・欽哲仁波切的另一個伏藏師之名。

9.造訪拉薩與流亡生涯

欽哲・確吉・羅卓已經先離開了，而且中共開始在康區製造問題，所以當我四十六歲時，就到拉薩去朝聖。在途中我參訪了秋久・林巴住過的地方，然後繼續朝拉薩前進，並去了所有前藏的朝聖之處。在拉薩時，我常住在秋傑・崔欽仁波切（Chogye Trichen Rinpoche）一位親戚名叫若薩・嘉堅（Rasa Gyagen）的家裡，我是在康區結識他的。等我抵達拉薩時，我珍貴的上師欽哲・確吉・羅卓已經離開前往錫金了。

當我和桑傑・年巴在參訪噶瑪巴駐錫地的祖普寺（Tsurphu）時，我們待在拉薩的姊妹，過世了。沒多久，在1955年羊年我們造訪祖普的期間，我的兄長謝竹也辭世了。

在拉薩時，我決定去參訪敏珠林。我將拉嫫和企美與行李一起留下，說我們將會派某個人來接她們。在前藏，地是崎嶇不平的、沒有什麼好的平原。在接近敏珠林時，我們來到一個有著大平原和一棵大樹的地方，我在那兒休息了一會兒；對過去是一處大戶人家的房子。當時我是徒步去的，便叫我的侍者去買一些茶來。他帶回了茶和裝在一個黃紙袋裡的糌粑。我們吃了一些糌粑，有一位老婦人行經，又再給了我們一些糌粑，我們將這些糌粑放在棉花袋裡，然後朝敏珠林前去。在往淳仁波切家的路上，沒見到任何人。等到了那兒，淳仁波切的秘書，長的很胖、頭上有一撮白髮，走過來問我是誰，我告訴他我是頂果・欽哲。淳仁波切來到門口邀請我進去。我請他們派人去接其他人，所以他們就拉了幾匹馬去接拉嫫、企美和行李。我待在那兒約一個月之久，在那段期間我傳授了《大寶伏藏》的封印法教，也修了一些法。

圖十四、頂果‧欽哲仁波切與康卓‧拉嫫和二個女兒。雪謙文史庫藏／拍攝者不詳

　　我沒有侍者可以照料佛龕，於是他們就指派了一位僧人來當事業金剛，我們慢慢熟了起來。有一天，他請我去看看他的老母親，幫她修遷識法；但因為我們一直忙著法事，根本沒有空前去。有一天我說為什麼他母親不過來見我們，他笑了。他給我一條手帕和一些他母親給的錢，請我給她加持。結果她就是那位給過我們糌粑的老婦人。她不知道我是位高階的喇嘛，現在她反倒覺得難為情而不敢來見我。另一方面，我說我一點也不覺得他母親有什麼不對，反覺得她是護法女神度綽‧拉嫫的化身，他笑了。

　　敏珠林的戒規甚嚴。我從未參加過日課，卻常從走廊觀看他們。僧眾不准開口叫人，所以他們只能用彈指來取代。有兩道大門是兩位戒師坐的地方，當戒師不在時，僧人不得外出。僧眾在大殿中十分輕鬆，一點也不焦躁。淳仁波切剛從中國回來，給了所有僧人紅黃織錦的罩袍，並修了十萬遍的薈供。

圖十五、頂果·欽哲仁波切在印度。雪謙文史庫藏／拍攝者不詳

　　我第一次見到敦珠法王，是在拉薩的銅色山宮。我曾在大昭寺（Jokhang）見過他，但不知道那就是他。他很開心地見到我，並說道：「我很感激漢人；多虧了他們我才見到了欽哲·確吉·羅卓仁波切，現在我又見到你。」他經常穿著不丹式的長服，就像他在印度時的穿著，當他外出時會戴一頂西式的帽子。

　　我向他請求他的伏藏法教，並說我不敢要求全部的法，但想要有一個和我有善緣的法。所以他傳給我《忿怒金剛》的灌頂與唸傳。他請我傳給他我的長壽心意伏藏，所以同樣地我也給了他灌頂。

　　當時我們都準備要前往印度。敦珠法王說我可以待在他印度的住處，因為他有個大房子在那兒。他有兩個兒子在中國，常寫信到加爾各答給他，謠傳就說他是中國的間諜。後來我聽說當他在措貝瑪（Tso Pema，譯注：蓮花湖之意）

227

傳授了《寧瑪十萬續》之後，在他返回大吉嶺的途中就被逮捕，送進了西里古里（Siliguri）的監獄。

有一尊新的蓮師塑像被安奉在大昭寺裡，我被請去在那兒修一個薈供。在修薈供時，我聞到了上好燃香的幾縷香氣。一陣子後，一些官員穿戴著上好的錦緞進來，其中一位拿著我聞到的燃香。我猜他們一定是政府官員。然後有個白淨面孔、戴著眼鏡的人，進來了，我知道這位就是達賴喇嘛。他看著蓮師像和彌勒菩薩像，向蓮師像獻上了一條哈達。當他走近我的桌邊時，有人告訴我們說既然我們是在修薈供，就不需要站起來迎接達賴喇嘛。達賴喇嘛問我是從哪裡來的、叫什麼名字，我就自我介紹了一下。然後他問我在唸誦什麼，我告訴他是《三寶總集》。[245]他說要好好修祈請文，並向彌勒菩薩像獻上了一條法會用的哈達。隨後他走向覺沃像（Jowo），待了將近一個小時。他有副好歌喉，唱誦了七支淨供和其他的祈請文。

在這之後不久，薩迦·貢瑪要去見達賴喇嘛，並問我要不要一道去。我們去了羅布林卡（Norbu Lingka），薩迦·貢瑪走在前頭。達賴喇嘛坐在一個矮法座上，沒有太多的侍者隨侍在旁，有一位侍者站著；我們給他獻上了法會用的哈達。薩迦·貢瑪行了三個大禮拜，並請求加持。然後我也做了三個大禮拜，當我請求他的加持時，達賴喇嘛問我是否就是那位在大昭寺修薈供的人，我告訴他說那就是我。之後薩迦·貢瑪坐了下來，我不敢留下，就離開了。

245《三寶總集》，藏文dkon mchog spyi 'dus；偉大的賈村·寧波（Jatson Nyingpo, 1585-1656）所取出以蓮師為主的伏藏法。賈村·寧波最初將這套法教傳給都杜·多傑（Düdül Dorje, 1615-72）。

我常去雅波（Ngapo）[246]家修法，一個月去個三、四趟。他說如果我們想要見達賴喇嘛，他可以安排會面，而且我們得先寫下想去參見的人名。桑傑‧年巴只在德格‧更慶寺見過達賴喇嘛一次，所以隔天早上九點鐘我們就去了羅布林卡，侍者讓我們進去了。我們一行約十到十五人，包括了我的姪子阿託祖古（Ato Tulku）[247]在內。

當我們進去後，達賴喇嘛一眼就認出我來，並叫我坐下；他給了我茶和米飯。我介紹桑傑‧年巴，說他是為噶舉派的轉世祖古。達賴喇嘛問他是否他在康區的寺院已被毀掉了。桑傑‧年巴告訴達賴喇嘛說，當他離開時，寺院還是完好的，但他聽說寺院已經被毀了。達賴喇嘛問他現在要去哪，他說要去祖普寺，然後他向達賴喇嘛獻上了一堆眾多供品。之後，我就沒再見過達賴喇嘛，直到去了印度為止。

後來桑傑‧年巴在瓦拉納西（Varanasi）又再見到達賴喇嘛。達賴喇嘛問桑傑‧年巴說你那位高個子、長頭髮的弟弟在哪裡。桑傑‧年巴告訴他，我在甘托克。達賴喇嘛回說那很好，並問說我是否有遭到中共的迫害。桑傑‧年巴向他保證說我沒事，然後達賴喇嘛說他稍後會和我碰面。

後來有一次在達蘭莎拉（Dharamsala）與噶瑪巴召開大型的會議，會中所有各教派都得獻上曼達。那時達賴喇嘛在修薈供，但我們並不用參加，所以我就去見了貝迪夫人（Mrs. Bedi）。薩迦‧貢瑪和敦珠法王叫我去，說隔天寧瑪派、噶舉

---

246 雅波，即雅波‧雅旺‧吉美（Ngapo Ngawang Jigmey），於1950年代在拉薩深具影響力的政府官員。她是被指派簽署「和平解放西藏的十七條協議」的大臣之一。這協議在1951年5月23日於人民解放軍的戒備之下，在北京簽訂。

247 頂果‧欽哲仁波切某位姊姊的兒子，現在住在英國。

派、和薩迦派都要向達賴喇嘛獻上一個長壽法，並配合獻曼達傳一個詳盡的法。我說四大教派的所有堪布明天都會在場，所以我不覺得我可以勝任此事，但敦珠法王說我沒問題。薩迦‧貢瑪還說假如我能這麼做的話，就太好了，於是我就說我會照辦。敦珠法王說我應該觀想文殊菩薩在我的心間、妙音天女在我的舌頭上，他也會在當晚祈請，所以我就答應了並謝謝他。

隔天我獻上了曼達，當達賴喇嘛接受當做八吉祥之一所獻上的白法螺時，天空雷聲轟隆作響。達賴喇嘛的大臣說這對密咒乘的弘傳來說，是個非常吉祥的徵兆。翌日我要去措貝瑪，去請求達賴喇嘛的加持；他對我說：「昨天的雷聲是個很吉祥的緣起，是吧？」我一定是減輕了一些體重，因為達賴喇嘛問我說是否在（逃亡的）路上遇到了什麼麻煩。他說我看起來不像他在拉薩時見到我的樣子，我變得很瘦而且看起來相當蒼老。

當我再去見達賴喇嘛時，我請求了一個長壽灌頂。有一些官員也一起受法了。達賴喇嘛坐在四層座墊上；我的座位也有四層座墊，我們之間沒有任何的桌子。達賴喇嘛說他沒辦法像我一樣未經準備就能演講；我覺得很尷尬，就說他說什麼都沒問題。

在獻曼達之後，他們將我安排在達賴喇嘛的親教師林‧仁波切（Ling Rinpoche）和赤江仁波切（Trichang Rinpoche）的座間。林仁波切感謝我給了這麼好的一場演說，赤江仁波切開玩笑地說道：「唔，寧瑪巴的確做了一場不錯的演說，對吧！」

我打趣地說：「寧瑪巴是否對甘丹寺的大學者做了獅子吼呢？」

「是啊，棒極了。」他說。

當他們在一起時，赤江仁波切老是開玩笑，而林仁波切就哈哈大笑。赤江仁波切說他得在兒童之家（Children's Home）傳授卡雀佛母[248]的法教，邀請我在那之前一起用午餐。我謝了他，但沒辦法答應他的邀約。那時我的住處非常窄小，所以他說我可以住在他家。當我回答說我不敢待在他家，因為我怕雄天[249]會揍我時，我們兩個都笑開懷。

當我到不丹時，要求會見國王，獲准了。我也要求拜會王太后，並去見了她。當我第一次見到她時，她似乎很喜歡我。她給了我水果和甜點。當我們離開西藏時，沒有馬可以騎，所以我的兩個年幼女兒就只好扶著枴杖一路走來，當我告訴不丹的王太后這些事時，她覺得很難過，便送了她們每人一件錦緞的外衣。

當我的小女兒死去時，王太后非常難過且憂心。當她到卡林邦（Kalimpong）時，她要我到那兒的皇宮去見她。她問我說我的女兒是怎麼過世的，我告訴她小女兒是在木蘇里（Mussoorie）的學校染上了嚴重的傳染病，幸運地是我還能夠趕到勒克瑙（Lucknow）的醫院去見她最後一面。王太后要我不要擔心，好好幫去世的她修法，並給了我三千盧布。顯然噶瑪巴告訴她，要畫一幅蓮師的唐卡來清淨我女兒的障礙。她給了我十匹製作唐卡的錦緞，並說如果我需要什麼東西，就告訴她。當我去不丹時，國王的祖母也待我極好。

---

248 卡雀佛母（Khecari），藏文mkha' spyod ma；金剛瑜伽母的形相之一。

249 雄天（Shukten）；常被格魯派修持的一位護法，直到達賴喇嘛告訴他們要捨棄此護法，因為有可能會造成傷害。

訪 談 錄

10.〈我與欽哲仁波切的日子〉

康卓‧拉嫫

康卓‧拉嫫是頂果‧欽哲法王的妻子。她在十九歲時嫁給了法王，於2003年三月
圓寂，享年九十二歲。

我過去和母親一起住在家裡。十九歲時，有一天，母親派我到田裡去幹活，
在路上我遇到了幾位喇嘛，包括一位我們家很尊敬的堪布。他告訴我說他得帶我
到某個地方去，但我回說我母親要我到田裡去工作，所以我沒時間。但他一再堅
持，說他會派個僧人去幹活。所以他們就帶著我長途跋涉到仁波切的閉關地去。中
共早已把所有的樹都砍光了，但當時那裡還是一片密林，我很怕野獸、也很怕母親
責罵我。

我曾聽說頂果家有個兒子，是位祖古、長得很高，但我之前未曾見過他，所
以有點膽怯。當我到達時，他是二十多歲的年紀，臉色變得非常黝黑；因為病得很
重，看起來好像快要死掉的樣子。後來我開玩笑地罵謝竹和另一位喇嘛，說他們為
何沒事先告訴我將要成為仁波切的法侶，好讓我有時間準備一下，洗個澡、穿上好
的衣裳。事實上他們帶我去那裡時，我身上穿的是老舊的工作服。他們大笑說，他
們沒告訴我是因為不想讓我有時間考慮、有機會拒絕。

在我抵達後，仁波切的健康就好轉了，有一天他還起來走動，穿著生絲的白
袍服。這是他平常的裝束，但當他要去某地時，就會穿上紅色的法袍。然後他叫我
和他一起吃飯。過去他不吃肉，但因為很多喇嘛告訴他，為了身體健康他應當吃
肉，後來他才吃。但是仁波切從不吃被殺的動物肉，只吃自然死亡的動物。

先前仁波切曾說過，他不在乎死去與否，但他不想因為放棄僧戒、結婚而讓
母親不悅。後來，為了要延長他的壽命與增長他的佛行事業，許多喇嘛包括欽哲

‧確吉‧羅卓在內，甚至是他的母親都要求仁波切要娶我為妻。我聽說有一些授記，表示仁波切應當娶我，好讓他的佛行事業可以廣大無邊，但我不確定是誰做了這些授記的，大部分的這些授記好像都遺失了。有一個授記是已故的伏藏師告訴我的，內容大概是這樣子的：

為了延長其壽命，
前額阿字年輕行者，
出身薩家[250]具德戶
應與木虎年生之女結合。

仁波切在一個叫做嘎浦（Karpuk）、意思是白林的地方，一處小木屋裡閉三年的關。大多數的時間他都待在那裡，只偶爾回家短暫拜訪。他的兄長，叫做阿波‧謝竹，也待在嘎浦一間他自己的小屋裡。我待在另外一間小房子中，共用的廚房在稍稍往下走的地方。我們有兩位侍者，所以我們總共有五個人。仁波切的關房是間非常小的屋子，有一個木箱可坐。

仁波切老是要書看，大多是《大寶伏藏》的函冊，所以我常來來回回地搬書。因為有太多的書了，他的屋裡放不下，只好放在其他的房間裡。當仁波切剛拿到《大寶伏藏》時，書的包布是白色的，但因為他常常使用的緣故，到後來書布的顏色都變了。事實上，仁波切的小房間裡全塞滿了書，根本沒地方擺壇城。所以壇城只好設在一個小陽台上，雖然那陽台也擺滿了書。我在那兒種了很多花草，仁波切非常喜歡。有一次，當我們在接受《甘珠爾》的唸傳時，沒有足夠的空間讓口傳的喇嘛坐在屋內，所以他們只好安排他坐在外頭的陽台上，置身在我的花草之中。

---

250 頂果家在薩嘎。

晚上仁波切從不躺下；他是直立坐在木箱上睡覺。傍晚，用過晚餐後，他會開始他的一座，禁語到隔天的午餐時間。在他清晨的早餐之後，會一直修行到中午，一整座都沒有休息。午餐時，他的兄長會叫我，我就和仁波切一起用餐，並稍微聊一下；然後他又開始了另一座，直到傍晚都不見任何人。

在仁波切閉關小屋前，是一棵大樹。晚上當我外出去森林裡上廁所時，那棵樹下看起來好像有火在燃燒的樣子。有一次我告訴謝竹這件事，但他悶不吭聲。有時似乎到處都有小火在燃燒，有時這火好像在關房裡燒著。當我問起仁波切這件事時，他說這是護法羅睺羅，不要去那裡。

有一回，仁波切坐在靠近嘎浦那條河邊的一塊岩石上，有一個年輕的女僕去找附近的牧羊人拿乳酪和牛奶，當她帶了一些去給仁波切時，他已經離開了，但她看見一個清楚的腳印在岩石上，是仁波切剛剛坐過的地方，她說那是仁波切的腳印。我聽說之前那裡並沒有腳印。仁波切的侍者貝瑪・雪巴（Pema Shepa）說，有一次仁波切和欽哲・確吉・羅卓一起朝聖時，都把他們的腳印留在岩石上。仁波切穿著我補過的一雙靴子，靴子有破洞，我補過的痕跡從腳印上可看得一清二楚。我們的侍者果卡（Goka）也看過，但仁波切說那不是他的腳印。

六個月後，我派人捎訊息給我的父親，請他或我的姊妹來一趟；於是我的父親來了，帶了好衣裳給我和一堆美味的食物。他要我待在那兒，聽從仁波切的任何吩咐。

當仁波切完成他在嘎浦的三年閉關之後，他去了玉樹，去見班禪喇嘛。班禪喇嘛在前往前藏的途中，在玉樹停留。仁波切給班禪喇嘛寫了封信，說他能從中國回來實在太好了，但是他應該修很多的法，像是《普巴金剛》的竹千法會等等，

不然就沒辦法去到前藏。班禪喇嘛不知道要怎麼辦，就問了他的帳房，帳房說：「有很多這類的閒言閒語，你為什麼要聽信長頭髮喇嘛說的這種話呢？」所以他們並沒有修任何的法，班禪喇嘛把仁波切寫的信送了回來，並附上了一條哈達，和當做禮物的二十五個杯子，還有一封信寫著：「我現在不能完成你叫我做的法會；請掛念著我。」幾天後，班禪喇嘛就出發前往前藏，聲勢浩大，且有很多的中國解放軍。我夢見班禪喇嘛正要離去，仁波切給他送了條哈達，但被送了回來；仁波切又再給班禪喇嘛送去了哈達，但又再被送了回來，然後班禪喇嘛就離開了。隔天早晨我告訴仁波切這個夢；仁波切說這表示班禪喇嘛沒辦法到得了前藏。果不其然，當班禪喇嘛抵達那曲（Nakchuka）時，他沒辦法繼續前行，只好返回玉樹，就在玉樹圓寂了。

從玉樹我們去了班千寺，待了約六個月。當仁波切閉關時，我就幫他煮飯、服侍他；也有一位尼師和幾位僧人幫忙我。在十月時，我正懷著身孕，我們去了然古（Zhangu）。初十慶典的喇嘛舞正要開場，我問仁波切是否可以留下來觀賞。仁波切說他沒時間，因為他得去看看蔣巴祖古（Jampa Tulku）的妻子，她生了重病。所以我們就前往頂果家。

在某個清晨拜訪我父母時，有一隻禿鷹飛進屋子裡。我的姊妹給了牠一些肉，這隻禿鷹就把肉叼上天。她覺得這是個徵兆，表示我將生產，但這孩子會夭折，所以她相當擔心。那天傍晚我就分娩了。幾天後，我回到了頂果，返回嘎浦前在那裡待了一陣子。

後來我們去了丹柯，然後仁波切在德格到處遊歷。有許多信徒是富有的牧民，請仁波切去拜訪。仁波切的一位外甥，有一把著名的槍，他常帶著槍去打

獵。有一天，當仁波切去拜訪他們時，仁波切的姊姊告訴他：「這把槍殺了許多動物；請加持它。」仁波切拿起這把槍說道：「這就是你那把著名的槍？」然後對著這把槍吹氣，之後這把槍就再也不能射發了，這個男的就停止獵殺。後來，每當仁波切去造訪這家人時，他們都會把所有的槍藏好。

仁波切的外甥有隻大狗，咬死了很多附近的羊群，但因為頂果家相當有勢力，沒人敢打這隻狗。所以另一回，當仁波切去喝茶時，他們就解釋說這隻狗殺死了很多綿羊和山羊，讓這地區的窮人們傷透腦筋。所以他們就請問仁波切，看他知不知道他們應當怎麼辦才好。當時欽哲仁波切正在吃著一球糌粑，他對著糌粑吹口氣，把它丟向那隻狗，狗吃了那糌粑。之後那條狗就再也沒有咬過或殺死過任何動物，這讓當地的人們很開心。

有一年夏天，我們去了蒼康・札擦（Tsamkhang Traktsa）附近的山頂，在那兒紮營，仁波切也閉關。仁波切做了十萬遍的花供，他要我們的女兒企美和她的朋友沃色・卓瑪（Ösel Drolma）去帶牧民的小孩摘花。他叫我做燈供，我供了約一萬盞燈。

在那之後，仁波切回家一陣子，然後去了宗薩寺接受欽哲・確吉・羅卓的灌頂和口傳。仁波切在宗薩待了將近一年，接受了《大寶伏藏》的法教。因為我們的小女兒還很小，我沒有一道前去，但我去探望過他兩次。

我們的小女兒德千・旺嫫（Dechen Wangmo）是一個非常特別的小孩。她是在蒼康・札擦附近出生的。那是深夜，但在她出生後，有很強的亮光，就像白天一樣，我在想那到底是什麼。下了一陣大雨，但還是一樣亮晃晃的，直到清晨兩、三點。當他們告訴仁波切這奇妙的光時，他並沒有很在意；他說不要拿這件事來煩

他。她的心非常特別；她很善良且深信佛法，所有的侍者都很喜歡她。她也很喜歡修行，我的大女兒企美就很不一樣。

有一次當我們在前藏朝聖時，德千‧旺嫫在敏珠林附近的一間小寺院，見到一尊蓮師像的眼睛在動，她嚇壞了。當我們有一晚待在多吉札（Dorje Trak）時，她要我別去睡覺，因為她怕有個女孩會跟來。我在想她是在怕什麼，但後來我聽說離多吉札不遠處，有個女孩在井邊死掉了，投生成了鬼。所以看來德千‧旺嫫能夠看到這類的事物。她也看得到本尊，還會形容祂們的樣子，雖然我們什麼也看不到。

當她只有二十多歲[251]便在勒克瑙過世時，我當然很傷心，雖然所有的喇嘛，尤其是噶瑪巴，都告訴我說因為她是位空行母，所以去了空行母的淨土；但她還是沒能長壽。仁波切曾告訴她至少要做個短期的閉關，但她沒能這麼做。她很擅長書法，曾抄寫了《浚斷地獄懺悔文》，我還保留著。

當我們去果錫（Gothi）時，仁波切的外甥宮秋（Konchok），他是和我們在一起的阿尼‧才嘎（Ani Tsega）的父親，當時仁波切正吃著糌粑，便給了宮秋一些他的糌粑。宮秋正要把糌粑吃下去時，他注意到有一個非常清楚的阿字在糌粑裡，所以他沒吃，把這些糌粑留下來當做不共的加持。

仁波切的主要上師之一宗南‧嘉楚仁波切，終生住在容瑪‧囊森（Ngoma Nangsum）附近的一處洞穴。我之前未曾見過他，但有一次我陪仁波切到宗南

---

251 頂果‧欽哲仁波切的小女兒在印度勒克瑙的醫院過世，那時欽哲仁波切住在不丹，兩個女兒被送到印度的寄宿學校就讀。小女兒因為膽的問題而生病，負責人並沒有知會她的家人，直到她被送往醫院後才通知，欽哲仁波切趕到醫院去，就在她過世前，短暫地見了她最後一面。

寺，我們住在他洞穴附近。他的洞穴位於一塊巨大岩石的中間，那岩床外露、形狀像似金剛杵，周遭盡是草原。他的五、六百名弟子就住在周邊的山洞，修持《蓮師法》。所以很多人繞行這塊岩石，把土都被磨到及腰的部位。

當我見到宗南‧嘉楚仁波切時，他的頭髮還未花白，所以應當是五十多歲的年紀。他一星期只吃一頓飯，幾乎從不睡覺；他只有一個侍者，而且他的頭髮是短的。白天時，仁波切會去接受法教。整個月我們都待在那裡，宗南‧嘉楚仁波切除了欽哲仁波切和我之外，不見任何人，他和仁波切互換了許多口傳與灌頂。

欽哲仁波切大部分的灌頂、口傳與教授，都來自於欽哲‧確吉‧羅卓。通常當仁波切去宗薩接受欽哲‧確吉‧羅卓的法教時，我會待在宗薩附近我父親的家裡，但也會接受一些確吉‧羅卓的法教。

我沒有跟仁波切在康區閉關，而是待在薩嘎寺，跟著謝竹學藏醫。我當了二十五年的藏醫，幫了很多人。後來我們得逃離中共，在印度時就不太有辦法行醫。

因為我很怕死，就試著修行，大部分的時間都在課誦。從我和仁波切在一起的時候開始，我每年都會閉幾個月的關。當仁波切旅行時，我就待在家裡閉關。生下女兒，並沒有妨礙我的修行。我試著幫忙僧團，建寺和造佛像，儘可能地盡量修行。

當仁波切要去熱貢時，我沒有跟去，但他帶了我們的女兒企美和侍者才巴（Tsepa）一道。在往熱貢的途中，他去探望一些牧民，依照喇嘛來訪的慣例，他們供養了他奶油、奶酪、乳酪、和其他糧食；突然間仁波切站起身來，說道：「讓我們去瞧瞧看馱馬怎麼了。」一到了營地，他第一件事就是詢問馬匹的情

況，被告知說馬正在鄰近的放牧區放牧。他不滿意，就派了一些人去檢查，當他們到達牧場時，發現絲毫沒有馬的蹤跡。馬匹顯然早被一些果洛（Golok）的強盜給偷走了，所以仁波切請牧民們幫忙，他們給了新的馬匹和補給品。

同時在那些強盜的部落裡，發生了很多怪事。首領的小兒子被一群大烏鴉攻擊，而且當一位婦人在攪牛奶製作奶油，想把她的攪筒清空時，倒出的不是乳漿而是血。出現了這些和其他許多不祥的徵兆，讓強盜們變得很害怕，就一路騎著仁波切的馬回到熱貢。當強盜見到仁波切時，求他把馬收回去；但仁波切告訴他們他不再需要這些馬匹了，他們可以保有這些馬，但強盜們不聽；把所有的馬都留在寺院的門口，就跑掉了。

在他的幾位侍者當中，仁波切一直帶著一位叫阿秋（Achoe）的僧人，他讀的又快又好；所以被仁波切家雇來讀經。他對仁波切非常虔誠，但脾氣相當暴躁。仁波切經常罵他，希望他能改善他的壞脾氣，但阿秋沒辦法忍受長年被責罵，就決定逃跑。他給仁波切留了一個字條，和一匹他本來想用來製作僧袍的黃絲布。

阿秋在安多地區遊蕩，乞食為生。在偏僻的游牧區裡，有一戶人家住在用犛牛毛做成的黑帳棚裡，說假如他能每天在他們家裡唸誦日課的話，願意提供他食物和衣服。在一處大放牧場裡，有數戶其他家庭群聚在一起，所以在荒涼的大平原上，隨處可見十幾處的帳棚此起彼落的搭設。冬天到了，很快地整個地區全被白雪覆蓋了。

有一天，女主人見到遠方來了位孤伶伶的騎客。此時正下著雪，這個人披著一件白毛氈的大外衣，就像人們在雨天或下雪時的穿著。但在馬的頸背上，掛著一大絡膨膨的紅羊毛和一個玲瓏的小鈴，是只有喇嘛的坐騎才會有的東西。這位女士馬

上喊著：「阿秋，快來，有一位喇嘛要來了。」但阿秋正在溫暖的帳棚裡唸著他的課誦，根本不想到冷颼颼的外頭去，所以不理會她的叫喊。雖然附近有很多的帳棚和圍觀的人們，但這位素昧平生的喇嘛，直接騎到了阿秋的帳棚前，從他的馬上躍下來、進了帳棚，對阿秋說道：「起來，我們走了！」阿秋完全目瞪口呆：這位喇嘛不是別人，正是欽哲仁波切。純粹是神通，否則根本沒別的辦法讓欽哲仁波切可以在這個荒郊野地裡找到他，在這裡連他的雇主都不知道阿秋的真實姓名或來歷。

就在仁波切和阿秋和其他同行者會合後，阿秋問他的同伴是怎麼回事。「那天早上，」他們說道：「仁波切突然要我們停下來，在我們行進的小徑上等他，然後就獨自騎著馬穿過鄉間走了。」有一位侍者，衝著大家的好奇心，就問仁波切是誰告訴他阿秋在哪裡的。欽哲仁波切只是咕嚷道：「你覺得有誰會告訴我他的事呢？」逕自走他的路。侍者對阿秋解釋道，沒人說過任何事，而且因為到處都是白雪皚皚，也沒人在外頭，根本沒有人能指示仁波切要往哪走。

然後仁波切說他們得離開了，阿秋覺得既然他的上師有這種超能力，他就不敢再問任何事，便跟著仁波切走了。

有一次在一座寺院，叫噶瑪寺，是前八世噶瑪巴的駐錫地，有一座非常珍貴的護法殿，裡面收藏了一尊吉祥天母與護法大黑天（Bernakchen）雙運的佛像。當那房間的門打開時，欽哲仁波切見到宛如真人般的瑪哈嘎拉，給了他一卷黃卷——很多人見到黃卷從吉祥天母的袖子裡冒出來。這黃卷的空行文字，是依照涅‧嘉納‧庫瑪拉傳承寫就的《普巴金剛》法，這是欽哲仁波切的主要伏藏法之一。

另一回，仁波切去了水晶蓮花山，在那裡見到了蓮師以無量壽佛的形相出現，領受了《蓮花長壽心髓》的心意伏藏。他有很多伏藏是以同樣的方式接受到的。

有一天仁波切去了康巴嘎（Khampagar），那是康祖仁波切（Khamtrul Rinpoche）在拉拓（Lhatok）的寺院，而我待在家裡。在仁波切離開後幾天，中共來問仁波切到哪去了，這讓我相當緊張，因為他們看起來疑心重重。我告訴他們說仁波切去見他在班千寺的一位兄長。他們就問說那是在哪裡，並要我告訴仁波切他應該要去開一個會，如果他去了，我們倆就會備受禮遇。我告訴他們我會轉告這個訊息。幾天後他們又來了，重複地說我得告訴仁波切要快點去。他們說因為仁波切博學多聞，他的才能不應該浪費掉，所以我無論如何都得讓他去開會。他們還說我們的一位女兒應該要去昌都（Chamdo）上學，另一位要去中國讀書。

中共把我帶去瓊擴寺（Chokor Monastery），那是薩嘎寺附近的一座格魯派寺院。當我到達時，聚集了很多被中共逮捕的人。中共又再問了仁波切，所以我告訴他們，他很可能已經去了對山的寺院。我告訴他們我已經捎了訊息，要他趕快回來。他們問我還要多久，我回說差不多要十五天。他們不讓我離開，把我留在那兒約一星期。然後我返家去處理家務，我們有很多僕人，得付薪水。

兩星期後，中共又來了，問仁波切在哪裡，要多久才會回來。我說山上積雪很厚，所以目前很難走動，只要雪一融化了，他就會回來。他們相當堅持，問我為什麼不去接他。我解釋說我沒辦法在雪地裡行走，但只要再過二十天，雪融了，我就會派信差去。

約二十五天後，中共又來了。所以我告訴他們雪才剛開始融，我現在就會去接他。幾天之後，一位漢人又來問仁波切的下落。他說因為這是第三次了，假如我還不馬上去接仁波切，就會有大麻煩。我告訴他別擔心，我說我會去。

我準備了一些糌粑和一些好鞋。我要一位僕人去山上找一些馬來，但他們只弄到七、八匹馬。隔天早晨，我在四點鐘起床出發。我把所有的東西都留下，因為

圖十六、康卓‧拉嫫，1987年。馬修‧李卡德攝

中共有很多間諜，所以我得非常小心。我只帶了一些路上吃的糌粑。過了一段時間，我們來到了阿托祖古家，他們早已聽說頂果‧欽哲仁波切已經離開了，便問我們要去哪。我告訴他們，我們要去班千寺看金剛舞。他們回說如果我們想要去貝瑪貴（Pemako），可以跟他們一道走，不然在路上會有麻煩。

我們一行人已用光了馬飼料，有一些好心的村民給了我們一些。在餵完馬後，我們就繼續上路，來到了一處岔路：往下是通往阿托祖古家，往上是到班千寺的路。當夜幕低垂時，我們躲了起來，見到沿路有很多中共的動靜，就逃往班千。我們在那裡待了兩、三天，年巴仁波切給了我們僕人、馬匹、和很多食物。從班千他們護衛著我們到了康巴嘎，仁波切和康祖仁波切在一起，傳法和灌頂，一派輕鬆。我告訴他我們得立即離開，因為中共隨後就到。如果我們不馬上離開，那麼要再離開就會十分危險。我也告訴他，因為到處都是共軍，我們不能帶著馬和驢子走平常的道路，因為一定會被抓到。所以仁波切同意離開，並停止了傳法。

圖十七、康卓·拉嫫與女兒企美在不丹的尼師寺院。巴貝絲·凡·盧攝

康巴嘎的人們給了我們犛牛和補給品，並護著我們上到了昌都的錫擦
（Sitsa）住居，因為錫擦家是康巴嘎的功德主。那時中共已經從我們的村子追
來，追到了昌都，但錫擦·旺杜（Sitsa Wangdu）和他妻子有中共的官銜[252]，幫了
我們大忙；事實上他們是用一輛中共的卡車送我們去拉薩的。這路非常顛簸，我暈
車暈得很厲害。

當我們到達拉薩後，去了賈果家的住居，在那裡待了一會兒，並吃了一些東
西。然後去到仁波切的一位功德主家，住在那裡。

在前藏時，仁波切、我們的兩個女兒、和我在前藏的聖地四處朝聖，並造訪
了桑耶、雅瑪隆（Yamalung）、和昌珠等地。我們有兩位僕人和兩匹馬，沿途帶
著糌粑和別的東西吃。在朝聖之後，仁波切待在拉薩一陣子，為霍亂死去的人們修

252 和中共當局合作的人，在共產黨內享有薪俸與官階。

了很多法。雖然深怕他會被感染，他們請他別去曾染過霍亂的屋子，但仁波切從不管這些。

在去祖普寺的路上，仁波切曾在巴沃仁波切的寺院待了一下，並在祖普寺蓋了一座佛塔。當仁波切回到拉薩時，納波請他去昌珠的度母殿修十萬遍的薈供，那裡有一尊自生的度母。所以仁波切就去另一次朝聖，造訪了桑耶、雅瑪隆、桑耶·青埔（Samye Chimphu）、昌珠、才仁炯、雅隆·協札（Yarlung Sheltrak）等地。不過，我和女兒們待在拉薩，她們在做十萬遍的大禮拜。

仁波切是睡在帳棚裡，在他所造訪過的地方中，有些是密勒日巴的山洞。他在所有的聖地都修了詳盡的薈供，然後在回程的路上，他在敏珠林待了一個月。

有一天當我在拉薩時，有一些漢人來找我。我不太確定他們是否是從納波家來的，所以就供養了他們一些水果。他們問道：「桑雲·庫修[253]，你在這裡做什麼？」我說我只是來看一看。他們問說我的女兒們在做什麼，我說她們正在做大禮拜。然後他們問我想不想家，當我說我想家時，他們問我為什麼。我說我沒有錢，考慮要回去。所以他們問我是否會成行，我說會。他們問我仁波切到哪裡去了，何時會返回家鄉。我說仁波切在桑耶·青埔，當他一回來就會回去。當他們問說我們為什麼要到拉薩時，我告訴他們我們只是來朝聖。他們問說當我們離開時，共產黨是否已經在康區壯大聲勢了，我回說我不清楚，因為在拉薩沒聽到什麼消息。

他們問說，我們的習俗是不是要吃紅、白甜點，我說是的。他們說明紅、白甜點就像共產黨一樣。我問說共產黨的目的是什麼，他們說那是非常好的目的，就

---

253 桑雲·庫修（Kangyum Kusho），藏文gsang yum sku zhabs；字義是「指尊貴的祕密法侶」，對高階喇嘛妻子的敬稱。

像甜點一樣，並從他們的口袋裡拿出了各式各樣的甜點。我說假如那像是這些甜點，我想我應該會喜歡。然後他們問我在回家前，是否會去購物，我說我會。

我告訴這些漢人，仁波切是受納波的邀請來拉薩的。我曾捎了兩、三次的訊息到玉樹，要他們前來，但都沒人來。我知道這時，中共早已把我們的財物和牲口帶回康區了，但我假裝什麼都不知情。我怕他們會逮捕我們，他們說他們不知道為何沒人前來和我們碰面，但要我們在十五日那天之前準備好返回玉樹，我們將會搭車回去。他們說假如我們和他們一道走，就會得到中共的官階，仁波切會有一千元的薪餉，我會有五百元。所以我極力向他們道謝，並說我們會準備好。

每個從康區來到拉薩的人，都被逮捕、遣送回去。有些人跳水，但大部分的人都被綁在卡車上，強迫離去。所以我給待在納波家的仁波切捎信去，說中共正要將我們送回去，仁波切很快就回到了拉薩。謝竹和仁波切一道，病得很重。我說一到十五日，中共就會把我們送回老家，問說我們該怎麼辦。我說明了大多數的康巴人都已經被遣送回去，而且被迫將小孩留下來，所以他們都很傷心。

仁波切想要去祖普寺，所以他去見納波並徵詢他的意見。納波在當時很有權力，真的幫了我們很多忙；他寫了封信給中共當局，表示仁波切和康巴反抗軍沒有任何的瓜葛，只是一名佛法的修行者。他也代表我們去跟中共當局談。仁波切問說去祖普寺有沒有問題，納波說可以；所以我們就去了祖普寺，並待在那裡過冬。噶瑪巴還在祖普寺，達賴喇嘛也還沒離開拉薩，但到了豬年的二月，相當於1959年的三月份，噶瑪巴就離開了。達賴喇嘛也走了；所以我們也得逃亡。

我們有很多馬在祖普附近放牧，但中共把牠們全偷走了。我想這樣一來就只得徒步逃亡，於是就說我要去買些馬。我從祖普寺借了一匹馬，騎到拉薩。前藏當地人在賣已被逮捕的康巴人的馬，我買了十二匹。然後請一些要去祖普的人，幫我

在晚上帶馬走。天剛破曉時，我們正通過要到祖普的渡橋，天色漸亮，我把我們的馬送到年巴仁波切和若達（Rada）家一起放牧的地方。

當我看到仁波切時，我告訴他我已經買好了馬。達賴喇嘛已經逃亡了，有一天晚上噶瑪巴也走了。所以隔天晚上，我去見巴沃仁波切，買一些強壯的馱獸。巴沃仁波切給我一匹很好的馬，雖然我帶了很多錢去，但被他婉拒了。

我回到祖普寺，深怕中共要逮捕我們，就想馬上離開。阿托祖古家有一群犛牛和馬匹。他們把所有的鞍具都留在祖普寺，所以我拿了一些裝配在我們的馬匹和犛牛上。我們當晚不敢留在祖普寺，因為他們說中共已經來了，那天傍晚我們就離開，朝著祖普寺上方的山頂前進。這就是我們如何開始逃亡，並成功逃到本塘（Bumthang）的經過。

靠著我的機智，我成功地讓仁波切免遭中共的毒手。有很多從德格來的人，在山上被抓，跟著他們的羊群一塊被帶下山。在我們離開後的那天，就得穿越一個叫做竹拉（Drula）的隘口，年巴仁波切說中共早已守在那裡，所以我們就把所有東西——地毯、衣服、曼達盤、書籍、佛像等等——都丟在拉隆（Lhalung）逃亡。我們在夜間越過這座山的隘口，見到很多前藏的藏人也都在逃跑。然後我們到了一個叫做多拉（Dora）的隘口，因為我們都非常疲倦，就在那裡休息過夜。天氣冷得不得了，仁波切和年巴仁波切坐在一塊岩石上，我坐在他的另一旁。所有的犛牛都裝上了鞍具，但我們沒有任何東西可餵牠們吃。因為實在太冷了，隔天早晨有一些馬和犛牛就躺在那裡凍死了。

很多康巴游擊隊的軍人被殺了，但那些倖存下來的人也試著逃亡。他們摸走了一些藏人的犛牛，因為沒有食物，就殺了一些犛牛來果腹。我派仁津‧多傑（Rigzin Dorje），他是康巴游擊隊的首領，去請他們留一些犛牛給我們，好讓仁波切能派上

用場。隔天我們就把東西放在這些犛牛身上。那時我們有很多人：班千的成員、若達家、仲巴（Drongpa）家、納威（Nyawe）家、和一些來自果究（Gojo）的人。當我們抵達山頂時，見到我們留下來的那些犛牛，已經被宰殺吃掉了。

當我們終於來到不丹的邊界時，已經沒有剩下任何東西可吃了；只有一丁點的糌粑、一些奶油和乾肉塊。在被不丹政府放行之前，我們被不丹邊境的守衛拘留了十二天。當他們放我們通行時——有很多仁波切的弟子和我們一道——不丹政府給了每個人食物、馬匹、和很多別的東西，多到我們帶不走。從那裡我們去了卡林邦，敦珠法王正在那兒蓋一個叫做銅色山的地方，雖然還沒有竣工，但卻是我們約兩個月的棲身之處。然後我們搬往卡林邦市集的宮千・札倉（Gomchen Dratsang）。最後搬到大吉嶺，後來仁波切回到了不丹。

11. 〈我的祖父、我的上師〉

雪謙‧冉江仁波切

雪謙‧冉江的母親是頂果‧欽哲法王的女兒企美‧旺嫫（出生於仲噶）。頂果‧欽哲法王在他年幼時便極為鍾愛這個孫子，並親自督導他的教養與精神修為。雪謙‧冉江是尼泊爾波達納斯（Bodhnath）暨康區的雪謙‧滇尼‧達吉林的住持。

有一次當頂果‧欽哲仁波切在前藏朝聖時，他的隊伍在一處地方紮營。夜深人靜時分，突然有名女子進到帳棚裡，從衣服裡取出一支天鐵金剛橛，說道：「這應該是你的──我找到的。」說完就走了。康卓試著追她，想給她一些茶，但根本毫無蹤影；她應該是位女護法神。

在朝聖後欽哲仁波切就沒再回過家了。反而在噶瑪巴離開後不久，就從西藏到了不丹；當時他四十九歲。在他到了不丹後，就從收音機裡聽到欽哲‧確吉‧羅卓在錫金圓寂的消息。在他前往錫金的路上，大部分的家當都在西里古里搞丟了。在錫金時，他主持了欽哲‧確吉‧羅卓的荼毘大典，並建造了舍利塔。他在卡林邦和錫金待了很長的一段時間。並在隆德寺（Rumtek），從噶瑪巴處接受了《噶舉密咒藏》和《教訣藏》。

我的祖母是個很有腦筋的女人，對頂果‧欽哲仁波切全然地虔誠。有一次他們六十多歲時在印度搭火車旅行；當時仁波切買不起劃位車廂，只好買大眾的無劃位車廂，裡頭擠滿了人。康卓就把他們的寢具鋪在地上，讓仁波切坐著。當康卓四下張望時，看到一位老印度人，就坐在他的膝蓋上。這個人覺得有點不舒服，往旁邊挪了一點，所以康卓就在他旁邊弄到一個小位子。那個人嚼著乾的煙草，想要捉弄康卓，就把煙草湊近她的鼻孔讓她聞。但她只是一吹，把煙草全吹飛在車廂

裡，搞得每個人都打噴嚏。然後他又拿了一些煙草，在手上捲起來，準備要嚼。她就坐靠近他，於是他便往旁挪開一些，怕她又把煙草吹走了，當她一再地坐近，他也一再往旁挪開，到最後她成功地幫仁波切弄到了一個座位。

欽哲仁波切和十六世噶瑪巴很親近，他們不只是精神上的師徒，也是朋友。他們倆都來自丹柯。他們會花上好幾小時，談論上師的生平、教史等等。有時他們會從早上一直聊到傍晚。他們很喜歡彼此作伴；噶瑪巴嘲弄仁波切，仁波切則報以一堆笑話。有時傍晚欽哲仁波切才剛回到他的房間，噶瑪巴就來找他繼續聊。有一天晚上他們談到了鬼；我還很小、怕得不得了。我是睡在仁波切的身旁，當我約八、九歲大的某一天醒過來時，噶瑪巴已經在欽哲仁波切的房間裡談天了。因為我還睡在床上，就不敢起來，只得假裝還躺在那裡睡覺。

顯然，在我還沒出生前的一次談話中，欽哲仁波切和噶瑪巴討論到中共已經佔據了整個西藏、且大多數的上師都在文化大革命中被殺死了的事實。當時，還沒有任何直接的聯繫，所以沒有任何從西藏傳出的可靠消息。於是欽哲仁波切問噶瑪巴說：「你覺得我的上師雪謙‧康楚、雪謙‧冉江，和雪謙‧嘉察仁波切的轉世怎麼了？」噶瑪巴說他們很可能都死了。所以欽哲仁波切要求說：「你已經認證了那麼多的轉世，請告訴我他們投生在哪裡。」噶瑪巴告訴他說：「你不需要去找他們；他們正在找你呢。」

在說完這番話後一段時間，欽哲仁波切徒步去尼泊爾的南無‧布達（Namo Buddha）朝聖，這是釋迦牟尼佛前世捨身餵飢餓母虎和小虎的地方，距離加德滿都約一天的腳程。那天，仁波切覺得非常開心，因為據說這是佛陀初次生起最珍貴菩提心的地方，菩提心是為了他人而證悟成佛並下定決心無論如何要達成此目標的利他之心，但他也覺得悲傷，因為這麼偉大的菩薩捨棄了他的性命。

圖十八、頂果・欽哲仁波切與冉江仁波切、康卓・拉嫫,以及女兒企美。羅卓・泰耶攝

當晚他回到加德滿都,在波達納斯佛塔附近,做了一個夢,夢見他正在爬一座高山,山頂是一座小寺院。他進了寺院,見到裡頭,一個挨一個坐著的,是他已故的上師、雪謙寺的三位主要喇嘛──雪謙・嘉察、雪謙・冉江、和雪謙・康楚──他們全都在六十年代初期,卒於中共的監獄中。欽哲仁波切在他們面前向他們行大禮拜,並唱著哀傷的詩偈,詢問他們如何遭受中共的荼毒。他們也以詩偈異口同聲地答道:「吾等生死如夢幻,勝義境知無增減。」欽哲仁波切表示想要很快在淨土和他們相會的願望,因為他覺得繼續留在世間並沒有多大的意義,法教迅速式微且大多數的上師不過是唬人的騙子。這時,雪謙・康楚目光凌厲地盯著欽哲仁波切,說道:「你得辛勞地利益眾生與維續法教,直到嚥下最後一口氣為止。我們三個會合而為一,到你的身邊成為一個轉世,幫助你完成你的目標。」最後他們全都融為一體,融入了欽哲仁波切。

當仁波切醒來後，他將這些詩偈寫下，暗示他們三個人將會投生在他家中。後來他告訴了噶瑪巴這個夢，並給他這些詩歌。噶瑪巴說這個轉世就是他女兒企美・旺嫫的兒子，他就是雪謙寺三位喇嘛合一的轉世。已故的涅瓊・秋林仁波切、烏金・托傑的父親，當時也在場，說既然三位祖古合而為一，他便建議以三位當中最高階的那位來替我命名，就是雪謙寺的主要住持雪謙・冉江。欽哲仁波切覺得他寧可用雪謙・嘉察的名諱。因為嘉察仁波切是他最親近的根本上師，而且他自己也曾被認證為雪謙・冉江，欽哲仁波切真的很想要把我叫做雪謙・嘉察。

當烏金・托傑告訴我這個故事時，我不太相信；但在欽哲仁波切圓寂後，當翻閱他的所有文獻時，我發現了在一方錦緞中他親自手寫的紙張，記載著關於他三位上師的這個夢，所以我就相信了。

當我在1967年出生在昌第加（Changdigarh）時，我母親，他是欽哲仁波切的長女，正在一座難民營中當護士。在那些日子裡，因為西藏難民的極端困境，很多藏民小孩都被捨棄、送給西方家庭領養。欽哲仁波切，當時正在不丹，一接到我已出生的書信時，就捎訊給我母親，要她不可將我送出讓人領養。

不久後，仁波切就到昌第加看我，帶著他的侍者阮竹（Ngodup）；我還只是個小嬰孩，大聲哭鬧著，甚至還撒尿在阮竹的膝上。從那時候起，欽哲仁波切就把我帶在身邊，並以無法蠡測的仁慈養育我長大。

後來我在朋措林和我祖母康卓・拉嫫生活了一段時間。當我還呀呀學語時，她就讓我跟著她唸文殊咒的每個字母，複誦了十萬遍的文殊咒。有一天阮竹被派來接我，祖母說我們那天正要吃蒸水餃，通常我都會跟祖母共吃一盤，但那天我堅持要用自己的盤子吃，即便事實上我還是把我的盤子擺在一旁，吃光了我祖母的那

253

圖十九、頂果‧欽哲仁波切與冉江仁波切在札西炯，1973年。拍攝者不詳

盤。祖母問我為什麼不吃自己的那一盤，我解釋說有一位很重要的客人會來，我要留那一盤給他。果不其然，阮竹在午餐過後就到了，所以我就給他那盤吃。

　　然後我們都去了隆德寺，噶瑪巴的駐錫地。我的祖母認為要養大一位祖古這麼困難，最好不要給我加諸雪謙‧冉江之類的大名諱。她辯說假如我是一位貨真價值的祖古，自然會利益眾生，不然背著這麼一個雪謙‧冉江的名號，會很難堪。但噶瑪巴堅持我應該被認證為雪謙‧冉江，並以三寶之名保證，我將會利益佛陀的法教。在聽到這些話之後，我的祖母就不再抱怨了。噶瑪巴在隆德寺舉辦了一場盛大非凡的昇座大典，有天女的慶祝舞蹈和藏戲，連噶瑪巴的總管都下場跳舞了，緊接著一連三天的餐宴。當時我五歲大，從那時起就一直跟著欽哲仁波切。

　　當欽哲仁波切待在不丹的帕羅‧基丘（Paro Kyechu），傳授《四部心髓》時，我就坐在他的法座旁。當灌頂中的某一刻，他問弟子們：「你是誰？你想要

圖二十、頂果・欽哲仁波切與康祖仁波切在札西炯，1973年。琳・溫柏格攝

什麼？」弟子們想當然爾應該要說：「我是幸運的佛子某某某⋯⋯」。但我大喊說：「我是大頭仔。」欽哲仁波切當場爆笑出來，得停止灌頂約十分鐘，因為他實在是忍俊不禁。這是他叫我的暱稱。仁波切在那段時間教我拼音，並要我複誦咒語，就這樣我在帕羅・基丘開始了我的學習。

當欽哲仁波切為不丹王太后修竹千法會時，每次到了護法的唱誦時，他就會叫某個人把我抱到他的膝上，所以從那時起，我就開始修竹千法會；我並不需要強迫自己背誦護法的唱誦，因為每天在欽哲仁波切的膝上我都會聽到這段，自然就背起來了。為了讓我覺得好玩、不感到厭倦，仁波切常會用糌粑麵團做不同的人物造型。他也會畫畫給我看；他很擅長畫畫，有一次還畫了一朵美麗的花，旁邊有隻蜜蜂在飛舞。

圖二十一、雪謙‧冉江仁波切。馬修‧李卡德攝

　　另一回，當他在廷布（Thimphu，譯注：不丹首都）的德千‧秋林（Dechen Chöling）傳授《大寶伏藏》時，我就坐在仁波切身邊，每當在每次灌頂前的拋出除障食子時，他都會取下一小塊拿給我，好讓我把玩。當時在廷布舉行了初十的慶典，我們全都去看了喇嘛舞。我有模仿的天份，所以晚上仁波切便叫我模仿跳舞。我還蠻行的，他甚至讓我在王太后面前模仿了一段喇嘛舞。

　　每當我要求仁波切做什麼事時，他都會做。從在德千‧秋林接受了《大寶伏藏》後，我的朋友桑竹（Samdrup）就和我住在一起，當我的玩伴。有一次我們在卡林邦的宮千‧札倉，我和桑竹正在玩耍時，進了一間有很多桌椅的儲藏室。我堆起了很多桌子，說我正在蓋一座寺院，蓋了一間由成堆桌子所造的房子。然後我請仁波切來，坐進桌子寺院裡，於是他就坐在那裡修他的護法祈請文，修了四十五分鐘。

仁波切曾受錫金國王之邀，去修《普巴金剛》的竹千法會，因為當時錫金有一些問題。欽哲·確吉·羅卓給了他們許多預言，說要修法以確保國家的穩定，但他們從不做他建議他們做的除障法會。仁波切說到這個時候，再來做任何事都有點為時已晚了，但他還是去修了竹千法會。在那時我見了祖古·貝瑪·旺賈（Tulku Pema Wangyal），他在深夜來見仁波切，請仁波切幫他父親甘珠爾仁波切（Kangyur Rinpoche）占卜，他病得很重。於是仁波切去了大吉嶺，但當我們抵達時，甘珠爾仁波切已經圓寂了。

仁波切和康卓在用午餐時，常會開玩笑。康卓常說：「極樂世界實在很棒又祥和。」仁波切就會說：「銅色山淨土比較好。」康卓說銅色山淨土太吵了，有一堆事情，感覺極樂世界比較祥和。然後他們問我覺得如何，想去哪個地方。我站在康卓這一邊，說道：「我想去極樂世界，似乎好多了。」

沒多久，我就做了一個夢，夢見我們三人在飛。有個頭上插根羽毛的男人，看起來像是美國的印地安人，他是我們的嚮導。我看到在很遠的地方，有塊烏雲密佈的紅岩石；有一處稻田，平坦但空無一物。有羽毛的嚮導說道：「這是你的地方；你不能去別的地方。你不能再繼續跟著欽哲仁波切了；這是你的地方。」我在夢裡傷心欲絕，因為這個夢，我就不再站在康卓這一邊了。

直到欽哲仁波切圓寂前，我都是和他一起做早、晚課的。在早上，我們會唸誦《文殊真實名言經》，傍晚我們做護法的唱誦。所以大部分我都會背，但大概有一百個地方我會念錯。當我在仁波切面前背誦時，他完全知道我在哪個地方會念錯，就在唸到我將要弄錯的那個段落前，他就會提高嗓門，領著我把它念對。後來仁波切將我念錯的所有句子都寫在一個小筆記本裡——他真的記得我所有的錯誤！

當我約八歲大時，仁波切要我去向噶瑪巴請求一些心性的教授。所以噶瑪巴就給了我觀察心三階段——心住、心動、心覺——的法教，並要我把所有的體會都告訴他。於是我每天都會告訴他，我的心感覺像是塊岩石、像座山、像棵樹之類的事，欽哲仁波切和噶瑪巴會為了我而咯咯笑個不停。噶瑪巴說繼續觀察。他對我非常好。有一天當我們道別時，我戴著一串檀木的念珠，他說：「喔，這是格魯派的辯經念珠。」就把念珠從我身上取下，然後給了我他去歐洲時所用的蓮子念珠。他給了欽哲仁波切一件他的舊上衣和一件僧服的背心。那是我最後一次見到他。

當我們回到不丹後，欽哲仁波切在德千・秋林修了每年一度的法會，我則練習手寫字。每天在法會中，我都會坐在仁波切身旁練習手寫字。有一天，我有一種強烈的感覺，覺得我的心完全空了，就對欽哲仁波切說：「我有種感覺，覺得我的心空了。」於是仁波切說道：「這是過去世的好習氣，因為你從噶瑪巴接受了心性的教授，下次我們見到他時，你得告訴他。」但下一次我們去隆德寺時，噶瑪巴已經圓寂了，所以我覺得很難過，沒辦法當面告訴他。欽哲仁波切和我待在夏瑪仁波切（Shamar Rinpoche）的房間裡，有個晚上，我做了一個非常清楚的夢，夢見噶瑪巴站在窗邊，我就告訴他有關我心空空如也的體驗，他把手放在我的頭上。隔天，我告訴仁波切這個夢，他非常高興。

當然，我聽過一些仁波切的生平故事，也親身見識到一些他非比尋常的事，所以在這裡我只舉出一些例子，來闡述我祖父真的是多麼奇特的一位喇嘛。

當康祖仁波切在廷布宗（Thimphu Dzong）傳授《金剛鬘》的灌頂時，我讀到關於預知的一些東西，就對仁波切說：「我想要預知的能力。」據說要持誦特定的咒，然後向蜂蜜吹氣，再把蜂蜜塗在你的眼睛上；然後你就能夠看到大多數人們

所不能看到的東西。仁波切說：「好。」於是我就找了一些果醬來，認為果醬和蜂蜜的效果應該是一樣的，要仁波切加持它。欽哲仁波切說：「去找康祖仁波切加持。」因為我還很小，康祖仁波切就說：「好，把它放在那裡，我會加持它。」後來我把加持過的果醬塗在眼睛上，但什麼事也沒發生──我只是眼睛黏呼呼的。之後，每當弟子們在灌頂中間要拿掉綁眼布時，康祖仁波切就會指著我和欽哲仁波切一起說笑。

有一次仁波切在基丘修一個贖命法，傍晚時我們拋出了贖命供品，我應當要跳喇嘛舞，於是就非常興奮。康卓走到外面另一邊的樹叢裡去解手，那是我們拋出供品的地方，當時她聽到有數百位馬伕向我們拋出供品的那個方向衝去，彷彿他們正拿著這些供品似的。

已故的康祖仁波切東古‧尼瑪（Dongyu Nyima）是頂果‧欽哲法王的另一位好友，他們常互換許多法教。在康祖仁波切圓寂後，他的能士[254]和其他弟子要欽哲仁波切認證他的轉世；欽哲仁波切告訴他們說他們應該要去問十六世噶瑪巴。那時，1981年，欽哲仁波切正在本塘傳授《甘珠爾》的唸傳，而且修他的法，所以在早上十一點以前是禁語的；但有一天早晨他對他的書記祖古‧貢噶（Tulku Kunga）口述，在哪裡可以找到康祖仁波切，有方位、雙親的名字、出生地等資料，然後他告訴他不可以把這封信給任何人看。

在《甘珠爾》的唸傳結束後，我們去普那卡（Punakha）修由王太后贊助的一年一度竹千法會，那時聽到了十六世噶瑪巴在美國圓寂的消息。就在我們一結束竹

---

254 能士（Tokden，音譯為托滇）；在此指的是康楚仁波切的瑜伽士弟子，能士有終生閉關的傳統，將頭髮盤起、穿著白色的法裙與紅白相間條紋的上衣。

千法會後，馬上就趕去隆德寺參加法會，噶瑪巴的法體已經被帶回了隆德寺。幾天之後，欽哲仁波切問噶瑪巴的秘書，噶瑪巴是否有留下關於康祖仁波切轉世的信件。秘書回答說，在去美國之前，噶瑪巴已經留下了幾封有關轉世的信，其中應當有一封就是關於康祖仁波切的。果不其然，噶瑪巴的信描述了和欽哲仁波切的信幾乎一模一樣的細節。唯一的不同之處，是欽哲仁波切信中雙親的名字是用梵文寫的，而噶瑪巴信中的名字是藏文。這兩封信都被刻在印度札西炯康祖仁波切寺院附近的岩石上。

我聽說有一次當欽哲仁波切和烏金·托傑與雍登搭火車旅行時，他們帶了很多的行李，包括一個爐子、補給品等等，裝在一個印度式的鋪蓋捲裡。有一個鋪蓋捲非常重，連烏金·托傑都沒辦法把那一大捲放上行李架。看到這樣，欽哲仁波切笑了起來，還嘲笑說：「你真沒用。」便一隻手拿起那鋪蓋，毫不費力地就放上去了。烏金·托傑現在想起來覺得那真是個奇蹟。

有一次當宗薩·欽哲還在印度讀書時，他有幾天沒做傍晚時的護法課誦。幾天後他接到了一封從尼泊爾寄來的仁波切的信，寫著：「不要忘了做你的護法課誦。」

當宗薩·欽哲在錫金昇座時，宗薩院方沒有太多錢，在傳授了《大寶伏藏》的灌頂給宗薩·欽哲後，欽哲仁波切把灌頂中所接受的供養全都擺在一旁。宗薩·欽哲的老秘書才退休，新秘書是札西·南嘉，所以欽哲仁波切就把所有的供養都交給了札西·南嘉，自己一毛錢都不留。宗薩院方就用這筆錢來支付宗薩·欽哲在薩迦佛學院讀書的費用。

在尼泊爾傳授了《秋林新巖藏》之後，仁波切去了祖古‧烏金（Tulku Urgyen）的關房納吉寺（Nagi Gonpa），傳授《新巖藏》的護法灌頂給祖古。當時那裡沒有路，所以秋吉‧尼瑪（Chökyi Nyima）安排了一架軍用直昇機來載我們上去。當我們坐上飛機之後，納吉寺的上方有塊烏雲，所以駕駛員說：「也許我們要在直昇機上等個四十分鐘，等到雲散了為止。」我坐在前座，仁波切坐在後座。一段時間後，仁波切從後面敲敲我的肩膀，問說：「那些女孩是誰啊？」我沒見到任何東西，就說：「這裡沒人，我們是在直昇機上。」所以仁波切就說：「喔，我一定是看到長壽母和她的姊妹了。」

當欽哲仁波切在1977年於索魯孔布（Kolukhumbu）傳授《教訣藏》的灌頂給楚璽仁波切和他的僧眾時，他待在那裡六個月的時間，發生了很多奇特的事。舉例來說，有一個壇城上的食子放出火花，所有人都看到了，很多人都覺得很神奇，雖然據說當有良好業緣的上師與弟子聚在一起時，因弟子的虔誠心與上師的悲心之故，會發生奇妙的事。在那時，當傳授《給薩》的灌頂時，尤其是在勸請本尊行動時，在萬里晴空當中，突然響起了一記響雷。還有在《瑪哈嘎拉》的灌頂時，總要敲鼓，在護法殿裡的大鼓就自行敲了起來，沒有人在敲，但人人都聽到了敲響的鼓聲。楚璽仁波切對所有這些事情都非常謹慎，他有三個主要的食子放在他的主臥房裡，當僧眾在吹奏法樂時，他的食子還放在房間裡。楚璽仁波切從不讓任何人進那個房間，除了他的主要貼身侍者之外。我睡在那個房內的欽哲仁波切腳邊，有一天清晨我醒過來時，欽哲仁波切在正在禪修，打坐著。有位女子坐在他面前，長髮遮住了臉龐，所以我不知道她是誰。她握著一只杯子，我心想有個女子在這裡很奇怪，因為沒人能夠進得了這個房間。我正懷疑她是怎麼進來的，之後又睡了回籠

覺。後來我問仁波切這件事，說：「我看到這名女子坐在你前面，她是誰？」仁波切只說：「你應該是看到了度綽·拉嫫。」她是楚璽仁波切的主要護法之一。

楚璽仁波切一直非常照顧他的母親，也老是很擔心她的健康等等。她幾乎無法行走，但他讓一位強壯的僧人每天扛她下來接受《教訣藏》。有一天她人不舒服，欽哲仁波切正在波達納斯傳《秋林新巖藏》。楚璽仁波切請欽哲仁波切占卜，所以仁波切做了鏡卜，在他面前擺了一個鏡子，加持了一些米，然後灑向鏡子。有個來自達桑仁波切（Dabzang Rinpoche）寺院的僧人能夠看到鏡中的影像。從鏡子裡，他看到了有根鐵柱，上頭標有號碼九十四；然後他真的在鏡中看到了楚璽仁波切的母親，坐在一個禪坐木箱上，就像她平常禪坐的樣子。所以仁波切就捎了回信給楚璽仁波切，說她應該可以活到九十四歲。

欽哲仁波切在《龍欽心髓根本續》裡加了不少如何傳授灌頂的東西；倘若沒有這些教授，要給灌頂就會有點困難。仁津·多傑的妻子玉仲，告訴仁波切說一些心胸狹窄的人，不喜歡他這麼做；他們覺得他沒有資格做這樣的事。然後仁波切告訴了我們以下的故事：

在1980年猴年猴月，於帕羅·達倉（Paro Taktsang，譯注：即不丹著名的蓮師虎穴）仁波切有了一個吉美·林巴的禪觀。在這個禪觀中，吉美·林巴的頭髮綁著一本書，並穿了一件白袍服和一件紅白條紋的披巾。在這個禪觀中，吉美·林巴將他的手放在欽哲仁波切的頭上，仁波切唸誦著《成就海》的祈請文。吉美·林巴對他說：「在未來，你將會是《龍欽心髓》傳承的持有者，你可以做任何你覺得對此傳承有益的事。」

在這件事之後，仁波切還授記了應該在不丹的四個特殊地點建造四個大佛塔，在每個佛塔裡裝上十萬個小泥塑佛塔，以確保不丹的和平。同時，他也建議在不丹的一些聖地、本塘‧庫杰（Bumthang Kurje，譯注：在不丹東部本塘，蓮師留下了身印的洞穴，目前建了一座寺院。）和帕羅‧達倉等地，供十萬盞燈和做十萬遍的薈供。不丹王室很快就圓滿了這件事。仁波切還說在達倉裝有巴給‧星給（Palgyi Senge）舍利的佛塔，應該要整修好。巴給‧星給是蓮師的弟子，當蓮師於達倉傳授《普巴金剛》灌頂時，和伊喜‧措嘉陪侍在旁，並於天空中神變出普巴壇城。

有一次當仁波切在尼泊爾時，突然決定要回不丹。當他抵達朋措林（Puntsoling）時，打電話給木雅祖古，要他去檢查在帕羅‧基丘大殿裡的大尊蓮師像，那是1966年由王太后贊助建造的，為了利益一切眾生與確保不丹的和平。結果老鼠在蓮師像的背後咬出了一個洞，把裡面裝臟的咒語和珍貴舍利都弄壞了。於是欽哲仁波切一路到了帕羅，把它修好並重新開光。在基丘修法的喇嘛開玩笑地說：「蓮師為什麼不給我們一個有關老鼠的徵兆，反而要欽哲仁波切大老遠從尼泊爾跑過來呢？」

不丹當地的習俗，是當你去見一位喇嘛時，要帶著土產酒去供養。有一次我們從本塘‧庫杰到廷布，在通薩（Tongsar）歇腳。當晚仁波切住在通薩王宮，其他祖古和我則住在通薩的賓館。雖然我們不應當喝酒，那天晚上我們卻偷偷地喝了一些垂手可得的土產啤酒，隔天我有點頭痛，因為我們不習慣喝酒。沒人知道我們喝了酒，一如往常地我們到仁波切的房間去見他、接受加持，當我坐在角落用手撐著頭時，仁波切問說：「怎麼了？」我就說：「我頭痛。」然後仁波切就說：「昨晚你喝太多啤酒了。」

當我約十五歲時，私下學會了開車，我不敢告訴仁波切這件事。有一次在朋措林，止貢法王[255]請仁波切傳授《教訣藏》，但因為他是比頂果・欽哲地位還高的喇嘛，仁波切就說他想要在止貢法王去見他之前，先去拜訪止貢法王。仁波切準備了他的法會哈達和供養，步出他的房間，但是他平日的司機班度（Bandu）沒料到仁波切會出去，所以不在，因此就沒有司機。於是仁波切說：「現在你開車開得不錯，所以你來載我吧。」我非常高興，那是我第一次開車載仁波切，當我在開車時他說坐得很舒服，因為我開得很小心。

我有位朋友是出家僧，叫丹尼斯（Dennis），身無分文，但有一天他從朋友那裡得到了一些錢，就用這筆錢在楚璽仁波切位於尼泊爾深山索魯孔布的寺院圖登・秋林（Thupten Choling），蓋了一間關房。但丹尼斯從來不閉關，常在加德滿都到處晃。有一天欽哲仁波切對他說：「你的房子在閉關，你卻沒有！」於是丹尼斯覺得他應該要閉關，就離開了，去他的新關房閉三年的關。

一年之後，他覺得受不了待在他的房子裡，就打算要結束閉關，因為他有個很強的習氣，喜歡周旋在所有喇嘛之間閒扯淡、開玩笑。所以他就安排要出關，做了薈供等等。然後他接到了這輩子破天荒從欽哲仁波切手中寫來的第一封信，上頭寫著：「我非常高興你能閉關，希望你能繼續下去。」因此他被迫繼續下去，到最後，他完成了承諾要做的三年閉關。

---

255 止貢法王（Drikung Kyabgon），藏文bri-gung skyabs-mgon；在1946年出生在拉薩的擦絨（Tsarong）家族，是止貢・噶舉的法王。他在止貢第（Drikung Thil）、前藏的主要止貢寺就學，1956 其雙親逃亡至印度，但他被留在寺院裡。1975年他逃離西藏，與家人在美國重逢，並在美國學英文。1985年他在印度喜馬拉雅山腳下的德拉敦（Dehra Dun）設立了止貢・噶舉學院（Drikung Kagyu Institute），是他現今主要的駐錫地。

有一次仁波切搭飛機去歐洲，烏金‧托傑坐在他身邊。這是烏金‧托傑第一次到國外。當供餐時，烏金‧托傑幫仁波切準備茶，並獻茶給他。仁波切喝完了整杯，但還留有一丁點，因為西藏人常取用喇嘛剩下的食物或飲料當做加持，烏金‧托傑就喝掉了。但入口後辣得不得了，他覺得煙都快要從他耳朵冒出來了。他不是加牛奶在茶裡，而是放了一包芥末汁在仁波切的茶中！他說：「仁波切，很對不起！我放了辣椒在你的茶裡。」但仁波切說：「喔，我還以為西方的茶喝起來就像這樣子。」

另一回，當仁波切在法國時，他遇到一個祖古‧貝瑪‧旺賈的學生，他是個醫生，還說他精通中醫。因為仁波切膝蓋有毛病，這位醫生，有點驕傲，說他的熱灸治療會有幫助，就開始幫仁波切的膝蓋放灸條。在拿著點燃的灸條時，他還邊和祖古‧貝瑪‧旺賈聊天。突然間我們聞到皮膚燒焦的味道，我們一看，他燙傷了仁波切的膝蓋！他正等著仁波切說：「哎喲！」但仁波切以為灸痛是治療，所以不吭一聲，我們得花幾乎一個月的時間，來治療仁波切被燙傷的膝蓋。

在1985年，仁波切第一次回到西藏。一行人以不丹官方代表團的身份入藏，所以在成都機場有一場非常盛大的歡迎會。欽哲仁波切的行程並沒有和中共當局磋商，但漢人已經擬好了一份行程表。仁波切真的很想去康區，但康區並不在行程表上。他被當成了貴賓，但他們並不想照他想做的去安排。因此祖古‧貝瑪‧旺賈得和一位來自北京的大官爭論，才得以讓欽哲仁波切去了康區；他們說他得先到拉薩去，所以他就先去了拉薩。

在拉薩，有個從安多來的人叫做安多‧隆陀（Amdo Lungtok）去見仁波切。

我們不知道拉薩怎麼了，因為當時並沒有真正的聯繫。安多‧隆陀說他在大昭寺建造了一尊龐大的蓮師像，隔天就要舉行開光，但他找不到任何寧瑪派的上師來開光。先前曾有過一個要在大昭寺建造蓮師像的授記，但因為幾世紀以來的教派紛爭，從未建造過。所以欽哲仁波切為這尊充滿故事的大佛像舉行了開光，非常吉祥。有個叫喇嘛‧達瓦（Lama Dawa）的僧人，是過去在西藏時欽哲仁波切的維那師，恰好也在拉薩，所以他就充當維那師，恰恰好。欽哲仁波切坐著中共官方的車子抵達拉薩，在拉薩沒人知道他是誰。他們以為他是位批評達賴喇嘛的親中共喇嘛，所以他們不想接近他。到最後有話傳了出去，說仁波切是達賴喇嘛的上師之一，這麼一來，大批的群眾蜂擁而至，讓他幾乎難以走出大昭寺。

在1988年仁波切第二次返藏時，他去了五台山[256]並造訪了中台（譯注：指懷台鎮的黛螺頂）。中共官方帶著仁波切坐一輛小吉普車走後山路，一路到了山頂。而我卻從前面一路爬台階上山。就在快要到達山頂前，我遇到了幾位密咒師在修火供。我問他們是從哪來的，他們說他們來自熱貢。我告訴他們我從印度來，和欽哲仁波切一起。「喔！」他們這麼說。仁波切坐著吉普車停在十英呎外的上方處，我們向文殊菩薩像獻供。許多年後有一位來自熱貢的小男孩到尼泊爾來見我，解釋說他父親是那些修火供的密咒師的其中一位。顯然他父親曾是欽哲仁波切在四十年前於熱貢傳授《大寶伏藏》時的受法弟子。當他看到我時，並沒有想到我是跟著頂果‧欽哲一起；但修完火供上山後，仁波切已經離開了。他難過地痛哭起來，找遍了五台山的所有旅館，可是沒找到我們。他等了一輩子想要再見到仁波切一面，他們只有十英呎之遙，可是他卻錯過了。

---

256 五台山；字義是「五個山峰的山」，座落在中國的山西省，據說是文殊菩薩的聖地。

　　在欽哲仁波切第二次返藏時，他有一位由中共官方派來的康巴侍者。他變得對仁波切非常虔誠，後來還成為仁波切的弟子。有一次他得去打箭爐（康定）做一份重要的工作，他在沿途一直向仁波切祈請，當他到了打箭爐後，他們問他何時到達的，他就說：「就是現在。」他們說不可能，因為路已經封閉五天了。但他的確是當天開車到達的，並沒有注意到有任何封路或路障，他相信那是仁波切加持的緣故。

　　有一次在尼泊爾，有位髒兮兮、畏畏縮縮的僧人來見仁波切。我們不理他，讓他坐在角落等，好讓其他重要人物先見仁波切。過了一會兒，當我試著要進去時，仁波切的門鎖了起來，我問怎麼回事。侍者說：「仁波切正在接受那位老僧人的法教。」那位僧人是位雪巴，曾去過西藏接受過一些仁波切未曾受過的法教，所以仁波切想要從他那兒接受這些法。

　　欽哲仁波切的天眼通似乎是毫無阻礙的。舉例來說，有一次楚璽仁波切要到不丹來拜訪他。在快要接近王太后的美麗王宮德千・秋林時，就出家戒而言，楚璽仁波切可說是守戒最為謹嚴的住持，想起了出家戒規上的一個偈頌，就說道：「我們怎麼可以喜歡國王的王宮呢？」一會兒之後，當楚璽仁波切向住在王宮樓上的欽哲仁波切行大禮拜時，他聽到欽哲仁波切說：「喔，你這位好和尚，老是說：『我們怎麼可以喜歡國王的王宮呢？』不過你自己也來到了國王的王宮，不是嗎？」

　　這件事最讓我驚訝的，倒不是欽哲仁波切能夠讀知楚璽仁波切心思的事實，而是當楚璽仁波切告訴我這件事時，他一點都不訝異，因為對他來說，這是必然

的，他認為欽哲仁波切能夠清楚知悉別人的每個起心動念是理所當然的。所以，這件妙事，也教了我關於一位如楚璽仁波切般的偉大上師，對他上師的淨觀與信心是到什麼程度。

另一回，當王太后建好了在庫杰的八大教誡大殿後，欽哲仁波切邀請了楚璽仁波切到不丹來。在開光時，欽哲仁波切坐在法座上，戴著蓮師帽；楚璽仁波切坐在他的左側，戴著班智達帽；不丹國王坐在他的右側，穿著他的黃色外袍。王太后對欽哲仁波切非常虔誠，向他祈請著；還有一些大臣行大禮拜、繞壇城等等。我覺得縱使蓮師與赤松德真王和寂護堪布在桑耶寺開光時，整個情境也莫過於此。我真的覺得欽哲仁波切是蓮花生大士，所以我開始學著視他為蓮師。

有一天欽哲仁波切對不丹國王說：「他們在西藏整修桑耶寺，做為吉祥的緣起，最好捐一些款。」國王就捐了一百萬盧布做為整修之用。

在1990年冬天仁波切在尼泊爾傳授了雪謙・嘉察的《全集》之後，我們替他修了一個長壽法。當我在獻供時，我有一種強烈的感覺，覺得仁波切不會再活多久了；我的眼淚奪眶而出，我哭著跑出了房間、衝下樓梯。在樓梯間我遇見了阿尼・金巴，她問說：「怎麼了？仁波切說了什麼嗎？」那是仁波切在尼泊爾給的最後一次主要的整套法教。

就像我說過的，我對欽哲仁波切的最初概念，是他是一位無比慈愛的祖父和一位非比尋常的好人。後來，當我逐漸長大，我開始視他為我的精神上師，並慢慢地培養出對他的不動搖信心。我總是對他有著全然、徹底的信心，這從不會因世俗的念頭而改變。即便是現在，在他圓寂後將近二十年後，他還是持續地活在我的腦海裡，每隔幾天我就會夢見他。

有一次在欽哲・揚希還未被認證之前，我很清楚地夢見欽哲仁波切，對他說道他這麼突然圓寂是一個多麼大的打擊。仁波切說：「我試著要告訴你，但你卻老是忽略了我的訊息。」所以我問他投生在哪裡，仁波切說：「別擔心，我會給你清楚的指示。」

另一個夢是在我妹妹去世時，我人在西藏，一聽到她過世的消息，我就馬上趕回去；我非常氣惱。到了曼谷，我打算隔天飛往不丹的帕羅。當晚就做了一個非常清晰的夢，夢見仁波切握著我妹妹的手說道：「我會照顧她，你不用擔心。」於是隔天早上我不再覺得我失去她了。

就在揚希仁波切出生後一段時日後，我正在前往菩提・迦耶（Bodh Gaya）的路上，做了另一個關於欽哲仁波切的夢。在夢中，我進了一個房間，看到他坐在那裡，我說：「你怎麼會這樣？你不再和我們在一起了！」仁波切回答說：「不對，你錯了。我永遠都跟你在一起。」所以我告訴他——還是在夢裡——我做了一個非常糟的夢，我告訴他仁波切圓寂和要找尋轉世的事。我碰了仁波切的腳，哭了起來，抱住他。醒來時，我的眼角還泛著淚水，這個夢太清晰了，讓我分不清那到底是夢還是我身在夢中。所以我真的覺得即使仁波切的肉身已不再了，但他的加持還是一直跟著我們。

在1999年有一次於帕羅外圍的薩參・秋登（Satsam Chorten）閉關時，我非常沮喪。揚希仁波切已經昇座了，但我很擔心我的所有職責。除此之外，全不丹流傳著一個謠言，說我——一介僧人——有了一個祕密女友，所以我真的很沮喪。

在閉關時，我聽著欽哲仁波切於1980 年、也是在薩參・秋登傳授的《普巴金剛》系列教授。我之前從未聽過這些錄音帶。有一天我正在聽的那捲錄音帶的開頭，仁波切劈頭就說：「在未來，當你在做《普巴金剛》的閉關時，這對你會很

有用。」然後仁波切笑著說道：「當人們批評你，說你有女朋友、喝酒時，別擔心。一切的音聲都是普巴金剛的咒語，所以別生氣。」這幾乎就像是那天他就在那裡，對著我講話——他早在好幾年前，就知道那天我會在那裡聽那捲錄音帶！

這些真的只是一些奇聞軼事而已，就像從欽哲仁波切如海般生平故事取出的幾滴水。因為他並未寫下他的密傳，那是與他所有精神體驗、夢境、和禪觀的相關部分，所以我們只能從一些他偶爾告訴幾位親近弟子的故事中，去揣測那可能會是怎樣的。欽哲仁波切曾經告訴我們，在他發現他上師欽哲・確吉・羅卓的密傳之後，他才知道在某些場合當他上師有了佛陀與蓮師的不可思議禪觀的同時，他也在場。但欽哲仁波切補充道：「但是，從他外在的行為看起來，是一點也看不出那時我的上師正經歷了這麼深刻與強有力的禪觀。」因此我絲毫不懷疑欽哲仁波切的禪境一定是眾多且非凡的。但不管怎麼說，欽哲仁波切都是一個如何做人與修行圓滿的持續典範、一個應該如何無誤修行的持續不忘提醒者、以及一個謙恭追隨他腳步的持續鼓舞。他曾經是、也一直是我生命中最有力的存在，我除了實踐他的願景之外，別無其他目的。

欽哲仁波切傳授了《大寶伏藏》的灌頂與口傳五次：分別是在安多的熱貢、在康區、在錫金傳給欽哲・確吉・羅卓的轉世、在不丹、和在敏珠林所在地的克萊蒙城（Clement Town）。他傳授了《教訣藏》四次：分別是在康區傳給宗南・嘉楚、在印度的札西炯、在尼泊爾的索魯孔布、和在不丹的朋措林。他傳授了《噶舉密咒藏》兩次：在康區傳給欽哲・確吉・羅卓，和在不丹傳給康祖仁波切。他傳授了《成就法總集》數次，其中一次是在不丹傳給宗薩・欽哲。他給了《甘珠爾》的

唸傳三次：一次在康區他的關房中、一次在尼泊爾、還有一次在不丹。他傳授了
《秋林新巖藏》兩次：在祖普寺、和在尼泊爾。他傳授了《寧瑪教傳》三次。他傳
授了《大圓滿三部》數次：在蘇曼寺傳給創巴仁波切，和傳給宗薩·欽哲。

12.〈流亡中的禪觀〉

天噶仁波切

天噶仁波切在1932年出生於康區,是班千寺的主要喇嘛之一。1959年,在中共入侵之後,他從西藏跟著頂果一行人逃了出來。最後落腳在錫金的隆德寺、十六世噶瑪巴的駐錫地。在那兒他服侍噶瑪巴長達十七年,擔任金剛上師九年。自1976年起,天噶仁波切住在尼泊爾的蘇瓦揚浦(Swayambhu),他在那裡建了第二座的班千寺,也在帕平(Pharping)建了一座閉關中心。

在1959年,就在達賴喇嘛離開西藏之後,我很幸運地跟著欽哲仁波切和他的兄長年巴仁波切一起逃離了西藏。隔年,藏傳佛教的四大教派聚集在達蘭莎拉,向至尊達賴喇嘛獻上長壽法。首先獻上長壽法的是格魯派,跟著獻曼達一起傳法的是赤江仁波切。其他三大教派的法王——薩迦派、寧瑪派、噶舉派;也就是薩迦法王、敦珠法王、和噶瑪巴——要求頂果欽哲法王,問他能否給予傳統上跟著獻曼達一起的詳盡講解。

這通常是樁大學問,人們得準備好幾個星期來熟背內容。每個人都有點擔心,只有一天的時間,欽哲仁波切在這麼短的時間內,一定沒辦法準備好這麼複雜的演說,會讓寧瑪派丟臉。一位博學的格魯派格西[257],甚至覺得有點抱歉,在那天傍晚,帶來了一本書給欽哲仁波切,裡頭詳細記載了對宇宙壇城的講解。他並沒有看到欽哲仁波切在讀書,反而是跟訪客在閒話家常。欽哲仁波切親切地感謝了格西的好心,把那本書放在他的枕頭邊,繼續閒聊,看來一點都不擔心的樣子。那天傍晚他根本沒有翻閱那本書。

第二天早晨,當要在至尊達賴喇嘛和四大教派所有上師面前演說的時間到

---

257 格西;格魯派的學者,等同其他教派的堪布,相當於擁有佛學的博士學位。

了，欽哲仁波切依照《時輪金剛密續》給了關於宇宙最為詳盡與甚深的解說，如河流般滔滔不絕地講了一個多小時，在其中他提到了不少經典的引文，顯然是他熟記在心的。在演說結束時，他終於走向至尊的法座，將曼達盤獻上至尊的手中。然後他供養了八吉祥物，在獻上法螺時，一記響雷憑空迸出。這被認為是最為吉祥的一件事。

每個人都被欽哲仁波切的博學所懾服，都說他的這場演說千載難逢。之後我問他：「你在過去研讀了很多《時輪金剛》的法教嗎？」他回答說：「我沒有讀很多；我讀了一、兩次米滂仁波切的《時輪金剛》釋論，這就樣。」

「即便你只讀了一、兩次，但是你能給予這樣的演說，實在太驚人了。」我說。

「我告訴你一些事吧，」仁波切答說：「依照米滂仁波切的說法，在我們頂果家附近叫做果錫的區域，是香巴拉淨土的形狀；那就是他決定待在哪裡的原因。我的父親幫他蓋了一間關房，供他食物和一切所需。後來米滂仁波切也在那裡圓寂。當我年輕時，想在這關房附近閉關，所以就和我的兄長謝竹一起待在這個地區，閉關了十二、或十三年。當時我也修了《時輪金剛》的持誦閉關，有一天見到一個《時輪金剛》壇城的禪觀，這壇城廣大如虛空，放出五彩光到三界的一切眾生身上，消除了眾生的痛苦；又放光到一切諸佛淨土，將諸佛的智慧和事業聚集到光裡，帶回到時輪金剛中。然後時輪金剛變得越來越小，融入了一個橘色的帝字，進到我的喉嚨，再融入我的心間。從那時起，拜時輪金剛與米滂仁波切的智慧加持，任何我要傳授的法，都能清楚地顯現在我心中。」

在康區時，欽哲仁波切常會去班千寺，拜訪他的兄長年巴仁波切，停留的時間頗長。我也常去見他，有時他會傳授灌頂。在傳法時，他從不需要任何典籍，倒

圖二十二、達賴喇嘛與頂果・欽哲仁波切在達蘭莎拉。馬修・李卡德攝

是真的；每件事他都熟記於心，所以我覺得他真的是文殊菩薩與無垢友。我告訴他我有很強的虔誠心，他這麼有智慧讓我真的相信他就是無垢友。我想當欽哲仁波切待在米滂仁波切關房附近閉關時，他的智慧脈被打通且喉輪也解開了。

有一天早晨，當欽哲仁波切在錫金短暫閉關時，他有了一個禪觀，見到一位白鬍子、束髮、穿著白袍並拿著念珠的老瑜伽士。當欽哲仁波切問這位老瑜伽士打哪來的，老瑜伽士給了他某樣東西，並說道：「這是你的份。」當仁波切看著這東西時，他發現是一支天鐵金剛橛。當仁波切閉關回來時，他把這支金剛橛拿給我看。有些巖藏伏藏是以這種方式獻給伏藏師的，有時則是從岩石中或湖中被取出。這位瑜伽士顯然就是錫金札西汀的地祇。

另一回，當欽哲仁波切從菩提‧迦耶回來時，他給了我一個小巧且平坦的黑岩石，告訴我說這是護法的命石，是護法的所依物，有極大的加持力，並對我說要一直保存它。當我問他這岩石是打哪來的，他說：「我剛去了菩提‧迦耶修祈請文，也去了寒林尸林，在那裡修了護法的法，並修了許多的祈請文。通常我總是會修護法馬寧的法，但當我在寒林時，在夢中我見到了護法雷登，祂承諾要宏揚佛法，延長法教持有者的壽命，並減輕眾生的痛苦。我就是從有這個禪觀的地方，取了這塊岩石的。」

當仁波切待在卡林邦的度平寺（Durpin Monastery）時，我參加了他傳授的大多數灌頂與教授，像是《四部心髓》和《龍欽心髓根本續》。有一次不丹國王邀請仁波切去不丹振興佛法。所以仁波切前往不丹，並傳授了《解脫莊嚴寶論》。[258]後來我在隆德寺遇到他，對他說：「我聽說你在不丹給了很多《解脫莊嚴寶論》的法教，是真的嗎？」

「是的，」仁波切答道：「這是有原因的。當我待在度平寺時，有一天晚上在夢中見到了龍欽巴，不久後我又有了另一個噶瑪巴杜松‧虔巴（Dusum Khyenpa）的禪觀，他告訴我說：『假如你如一隻龍般宣揚法教，就會廣大地利益教法和眾生。』幾週之後，不丹國王就邀請我去，於是我就想到了《解脫莊嚴寶論》的法教將會大大利益不丹。」

當欽哲仁波切在錫金傳授《大寶伏藏》時，我已經在康區接受了整部法教，

258《解脫莊嚴寶論》，藏文chos yid bzhin nor bu thar pa rin po che'i rgyan；岡波巴的著作，有許多譯本，其中之一是賀伯特‧均瑟爾（Herbert V. Guenther）所譯（由美國香巴拉出版社於1986年印行）。

所以我只參加了一些灌頂。每當我去拜訪他時，總有一大堆的問題，他也有許多話講，所以我們就會花上許多時間交談。

有一天當我早到了，仁波切在修《無死聖度母心髓》的持誦。幾天後我和他談話，我問到：「仁波切，你以前從來不修《無死聖度母心髓》，但現在看起來你卻在修這個持誦，為什麼？」

仁波切答說：「我以前偶爾修，但從不做持誦的閉關。但幾個月前，我做了一個大成就者湯東·賈波的夢，他告訴我說：『假如你適當地修《無死聖度母心髓》的持誦法，你就會活得比八十歲還老。』這就是我為什麼現在修這個法的原因。」

後來，當我在尼泊爾雪謙寺供養《丹珠爾》[259]的唸傳時，仁波切有一天叫我去，說道：「從明天開始，你可以暫停三天的唸傳，因為我想要傳授《時輪金剛》的灌頂？」

「沒問題。」我答說。

「你必須做灌頂的前行，我會給灌頂。」

「沒問題。」我又答說。

「我為什麼給《時輪金剛》的灌頂，是有理由的。」他說道。當我問他是什麼理由，他解釋說：「昨晚我有了我根本上師蔣揚·欽哲·確吉·羅卓的禪觀，他告訴我說：『你已經傳授了阿底峽尊者傳承的《時輪金剛》灌頂許多次，但你也有布頓的傳承，你現在得要弘傳它。』」

年輕的宗薩·欽哲祖古正在那裡接受口傳，所以仁波切說：「我有不共的布

259《丹珠爾》，藏文bstan 'gyur；解說《康珠爾》的數百函經論合集。

頓《時輪金剛》口傳，必須傳給我的法子蔣揚·欽哲的轉世，其他人也可以一起受法。」

於是他傳授了《時輪金剛》的灌頂。在法會上，慣例是要穿戴骨飾，仁波切在給灌頂時，便裸著上半身，戴著骨飾。當他在法會一開始向蔣揚·欽哲·確吉·羅卓祈請時，他流淚了。

在八十多歲時，仁波切去了瑪拉帝卡（Maratika）閉了一星期的關。他一回來，就給了我一串念珠當做我長壽的所依物，並說道：「這次我在瑪拉帝卡接受了很大的加持。」當我問他是怎樣的，他說：「在夢中我見到了如須彌山般的無量壽佛，穿著綠絲衣，拿著一支長壽箭。我接受了長壽加持，這袪除了我壽命的障礙。」

13.〈虹光身與淨土〉

企凱・秋林仁波切

企凱・秋林仁波切於1953年出生,是祖古・烏金仁波切的次子,被十六世噶瑪巴認證為大伏藏師秋久・林巴的第四世轉世。一如他輝煌的前世,企凱・秋林也是位伏藏師和在家行者,有妻子和四名子女。他的長子被達賴喇嘛認證為達隆・噶舉的一位重要祖古,而他的幼子被楚璽仁波切認證為頂果・欽哲仁波切的轉世。

　　偉大伏藏師頂果・欽哲的博學、持戒和操守,以及他的教授、辯經、與撰述,都是無與倫比的,在他無數功德中一個最不尋常的特質,就是他極為關心藏傳佛教的一切傳承——他從四大教派的無數上師接受法教,然後弘傳這些法教。一般來說,一整天當中,不管他在用餐與否,總是準備好給任何來見他的人——包括喇嘛、弟子、尊或卑、任何法系或傳承——傳授任何當時他們所需要的法教。

　　大部分的喇嘛都只關心他們自己的傳承和法系,但欽哲仁波切恰好相反。他真的是不分派者。他對全部法教的所有傳承都有著真正的淨觀。就像欽哲・旺波約有一百位不同的博學與成就上師,頂果・欽哲仁波切也有許多的上師。經常,雖然他已依照各法系,接受了特定的灌頂和口傳,但若是他遇到某人具有相同的口傳卻是別的法系,他還是會再接受一遍。

　　他時常邀請別的傳承與教派的喇嘛來,以便宏揚他們的法系,尤其是某些瀕臨衰頹的法系。一旦他見到有某個法系瀕臨衰頹,他就會盡其所能地來振興它。舉例來說,他邀請了達隆・夏炯仁波切(Taklung Zhabdrung Rinpoche)來傳授達隆・噶舉法系的灌頂,達隆・噶舉是噶舉派的一個支系。然後他接受了許多天的達隆・噶舉灌頂。

　　考慮到欽哲‧確吉‧羅卓的薩迦法系即將式微，他就邀請了親自從確吉‧羅卓處接受了《道果》的貝雅祖古，來傳授一些薩迦派的灌頂。根據薩迦派的傳統，一次灌頂只能有二十五個人。有一天貝雅祖古將要傳授主要的《喜金剛》灌頂，楚璽仁波切、宗薩‧欽哲、和星札仁波切（Sengtrak Rinpcohe）都已經在屋內了。我們正在樓下大殿裡修《措千度巴》的竹千法會。在休息時間時，仁波切叫我去，說到樓上去接受灌頂；我說我擔心會破戒，因為沒辦法修《喜金剛》的持誦，但他回答說：「楚璽仁波切和宗薩‧欽哲都要接受灌頂，所以最好你也接受。」所以我就去受灌了；根據薩迦派的傳統，我們總共有二十五個人接受了《喜金剛》，所有的灌頂物都一一傳給每位弟子。另一天，貝雅仁波切給了確吉‧羅卓法系的《卡雀佛母》的灌頂，仁波切對我說我也必須接受此灌頂；同樣地也是只限定二十五人參加。

　　四大教派的所有偉大上師都從欽哲仁波切接受口傳，像是薩迦‧貢瑪、十六世噶瑪巴、貝諾仁波切、止貢法王、康祖仁波切、阿波仁波切（Apo Rinpoche）等等。他也成為西藏最高喇嘛，十四世達賴喇嘛天津‧嘉措的上師之一，供養了後者《寧瑪教傳》的主要灌頂和許多其他口傳。欽哲仁波切去了貝諾仁波切在南印度的寺院三次，1979年在那裡傳授了《四部心髓》、《龍欽心髓根本續》、和《七寶藏論》；1984年，他傳授了《寧瑪教傳》；在1986年他傳授了米滂仁波切的《全集》。無論是那個法教缺少了灌頂法或儀軌，他都會撰寫補齊。

　　欽哲仁波切不僅傳授了《大寶伏藏》、《教訣藏》、《龍欽心髓》、《秋林新巖藏》、《寧瑪教傳》、《四部心髓》、《傑尊心髓》、《三根本光明心髓》、《賈村六函》和其他口傳許多次，他也私下贊助了這些所有典籍的印製。

　　有一次十六世噶瑪巴邀請頂果‧欽哲到隆德寺去傳授《四部心髓》給那裡的四位祖古；我很榮幸地是十三位受法者的其中之一。隆德寺的僧人擔心每個人都變成了寧瑪派，他們和我開玩笑地談到了灌頂中的仙人、獅子、和大象坐姿，說這些坐姿很像印度教的修行法。[260]

　　有人可能會認為頂果‧欽哲只是一介血肉之軀，但他事實上與文殊菩薩、蓮師、和二十五弟子沒有分別。但是他從不提及他的任何成就，極為謙虛。他常說他什麼都不懂。這麼圓滿智慧與證悟的上師，在今日似乎是無法再見到了。

　　當我觀想欽哲仁波切周遭圍繞著二十五弟子，並向他祈請時，因為他的加持之故，我能很容易地解說任何的法教，無論是佛經或密續。假如我們具有真正的信心，不管在上師跟前或是和他分開，都能真正地接受到這般的加持。

　　我只是一個凡夫，沒什麼特別的，因為噶瑪巴認證了我，他們就說我是秋林的轉世之一。缺乏淨觀的人，叫我胖秋林。當我占卜時，通常都蠻準確的，我也有某些神通力。有時我看起來瘋瘋癲癲的，但沒關係，因為所有的上師，上從金剛持到十六世噶瑪巴，或上從普賢王如來直到欽哲仁波切，也都是瘋狂的。

　　因為我是秋久‧林巴的祖古，仁波切總是待我特別好。我們已經有累世的因緣，因為欽哲仁波切是赤松德真王，秋林是他的兒子之一。欽哲仁波切對我深具淨觀，因為我想當然爾是赤松德真王兒子的轉世。

　　每當他要離開不丹時，我就會去機場送行，心裡難過地哭泣。他就會說：「不要難過，我們很快就會再見面。」他常叫我去他的房間，告訴我一些他的禪觀故事，是從未對別人說過的。有一天他說：「今天我看到一個真正的奇景。」當我

---

260 在這些灌頂中，於灌頂的某些部分要做出頓超修行的坐姿。

問那是什麼時，他說道：「昨晚我見到了銅色山淨土，有蓮師和二十五弟子，清楚地好像真的一樣。」然後他又補充道：「不要告訴別人。這件事我只告訴你！」

我在竹千法會時，都是負責拋出食子，和替仁波切修不共法，他說這對他有很大的幫助。仁波切重寫了《秋林新巖藏》中的《秋林密意總集》和許多其他部分，我對此充滿了感激。毫無疑問地仁波切有很很關於本尊法的禪觀，但他總是非常謙虛，當被問到這類的事情時，他就說：「你為什麼不去問噶瑪巴或達賴喇嘛呢？我什麼也不知道。」

上師們不常談論他們內在禪觀的原因，是因為那會縮短他們的壽命。但有一次，當我們在波達納斯修《敏珠林金剛薩埵》的竹千法會時，仁波切在午餐時叫我上樓，並告訴我前一晚他有了確實的《敏珠林金剛薩埵》壇城禪觀，有蓮師和二十五弟子、極喜金剛、八大持明、和很多勇父、空行、護法等，全都清楚地顯現，宛如真實一般。他問我是否也看到了，但我告訴他我沒有。然後他要我做一個相關的占卜，可是我說：「這太好了，沒必要占卜！」所以他很開心。

有一次他告訴我說當他在不丹的薩參·秋登閉關時，修《龍欽心髓三根本》的持誦，蓮師和伊喜·措嘉出現，彷彿是真的一般，給了許多的授記。他要我做一個有關這些授記的占卜，所以我問這些授記是否是攸關未來的等等，仁波切說是關於他自身的。當時他的關房充滿了虹光，一片光亮、透明，讓我以為他已經證得虹光身了，後來屋子才又變得堅實如昔。

另一回，他告訴我有一天他在帕羅·達倉閉關時，從達倉往下看，看到下方的山裡佈滿了十萬空行母，主尊是瑪吉·拉准（Machik Labdrön）。當我問空行母是否有給他任何的授記時，他說：「我沒請示任何授記，空行母全都在我們的自心中；二十四處不共聖地也全都在我們的自心中。一切的外相都是虛構的，幹嘛問呢？」

14.〈自在瑜伽士的一生〉

烏金・托傑仁波切

烏金・托傑仁波切是第三世涅瓊・秋林的長子，他從欽哲・確吉・羅卓處接受了許多的口傳，他的根本上師是頂果・欽哲仁波切，常隨侍為貼身侍者。在他的父親圓寂後，他承擔起在印度比爾（Bir）重建涅瓊寺的責任，以及全權撫育他父親轉世的職責。

　　頂果・欽哲仁波切是一位伏藏師，早年他就常親見蓮師並接受其伏藏法的傳遞。仁波切修前行時，是待在丹柯的一間小關房裡閉關。他藉著背誦《普賢上師言教》和《功德藏》中的相關章節，來研讀四轉心念。他也非常有決心，他的兄長常要他休息一會兒，但他從不休息。他的父親說：「我的兒子要不是成為一位偉大的上師，就是一無是處；沒有別的選擇。讓他做他想做的任何事吧。」不久他的父親就過世了，因為他的兒子沒人結婚，也不可能看顧家產，所以仁波切姊姊卡嘎（Kalga）的丈夫就來代替掌管家業。

　　當欽哲仁波切住在洞穴時，他修持《龍欽心髓》中的微細氣脈瑜伽。藉著修所謂「拙火」的內熱法，他獲得了大量的內暖。雖然那裡的氣候非常寒冷，他日夜都只穿了一件白衣；他的座位是一張熊皮。洞外有厚厚的結冰，但洞內卻是暖和的。每晚當他唸誦護法的祈請文時，護法羅睺羅就會前來。有一天晚上颳起強風，狂風如火般——那就是羅睺羅。祂並沒有進到洞內，卻融入了附近的一棵大松樹。後來，那棵樹枯萎了，又長了出來，但迥異於從前——在木頭上結滿了眼睛。這很像發生在前藏岡日・托噶（Gangri Thokar）龍欽巴洞穴的情況，羅睺羅在那兒也融入了一棵松樹。

　　後來，仁波切蓋了一間有扇小窗的小木屋。當他往外看時，常有野狼齜牙咧嘴地經過；有時牠們會磨蹭小屋。還有許多鹿和野羊，有時還有豹出沒。曾經在某個月中，他的母親來了，待在那兒聊了一個小時。他從未跟他父母之外的任何人說過話。他的兄長謝竹是他閉關期間的護關者。謝竹是米滂仁波切的弟子，對上師深具虔誠心，有時會講述米滂仁波切的故事。在那個地區眾所周知，如果需要下雨的話，只要去求頂果‧欽哲就行了。仁波切會從他的屋外拿顆石頭放在泉水裡；旋即就會下起雨來。也有傳說那兒的野獸，從不會傷害彼此。在閉關時，野鳥常會飛來停在他的頭上、肩膀上、和膝上。

　　有時仁波切會待在薩嘎寺，這是一座屬於頂果家的薩迦派寺院。頂果家在那兒有間房間，是欽哲仁波切閉關的地方。從窗戶往外看，他可以看到一片廣袤的土地；在清晨，他會看到成千的鳥兒飛掠、棲止，雀躍地歡唱。仁波切說那是一個十分愉悅的地方。那地方的山脈到處是洞穴，仁波切花了許多年在那些洞穴裡閉關，從一個洞搬到另一個洞。有時他會待在大樹的垂蔭之下，有時，在夏季則住在無人高山草地的帳棚中，群花簇擁著。仁波切有兩個女兒，偶爾在夏天裡，他會派女兒和侍者去蒐集上千朵的花，然後用來當做帳棚裡的白天供品。在另一個帳棚中，則供上大量的油燈。

　　仁波切常去德格王的私宅和大臣的家中，修息災法與傳授灌頂。他一心在修行上，只偶爾去他母親的家中拜訪。

　　每年欽哲仁波切都會去接受欽哲‧確吉‧羅卓的許多法教。有一天，欽哲‧確吉‧羅卓受邀前往安多，但沒辦法前去。他說他和頂果‧欽哲毫無差別，於是就

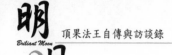

派了年方四十歲的頂果・欽哲，代替他去給數千名的密咒師傳授《大寶伏藏》的灌頂和唸傳。

在安多有一間屬於格魯派的大寺院，頂果・欽哲受一位最有學識與成就的上師，叫做羅桑・多傑（Lobsang Dorje）的邀請前去。欽哲仁波切供養他三根本的灌頂，並接受他回傳《密集金剛》、《大威德金剛》、和《時輪金剛》密續的灌頂與講解，以及其他許多密續的唸傳。頂果・欽哲視羅桑・多傑是他格魯派傳承的最主要根本上師，而羅桑・多傑則夢見頂果・欽哲是蔣揚・欽哲・旺波與惹瓊・多傑・札巴（Rechung Dorje Trakpa）的轉世。蔣揚・欽哲有很多位的轉世，但頂果・欽哲與欽哲・確吉・羅卓皆認為羅桑・多傑是蔣揚・欽哲在格魯傳承中的轉世。

當中國共產黨開始在德格製造問題後，頂果・欽哲就去了拉薩。仁波切先前曾受邀，便和他的幾位侍者去康巴嘎見康祖仁波切。在那兒他供養了一些灌頂，包括文殊菩薩忿怒尊的大威德金剛。然後他去了秋久・林巴的駐錫地凱拉（Kela），在那裡接受迭瑟祖古的一些灌頂，也回供了一些灌頂。迭瑟祖古說：「我的前世是秋久・林巴的兒子旺秋・多傑，曾有三次違背了蔣揚・欽哲・旺波的吩咐，那些違緣可能就是我一直無法見到欽哲・確吉・羅卓的原因。現在我見到了你，頂果・欽哲，我將視你為我的蔣揚・欽哲，向你祈請。」

秋久・林巴的女兒貢秋・巴卓承襲了一卷他父親的黃卷伏藏。當她圓寂時，這黃卷傳給了他的孫子祖古・烏金，他將它送給他的叔父迭瑟祖古。迭瑟祖古一直沒辦法解讀與寫下這卷黃卷，他便請求頂果・欽哲來解讀它。頂果・欽哲回答說：「我會試試看。」

於是他們倆去了供奉秋久・林巴舍利的大殿，將門戶鎖了起來。他們先修了

薈供，然後將這黃卷浸泡在甘露水中。一開始看時，內文不是很清楚。他們向蓮師與秋久・林巴做了許多祈請之後，再看就發現內文開始顯現出來。到了某個時候，欽哲仁波切要了一些紙、筆和墨水。他拿到了約四十頁的空白紙，在幾個小時內，欽哲仁波切就把這些紙全寫完了，毫不費力、不曾停頓地寫著，猶如在閱讀黃卷似的。於是他寫下了以八大嘿嚕嘎佛母為主的一系列儀軌。後來他提到：「這個法有三種可能的版本──廣軌、中軌、和簡軌。按照我拿到的紙張數量，我寫下了中軌的版本。」

在拉薩的大昭寺，仁波切做了大量的供養，包括十萬遍依照《龍欽心髓》傳承所修的供曼達。有一天在修供曼達時，十四世達賴喇嘛來到大昭寺。他見到了頂果・欽哲，問他是從哪來的，他們聊了一會兒。仁波切說，那是他第一次見到達賴喇嘛，那些是他們初次交談的內容。那一次，仁波切向覺沃像獻上了他兄長年巴仁波切的一些錦緞法袍，還有仁波切所寫的祈願文。後來在1973年，一些尼泊爾商人把這批法袍帶到了加德滿都兜售，它們又回到仁波切手中。

當仁波切在拉薩時，從康區來的人供養了一個大的鍍金法座給達賴喇嘛，頂果・欽哲和雪謙・康楚主持了這項供養法會。在法會中，雪謙・康楚說：「這個黃金法座真是了不起，但我想他在這上面坐不了太久！」然而，他還是很開心地說道：「今天我見到了觀世音菩薩。」上百名來自康區的重要喇嘛和代表都參加了這場盛會。傳統上在法會結束時，西藏政府會給每位重要人士一條特別長的白色法會哈達，聊表官方的感激之情，但在給了五十條之後，就沒有了。當時仁波切人在拉薩，欽哲・確吉・羅卓從錫金發了一個電報來，交代頂果・欽哲的最後遺語是：「寫下一個出色的《大圓滿三部》灌頂的儀軌編制！」

　　頂果‧欽哲從拉薩去了祖普寺，在那兒見到了十六世噶瑪巴、獻上灌頂，並修了許多息災的法。在祖普寺時，他的兄長謝竹與姊姊都過世了。拉薩也爆發了武裝衝突，是來自康區的游擊隊伍所煽動的。那是許多衝突與不平靜的肇始，一位西藏政府的重要大臣納波‧那旺‧吉美（Ngapo Ngawang Jigmey），跟仁波切很親近，告訴仁波切說最好能到印度去。

　　仁波切和他的兄長年巴仁波切在噶瑪巴離開後不久，便前往不丹。在不丹境內旅行時，他待在靠近廷布的西姆托卡宗（Simtokha Dzong）的一棵樹下兩天，沒人認出他來。一位老不丹婦女給了他一大籃子的米。後來他告訴我說：「我是個從西藏來的難民，在那棵樹下那位老婦人送我的米，比今日功德主給我的十萬盧布的恩惠更大！」

　　在不丹時，仁波切從收音機裡聽到欽哲‧確吉‧羅卓在錫金圓寂的消息。所以他和他的侍者經卡林邦到錫金去，路上丟失了一些財物。當時仁波切並沒有太多錢，因此撙節開銷、頗為拮据。他在錫金見到了欽哲‧確吉‧羅卓的法體與遺物，在那兒待了幾個星期後，又回到了卡林邦。

　　後來他決定去印度的各大重要聖地朝聖。仁波切從康區帶了一頂金色的帽子來，當他聽到火車正經過恆河時，就把帽子脫下來從火車的車窗拋進河裡。仁波切朝禮了菩提‧迦耶、瓦納那西（譯注：即佛陀初轉法輪的鹿野苑所在地）等朝聖地。在遊歷了所有的聖地之後，因為欽哲‧確吉‧羅卓去了拘尸那羅（Kushalnagar，譯注：佛陀圓寂之地）後，回到錫金就圓寂了，頂果‧欽哲就說：「在短期間內，我不會去拘尸那羅。」後來，在1985年達賴喇嘛於菩提‧迦耶給一大群人傳授了《時輪金剛》灌頂後，仁波切就去了拘尸那羅。

　　朝聖歸途中，仁波切路經尼泊爾，朝禮了那兒的所有重要聖地，然後去了卡

林邦和錫金，為欽哲‧確吉‧羅卓主持圓寂法會。幾經波折之後，仁波切終於拿到了必要的簽證，抵達錫金。他先在甘托克完成了法體的準備，然後和許多欽哲‧確吉‧羅卓的弟子去了札西汀，主持圓寂法會。他也承擔了將舍利奉祀在佛塔的大部分職責。仁波切想留在錫金一段較長的時間，好照顧確吉‧羅卓的寺院和弟子，但官方不准他延長簽證。

頂果‧欽哲曾做了一個夢，因而了解待在不丹將會對佛法和眾生有莫大助益。洛本索南‧桑波（Loppön Sonam Zangpo）和不丹當時的王太后朋措‧秋准（Puntsök Chödrön）幫助仁波切，讓他和另一位重要的寧瑪派上師堪布‧聰竹（Khenpo Tsondru）擔任西姆托卡宗的主要上師。白天時他在學校裡教書，傍晚和週末，則傳授許多法教，包括佛學的一些重要經論給很多人。

有一天晚上，他做了一個好夢，寫下了對大梵天（Mahadeva）的祈請，現在這祈請文被收錄在他的《全集》當中。幾天之後，王太后朋措‧秋准找他去。當他到達時，她問他：「當今國王的妻子、王后珂桑‧秋准‧旺秋（Kesang Chödrön Wangchuk）想要來這裡見你，如果她能和你建立法緣並對佛法產生較大的信心，將會有助於未來的不丹佛教，她能來這裡見你嗎？」仁波切答道：「我是個難民，一個失去祖國的人，待在這個國家時，任何人、不論尊卑，都能來見我。」王太后將這個訊息傳給了王后陛下。

兩星期後，王后珂桑‧秋准派了她的僕人來見頂果‧欽哲仁波切，讓他知道她即將來訪。當她到達時，陪同前來的是王儲，當今的不丹國王（譯注：於1972年即位，是不丹第四任國王，2006年12月傳位給其長子，當時的王后珂桑‧秋准現為太王太后），當時他還只是個小孩，穿著黃色的錦袍。頂果‧欽哲仁波切覺得這非

常吉利。在他們會晤時，王后珂桑・秋准對仁波切說明她所遇到的一些問題。幾天後，她又來了，接受了榮宗・班智達（Rongzom Pandita）的《蓮花空行》灌頂，仁波切告訴她說：「修這個法，你的問題就迎刃而解了。」

仁波切在不丹的學校教了約一年的書，然後又去了印度，在途中，曾待在卡林邦一段時間。這一次，仁波切的小女兒在她木蘇里的學校裡生了重病，被帶到勒克瑙的醫院。一聽到她生病的消息，仁波切就在他侍者雍登的陪同下，連坐了幾天的車子和火車，終於抵達勒克瑙。他們不知道仁波切的女兒住在哪家醫院，雍登只會說幾句印度話。他們從火車站搭了一輛人力三輪車，成功地叫車伕載他們到醫院去。神奇地，他們在午夜前找到了那家醫院。欽哲仁波切只剩一點時間，能給他女兒臨終的幾句精神指引。半小時後，他女兒就過世了。在去世前，她要仁波切造一尊蓮師像，但沒有一般蓮師像常見的鬍子，這算是她的遺願。後來欽哲仁波切在尼泊爾雪謙寺建造的那尊大蓮師像，就是沒有鬍子的，可說圓滿了他女兒的心願。

仁波切把他女兒的遺體帶到瓦拉納西火化。然後回到錫金，拜訪了人在隆德寺的噶瑪巴。噶瑪巴說：「每當任何與我有因緣的人們過世後，我總會在他們中陰時再見到他們。你女兒並沒有在不好的中陰裡，例如下三道之中；她已經解脫了。」自此仁波切就不再哀傷了。

不久後，仁波切自噶瑪巴接受了《噶舉密咒藏》和《教訣藏》。在卡林邦，仁波切會定期去拜訪敦珠法王，和他非常親近。他也拜訪了甘珠爾仁波切，從他那兒接受了《寧瑪十萬續》和所有達善・桑滇・林巴（Taksham Samten Lingpa）的伏藏法。

有一次當仁波切和欽哲・確吉・羅卓的侍者札西・南嘉待在菩提・迦耶時，敦珠法王的兒子聽列・諾布（Thinley Norbu）也和隨從來到。札西・南嘉後來告

圖二十三、頂果‧欽哲仁波切與宗薩‧欽哲仁波切。馬修‧李卡德攝

訴我說有一天傍晚頂果‧欽哲說他相信聽列‧諾布的兒子可能就是欽哲‧確吉‧羅卓的轉世。[261]幾年後，薩迦‧貢瑪也認證了這個男孩是欽哲‧確吉‧羅卓的轉世。在薩迦‧貢瑪認證後，仁波切重回錫金主持昇座大典。為了迎接這位祖古，仁波切到了錫金的札西札（Tashi Trak），在那兒見到了經不丹前來的這位祖古。他將這位被稱為宗薩‧欽哲的小祖古，抱在膝上，抵達了甘托克。在某個吉祥日，於王宮舉行了昇座大典時，頂果‧欽哲傳授了五圓滿的講解達四個多小時。

就在這位祖古認證與昇座後不久，仁波切便在安切寺傳給他《大寶伏藏》的全部灌頂與唸傳。在他結束口傳後，我的家人和我來到了錫金。他對我說：「我已鉅細靡遺地傳了《大寶伏藏》，全是為了宗薩‧欽哲的祖古。」這個口傳似乎比仁波切在克萊蒙鎮所傳的版本，要詳盡許多。

---

261 這是當代的宗薩‧欽哲，又名欽哲‧諾布，是一位知名的作者與電影導演，曾執導《高山上的世界盃》、《旅行者與魔術師》等片，並於2006年出版了第一本書《近乎佛教徒》（What Makes You Not a Buddhist）。

圖二十四、頂果・欽哲仁波切與祖古・秋吉・尼瑪、祖古・烏金、祖古・貝瑪・旺賈以及冉江仁波切在尼泊爾的納吉寺。馬修・李卡德攝

在傳授了灌頂與唸傳之後，仁波切在王宮奉祀欽哲・確吉・羅卓舍利的大殿裡，主持了《空行密集》的竹千法會，包括了聖法藥的前行。我也很幸運地參加了這場盛會。當時，欽哲・確吉・羅卓的轉世還很小，在竹千法會當中，他被侍者札西・南嘉帶著到處走動時，常可見到他戴著前世的帽子。我還記得頂果・欽哲和其他欽哲・確吉・羅卓的老弟子，見到這位小祖古而憶起他們的上師時，都會掉下淚來。

後來，在一次薈供時，康卓・才玲・秋准唱起了薈供歌，仁波切說：「我從未聽過任何比這個還要美妙的東西。」在確吉・羅卓的奉祀舍利跟前，頂果・欽哲傳授了一些重要的灌頂與唸傳。冉江仁波切也在那裡；那時他還非常小。仁波切在給任何人之前，會先將寶瓶裡的水和其他灌頂物給欽哲・確吉・羅卓的轉世，所以

圖二十五、頂果・欽哲仁波切與敦珠法王在法國的多荷冬。馬修・李卡德攝

冉江仁波切就嚷著說：「我們的大仁波切！先給我！」即使冉江仁波切拿了三次的甘露或長壽法藥，他還是說：「再給我！再給我！」

　　在灌頂後，仁波切造訪了印度的幾個地方。當仁波切回到不丹後，王后阿謝・珂桑・秋准已經幫仁波切在帕羅・基丘蓋了間房子，並供養他一輛吉普車。在王后阿謝・珂桑的資助下，仁波切於是造了一座當今世上無可比擬的蓮師像。如今在基丘的新蓮師殿裡，有四尊佛像：是蓮師、觀世音菩薩、上師霍索祛敵（譯注：蓮師的十二化身之一，霍、索指的是蒙古等外敵。）、和作明佛母。頂果・欽哲自己設計這些佛像、裝臟、並舉行開光。就我看來，要在這世上找到比這些更具有加持力的佛像，是蠻困難的。他也設計了大殿裡的繪畫，描繪了八大嘿嚕嘎，是本札・奇闊仁波切（Bumtrak Kyilkhor Rinpoche）所畫的，他是位傑出的畫家與隱士。

在帕羅的房子，是仁波切在逃離西藏後的第一個住所，他逐漸與不丹建立起深厚的因緣。有一天他坐在德千・秋林王宮裡的房間，和王后阿謝・珂桑交談。突然國王從後面的房間現身，問了一些問題：「你為什麼蓄長髮、有女人？你是伏藏師嗎？」

「我有一些法教，看來是伏藏法，但我不確定它們是否真實的或僅是幻相。」仁波切答說：「但當我把這些法教給我的根本上師們看時，他們都認為這些是真正的伏藏法，所以似乎我是個伏藏師。」

「如果你是伏藏師，就應該能閱讀黃卷，對吧？」

「如果是和我有業緣的，我就能讀出一些黃卷；但其他的就不行。」仁波切解釋道。

「在我的加持物盒子裡，有一些黃卷。」國王說道：「哪一天我給你看看；到時候我們就知道你是不是讀得出來！」

後來，仁波切在普那卡宗（Punakha Dzong）修了很多次蔣揚・欽哲・旺波的重取伏藏《勝樂金剛蓮花金剛》，並在本塘修了《八大教誡》的竹千法會。在這兩個地方，他都建造了供奉許多佛像的新壇城與佛寺。有時在修這些竹千法會時，國王也會到來，我聽說這些法會極其莊嚴，有很大的加持力，但我沒福份親自參加。

有一天當我父親和我待在甘托克的一間旅館時，接到了一封頂果・欽哲寫自王宮佛寺的信。這封信是有關仁波切新近的一個禪觀。他寫到在他完成了在尼泊爾傳授的《甘珠爾》唸傳之後，便去了南無・布達。當晚他做了一個混合了淨觀的夢，在夢中他去了一座大山的山頂。在頂峰他見到了雪謙・嘉察、雪謙・冉江、和雪謙・康楚，每個人都坐在椅子上。當他見到他們時，就知道他們歷經了極大的磨

難，並在中共佔領下的獄中圓寂了；但那天，彷彿在現實中親見他們般，他以詩偈的方式問了他們問題。

在這首詩中，他表示：「佛法已衰微，你們已被中國共產黨殺害，眾生的快樂已被摧毀！」以雪謙‧嘉察為首，他們非常震驚，異口同聲地答道：「要為眾生和佛法效勞！如此一來，會有極大的助益！我們合一的加持，會投生在你的家族血脈中，以化身佛來為佛法和眾生效勞，一如破曉的日出。現今的佛法將會逐漸興盛！不要擔心，也不可畏怯！」我父親和我讀了這封信好幾遍，然後將它送了回去。我還太年輕，沒想到要留下副本，不知道這封信是否還存在著。

在隆德寺雪謙‧冉江的轉世，由噶瑪巴和頂果‧欽哲和其他許多喇嘛主持了昇座。創古仁波切（Trangu Rinpcohe）講述了五圓滿，堪布‧秋札則闡述壇城的廣解。法會的隆重，一如昔日在西藏所舉辦的那般；這是我所見過最盛大與印象最深刻的法會。昇座後有一個酬謝的薈供和宴會，持續了三天。那年歲末時，頂果‧欽哲在不丹的德千‧秋林為了雪謙‧冉江，又傳授了一次《大寶伏藏》。這是為何我相信宗薩‧欽哲和雪謙‧冉江這兩位祖古，將來會弘傳《大寶伏藏》灌頂與唸傳的原因。

在六十一歲那年——這年紀一般認為充滿障礙——頂果‧欽哲整年都在閉關，修《密集長壽法》，這是由若那‧林巴所取出主修長壽的伏藏法。某個晚上他夢見好幾次，他的門牙都掉光了。仁波切心想：「這是個壞兆頭；掉了門牙是個徵兆，表示若非冉江仁波切就是王儲會有危險，但這應該比較像是針對王儲的。」他叫他的侍者準備《普巴金剛》的除障法，他修了好幾天，並向護法祈請了許多次。不久，王儲就發生了車禍，車裡的每個人幾乎都死了，唯獨王儲逃過一劫。

不管仁波切待在哪裡，總是日夜給他的弟子傳授灌頂和唸傳。仁波切經常待在札西・秋宗修法，這是不丹最大的宗（dzong）[262]（譯注：宗是不丹每一省的主寺與行政中心所在地，以傳統木工建造古色古香的城堡，或稱為宗堡），在修法時沒人能隨意走進去。因此，在吃完午餐時，仁波切有時會坐在院落外的椅子上，給尼師和在家居士傳法。幾天後，負責的大臣發現仁波切坐在外頭，便更改規矩，好讓仁波切的弟子也能進去裡面受法。頂果・欽哲也在他位於德千・秋林王宮的住處，傳了許多法。仁波切曾告訴我說：「我在不丹給了許多灌頂，收了許多的捐款。可能有超過十萬人受過湯東・賈波的長壽灌頂。」

在不丹仁波切最喜歡的地方是帕羅，他常在那裡的寺院修竹千法會。每年，連續二十六年，他都修廣軌的《巴千度巴》竹千法會，連修九天九夜，有時他也會穿上服飾，親身參與金剛舞。有一次年幼的宗薩・欽哲祖古開玩笑說：「現在我要跳頂果・欽哲風格的舞，只坐著雙腳都不動！」當時頂果・欽哲雙腳沒辦法行動自如，所以年輕的祖古以為仁波切的風格，就是坐著舞動雙臂而已。

有一天，這位年幼的祖古上廁所，站著小便。他的親教師就罵他說：「你不能站著小便！你是位喇嘛！」

「大仁波切也是站著尿尿！」小男孩回嘴道。頂果・欽哲總是極為慈愛與尊重地對待宗薩・欽哲的轉世。後來，即使他年紀太大且龐大的身軀讓他幾乎無法在菩提・迦耶的釋迦牟尼佛像前面鞠躬，每當他見到欽哲・確吉・羅卓的祖古，總是馬上撲倒行跪拜禮。

有一次在造訪尼泊爾時，他搭直昇機去南無・布達，在那裡修了菩薩誓願的

---

262 宗，藏文rdzongs；在不丹等同於寺院，宗是由政府管轄的。

盛大法會，並講述了詳盡的佛陀本生傳。在法會中，仁波切說道：「這是一個非常特別的地方。今日很幸運地能來到此地，但將來要再回來會有些困難。」之後，他似乎只有一次的機會重返那裡。

仁波切也去了札西炯幾次，在1973年，他在那裡傳授了《教訣藏》的灌頂與唸傳，以及其他許多法教。桑傑·年巴和宗薩·欽哲的轉世那次也都在場。前一世的康祖仁波切和整個札西炯地區的人，都和仁波切很親近。在大吉嶺，頂果·欽哲多次拜訪了甘珠爾仁波切的駐錫地，傳了許多法，主要是《寧瑪教傳》和傑尊·寧波（Jatson Nyingpo）的全部伏藏法，也有許多其他灌頂和唸傳。

仁波切也到比爾來拜訪我們，總共約有五次。在1973年，他幫我父親、第三世的秋久·林巴·貝瑪·久美主持了圓寂法會。他也造訪了比爾的所有寺院，開光與灌頂。他修了息災法，並給人們私人建言。因為他的仁慈，比爾的人每年持誦一千萬遍的六字大明咒和蓮師咒。有人供養他一塊地，讓他在那裡蓋房子，但從未興建。他把地給了宗薩·欽哲，後者在那裡蓋了宗薩佛學院。

在七十多歲時，仁波切有兩千名來自不丹的出家僧，在菩提·迦耶唸誦十萬遍的《普賢行願品》。從早上六點開始唸誦，直到晚上九點。仁波切在他的帳棚裡修早、晚課，白天就在菩提樹下唸誦。午餐後，他會傳授《普賢行願品》的釋論。那時，他的心情好得不得了。在晚上的最後一座後，他又會給他的弟子傳法。隔年，他唸誦了十萬遍的《菩薩過患懺悔文》；這個唸誦也叫做《三聚經》。他先前曾在菩提·迦耶供過幾次的十萬盞燈，在這兩次的唸誦期間，每天他也會再獻上無數燈供。

在1978年，仁波切受邀前往印度克萊蒙鎮的敏珠林寺，在那兒傳授《大寶伏藏》的灌頂給四十位或五十位的祖古，以及約七百名的僧眾、尼師、和在家人。這灌頂花了四個多月，唸傳則由多竹千仁波切（Dodrupchen Rinpoche）負責。當時我擔任事業金剛，有幾名其他助手，因而非常熟悉仁波切的每日作息。

他在凌晨三點起床，一起床後，就會修一次寶瓶氣，持氣很長的時間，可能有將近半小時，因為在他最後吐氣時會知道。然後他會服用許多聖物和法藥、長壽甘露丸之類的。他也會分一些甘露丸給在他面前的雪謙·冉江和貼身侍者服用。在開始每天的課誦時，他會從《無死聖度母心髓》和《敏珠林金剛薩埵》開始，每個法唸誦數千遍，並使用不同的念珠來修不同的儀軌。然後他會唸誦《金剛鎧甲》，之後就去大佛堂。

在《大寶伏藏》的口傳期間，他則唸誦蔣揚·欽哲·旺波的重取伏藏《三根本合修儀軌》，再來是《七品祈請文》和其他日修法。總之，仁波切的早課有一大函的法，等到他修完早課，就破曉了。

之後仁波切用早餐，不久就開始準備灌頂。每個灌頂，他會唸誦三百遍或更多的主咒，與超過一百遍的寶瓶誦。在完成當天的所有灌頂前行後，他會用午餐。灌頂在下午一點開始，持續到六點半或七點，有時則到晚上八點。在灌頂後的傍晚，他會修一座薈供當做結行，並唸誦許多祈願文。

回到他的房間後，他用晚餐，然後唸誦護法的廣軌祈請。祈請後，仁波切會傳授至少一小時的法教。記住，這不是只有一、兩天的事，而是持續好幾個月到灌頂結束。當我想到這點，似乎是其他人都望塵莫及的。然而他總是會在中間，找時間開玩笑或輕鬆一下。

在這一次灌頂期間，他舉辦了對寂護大師、蓮花生大士、和法王赤松德真

（即堪布、上師、與國王）與佛法傳入西藏的慶典，頗為詳盡。他也在龍欽巴尊者的紀念日舉行了盛大的法會；在這個法會當中，著名的寧瑪派堪布‧聰竹在所有喇嘛和參加灌頂者的面前侃侃而談。當講到彌勒菩薩的段落時，他當場倒下，就此圓寂了。

在克萊蒙鎮時，頂果‧欽哲接到了兩封達賴喇嘛來自達蘭莎拉的信，請求灌頂與法教。所以仁波切就去了達蘭莎拉，在達賴喇嘛的私宅裡，供養了一些灌頂。當他回來時，仁波切說供養一小時的法教給至尊達賴喇嘛，比供養數個月的灌頂給一千名僧人和祖古，對佛法的利益更大。

回到克萊蒙鎮時，他圓滿了《大寶伏藏》的口傳和一場《八大教誡》的竹千法會，包括了聖法藥的開光。在灌頂結束的酬謝法會上，宗諾仁波切（Dzongnor Rinpoche）獻上了廣大的供養。其他人紛紛獻上白色哈達並獻供，來表達敬意。這一次，仁波切讀了每位施主手寫的每個信封袋，說道：「他們對我做了供養，我應該要讀一讀。」

仁波切造訪了貝諾仁波切在邁索爾（Mysore）的南卓林寺（Namdroling Monastery）三次。他給了《四部心髓》、《龍欽心髓根本續》、《七寶藏論》和龍欽巴的《三休息》、《寧瑪教傳》、米滂仁波切的二十六函《全集》、巴楚仁波切的六函《全集》，以及其他許多灌頂和唸傳。貝諾仁波切對他極為尊敬，頂果‧欽哲也轉從貝諾仁波切處接受了一些灌頂。在1986年，完成了米滂仁波切《全集》的唸傳後，在《巴千》竹千法會結束前，貝諾仁波切在欽哲仁波切面前唸誦《燈供》時，放聲大哭。

頂果‧欽哲去過美國與歐洲幾次。他第一次到歐洲的主要目的地是法國，受祖古‧貝瑪‧旺賈的邀請前去，他也造訪了英國、丹麥、挪威、瑞典、和瑞士，後來受丘陽‧創巴仁波切的邀請，繼續前往美國和加拿大。頂果‧欽哲也去了東南亞幾次，幾乎見過了這世界的大部分地方。

在巴黎的艾菲爾鐵塔，他說：「建造這樣一座建築物的辛勞，沒啥用處。在西藏我們只會把這種辛苦，花在蓋佛塔或建寺上，對法教或眾生才有利益。」他也去了美國的紐約，一位翻譯告訴仁波切說：「這是全世界各國家開會，討論重大議題的地方！」但仁波切心想：「不管他們開會與否，他們所討論的東西，可能連一個字都不能如法——這是毫無意義的！」然後他唸誦了一個宏揚佛法的祈請文三次，是蔣貢‧康楚所寫的《無誤皈依》。

在西方延長旅行的時間，他從未中斷過藏曆初十與二十五日的薈供，但他的確曾中斷過二十九日的滿願還淨廣軌法會。為了懺悔，他用詩詞寫下了一個滿願還淨的儀軌，如今收錄在他的《全集》中。他在西方旅行時，也寫下了很多其他著作。

從他的話裡聽來，他似乎從未真正喜歡過這些旅行。有一次，在造訪了西方幾個月之後，我去德里迎接他回到亞洲。前一世的康祖仁波切也在那裡，他們談到了很多海外的國家。「當你在西方國家的時候，都做些什麼呢？」我問道。

「沒辦法做什麼重要的事，既非宗教性的，也不是政治性的。」仁波切回應說。然後他又補充道：「我給噶瑪‧聽列[263]傳了《知識寶藏》的唸傳，也見到了創巴仁波切，是非常好的。」

---

263 噶瑪‧聽列仁波切（Karma Thinley Rinpoche, 於1931年出生在東藏的囊謙）是歷代噶瑪巴上師噶瑪‧聽列祖古的第四世轉世。他在1959年隨著噶瑪巴一行人逃離西藏，成為印度帝洛普（Tilokpur）由貝迪夫人所創立的第一座噶舉尼師院的堪布。在1971年，他受邀前往加拿大，在多倫多建立了一處佛學中心，現在他不定期往返於多倫多中心、尼泊爾的尼師院、與囊謙的小寺院之間。

「西方有沒有好的修行者？」我問道。

「創巴仁波切的所有弟子都來獻上他們的體悟，一個接著一個，我也見了幾個似乎是已經證得本覺的人。」仁波切回答說：「創巴有很多的學生，他們很有紀律。他們用英語唱誦了《噶舉傳承祈請文》與護法的祈請。在禪修時，他們以毘盧七支坐坐了很長的時間。有些人可能知道怎麼禪修；有些可能只是假裝而已。祖古·貝瑪·旺賈的一些閉關者，也是真正的修行者。」

「你在西方愉快嗎？」我問道。

「一點也不！沒有佛堂可以參觀，沒有寺院，沒有剃度的僧團，也沒有佛法教證的講解與學習。和西方比起來，印度和尼泊爾好太多了；到了德里就像回到自己家鄉一樣。」

可是仁波切還是回到西方很多次。有一次我也跟著去當他的侍者。在法國，因為祖古·貝瑪·旺賈的仁慈，創建了一個三年的閉關中心，後來又設立了另一個。在這兩個地方，仁波切給了很多灌頂、唸傳、和口訣，這些閉關者也做得很好。

仁波切也在索甲仁波切和企美仁波切的英國佛法中心傳法。有一天，他在索甲仁波切的中心修了一個薈供，當唱到「列蒙·滇這」（Leymon Tendrel）的薈供曲時，很多弟子以現代的風格跳起舞來。我們全都笑了起來，但仁波切紋風未動。之後他評論道：「今日在海外有一些事情可體驗！在過去，當瑜伽士的覺受熾烈時，可以自由地穿越堅實的牆壁。也許今日這也可能發生！」

在另一次美國之行中，創巴仁波切帶領了數百名弟子到博德（Boulder）附近的機場迎接頂果·欽哲；車子的左右都插滿了旗幟。仁波切待在馬爾巴之家（Marpa House），傳授了一些灌頂和唸傳。此行最主要的法會，是為創巴仁波切

昇座為香巴拉國王，這在多傑宗（Dorje Dzong）莊嚴地舉行，盛況空前。創巴仁波切轉授頂果·欽哲香巴拉統帥的頭銜與徽章。他的每位侍者也都獲頒香巴拉軍隊的官階。當我們回到他的房間，欽哲仁波切說：「把我的徽章黏在我每日課誦本的包布上。」幾天後，這徽章就不見了。

後來圓滿宮的薩迦·貢瑪到博德去見頂果·欽哲，受了一些灌頂和唸傳。他們彼此展現了深厚的互敬。欽哲仁波切也去了洛磯山佛法中心（Rocky Mountain Dharma Center），坐著直昇機去，在那兒創巴仁波切和他的所有弟子都穿上了軍服。在洛磯山佛法中心，仁波切修了一些法。這幾次造訪的結果，是仁波切在西方有了為數眾多的弟子，其中有許多人閉了三年或更多年的關。

在頂果·欽哲仁波切的諸多大事當中，有一項是為欽哲·確吉·羅卓、第八世康祖仁波切東古·尼瑪、第三世秋久·林巴·貝瑪·久美、甘珠爾·龍欽·耶謝·多傑、和第十一世蘇曼·創巴·確吉·嘉措主持圓寂法會與荼毘大典。第二世宗薩·欽哲·圖登·確吉·嘉措、和第四世的涅瓊·秋林·久美·多傑、以及第九世康祖·謝竹·尼瑪主要由十六世噶瑪巴和薩迦·貢瑪認證，但在他們駐錫地的文誥、昇座、和復職，全都是由頂果·欽哲一手包辦。在康區、前藏、尼泊爾、和印度，他也認證和昇座了許多祖古。

祖古·貝瑪·旺賈是仁波切所有弟子當中最好的一位侍者，每次都陪他回到西藏，也跟著旅行海外各國並擔任口譯。祖古·貝瑪·旺賈和他自己的弟子，大力資助了仁波切在尼泊爾的寺院。他們也監督了頂果·欽哲仁波切在菩提·迦耶建寺計畫的工程。仁波切未完成的計畫，包括了在八大主要朝聖地

點：菩提·迦耶、王舍城（Rajgir，譯注：佛陀二轉法輪，宣講《法華經》之地）、鹿野苑（Sarnath，譯注：佛陀初轉法輪之地）、舍衛城（Sravasti，譯注：佛陀示現神通之地）、倫比尼（Lumbini，譯注：舊譯藍毘尼，佛陀出生之地）、吠舍離（Vaisali，譯注：佛陀成立比丘尼僧團之地）、拘尸那羅、僧伽施（Sankasya，譯注：佛陀自兜率天為母說法後降返人間之地）等各興建一座佛塔。仁波切在最後一次朝聖時，去了其中的幾個地點，並修了前行的開光法。菩提·迦耶的佛塔是仁波切在世時興建的，他也做了擦擦，為佛塔裝臟之用的小泥塑像。目前在王舍城、吠舍離、和鹿野苑的佛塔也都已經蓋好了。

楚璽仁波切和頂果·欽哲互為師徒，彼此極為尊重對方。只要頂果·欽哲一見到楚璽仁波切，就馬上行跪拜禮；只要一聽到楚璽仁波切的名字，就會用他的右手做出禮敬的手勢，雖然我從未見他合掌過。假如楚璽仁波切突如其來地出現在頂果·欽哲面前，我們沒有全體站起表示敬意，頂果·欽哲就會顯得不太高興。每當我們其中一人到了尼泊爾，而楚璽仁波切人在加德滿都谷地，頂果·欽哲的第一個問題總是：「你有沒有去問候楚璽仁波切？」楚璽仁波切也總是向頂果·欽哲獻上大批的供養，有無數的寶物，像是古老且價值不斐的佛像。我聽說有一次他甚至獻上了湯東·賈波所用的水杯。

頂果·欽哲在尼泊爾造訪了許多寺院，在1977年他搭直昇機到了楚璽仁波切的駐錫地，位於索魯孔布的圖登·秋林寺。在那兒傳授了《教訣藏》的灌頂和唸傳，以及許多其他法教。我沒那福氣隨他一道去，但後來我問他那裡怎麼樣，他回說：「我發現那裡好得不得了。寺院不是很大，但壇城的身、語、意代表物都很好，許多灌頂的法器也都很古老且珍貴。有許多弟子，包括清淨的出家僧和尼

師，全都是真正的修行者。他們化緣為生，但寺院的生計卻是繁榮的，所以無論在任何情況下，即使是小灌頂或集體修法，他們也會有盛大的薈供，包括幾百盞的燈供、食子等等。」

我很驚訝地聽到，有一次當廚師沒為頂果・欽哲準備上好的食物時，楚璽仁波切賞了他耳光。楚璽仁波切是一位極為溫和與謙遜的人，總是持戒謹嚴與小心謹慎。事實上我相信他並沒有生氣，只是因為他對上師的虔誠心如此強烈，才掌摑了那位廚師。

當頂果・欽哲想到要在尼泊爾建一座寺院的計畫時，要求達桑仁波切設法取得這塊計畫用地，但他取得的土地似乎不盡理想。後來，祖古・貝瑪・旺賈和我在一些捐款的幫助下，設法買到了一塊宗諾仁波切名下的土地。仁波切滿意這塊地，答應在那兒建寺，所以楚璽仁波切和他的一批僧人，在那塊用地上修了《吉祥淨戒法》。之後開始蓋起了建築物，但碰到很大的困難，因為勘測的問題使工程延宕許久。

在施工期間，我去了西藏，從宗薩寺帶回了一些聖物。為了增加加持物以利益許多眾生，我請求仁波切起修並贊助依《障礙俱除意成就法》所修的聖法藥竹千法會。因為尚未有蓋好的建築物，法會就在未來寺院所在之處的帳棚中舉行，這個竹千法會極為喜悅。仁波切從早到晚都參加了法會，每天都穿著上好的全新衣服。

這個地點搭起了幾座帳棚，以容納與會的大眾、壇城等。有天晚上，壇城的一些銀器不見了，在這個壇城簾幕的後頭，擺置了加持過的蓮師身代表物，叫做「古查」（kutsab）、蓮師的「代表」，和其他無價之寶，包括一些古董的佛像。

很幸運地，這些都沒有被拿走，一些丟掉的銀器被發現丟擲在帳棚的門口。很可能因為仁波切的加持，讓重要的壇城物件都安全無恙。我開玩笑地說這個賊應該曾是位菩薩。

傳統上在修《障礙俱除意成就法》的竹千法會時，要唱誦一遍《上師財神勾召財富法》。在預定的那天，下起了大雨、颳大風，結果很難待在帳棚裡，但仁波切說：「今天的雨是最吉祥的徵兆；在未來你們會變得非常富有！」的確如此；從那時起我就不曾真的窮過。

我們從比爾帶了所有的僧眾和舞蹈裝備過去，他們跳起了廣軌的金剛舞。仁波切說：「因為這個竹千法會是在我新駐錫地的第一場法會，暨隆重又完備，沒有任何障礙，所以未來這裡也能修許多竹千法會，不會有障礙。」

在竹千法會時，頂果・欽哲穿戴起如同蓮師般的服裝，戴上了秋久・林巴的法冠，拍了一張照片；這張照片在世界各地流傳。後來仁波切說：「讓這張照片拍下，是我這輩子最大的錯誤。現在每個來的人都人手一張，要我簽名或蓋手印加持；真是難堪！」

當仁波切七十三歲時，在雪謙・滇尼・達吉林舉行了另一場竹千法會，是仁波切自己的伏藏《蓮花長壽心髓》。楚璽仁波切被邀請來，但因為天氣不好，所有的飛機都停飛了，所以他一路從索魯孔布下山徒步走來。這個竹千法會修了備極隆重的薈供與供養。在修「增」的火供時，一個外國人載來了五車的金盞花；整個壇城都佈滿了花，所有的喇嘛和僧眾都得戴上花。仁波切自己的頭上也插了好幾朵，脖子、手臂等也都是花。楚璽仁波切也戴滿了花。仁波切重複說著：「很吉祥，很吉祥！」我相信這個外國人一定積聚了一大堆的福德。

在那些日子裡，我們全都擔心寺院的竣工會花太長的時間，因此有一天傍晚

仁波切為了早日完工，修了一個息災的火供。隔天早晨他告訴我說：「你不用擔心，寺院會蓋好，我也不會太早死，我能夠待下去給一些灌頂和唸傳。一點都不用擔心！」之後寺院的建築物很快就蓋好了。所有佛像的陀羅尼裝臟和開光大典，都由欽哲仁波切親自監工和執行。

逐漸有了一個許多僧眾的僧團，一所研讀佛學的佛學院也開始招生，為了初十大法會的密乘舞團也成立了。仁波切設立了每年修兩次竹千法會的傳統：是《敏珠林金剛薩埵》和《措千度巴》的兩個竹千法會，至今仍持續每年修法，未曾中斷過。

仁波切在雪謙寺傳了大量的灌頂和唸傳。他也邀請了天噶仁波切來傳授既存的《丹珠爾》唸傳，頂果‧欽哲自己也接受了此法。後來，達隆‧夏炯仁波切也被邀請來傳授《傑炯‧蔣巴‧炯內全集》和其他達隆‧噶舉法教的灌頂和唸傳。他也邀請了達隆‧哲珠仁波切（Taklung Tsetrul Rinpoche）來傳授《密意通澈》和寧瑪派多吉札傳承的其他灌頂和唸傳。貝諾仁波切也被請來傳授《多密意總集》的康區傳承全部口傳。

頂果‧欽哲、楚璽仁波切、宗薩‧欽哲和許多其他喇嘛以竹千法會，修了非常仔細的開光法。之後，楚璽仁波切和達隆‧哲珠仁波切給幾百人剃度，包括一些最重要的祖古。寺院每年的發展，都以驚人的速度進行著。這一切全歸功於仁波切的加持和他護法的佛行事業。仁波切的主要施主，不丹的國王，也曾受邀前來波達納斯的寺院。

在尼泊爾的噶寧‧謝竹林（Ka-Nying Shedrup Ling）寺院，仁波切傳授了《秋林新巖藏》和《四部心髓》的完整灌頂和唸傳。他也解說了《道次第智慧心

要口訣》和《幻網續》。有一天，在灌頂中間，有一個造好要給錫度仁波切的大法座，錫度仁波切也受邀去舉行紅寶冠法會並灌頂。當欽哲仁波切公開行三次大禮拜時，錫度仁波切坐得挺直，沒有任何的回應，為此很多寧瑪派弟子不太高興。頂果・欽哲非常尊敬錫度仁波切並說道：「蔣貢・錫度不只有一世是我的上師，而是生生世世。在故噶瑪巴之後，我在所有噶舉派的祖古當中，對蔣貢・錫度有最大的信心和期盼。」為了表明這點，頂果・欽哲還曾經去錫度仁波切的駐錫地智慧林（Sherab Ling）待了五天的時間，和他交談相處。在那兒時，他請求了為他私下舉行的紅寶冠法會，以及長壽灌頂。

在圓滿了噶寧・謝竹林的灌頂之後，頂果・欽哲發表了一場演說，我特別覺得這對我來說意義非凡。這場演說並不像仁波切慣常對大眾講話的方式，反而他說：「不久快樂的太陽又將在西藏昇起，恢復佛法的三輪！弘傳佛法，讓其昌盛！」果不其然，自從文化大革命被斬斷與世界其他地區的聯繫之後，很快地有可能首度重返西藏了。

頂果・欽哲返回西藏三次。第一次是經由香港到中國，事實上是中共政府資助了這次的行程。這次旅途中，他造訪了拉薩、敏珠林、才仁炯、桑耶、札什・倫布（Tashi Lhunpo）、色拉寺、哲蚌寺（Drepung）、雪謙寺、和卓千寺。在這些地方，他都給了一些灌頂和唸傳。所到之處，都做了密集的發願，並圓滿了成千上萬人們的希望與心願。在離開前，他對他們說將會一再相會。

兩年後，他又回去了，在雪謙待了一段時間。他晝夜傳法、給灌頂和唸傳；也修了幾次的竹千法會。他造訪了德格・更慶，並為位於秋卓・千莫（Chodzo Chenmo）的印經院開光，在那兒他承諾要資助興建一座巨大的釋迦牟尼佛像。

然後仁波切去了宗薩寺，在那兒傳授灌頂和唸傳。這一次出現了許多奇妙的徵兆，在空中有各式各樣的彩虹等等，中共政府指派的忠誠共產黨員侍衛也見到了這景象，結果連他們也對佛教產生了信心。在雪謙寺，仁波切建立了一所研讀佛學的佛學院和一間閉關中心。因此他的佛行事業和行為，即便是在新近重新開放的西藏，也是令人讚嘆與廣大的。

他的第三次、也是最後一次重返西藏，是在1990年。那時他為新近整建的桑耶寺大殿舉行開光大典。在拉薩的佛寺，他做了龐大的供養。他也參觀了瑞廷寺（Reting）；我自己沒在場，但人們都說甘露從佛像並沿著壁畫流了出來，且降下了一陣花雨，彩虹和其他奇妙徵兆也出現了。

就我所知，這一切可能是從西藏得以開放、重建寺院與修復聖地的那一刻起，頂果・欽哲便花了不可思議的力氣在西藏重新弘傳佛法。仁波切一再要求他遍及全西藏、康區、印度、尼泊爾和其他地區的所有喇嘛、祖古、和喇嘛弟子們，要盡其所能在西藏傳佈佛法、興建新的寺院、建立僧團、並傳遞法教與灌頂。他也與中共政府協商重建桑耶、敏珠林、多吉札、才仁炯、雪謙、卓千、噶陀、白玉、甘丹、色拉、哲蚌、薩迦、那塘（Nartang）和其他地方的寺院。他將一半的收入用於重建這些寺院，與推展佛教修行上。為此他承擔起極大的責任來重建這些寺院，毫無教派或宗派的分野，他也為藏傳佛教四大教派的弘傳修了很多法。我們可以說，西藏大多數寺院的重建，從桑耶寺開始，都是因為他的加持之故。

達賴喇嘛從頂果・欽哲接受了許多口傳，並數度邀請他到達蘭莎拉。這些拜會的期間，從兩星期到一個月不等，仁波切傳授達賴喇嘛眾多的灌頂與唸傳，包括《龍欽心髓三根本》、《密意總集經》、三個主要的《八大教誡》、和《幻化網文

武百尊》。他傳給達賴喇嘛的法教，包括了《智慧上師》的大圓滿導引指南；和下列的《幻網續》的釋論：龍欽巴的《十方暗除》、榮宗‧班智達的《三寶釋》、敏林‧洛千‧達瑪師利的《祕密主密意莊嚴論》和《祕密主言教》、東杜‧滇貝‧尼瑪的《總論》、以及米滂仁波切的《幻網續總義：明光心要》。仁波切也教了《解脫莊嚴寶論》和一些其他我不知情的法教。

在這些期間，達賴喇嘛每天都會供養仁波切某些極珍貴的東西，像是金幣或一些白銀。達賴喇嘛是西藏政教合一的最高喇嘛，但他在受法時，總是仍坐得比頂果‧欽哲低，在灌頂前也會向頂果‧欽哲行大禮拜來表示最高的敬意與謙遜。當達賴喇嘛在菩提‧迦耶傳《時輪金剛》的灌頂時，頂果‧欽哲也到那兒去受法。而且，在達蘭莎拉仁波切也接受了五世達賴喇嘛《八大教誡》的廣軌灌頂。

在頂果‧欽哲所有充滿啟發與為數眾多的佛行事業當中，最主要的佛行事業是他的修行與閉關。他總共閉了將近二十年的關，除此之外，他在日修上也極為精進。他從不浪費任何一刻，他的念珠也總是不離手；事實上當他在小解時，也還是繼續用念珠持咒。對他的弟子，仁波切總是一再強調個人的修行是最重要的事。

他第二項最重要的佛行事業是學習。他極為精通五明，是位偉大的班智達。在實修傳承的八大法乘中，幾乎沒有一項灌頂或法教是仁波切不曾接受過的。他有超過五十位根本上師，從他們那兒接受了口傳。縱使到老年，他仍向擁有他不曾受法傳承的任何人請法，有時甚至開始新的學習。常聽他說：「我自己不博學，但我喜歡別人博學的事實。」

他的第三項重要佛行事業，是為了別人的福祉而傳法、建寺、印經等等。他終生都在傳授灌頂與唸傳給任何請法的人。假如有人來請法，他甚至會從床上爬起

來教導他們。做為侍者的我們，會很氣那些深夜才來的人，但仁波切說：「這是我的責任；我要教他們！」

幾乎沒有哪一天，他不是在給一些灌頂、或教導幾回的密續或口訣的。哪怕只為了利益兩個人，他也會仔細解說《幻網續》或《智慧上師》；甚至為了某個謙虛的尼師，他也會給整函的唸傳。在閉嚴關時，他晝夜不說一句日常的閒話，但在一天內會持續傳法兩、三次。頂果‧欽哲在討論佛法時，無論花上多少小時，也從不會感到疲倦或厭倦，但當談話轉向世俗或政治性的話題時，他就會打瞌睡，即使別人還在繼續討論著。

毫無疑問地，頂果‧欽哲對他人的主要利益是在傳法上。再也沒有比宣說佛法更能獲得較大的利益或福德了。當有朝一日無人傳法時，屆時佛教就會在這世界上消失了。

仁波切承擔了興建五座佛寺的責任，同時負責設計與監工。我們很難計算出他所造的身、語、意代表物。他的首要工作是傳佈證悟之語的代表物，可能印製了達上千冊的不同典籍。他也做了許多大廣供，像是藏曆初十與二十五的薈供。不管他到哪裡，都會對佛寺供養，毫無教派的分別。除了衣食的開銷之外，我沒見過他花費任何金錢在世俗的東西上；他的所有款項全都用做佛法的用途。即便世界上最有錢、最重要的人物，也不會把他們的錢花得這麼慷慨與珍貴。

仁波切對所有人都一視同仁：假如一位國王或大臣邀請他，他就去他們的家裡；假如窮人邀請他，他也會去。當開車到某個地方時，他甚至會唱誦六字大明咒或佛號，好讓沿路的牛隻可以聽到。當某人來看他時，不管地位尊卑，他從不會讓他們等候，而是馬上就見客。雖然他對任何人都平等以待，在他心裡卻很清楚

知道對方的實際感受。某人對他是否有信心，也無所謂。他常說：「無論任何人來見我，不管是達官顯要或是一名乞丐，他們總是抱著能獲得某些利益的心理而來的，所以不要阻止他們來見我；我會盡力幫助他們！」後來，因為他的年紀與健康因素，他的侍者阻止了訪客潮，但他對此並不高興。

頂果・欽哲從不曾說出有關他成就的任何隻字片語，我也不曾在他的著作裡看過任何的相關文字。有好幾年我有很多時間待在他身邊，毫無疑問地，他了知別人心理的他心通是完全無礙的；他的智慧遍知一切。這百分之百是真的：你做了什麼，孰好孰壞，都沒辦法藏住祕密或瞞著他。某人，好比是我，做盡了壞事，跟他相處時就越來越害怕。如果有人做錯了，仁波切從不會當面指出，也不罵人；雖然他都知道是怎麼回事，但就是完全不受干擾。

但這也不是你就能單純和仁波切做朋友，變得親密。不像一般的友誼會隨著時日而變得容易、熟稔，從不覺得難堪；跟他在一起，年復一年只會覺得越來越害怕，到最後幾乎是被嚇呆了。沒人知道他在想些什麼或真正的感覺是什麼；沒人知道他對某人是不悅或欣喜。他總是聆聽與隨順，事關緊要時就依他的智慧而行。不過，有時若他的心願沒被付諸實行，或是我們試著違背他的心意或說服他採用其他方式，那麼障礙就會隨之而起，不然就是手邊的某個工作會變得無法完成。

在他不良於行之前，仁波切都會繞行；在卡林邦他甚至走路進城好幾次。他常從楚璽仁波切的地方徒步行走。後來他只要走一點點路就會痛，所以就只坐在他睡覺的地方。他說他的腳有問題，但這世界上的所有醫生都說他只是體重過重，使他雙腳無法負荷。

經年累月，我注意到他的儀態和行為有所變化。我年輕時，在早上一起床後，他就會馬上梳洗頭髮、優雅地穿上他的法袍，通常是錦緞做的袍服，然後坐下來唸誦他的日課。但在1980年，仁波切在朋措林閉了四個月的關，之後他就穿得越來越簡便。我相信有個授記說欽哲‧確吉‧羅卓在他的晚年，應當要裸身、穿戴骨飾，像嘿嚕嘎一樣，為了要有個吉祥的緣起，所以我們的欽哲仁波切大部分的時間是裸露上身、戴著兩串小骨飾的，為此他說：「這是我的瑜伽士裝扮。」

當人們為他拍照或攝影時，他依舊是腰上絲毫不掛。有一次當某位顯要來拜訪時，雪謙‧冉江試著幫仁波切的胸口披上一件上衣，但仁波切只是又把它取下。在他最後一次訪問西藏時，成千上萬的人們沿路等候著要歡迎他，其中有傳統迎賓的僧眾隊伍和穿著正式服裝的數百名騎士；但仁波切仍是赤裸胸膛走過迎賓隊伍。他也光著胸脯造訪了卓千寺、雪謙寺、白玉寺、和噶陀寺，不管緯度多高、氣候多冷，當我們問他要不要穿上上衣或披上披巾時，他答說：「除非你們閉嘴，不然我也要脫下裙子！」

頂果‧欽哲總是戴著一串有天珠的項鍊和其他飾物。其中的一、兩樣飾物，是來自蓮師和伊喜‧措嘉，這是蔣揚‧欽哲‧旺波取出的伏藏物，有一些則是米滂仁波切加持過的寶石；也有一些是得自他根本上師念珠的珠子。早先仁波切戴著一串珍珠長項鍊，說這有助於抵抗疾病，但後來他就不戴了。在他的手上，戴著兩只純金的戒指，一個有金剛杵、另一個有鈴，他從未取下來過。他也戴著一只鑽戒，是不丹的王太后送的。他說：「這是最有名的寶石，因此也是最好的莊嚴；這也有助於抵抗疾病。」

假如去到某地，即使只有幾天的時間，仁波切也總是要帶著至少二十或三十函的書，以及一隻金剛橛和幾尊佛像。在他掛在脖子上的一個小金盒裡，是畫在米

滂仁波切一片顱骨上的文殊菩薩，和其他特殊的舍利。後來他也保存了一尊印度製的文殊菩薩小銅像，是米滂仁波切做為自己修法所依物的佛像。這尊珍貴的塑像是最近在康區獻給仁波切的。仁波切也從不剪指甲。事實上，他曾說過：「剪指甲有害金剛乘的誓戒。」

不管仁波切多忙，每天他都會唸誦一整函的日修儀軌。在這函儀軌中，也有許多照片；最上面是他的上師法照，然後是他的弟子和施主或往生者和請求他保護的人。在晚上，他又會唸誦繁多的護法祈請。當他在法國眼睛開刀的療養期間，沒辦法閱讀；就讓他的其中一位侍者大聲唸誦他的日課，同時仁波切用背誦的。

雖然仁波切是位偉大的伏藏師，與巖藏所建立的良緣並沒有太深厚。他有現今尚存的五函伏藏法，和灌頂、口傳與教授的傳承。在文化大革命期間，有一些仁波切的伏藏法在西藏湮沒了。他最重要的伏藏法是《涅普巴》和有關無量壽佛的《蓮花長壽心髓》。他從未顯出對授記的任何喜愛。

在1990年，仁波切去了菩提‧迦耶，在那裡脖子出了一些問題。幾天後，達賴喇嘛來了並接受一些灌頂。仁波切的弟子們修了很多的息災法，仁波切有些微的好轉。達賴喇嘛請他前往達蘭莎拉，所以在菩提‧迦耶之後，他就馬上去了達蘭莎拉。在達蘭莎拉獻給達賴喇嘛灌頂時，仁波切的病情兩次復發，都是在晚間。然後仁波切回到了尼泊爾，慶祝藏曆的新年。在新年時，他想要重返西藏，但因健康的緣故這個計畫被迫取消，轉而前往帕羅的薩參‧秋登國王小屋閉關。

有一天晚上仁波切在去上廁所的途中摔倒了，得做一個腿部的小手術，因為

捧倒衍生的併發症;即便是他待在醫院的時間,他也仍舊閉嚴關,暨不說話、也不見訪客。在他康復後,我去不丹見他,發現他的外貌和行為,已不似他先前般的威嚴。不過他仍舊持續給灌頂和唸傳。

在我最後一次見他時,他給了我一些之前從未傳過的不共口傳。他結束了閉關,修了火供和十萬遍的薈供法。然後去了廷布,在那兒為大佛塔開光,並在希溪楠(Sisinang)的尼師院待了幾天。接著他去了卡林邦,在那兒給已經年過九十歲的王太后母親,一些長壽灌頂。王太后安排了一架直昇機好讓仁波切可以直接到達卡林邦。之後他搭了直昇機從卡林邦到哈希瑪拉(Hashimara),因為他堅持要前往朋措林,好見他的老侍者竹托(Druptop)一面,並給他最後的精神指引,竹托幫他看管在朋措林的房子將近二十年之久。接著仁波切搭車到帕羅,在帕羅・基丘的上師殿(Guru Temple)主修了第二十六屆《巴千度巴》的年度竹千法會。

在竹千法會第一天的傍晚,他生起了重病。楚璽仁波切被從尼泊爾請來,很快就到了。楚璽仁波切修了詳細的法會,請他住世,但還是沒用。頂果・欽哲也給自己修了完整的長壽灌頂,將寶瓶、金剛杵、和水晶放到自己的頭上。在藏曆十八日,他被送往醫院,晚上就圓寂了。

不丹政府為他的法體,舉行了一場官方的盛大供養法會。許多仁波切的喇嘛弟子,以敏林・赤欽為首,紛紛前來向他致敬,還有許多其他信眾也來了。他的法體保留在不丹數個月後,轉往尼泊爾,在那兒受到成千上萬人們擠在通往他波達納斯寺院的路上,夾道迎接,西藏的五個教派和一些尼泊爾的佛教團體,舉辦了追悼法會。幾個月之後,法體回到不丹,在薩參・秋登舉行荼毘大典,有六萬名的信眾參加,是不丹總人口的十分之一。

15.〈逃過叢山峻嶺〉

堪布貝瑪・謝拉

堪布貝瑪・謝拉擔任欽哲仁波切的侍者約十年。他現在是貝諾仁波切位於印度拜拉古比（Bylakuppe）南卓林佛學院的主要堪布。

我差不多是在十八歲那年成為頂果・欽哲的侍者，跟他在一起直到我約二十七歲。在我剃度出家前，曾到拉薩去朝聖。當漢人的問題在德格迸發時，頂果・欽哲去了拉薩，在那兒待了幾年。仁波切有一位從囊謙（Nangchen）來的侍者，想要回老家去，就問我能否替代他。那時我沒讀過書，只知道如何識字而已。

在拉薩時，仁波切幫生病的人修法與遷識，幫助了很多人。高官與窮人的家裡他都去；如果他們不知道他的姓名，通常都叫他做「高個兒喇嘛」。後來欽哲仁波切去了所有主要的朝聖地點，並在每個地方修法。

在1956年他回到拉薩，在乃朗・巴沃仁波切的寺院待了一年。他的妻子和兩位女兒也都在那兒，還有他的帳房、哈瓦祖古（Hawa Tulku）、本塘來的祖古・努登和我。他傳授了四個多月《幻網續》的法教；他在拉薩已經傳過了這個灌頂。早上他會自己修行，午餐過後就教授《幻網續》直到三點鐘左右；接著有個發問的時間。當時巴沃仁波切在閉關，我不知道他們何時認識的，但他們非常親近，巴沃仁波切送給仁波切任何他所需要的東西。後來仁波切的兄長謝竹病倒了，所以仁波切得到拉薩去。

在回拉薩的途中，謝竹圓寂了。當時並沒有太多的車子，我們得騎著馬去。謝竹是位具足戒的比丘，安住在稱做「圖當」（tukdam）的死後禪定狀態中一天；然後我們把法體帶往乃朗舉行茶毘。

在主持了茶毘之後，欽哲仁波切去了祖普寺。雪謙‧康楚人也在祖普寺。我們在那兒待了約一個月，一路從祖普寺回到拉薩，仁波切經過乃朗寺和敏珠林寺。然後他又回到了祖普寺，年巴仁波切正在那兒。嘉察仁波切傳授了許多灌頂，包括噶瑪‧林巴盛大的《文武百尊》灌頂。

那年夏天，在祖普寺上方建造了一座大佛塔，是由年巴仁波切、欽哲仁波切、八蚌‧阿楚（Palpung Atrul）、昂堅祖古、和金剛上師，約莫十五人合力蓋好的。有三個月的時間，他們待在帳棚裡修《無垢頂髻》和《清淨光》壇城法。之後他們在寺院附近準備蓋另一座佛塔，並在那兒待了一個月。堪布‧噶瑪‧聽列也在那兒。

然後仁波切花了約三個月的時間，在祖普寺傳授一些大灌頂，包括了《秋林新巖藏》和《幻化網》。那年冬天他在祖普寺閉關。白天時依照蔣貢‧康楚的釋論，給約十三個人傳授《道次第智慧心要口訣》的詳盡教授。後來有位來自熱貢的修行者，請求了《阿底瑜伽》的教授，所以仁波切就傳給他《上師精髓》。

在1958年拉薩的傳召大法會時，達賴喇嘛修祈請時，中共製造了一堆問題。約在那時，欽哲仁波切的姊姊過世了，他為此去了拉薩；那是正月二十四日，相當西曆的二月份。當時我請了一個月的假，要在覺沃像前修供曼達。雪謙‧康楚從康區來了，也在覺沃像前修供曼達。仁波切和雪謙‧康楚非常親近，常彼此探訪。仁波切已經在拉薩待了兩年，每天都會去看覺沃像，並供曼達。有一次，在納波的贊助下，他修了十萬遍的薈供。當敏珠林的淳仁波切在1956年來到拉薩時，他們也修了十萬遍的薈供。

仁波切從雪謙‧康楚處接受了《水晶洞年譜》[264]的唸傳，他的禪觀不是那麼

264《水晶洞蓮花遺教》，藏文pad ma bka' thang shel brag ma；是由烏金‧林巴在雅隆的水晶洞所取出的蓮師傳，故以此得名。

妙。我們約有十五人跟他一起受法。傍晚時，他會教授六瑜伽，當他在讀誦時，天色變黑了，所以必須點燈唸。當女主人進來時，會說：「喔，天黑了，你什麼也看不見！」那時他就會停止教授。

當仁波切為多吉札寺的仁津・企美（Rizgin Chimey）傳授《功德藏》的本續與釋論教授時，和中共相關的情勢變得相當緊張。從多吉札來的秋桑拉（Chozangla），後來在措貝瑪成為夏炯的親教師，現今已經過世了，請求了一些詩詞的法教。有時候仁波切會去一般人家家裡修法。有一次他在大昭寺的蓮師像前修薈供時，達賴喇嘛來了；那是他第一次和達賴喇嘛交談。後來仁波切在羅布林卡的《時輪金剛》灌頂期間，見了達賴喇嘛，這場灌頂超過十萬人次參加，其中包括了桑傑・年巴和雪謙・康楚。現場有大喇叭讓每個人都能聽到；我們坐在草地上喝茶，那真是一段美好的時光。

然後仁波切去了祖普寺，不久，拉薩就開戰了，局勢變得十分危急。我待在仁津・多傑母親的房子裡，有天早晨外頭出現了大批暴動。人們高喊著中共反對達賴喇嘛，到處都張貼了反中共的海報。在大昭寺附近的商店，全都大門深鎖。下午三點鐘，有些人回來說一位政府官員的兄弟，坐在吉普車上被亂石砸斃了，群眾開始向他的漢人司機丟擲石塊。我接到一封來自仁波切的信，要我到祖普寺去。我很害怕地張羅行程並買了一匹馬，幸運地是在前往祖普的路上，中共並沒有攔阻我。

當我抵達時，一大群人正在接受噶瑪巴的長壽灌頂。他舉行了黑冠法會，並給了許多加持。噶瑪巴說他準備要去不丹朝聖，希望我們安好無恙。當晚午夜時分，他就悄悄離去了，無人知曉。我們決定也要離開，但沒有任何馬匹、犛牛和東西，所以就向祖普寺的院方求助。他們借給了桑傑・年巴和頂果・欽哲五十匹馬和犛牛；但這些馬、牛全在山區放牧，要花三天的時間才能集結起來，所以我們等了四天、非常害怕。同一時間，拉薩已被中共佔領，達賴喇嘛也逃亡了。

當我們終於離開時，並沒有路經拉薩，而是走祖普寺上方的山路。在某個地點時，不讓我們搭渡輪過河。隔天仁津‧多傑來了，他幫康巴的游擊隊工作，所以介入調停，馬上就讓我們搭上了渡輪。

後來我們抵達薩迦寺，我們並沒有進入寺院，但人們跑來見仁波切，請示占卜和開光的事情。然後我們越過下一座山的隘口，花了約七天繞著湖走。很幸運地，沒碰上任何的中共，當晚就抵達了拉隆。犛牛都累壞了，再也走不動了，所以我們休息了幾天。所有的東西都堆放在拉隆‧孫楚（Lhalung Sungtrul）的寺院，有一些西藏軍人來到，說中共贏了，所以我們怕得不得了。仁波切的東西大多是書籍和佛像，於是我們就把所有東西都留在那裡，在夜間繼續穿越下一個叫做竹拉的隘口。之後到了仲措‧貝瑪林（Drumtso Pemaling），那裡有另一個大湖。中共的動亂越演越烈，我們很緊張，沿著泥濘的山路、攀過搖晃的小橋，繼續艱困的旅程。渾身到處是水蛭，沒有別的東西只有糌粑可吃。

到最後，我們抵達不丹邊境，但不丹人不讓我們入境。我們只得待在邊境、不丹的轄區內，一個多月的時間。我們其中一部份人回到拉隆去取更多的糌粑，和一些書籍、佛像、與珍貴的舍利盒。拉隆寺給了我們五隻犛牛載運所有的東西，總共花了三天的時間來回。彭諾仁波切在拉隆留了很多東西，我在那兒也見到了堪布卡塔（Khenpo Karthar），他說有些中共將僧眾、在家人和婦女的藏服給了漢人。在一個小村莊，有些人在碾製炒過的青稞，說我們可以在隔天傍晚抵達邊境。所以我們在那兒過夜，冷得不得了。隔天早晨繼續趕路，到某個地方時，我的同伴嚇得手足無措，以為中共追來了。我們躲在岩石堆裡，但當我們一看時，那不是中共而是村裡的牛隻；所有的村民也逃了。

那天下午有個人告訴我們，隔壁村莊是個廢墟，除了約有十名共軍之外。任

何西藏人經過那裡，都會被抓起來、殺死，他要我們晚上再走。我請他帶了一些書，其中有頂果·欽哲的《無量壽佛》長壽法和許多其他心意伏藏，並給了他一大筆錢。他在半夜時分回來，指示我們走一條村邊的路。村子的下方是一條河，我們得靠橋過河；天氣凍寒、還下起雪來。我因怕被中共射殺而嚇壞了。雪連續下了三天三夜，我們不能生火煮茶，因為中共會看到煙。根本沒地方可以好好地休息，只有岩石讓我們在白天裡藏身。當月亮昇起時，我們就繼續趕路。有一次我睡著了，當我醒來時，天色已亮，我嚇壞了。在到達隘口之前，這個隘口正好在不丹邊界之前，死了很多犛牛，雪下得太大讓我們甚至看不到牠們的屍體。四處裡見不到一個西藏人；每個人都逃走了。我們倚縮在一棵樹下，煮了一些茶，度過了那晚。

隔天早晨我們終於到達了邊界。前一天不丹人已經讓仁波切進入不丹了，所以我們也得以入境。不丹人很好，給了我們糌粑和米。一位老婦人給了我們每人一些湯。我有差不多五公斤的糌粑，把這些糌粑放到馬上。耶謝·才巴（Yeshe Tsepa）、噶瑪·楚欽、仁津·多傑、玉仲、和確吉·羅卓的侍者卡才拉（Katsela）全都跟著我們。有一天我們將要用午餐時，我發現我的糌粑全都不見了；顯然是有人把它全吃光了。我們在本塘住了一天，在那兒通薩寺的僧眾給了我們每人一些糌粑，不丹的在家人也給了我們米和食物。

噶瑪巴在前往錫金之前，在本塘的札西·秋林做了短暫的停留。仁波切和他的兄長桑傑·年巴、他們的親戚札嘎、索托（Sotop）、企美·雍東（Chimey Yungdrung）和他的母親與一位姊妹在一起。天噶仁波切也和我們一道，一行約有三十人。我們經過了本塘，在某個村莊有戶人家贊助了在塔巴林（Tharpaling）所修的十萬遍薈供，於是仁波切便去了塔巴林一星期。有人告訴我們不能待在本塘，所以很多人都往下前往哈地（Ha），那裡非常炎熱。我們去了旺杜·頗章

（Wangdu Podrang）。每天都有越來越多的人逃離中共，來到邊境。我們緩慢地前進，在通薩宗待了幾天，在那兒欽哲仁波切傳授了《時輪金剛》的灌頂給一些僧人。從那兒我們繼續旅程，到了西姆托卡的下方，在那兒待了兩天。

因為我們沒有帳棚，只得露宿在外，仁波切在廷布感冒了，這是他第一次在旅途中生病。有個從果久（Gojo）來的人，有台收音機，我們從德里發出的印度新聞中聽到欽哲・確吉・羅卓在錫金圓寂的消息。在廷布有個小市集，有些西藏人在那兒賣東西，諸如肥皂、火柴和乳酪之類的。除此之外，什麼都沒有，只有一間小寺院。有太多的水蛭了，讓噶瑪・楚欽無法行走。當抵達佳甲宗（Kyabja Dzong）時，因為年巴仁波切也微恙，我們便休息了兩星期。不丹人好心地給我們糌粑和米，所以我們不需要買什麼東西。常常下雨，有天晚上有戶人家讓我們過夜；他們甚至給仁波切一個床墊睡覺。到處都有小偷，當晚有些東西被偷了。

我們繼續走著，經過了茂密的森林，伴著無盡的雨水、泥巴和遍地的水蛭。夜晚降臨時，我們到了一處叫做達拉（Dala）的村子，我們全部的人都被雨水浸得渾身濕透了；那時候仁波切瘦骨嶙峋的，我們也被昆蟲咬得遍體鱗傷。

當我們繼續朝朋措林前進時，遇到了仁波切的外甥女揚嘎（Yanga）和她的丈夫圖嘎；那是我們在西藏分道揚鑣之後，首度見到他們。仁波切說他想要去卡林邦，敦珠法王在那兒買了間房子。他們在回到拉薩時碰過面，在那兒敦珠法王傳給仁波切一個《忿怒金剛》的灌頂，仁波切則給了敦珠法王一個他長壽心意伏藏的灌頂。那時敦珠法王就告訴仁波切可以待在他的房子裡。所以仁波切就在無人知曉的情況下，去了卡林邦。

我們沒有簽證，所以花了一天的時間辦簽證；而且沒辦法拿到配給，因為沒

有符合的文件。仁波切受邀住在卡林邦的銅色山。我很驚訝地看到汽車、火車這一切，到處發出惡臭。我生了重病；但仁波切安然無恙。我們在晚間到達了銅色山；仁波切又是一身濕答答的。

當時銅色山的規模還很小；頂果・欽哲住在辦公室裡，侍者們則住在隔壁。達隆・哲珠仁波切來請《幻網續》的法教，花了將近一個月傳授。最後仁波切在市場裡租了個房子，住了幾個月。然後仁波切受邀待在度綽・拉康（Durtro Lhakang），在那兒住下，直到他去錫金傳授《大寶伏藏》為止。

有一次仁波切得到合法的許可，前往甘托克去見王宮中的宗薩・欽哲法體，那年冬天他主持了荼毘法會。當時噶瑪巴正在隆德寺傳授《教訣藏》。然後仁波切在度綽・拉康傳授了《四部心髓》和《龍欽心髓根本續》。

在1963年，敦珠法王在卡林邦傳授《大寶伏藏》。當仁波切受格隆・貝瑪・多傑（Gelong Pema Dorje）之邀，前往本塘的尼瑪隆（Nyimalung）時，我問我是否可以留下來，接受敦珠法王的《大寶伏藏》。同時創巴仁波切也去了西方，留下他的僧人雍登在那兒沒有工作，所以雍登就問仁波切妻子他能否成為仁波切的侍者。當我回去時，她告訴我說他們不需要太多的侍者，所以我就去了巴薩塢（Baxaul）。

之後仁波切去了不丹，王太后正待在廷布。他們不讓仁波切去尼瑪隆，邀請仁波切的格隆・貝瑪・多傑也生了病，沒辦法出門。據說在德千・頗章有惡魔，所以請仁波切去那兒閉關，他閉了一年的關。

我待在印度的巴薩塢（Baxaul），那年夏天去了不丹。我得走大半的路到希溪楠，在那兒不丹人讓我留宿，並給我食物。隔天我到了仁波切所在的西姆托卡

宗；堪布·聰竹也在那兒。我在那兒待了六個月，在那期間仁波切傳授了《妙明善釋》給約兩百五十個人——有一百二十五位弟子、一百位在家居士、和二十五位僧人。堪布·聰竹傳法給僧眾，洛本貝瑪拉傳法給在家居士。除此之外，仁波切並沒有太多事情做。有位喇嘛叫做傑·堪布·辛普·喇嘛（Je Khenpo Simpuk Lama），是多傑·林巴的後代；當他待在敏珠林時，仁波切從他那兒接受了許多法教。他也轉而邀請仁波切到廷布，在那兒他們安排了一個法座，仁波切在那兒傳了一天的法。然後諾布·旺秋來請《四部心髓》、《智慧上師》、《續部普巴金剛》等，花了約六個月的時間傳完。

那年冬天因與漢人有些紛爭，所以仁波切回到大吉嶺待在賈魯寺（Gyaluk Monastery）。一聽到他的兄長桑傑·年巴圓寂的消息，仁波切就打算到錫金去，但官方不發給他旅遊簽證，所以我們被擋在邊界。他們將我們留置了四小時，徹底檢查了每件行李，我的所有東西都丟了。然後仁波切想回到不丹，但印度人又再度阻止他，他只好回到大吉嶺，在那兒又待了一年。我因為拿不到簽證，只好被留了下來。

在大吉嶺，仁波切從甘珠爾仁波切處接受了《寧瑪十萬續》。頂果·欽哲和甘珠爾仁波切互傳了許多法教與口傳。後來不丹的王太后給了仁波切一張不丹護照，所以印度人沒辦法再留住他。當仁波切抵達西姆托卡時，他的女兒們被送到木蘇里的學校。那時，仁波切為他的小女兒寫下了一首關於生死無常的美麗詩篇，清楚地指出她將會死去。我抄錄的那首詩約有三十頁；我應該要隨身攜帶的，因為這首詩好像已經佚失了。仁波切的女兒在1963年過世，我真的記不起更多的事了。

16.〈加持不丹〉

王太后珂桑・秋准・旺秋與洛本貝瑪拉

王太后珂桑・秋准・旺秋是前不丹國王的妻子，現任國王吉美・星給・旺秋的母親。她是頂果・欽哲虔誠的弟子，在他的指導下，她和她的母親瑪雲・秋銀・旺嫫（Mayum Choying Wangmo）贊助了每年一度由頂果・欽哲主修在帕羅的基丘寺、普那卡宗的勝樂金剛寺、和本塘的庫杰寺等地舉辦的神聖竹千法會。她也資助建造了不丹許多的美麗佛寺和尊貴佛像。

洛本貝瑪拉是本塘尼瑪隆寺院的喇嘛，是一位大學者和歷史學家。他是頂果・欽哲的親近弟子，接受了仁波切在不丹所傳的所有法教。

在中國共產黨入侵西藏之後，頂果・欽哲跟他的妻子、女兒們、兄長年巴仁波切、和一群難民在1959年陰土豬年的二月份逃離了高壓政權。經洛札（Lhodrak）逃亡，最後抵達不丹邊境。首相吉美・巴登・多傑（Jigmey Palden Dorje）代表不丹政府，前往邊境會晤在賈嘎宗（Jakar Dzong）的西藏難民，並以送糌粑等方式來提供對難民的扶助。首相幫助想前往印度的人，和那些想留在不丹的人。

首相也照料了頂果・欽哲和他的隨行人員，頂果・欽哲告訴他說他非常感激他們一行人被照顧地這麼好。首相請頂果・欽哲留在不丹，仁波切回答說他真的很想待在這麼一個有佛法的自由國度，但因他的兄長桑傑・年巴必須追隨噶瑪巴到印度，所以他也得到印度噶瑪巴所在的任何地方。

在1958年陽土狗年的一次西藏朝聖之旅中，不丹的大臣桑傑・巴久（Sangye Paljor）見到了欽哲仁波切，所以後來當仁波切離開本塘的賈嘎寺時，他便邀請他前往滂陀寺（Pangto Monastery）給他生病的母親，傳授《龍欽心髓》中的《巴

千》灌頂。之後仁波切去了札西·秋林，住在那裡的一個帳棚中一段時間，當時阿尼·仁津·秋准（Ani Rigzin Chödrön）邀請他到龍欽巴在塔巴林的住居，並從那兒前往位於秋札（Chotrak）的羅日巴（Lorepa）住居。在秋札寺，仁波切修了《龍欽心髓》的十萬遍薈供，並給參加薈供的僧尼傳授了《執著自解》的灌頂。然後他給了巴楚仁波切《任運金剛歌》口訣的唸傳；一想到遍知龍欽巴，他也任運寫下了一首金剛歌。

王太妃阿謝·貝瑪·德千（Ashe Pema Dechen），從迭秋·秋林（Tekchog Choling）給仁波切寫了一封信，說她想見他，並請他為她祈福。頂果·欽哲從塔巴林給她回了信。然後他接到了阿謝·秋吉（Ashe Chökyi）和達秀·烏金·旺杜（Dasho Urgyen wangdu）從旺杜·頗章寄來的信，也請求會面與為他們祈福。當在秋札寺的十一面觀世音菩薩殿裡修《龍欽心髓三根本》的十萬遍薈供時，欽哲仁波切覺得非常開心，寫下了根、道、果的祈請，他寫在阿謝·貝瑪·德千來信的背面。然後他在秋札的舊大殿裡修了《遂願任運成就》的薈供，並回到札西·秋林，在那兒傳授了堪布那瓊的《普賢上師言教導引》唸傳。

仁波切從本塘騎馬到通薩宗的秋闊·若登，在那兒有人請法而傳授了《時輪金剛》的灌頂。之後繼續前往印度，經廷布的主幹道到達卡林邦，安頓了下來。一些曾在秋札寺接受過他法教的具信弟子，到卡林邦去見他，他在卡林邦的度平寺傳授了一個月的《龍欽心髓根本續》、和《母子心髓》、《空行心髓》、《空行精髓》、《上師精髓》、與《甚深精髓》的全部灌頂與唸傳給許多弟子。隨後他傳授了《幻網續》和米滂仁波切的《全集》給一些喇嘛和祖古。因法本不太齊全，他捎了訊息去向曲美·納蒼（Chumey Naktsang）商借四函典籍，他們出借了，所以他很高興。當敦珠法王在1960年金鼠年十二月於卡林邦的度平寺傳授《大寶伏藏》的灌頂時，仁波切也去接受了《敏珠林金剛薩埵》的灌頂，做為法緣。

在頂果‧欽哲到來前，我的母親瑪雲‧秋銀‧旺嫫‧多傑，總是對我說要好好照顧西姆托卡宗，因為它是一個這麼美麗與歷史悠久的宗堡。因為這個指示，我向國王陛下吉美‧多傑‧旺秋建議，要讓西姆托卡宗成為一個佛學院。陛下同意了，要我問問他的母親誰會是好教師的最佳人選。之後我去卡林邦，生下了我的三女兒阿謝‧盼‧盼（Ashe Pem Pem），並和我母親住了一陣子；王太后朋措‧秋准也來陪我。

當我在卡林邦時，我問王太后朋措‧秋准，哪位喇嘛會是西姆托卡宗新佛學院的好教師，她建議頂果‧欽哲仁波切會是最適合的人選。於是陛下便告訴他的大臣，設立一所佛學院並開始做相關安排，是非常重要的事。所以大臣們就開始籌備佛學院，準備必須的典律書籍如文法、詩詞、拼音等，並印製了一百本以上的《入菩薩行論》本論、釋論和其他典籍等。

後來，在1961年金牛年元月，一些廷布中央僧團代表的喇嘛，被派往卡林邦邀請頂果‧欽哲，前來擔任這所佛學院的院長。他接受了這個職務，並在元月二十五日離開卡林邦到達不丹。在抵達不丹首都廷布之後，因為西姆托卡宗仍在籌備當中，仁波切便在旺杜才（Wangdutse）為一百多名聰穎的年輕僧眾和在家居士，開始了佛學院的課程。後來佛學院遷往西姆托卡宗，在那兒學生們另加上了梵文的學習。

佛學院的設立，是為了防止佛法在不丹的衰落。所以從印度請來了精神上師，以恢復已墮墮的法教，並弘傳那些未曾傳入的法教。總共有一百多名來自不同寺院與社區的學生，被教導致力研讀文化與密續。一旦他們學會了傳統的聲明，就可以離開了，但如果他們還想研讀佛學，也很歡迎他們繼續修學。在學會了傳統學科與佛學後，他們可以選擇留下來研讀四部密續。

人手一冊的書籍，各有一百本的《正字學：語燈論》本論和釋論、文法本論和其《妙明善釋》的釋論、錫度巴（Situpa）的詳細釋論、基本的詩詞本論與釋論、《親友書》的本論和釋論、《三十七佛子行》的本論和釋論、以及《入菩薩行論》的本論與釋論。

欽哲仁波切在佛學院執教，直到1962年的冬天，因為他兄長桑傑・年巴在隆德寺圓寂，而且他的小女兒在勒克瑙的醫院裡病重，他必須前往印度。欽哲仁波切及時在他女兒過世前趕到了醫院。他將她的遺體帶到瓦拉納西火化，然後前往隆德寺參加他兄長的圓寂法會。幾年之後，當欽哲仁波切在達蘭莎拉與達賴喇嘛一起時，有位從康區來的人帶給了達賴喇嘛，在文化大革命中從布達拉宮中搶救下來的局部自生觀音像。欽哲仁波切得到了其中的一部分，在帕羅・基丘造了一尊觀世音菩薩像，紀念他的女兒。在那年冬天前往印度之後，欽哲仁波切有好幾年的時間沒回到不丹。

在1965年，尼瑪隆寺的金剛上師蔣揚・耶謝・星給（Jamyang Yeshe Senge）和維那師才仁・東祝（Tsering Dondrup）和王太后朋措・秋准商量，說他們想要邀請欽哲仁波切成為尼瑪隆寺的住持一事。王太后朋措・秋准便請了欽哲仁波切從大吉嶺到尼瑪隆來，當仁波切來到廷布的德千・秋林時，他傳授了伏藏師桑傑・林巴的《上師密意總集》灌頂與口傳給蔣揚・耶謝・星給和許多幸運的喇嘛與弟子，僧俗二眾皆與會。

當時不丹的政局極為動盪。1964年首相吉美・巴登・多傑在朋措林被暗殺，所以欽哲仁波切便到卡林邦來看我，並弔唁。先前在東不丹與西不丹之間曾爆發內戰，當時調伏引起眼前諸魔障的法會，並沒有修得很妥當。法王烏金・旺秋曾請求

十五世噶瑪巴卡恰‧多傑的指引，噶瑪巴就派了他的心子、伏藏師錫隆‧南開‧多傑（Zilnon Namkai Dorje）從祖普寺來到廷布給灌頂和口傳。他從傳授《入菩薩行論》的法教開始，然後轉了法輪，傳了不可思議的甚深成熟與解脫法教。為了迴遮魔祟製造王子當前的障礙，錫隆‧南開‧多傑指派了四名僧人，去閉一個《羅剎顱鬘》的持誦閉關，要持續三年三個月，直到圓滿相關徵兆為止。為了這個閉關，他傳授了口傳、教導了所有的儀軌，還修了一個《普巴金剛》的竹千法會。

傑‧堪布‧辛普‧喇嘛來自多傑‧林巴的法系，也同是欽哲仁波切與邦塔堪布（Bomta Khenpo）的弟子，他有一本蓮師的授記書，是由伏藏師竹札‧多傑（Drukdra Dorje）在陛下出生那時所取出的。蓮師做了十三個授記並描述了現任國王的出生。國王於1955年木羊年出生在旺宗（Wang Dzong），現在成為德千‧秋林王宮。據說有個出生在1955年的人，會廣大利益佛法，但因為一個邪魔作祟，使一個出生在1940年金龍年的人，想要妨害輝煌的竹巴‧噶舉法教，所以必須修很多法，並且要取出在本塘‧曲美的伏藏。如果惡魔成功了，那麼不丹就會血流成河；倘若惡魔失敗了，不丹就會有多年的和平歲月。

當欽哲波切待在廷布時，我送了這本授記書過去，請示這個預言是否與王儲有關。欽哲仁波切說這的確是和王儲有關，並說他會在王太后朋措‧秋准於德千‧秋林的寢宮，修所有迴遮法。所以我就捎了回函，說道：「假如這真的和我兒子有關，請前往帕羅，並在帕羅‧達倉或帕羅‧基丘的釋迦牟尼佛殿修這些法。」洛本涅企（Loppön Nyabchi）於是問欽哲仁波切何時適合修《普巴金剛》的竹千法會來迴遮障礙。欽哲仁波切回答說《普巴金剛》非常特別，但沒有比《龍欽心髓》中的《巴千》更適合的，因為所有的本尊都包括在大勝嘿嚕嘎中。所以在1965年木蛇

年的九月，在天降日[265]那天，他為了國家的穩定，在帕羅‧基丘開始了第一次整部《龍欽心髓》中《巴千度巴》的法會。

為此，與其前往尼瑪隆，仁波切在1965年的十一月去了基丘，因為伏藏師竹札‧多傑有關陛下出生與要修法的授記，欽哲仁波切在帕羅‧基丘的釋迦牟尼佛殿修了吉美‧林巴的《巴千度巴》。在竹千法會期間，他給予王儲吉美‧星給‧旺秋灌頂，那時他才十歲大。我對仁波切說：「希望你能永遠待在這裡。」仁波切說他也想這樣。所以我給陛下捎了訊息，問說欽哲仁波切是否能待在帕羅，而不是去尼瑪隆。「好的，他待在那裡比較重要。」國王回覆道。這就是不丹如何因頂果‧欽哲仁波切的現身而受到加持的經過。

在1965年王太后朋措‧秋准邀請了一些寧瑪派的喇嘛到朋措林的卡邦迪殿（Karpandi Temple）；這行人以敦珠法王為首，還有恰札仁波切（Chatral Rinpoche）、頂果‧欽哲、邦塔‧堪布等人。他們修了《持明總集》的竹千法會，在竹千法會中，我抵達了。因為我以為頂果‧欽哲是唯一負責竹千法會的人，就沒向其他的喇嘛鞠躬，而直接走向他的法座，用我的頭碰觸了法座，並恭敬地鞠躬。欽哲仁波切說他覺得有些尷尬，但因為我全然地信任他，他覺得應該為我的安康負全責。

當時欽哲仁波切被請求發表一場關於五圓滿的演說，當做酬謝的供養。他要他的侍者阮竹到他的桌子拿《持明總集》的法本，在演說當中，欽哲仁波切傾向面前拿著法本的阮竹，偶爾還翻頁。實際上欽哲仁波切所說的內容，和法本一點關係

---

265 天降日，藏文lha babs dus chen；藏曆九月二十二日，據說是釋迦牟尼佛由三十三天返回世間的日子（譯注：另說是佛陀在兜率天為母親摩耶夫人說法後，返回人間的日子）。

都沒有，但他假裝在閱讀，所以傍晚時，當阮竹問他這件事時，仁波切說：「這個老傢伙並不需要參考書冊來演說這個主題，但在敦珠法王、恰札仁波切、和邦塔‧堪布面前，看起來會像是我在炫耀似的。」

在1966年欽哲仁波切指示我為了國泰民安與法教的緣故，必須建造一座新寺，供奉一尊上師囊息‧錫隆（Guru Nangsi Zilnon），即殊勝調伏諸顯的大蓮師像。於是我母親秋銀‧旺嫫和我就造了一尊一層樓高的佛像。在新年時，在基丘釋迦牟尼佛殿的左側，開始啟建蓮師殿。欽哲仁波切也為了國家的富饒，督造了十萬尊六吋高的泥塑像，並印製了各十萬幅的大勝嘿嚕嘎、地藏王菩薩畫像；普巴金剛、金剛薩埵、蓮師八變，以及各十萬尊兩吋高的上師霍索袪敵，和十萬尊四吋高的上師囊息‧錫隆泥塑像。有六個月的時間，欽哲仁波切親自修法，替這些佛像裝臟用的陀羅尼加持。他並傳授了如何建造蓮師像的明確教授，一切在十八個月內就緒。

在1966年陽火馬年和1967年陽火羊年，欽哲仁波切在帕羅‧基丘傳授了《七寶藏論》和《智慧上師》的唸傳給年幼的宗薩‧欽哲和其他弟子。他持續每年一度的《巴千度巴》竹千法會，1967年帕羅‧基丘的新蓮師殿落成，主尊是一樓高的蓮師像、上師霍索袪敵、作明佛母等在兩側。痛苦自解觀音像是後來建造的，為了紀念仁波切的女兒。

十六世噶瑪巴依《秋林新巖藏》中的《障礙俱除意成就法》，做了首度的開光，國王陛下吉美‧多傑‧旺秋、王太妃阿謝‧貝瑪‧德千、我和我的家人全都出席了。傑‧堪布‧蔣揚‧耶謝‧星給和普那卡的僧眾代表團，在1967年依無量壽佛做了第二次的開光。頂果‧欽哲在1967年尾依吉美‧林巴的心意伏藏《巴千度巴》做了第三次的開光。

圖二十六、頂果‧欽哲仁波切與不丹國王攝於帕羅。馬修‧李卡德攝

　　在這次的開光中，欽哲仁波切為王儲吉美‧星給‧旺秋撰寫了以下的長壽祈請文，那時他十二歲大。

國王陛下吉美‧星給‧旺秋長壽祈請文

　　嗡 吉祥 尊勝佛母尊前

　　十方三世遍知三尊集，

　　烏金‧貝瑪即全即一尊，

　　勸請此時此地汝傳授，

　　永續法教予染污眾生。

　　值此五濁惡世之時期，

　　汝誓憶眾唯一救怙主；

　　此乃是時憶起汝誓願，

　　請速保護吾等，大上師！

圖二十七、頂果‧欽哲仁波切與王太后珂桑‧秋准以及洛本蘇南‧桑波。馬修‧李卡德攝

不壞化身一瞥即鎮遏，

汝加持力與遍在威嚴，

南瞻部洲佛法之大地，

調伏邪惡令妙善遍佈，

止息疾病飢荒與爭戰，

世間眾生安享太平年。

且令佛陀珍貴之法教，

傳佈穩立恆存且昌盛。

令王儲吉美‧星給‧旺秋，

王吉美‧多傑‧旺秋父子，

妙女財神祐阿謝‧珂桑，

所有大臣百姓皆齊聚，

召請汝之加持永團結。

令智慧增長如月漸滿，

調伏邪惡與計謀怨敵。
願王儲治國善得大名，
高貴統治期間如法王，
願其貢獻普及所有人，
等同無比三法王之時。
願外相遍滿果實茂葉，
願內相盈滿善行善巧，
願和睦友愛遍及僧團。
願饑疫戰亂年漸消隱，
代以人天光明之永世。
願邪魔蔓延盡失能力，
緣自王臣齊心團結故，
願永安治聖世得興起。
如班智達與轉世王臣，
傳佈佛法之光於西藏，
願汝第二佛永保佛光，
恆常照耀此方之大地。

因為欽哲仁波切的存在，不丹充滿了加持，每個人都覺得時時刻刻被他的慈愛與加持環繞著。

在1970年陽金狗年，頂果・欽哲在他帕羅・基丘的家中，閉了一年《密集長壽法》的嚴關。在這次的閉關中，他傳授了《四部心髓》完整的灌頂與口傳、《龍欽心髓根本續》的兩部分、《寧瑪教傳》中的《幻網續》灌頂、和龍欽巴的《十方暗除》給一些幸運的喇嘛。

在同一年的九月份，王儲吉美・星給・旺秋到東南邊界的阿薩姆旅行，那時他十五歲大，在薩參讀書。仁波切在閉關中禁語，不跟任何人交談，但他在晚間就

寢前跟會他的侍者阮竹稍微交談一下。有天晚上他夢見他失去了兩顆門牙，認為是某人生命有礙的徵兆，但後來他又將這兩顆門牙安放了回去。他說有兩個人是他最親近的，就是冉江仁波切和年輕的不丹王儲，即現今的國王吉美・星給・旺秋，所以這個夢可能是和這兩人有關。他覺得冉江仁波切應該沒問題，但年輕的王子可能會有些障礙。

仁波切對阮竹說，既然他把兩顆牙放了回去，就表示這些障礙可以克服。於是他要阮竹準備一個不共法的食子，他要在晚上修法，破曉時要將這個食子拿到基丘寺後面的火化場，往東南方向拋擲出去，並仔細觀察食子落地的情況。如果食子頂端落地時朝向前方，就是好的徵兆；但若是它的頂端落地時朝向後方對著他，就不是那麼好。他補充說阮竹隨後應該回到屋裡，不要往回看。仁波切仔細地修了法，依照他的指示，在黎明時分，阮竹取走了食子。當他拋擲出去時，食子吉利地朝向正確的方向落地。當阮竹回到屋內，仁波切不吭一聲，但晚上他問了事情的經過。在阮竹告訴他之後，他把手放在阮竹的肩膀上，帶著溫暖的微笑說道：「很好，做得好！我們真的幫了年輕的王子。」

同時，正當王儲前往阿薩姆的途中，他的侍者噶瑪稍微超前一些。當他往後看時，發現王儲的吉普車向前撞上了一輛巴士，駕駛和一個年輕的校友當場死亡，另一位友人躲過一劫，但腰部扭傷了。整輛車子全毀，王儲被拋出了車外，彈落在幾塊岩石中間的一片草地上。除了頭部的輕微擦傷之外，幾乎毫髮無傷。他的侍者用另一輛吉普車將王儲載回了朋措林。

當他們到達王宮時，侍者告訴我說王儲出了車禍。我馬上轉告陛下，當時他人在廷布，就立即南下探視王儲。陛下和每個人都非常驚訝王儲竟然只有頭部的擦傷而已。陛下到車禍現場去看，說他的兒子還能活著真是奇蹟。他問他兒子是怎

麼著地的。王儲說他覺得好像是被從車子裡拉了出來，落在草地上。雖然欽哲仁波切早就知道這一切，但他什麼都沒說，只是修法來迴遮傷害。當王儲回來時，欽哲仁波切為他做了一個長壽灌頂和一個贖命的息災法。

在1971年金豬年，巴久・嘉稱（Paljor Gyaltsen）和桑給・多傑（Sangye Dorje）一起問仁波切他們是否可贊助《大寶伏藏》，所以該年仁波切就在德千・秋林傳授了《大寶伏藏》的灌頂與口傳，給所有的喇嘛、上師、僧尼、修行者、和在家居士，總之，任何想要接受此法的人。他也修了廣軌的《善逝總集》竹千法會和聖法藥開光，並給了《智慧上師》的詳盡教授。之後他為不丹政府修了一個月的《遮止侵擾度母》，做為護佑的法事。

在傳授《大寶伏藏》時，仁波切在凌晨三點鐘便到講經堂準備灌頂。有一天早晨，他在四點鐘時叫他的侍者阮竹來，當阮竹進入大殿後，仁波切要他到他房裡拿三千盧布，當他帶錢來時，仁波切修了一個祈請文，然後叫他馬上派兩個人到參札寺（Tsamtrak Monastery）去，把錢給那裡的僧人，請他們唸誦《甘珠爾》。

那天我從帕羅的烏金・巴瑞王宮帶著我的兒子和四個女兒到卡林邦去。我們叫了一架從哈希瑪拉飛來的直昇機載我們去。在到帕羅的飛行途中，直昇機在半空中爆炸，摔毀在齊瑪闊第（Tsimakoti）。無疑地仁波切是用《甘珠爾》的唸誦救了我、王儲和公主的命。後來我們聽說那天早晨欽哲仁波切自己也修了一個強力的除障法，所以意外被迴遮了。

在1971年豬年的九月修完每年一度的竹千法會之後，欽哲仁波切在十月一日前往印度。由秘書秋札陪他從朋措林到西里古里。雖然仁波切隻字未提，但秋札回

來時帶了一封仁波切寫給我的信，說我應該要修十萬遍的度母法，當做王儲的息災法，而且我們應該當天就開始起修。他們很快地聚集了那些知道怎麼修法的人，在蓮師殿開始修了起來，持續唸誦直到夜晚。隔天王儲從他海外的學校放假回來，就直接到南方騎他父親的大象。當大象奔跑時，大臣桑給‧巴久從象背上摔了下來受了傷，但王儲卻安然無恙。

先前欽哲仁波切曾在德千‧秋林王宮建造了一尊人身高度的佛塔，後來用陀羅尼裝臟，以避免魔祟製造屢犯的障礙。欽哲仁波切主持了由十五位行者唸誦的《羅剎顱鬘》詳盡開光，並累積了十萬遍的持誦。在1972年的五月十五日，陛下讓他的兒子王儲星給‧旺秋在德千‧秋林王宮昇座為通薩‧彭諾（Tongsa Ponlop），然後在札西‧秋宗，最後是在通薩的秋闊‧若登宗。

在1972年的七月二十一日，陛下吉美‧多傑‧旺秋突然在肯亞的奈洛比過世。他的遺體被帶回他在廷布的住居花園王宮，在那兒傑‧堪布、十六世噶瑪巴、頂果‧欽哲和許多其他喇嘛修了《敏珠林金剛薩埵》的竹千法會，並修了《文武百尊》的淨障法。欽哲仁波切負責了所有必要的法會，在1972年的天降日，於本塘的庫杰寺舉行了茶毘。在茶毘後，王儲和全家人回到了廷布。在1972年的十二月，王子在普那卡夏炯仁波切的瑪千寺（Machen Temple）登基成為第四任的不丹國王，在那兒接受了夏炯佛塔的傳統五色哈達。

在1972年，欽哲仁波切在帕羅‧基丘傳授了《成就法總集》的灌頂給宗薩‧欽哲‧確吉‧羅卓的轉世和許多其他喇嘛。當康祖‧東古‧尼瑪在廷布宗傳授《金剛鬘》的灌頂時，欽哲仁波切也去接受了整部法教。然後仁波切受邀到內侍總管聽列

‧多傑（Tinley Dorje）在曼大岡（Mendalgang）的住居為他的過世修《敏珠林金剛薩埵》的竹千法會，隨後他完成了先前在德千‧秋林為金剛上師耶謝‧星給和四位其他上師、以及許多其他法友所開始的《諸佛密意總集經》灌頂的剩餘口傳。

在1973年水牛年的十月，仁波切在帕羅‧基丘修了盛大的三星期《大黑天與大黑母遮戰贖供》，一切遵照仁波切的指示準備妥當。那時不丹又再次動盪不安，但因為欽哲仁波切修了《八大教誡》：即文殊身、蓮花語、真實意、甘露功德、與普巴事業，構成了大勝嘿嚕嘎；以及召遣非人、猛咒詛詈、供讚世神，和大黑天與大黑母（Shridevi）等的威力與力量，一切問題都解決了，我對上師的信心變得更為堅定。尤其是我變得視頂果‧欽哲為蓮師本人。

在由伏藏師竹札‧多傑所取出的蓮師授記本中提到：「在陽金龍年（1940年）出生的那個人，將會對木羊年（1955年）出生那個人的治國產生障礙。」在十六歲或十七歲那年，王儲吉美‧星給‧旺秋遇到了祕密地下活動所產生的障礙，這個組織運用各種手段準備製造動亂。

同一時間，在1930年陽金馬年出生的那個人，即王太后珂桑‧秋准因福德力故，開始禮敬具七種傳承的蔣揚‧欽哲‧旺波的意轉世，聖教勝幢的殊勝頂果‧欽哲，做為她唯一的皈依處。他修了《巴千度巴》的竹千法會和《大黑天與大黑母》的法來降伏戰亂，總是非常奏效，適當的時機起修且正好符應局勢。因此吉美‧星給‧旺秋仙境般的宅邸，和所有住在他具佛法藥草谷地之王國的子民，便開始享受幸福和樂。

在1973年水牛年的五月，欽哲仁波切與他的隨從在廷布的札西‧秋宗，修

了九天的《普巴金剛》袪魔法，當做政府的護佑法會，之後拋擲了食子。在七月份，因康祖・東古・尼瑪的請求，欽哲仁波切在本塘的庫杰寺，為秋則（Chotse）僧團和許多信眾，傳授了《噶舉密咒藏》的完整灌頂與教授，這是蔣貢・康楚的《五寶藏》之一。

就在加冕典禮之前，在1974年虎月虎日虎時、清晨三點鐘，一個極為吉祥的星期二，頂果・欽哲給予陛下《君權焰寶》的灌頂和一個長壽灌頂。這個灌頂最初是蓮師在桑耶寺虎年的相同月份、日與時辰，傳給了年輕的赤松德真王，為了保護國王並降伏一切怨敵與苯教上師所製造出的障礙。在登基之前，欽哲仁波切睡在宗堡裡王座的隔壁，說當天清早他夢見了陛下是伏藏師貝瑪・林巴的真正轉世之一，因此將會對佛法有莫大的助益。

在元月神變月，欽哲仁波切在德千・秋林王宮裡，率先持誦了十萬遍的《羅剎顱鬘》，當做有助公開登基的修法，並防患在一定時間內的障礙。在札西・秋宗，他修了一整個月的《大黑天與大黑母遮戰贖供》。然後，在1974年木虎年的四月十五日，欽哲仁波切參加了不丹國王陛下的登基大典。

在1975年木兔年的十一月，欽哲仁波切到海外利益幸運的弟子和任何值遇他的人，並在1976年火龍年的五月回到廷布。在1977年火蛇年，他閉了嚴關；在來自本塘塔巴林寺的吉美・嘉威・旺秋（Jigmey Gyalwai Wangchuk）和來自尼泊爾努日（Nubri）的喇嘛・噶瑪・楚欽的請求下，他寫下了有關《大勝嘿嚕嘎儀軌》義理的釋論。

早在1966年，當王儲十一歲大時，他待在帕羅王宮的小屋裡，做了一個很清楚

的夢,夢見勝樂金剛與佛母雙運,身紅色且周遭環繞著火焰。他也聽到極大的咒語聲 哈 哈。當頂果·欽哲和·康祖仁波切聽說這個夢時,他們解釋道這是王儲見到了紅色蓮花金剛並聽到勝樂金剛的咒語。這是為何我母親和我決定要在勝樂金剛的聖地普那卡宗,建造一尊大的勝樂金剛佛像和另一尊較小的蓮花金剛佛像的原因。

欽哲仁波切修了為佛像裝臟所需的命木[266]、不共所依物、和咒語等。主尊勝樂金剛佛像的命木是用上好的白檀木製成的,陀羅尼是用金粉寫成的並蓋上錦緞,而內部身、語、意、功德、與事業的所依物全都非常特別。這座美麗、全新的勝樂金剛殿在1978年竣工,康祖仁波切以六十位本尊的《勝樂金剛儀軌》做了首次的開光。在1978年,傑·堪布·尼瑟祖古(Je Khenpo Ninsey Tulku)和普那卡的僧眾,以十三位本尊的《勝樂金剛儀軌》做了第二次的開光,而第三次開光則是頂果·欽哲修的《敏珠林金剛薩埵》竹千法會。

我母親秋銀·旺嫫請求在普那卡修《勝樂金剛蓮花金剛》的竹千法會,但因從未有人修過蔣揚·欽哲·旺波的《勝樂金剛蓮花金剛》竹千法會,並沒有寫好的儀軌。因此,那年便以《敏珠林金剛薩埵》的竹千法會來替代。同時,欽哲仁波切也準備好撰寫《勝樂金剛蓮花金剛》竹千法會的法本,便在1979年於普那卡首度修了此法。他每年都持續舉行這個竹千法會,直到過世為止。

在1978年土馬年的二月十五日,欽哲仁波切在薩參·秋登傳授了《寧瑪十萬續》的完整唸傳,給一大群祖古、喇嘛、僧人、尼師、和在家居士,任何想要受法的人。在1979年陰土羊年,欽哲仁波切在德千·秋林王宮,修了伏藏師若那·林巴《密集長壽法》的竹千法會,做為陛下的長壽法會。之後,在昆·塔立寺(Khan

---

266 命木,藏文srog shing;放在佛像中央的一根特殊木棍,代表中脈。

Tali Monastery）的請求之下，欽哲仁波切傳授了《幻化網文武百尊》的前行與正行灌頂，從五月十六日開始到六月十一日結束。然後他傳授了《四部心髓》的全部灌頂與唸傳、龍欽巴《七寶藏論》與相關著作的唸傳、以及《三休息》與《龍欽心髓根本續》的唸傳。他也根據薩迦派的傳承，給了普巴金剛的食子灌頂；觀世音菩薩六字大明咒的甚深法教與加持灌頂和唸傳；秋林的《度母除障法》灌頂、隆瑟（Longsel）的《不動佛》灌頂、列哲（Ledrel）的《金剛手降伏傲慢魔》灌頂、《金剛威猛力》、和《祕密藏金剛薩埵》的灌頂，全都出自於《秋林新巖藏》；調伏製造當前障礙之魔障的《羅剎顱鬘》灌頂；以及噶瑪·林巴有關蓮師咒之利益的唸傳。

在1980年金猴年，在德千·秋林王宮後面建造了一座給薩殿，做為向護法修請供之用。在伏藏師竹札·多傑的授記中，提到了要取出一個伏藏，來當做迴遮危機的方法，所以我便請求欽哲仁波切務必取出任何可能取出的伏藏。他解釋說每個伏藏師有其注定取出的特定伏藏，所以不可能由他來取出那些不共伏藏。然而，他在本塘的庫杰寺，修了十萬遍的薈供並供了十萬盞燈，在六月份他到了帕羅·達倉，也修了《秋林新巖藏》中《持明竹楚圖千儀軌》（譯注：竹楚圖千是蓮師十二化身之一，意指能隨意神變）的十萬遍薈供，並供了十萬盞燈，修早晨的煙供與傍晚的護法供，這一切連修了十五天，沒有中斷。而且他也修了《威猛遣令》來號令鬼神，並修了《勝處開光法》等等。

他還說要在廷布和帕羅的周遭，依照《無垢頂髻》和《清淨光》的壇城，建造四座佛塔，這樣就絕對能夠扭轉危機。這兩部事部（譯注：四部密續分為事部、行部、瑜伽部、無上瑜伽部，前三部屬於外密，內密是無上瑜伽部。事部是外

三密中最基礎的部分。）瑜伽密續咒語的木刻版，存放在通薩宗，所以被帶來給仁波切，他給了要如何建造佛塔與裝臟的教授。然後他開始在聖地達倉傳授《龍欽心髓根本續》第四函的灌頂與唸傳，在基丘圓滿了這些教授。

當陛下二十六歲時，他表達了想要建造一尊大型大勝嘿嚕嘎佛像的深切願望，我母親也非常想要建造一尊普巴金剛。當他們向欽哲仁波切傳達心願時，他非常高興地說道：「太吉祥了！」他告訴他們要在庫杰建造一座八大教誡、意集、普巴的寺院，並說欽哲‧確吉‧羅卓有一個心意伏藏表示若在庫杰建造一座八大教誡、意集、普巴的寺院，將對不丹有莫大的裨益。因此，陛下和我母親的心願是非常吉祥的。

欽哲仁波切在基丘為不丹修了許多竹千法會和迴遮法會，這是為何不丹現今能夠祥和的原因。欽哲仁波切在1990年為八大教誡殿以娘‧熱‧尼瑪‧沃色的《八大教誡：善逝總集》做了第一次的開光。在1991年，欽哲仁波切邀請了楚璽仁波切前來，和他一起為新的庫杰殿做了第二次的開光。在同年四月份，仁波切在庫杰為十六羅漢殿修了開光，而楚璽仁波切則為許多僧人和尼師傳授了沙彌尼戒和比丘戒。

在1981年金雞年的四月十五日，仁波切為若德‧秋則（Rabde Chotse）的僧眾和許多其他信徒，在本塘的庫杰寺前方，開始了全部的《甘珠爾》唸傳。在早上欽哲仁波切會先給一個出自薩迦派《成就法總集》中的加持灌頂，和一個遍知貝瑪‧噶波（Pema Karpo）的灌頂。之後他會給吉美‧林巴《二諦乘》和《遍知乘》的講傳，接著是一函《甘珠爾》的唸傳。然後，星札仁波切會唸其餘的《甘珠爾》。在

這段期間，仁波切也傳授了《龍欽心髓》中微細氣、脈的高階瑜伽訣竅，以及《八大持明》的瑜伽修練，給一些精進的修行者。一傳授完這些，他就馬上在庫杰的蓮師殿起修了若那·林巴《密集長壽法》的竹千法會，並給予長壽灌頂。

在1982年水狗年，仁波切在德千·秋林的賓館，修了貝瑪·林巴的《命刃普巴金剛》的竹千法會，並傳授了《命刃》的灌頂。此外，他還給了他自己《涅普巴》心意伏藏中成就證悟的上部事業灌頂，以及整函包括了薈供的儀軌與索引等部分的唸傳。在這個聖地他修了很多息災的法，譬如若那·林巴的《刀刃剹禳法》和雅恰的《綠度母贖命法》，仁波切也為大家傳授了這些法要的灌頂和唸傳。

在1983年水豬年的六月四日，仁波切開始傳授全部的《寧瑪教傳》。先前，太王太后朋措·秋准曾從大吉嶺請來仁波切，待在尼瑪隆寺，所以當仁波切造訪尼瑪隆寺時，他在寺院後方的佛塔下面，修了一個降伏製造當前魔障的伏魔法與火供，他還捐贈了一幅大型、美麗的堆繡阿彌陀佛唐卡給該寺。同年十月份，仁波切去了朋措林，在止貢法王的請法下，傳授了二個多月《教訣藏》的完整灌頂與唸傳。

在1984年木鼠年的十月，仁波切在帕羅·基丘的王宮花園裡，傳授了吉美·林巴《全集》的完整唸傳。當時，他也給了阿里·楚欽·桑波的《觀世音菩薩》加持灌頂；他自己心意伏藏的外寂靜尊《金剛薩埵》法的灌頂；秋林《意成就法》中的《部主阿彌陀佛》灌頂；噶當派的《阿彌陀佛》灌頂；隆瑟的《不動佛》和《藥師佛》灌頂；秋傑·林巴（Choje Lingpa）的《金剛手》和《拙火》灌頂；《障礙俱除意成就法》的食子灌頂；秋林的《頂髻白傘蓋佛母》灌頂（譯注：具頂髻之佛母有五位，分別是白傘蓋、無垢、尊勝、焰光和金剛橛）；傑康

（Kyerkang）的《祕密馬頭明王》法灌頂：秋林的《祕密藏金剛薩埵》灌頂；
雅恰的《綠度母》灌頂；秋林的《大隨求佛母》灌頂；隆瑟的《勝幢頂》灌頂；
《龍欽心髓》中的《馬頭金翅鳥》灌頂；噶瑪‧林巴的《文武百尊》食子灌頂；桑
傑‧林巴的《十六羅漢》灌頂；秋林的《羅剎顱鬘》灌頂；《持明總集》、《獅面
空行母》、《龍欽心髓》中的《大樂佛母》的空行母灌頂；蔣貢‧康楚所撰寫的比
丘尼帕嫫傳承的《八關齋戒法》加持灌頂；蔣貢‧康楚有關禪修教授所有釋論的唸
傳；舉行剃度法會的儀軌；其他的祈請文和祈願文等等。他也傳授了《金剛薩埵
四部密續》、竹巴‧噶舉前行法的《註解》、《六瑜伽簡要註解》、《緣起之禪
修次第》等的教授。約在那時，仁波切也教導了巴楚仁波切的《前、中、後三善
道》。

在1985年木牛年，在帕羅‧基丘他家的花園裡，仁波切傳授了《賈村六函》
的灌頂與唸傳，以及護法的囑咐。在同年冬天，他去了格列浦（Gelekpu）的溫
泉地，待在那兒的一個月內，他認證了賈瑟祖古的轉世，他是在本塘的村子裡出
生，然後被送往尼泊爾的雪謙寺。他為格列浦的昆‧塔立寺僧眾傳授了貝瑪‧林巴
整部法教的完整灌頂與唸傳，並修了《大黑天與大黑母遮戰贖供》。

之後，在1986年火虎年，應貝諾仁波切之請，他前往南印度的邁索爾，傳授
米滂仁波切《全集》的完整唸傳。他也給了巴楚仁波切《全集》與龍欽巴尊者節選
著作的唸傳。

在德千‧秋林不同時期的其他時機，欽哲仁波切傳授了若那‧林巴《密集
長壽法》的全部灌頂；貝瑪‧林巴《普巴金剛》的全部灌頂；《上師精髓》的
完整灌頂與唸傳；秋久‧林巴《羅剎顱鬘》的全部灌頂；《傑尊心髓集》的甚

深灌頂與唸傳；龍欽巴《無明闇除》和米滂仁波切《幻網續總義：明光心要》與兩部《幻網續》釋論的講傳；阿宗‧竹巴不共釋論《圓滿道心要》的教傳（instructional transmission）；巴楚仁波切《椎擊三要》的教授；努曲‧托美（Ngulchu Thogmey）《入菩薩行論》釋論的唸傳；《法界藏》的唸傳；蔣貢‧康楚《知識寶藏》的唸傳；哦‧協當‧多傑（Ngok Zhedang Dorje）的《如實莊嚴》，這是《二品》的釋論；簡軌《勝樂金剛根本續》的唸傳；阿里‧貝瑪‧旺賈有關三戒的釋論和敏林‧洛欽‧達瑪師利《滿願穀》的釋論；以及堪布‧噶瑪‧涅列（Khenpo Karma Ngelek）有關三戒的《文殊言教》釋論。

從吉美‧林巴的《全集》中，仁波切傳授了《諸佛密意總集經講解》和《功德藏》以及索波‧滇達（Sokpo Tendar）的釋論，接著是巴楚仁波切的《禪修問答集》。他也傳授了《上師精髓》的灌頂與教傳、堪布努登有關喇嘛‧米滂《智者入門》的釋論、滇貝‧尼瑪的《生圓次第註解》、多楚（Dotrul）有關三根本持誦指南和《龍欽心髓》上師瑜伽法的釋論、夏嘎的《金翅鳥遨翔》、堪布‧昆帕（Khenpo Kunpal）的《入菩薩行論》釋論、和所有所需修法儀軌合集的唸傳等等。

在1987年火兔年，在德千‧秋林的風馬殿，仁波切傳授了《給薩金剛勝幢》的灌頂；列若‧林巴的淨觀《給薩九勝尊》暨事業和薈供灌頂；米滂仁波切《給薩》法的完整唸傳；由伏藏師索甲所撰寫的欽哲、康楚與秋林《給薩餗煙供》唸傳（譯注：餗煙是一種焚燒食物，以其焦煙做為供養的一種修法，藏文稱做Sur，與煙供的Sang以三甜三白、松枝等為主，在焚燒供物上稍有不同）；頂果‧欽哲自己的《給薩儀軌》、餗煙供、風馬贖命法、風馬財富速增法和他詩體自傳等的唸傳；多‧欽哲心意伏藏有關餗煙供和解脫供，以及敦珠法王有關風馬著述等的唸傳；《意成就法》中的《行持聖者》法的灌頂和財富速增法的唸傳；喇嘛‧米滂勾召財富的《天鉤給薩》；恰美的平息外相法等等。

在1987年仁波切為了竹千法會，也傳授了賈通・貝瑪・旺秋（Gyaton Pema Wangchuk）甚深的《勝樂金剛蓮花金剛》的灌頂，以及所有相關的唸傳，如《勝樂金剛》傳承祈請文；《執念自解》的成熟儀軌；《勝樂金剛意成就法》中的《大樂智慧自解脫》，包括了《二次第心要》：以《勝樂金剛》為本尊的五部主要心意伏藏法；《智慧心要》的自灌頂法與《勝樂金剛讚》；《勝樂金剛二次第》的釋論等等。他也傳授了簡短的護法請供的唸傳，如四臂瑪哈嘎拉、煙炭母（Dhumavati）、吉祥天母等；《空行大樂續》和遍知貝瑪・噶波《全集》中的《大手印藏庫》的唸傳；馬爾巴、密勒日巴與岡波巴上師瑜伽法的加持灌頂暨蔣貢・康楚《廣大教訣藏》中的儀軌與薈供唸傳；和施身法相關的一函《執著自解》的唸傳；《空行大笑》的講傳；以及《虛空門啟施身法》的灌頂。

同樣在德千・秋林，仁波切又傳授了列若・林巴《消除不祥》的廣、中、簡軌灌頂，暨整函法教的唸傳；依據《無垢頂髻》和《清淨光》壇城來啟建佛塔的修法唸傳暨修法程序；仁波切自己心意伏藏《蓮花長壽心髓》的灌頂與教授；《意成就法》的傳承祈請文與附錄，暨還淨與繁、簡的護法修法；仁波切廣軌與簡軌上師瑜伽法的唸傳，暨長、短的轉世系譜祈請與長壽祈請；吉美・林巴薈供歌「列蒙・滇這」的釋論與《三身護持》祈請與其釋論。

在1988年陽土龍年，當在帕羅・基丘舉行竹千法會以及《龍欽心髓》中《持明總集》的長壽灌頂時，仁波切傳授了《巴千度巴》的前行與正行灌頂。他也傳授了四飲血嘿嚕嘎的灌頂；忿怒尊《馬頭金翅鳥》的灌頂；《大樂佛母》的灌頂與長壽加持；《獅面空行母》密修法的灌頂；《妙喜金剛薩埵》的灌頂和十天法會儀軌的整函唸傳；榮宗・班智達《蓮花空行》的灌頂和日修法暨簡軌火供的唸傳；

《龍欽心髓》中《三根本儀軌》的唸傳；《巴千度巴》的釋論；仁波切自己《金剛薩埵》心意伏藏外修法、《三佛部》與《文武百尊》內修法、《摧破金剛》密修法的灌頂；《七品祈請文》和《障礙俱除者》的灌頂；《任運成就功德藏》的灌頂；《法教總集法海》的灌頂與唸傳；他自己心意伏藏《自生蓮花心髓》的灌頂暨傳承祈請文、儀軌、日修法、三根本簡軌薈供的唸傳；阿底峽傳承《白度母》的加持灌頂；米滂仁波切關於「七支祈請文」之《白蓮花釋論》的唸傳；四部密續的《度母》日修法；第三世康祖・貢噶・天津（Khantrul Kunga Tenzin）有關《大手印》見、修、行的《純金口訣》。

欽哲仁波切在不丹修了多次的竹千法會；在帕羅・基丘，他修了二十六次《巴千度巴》的竹千法會、兩次咕嚕・秋旺（Guru Chowang）的《普巴金剛》竹千法會和一次他自己的《涅普巴》竹千法會。在德千・秋林，他修了一次的《密集長壽法》和一次貝瑪・林巴的《普巴金剛》。在帕羅，他修了一次《障礙俱除意成就法》的竹千法會。在本塘・庫杰，他修了一次《密集長壽法》的竹千法會，和十六次《八大教誡：善逝總集》的竹千法會。在普那卡宗，他修了一次《敏珠林金剛薩埵》的竹千法會，和十三次《勝樂金剛蓮花金剛》竹千法會。在廷布宗，仁波切修了十八次的《大黑天與大黑母遮戰贖供》竹千法會。此外，在帕羅・基丘，他也修了若千（Rolchen）的食子袪魔法。在德千・秋林，他修了《密集長壽法》、《羅剎顰鬘》、《作明佛母》火供、和兩次若那・林巴的《贖命法》。

仁波切也修了很多伏誅法：在廷布宗護法殿的吉祥天母護欄下，與本塘・庫杰的圍牆下，他修了以調伏貢波（gongpo，譯註：gongpo意指厲鬼，屬於藏傳佛教所說八種邪魔之一，八種邪魔又分成三個體系：父系、母系、中性系，gongpo

為父系的主腦）為主的誅法；在普那卡，他在勝樂金剛殿與文殊殿佛塔，修了四次調伏製造當前障礙邪魔的誅法。他也透過了建造五座佛塔來修誅法：四座是依照《無垢頂髻》和《清淨光》的壇城啟建，一座是依照朗・巴星（Lang Palseng）的法教。在本塘・庫杰，他在《八大教誡》、意集，與普巴金剛的神聖所依物下方，修了三次誅法；在桑滇林（Samtenling），在陛下住居的左右兩側，修了兩次調伏製造當前障礙之邪魔的誅法；在大密法輪殿（the Great Secret Dharma Wheel Temple）的佛像下方，他修了三次的調伏製造當前障礙之邪魔的誅法；在德千・秋林，在風馬殿下方，他修了一次的誅法，各在住居的圍籬大門與路上的佛塔處。在尼瑪隆寺後方的佛塔，他修了一次調伏製造當前障礙之邪魔的誅法；在德千・秋林，他修了貝瑪・林巴《迴遮不祥法》，隨後將芻禳物拋入河水匯流處的水中；在廷布宗，他修了一次的《莊嚴黑大威德金剛》事業部，做為迴遮敵患與戰禍的方法。這所有法會都是由頂果・欽哲親自主法的。

每年在不丹，他都從無間斷地舉行兩次一年一度的竹千法會；有《密集長壽法》的息災法會、迴遮製造當前障礙魔障的《羅剎顱鬘》法、《作明佛母》持誦、《給薩風馬贖命法》、增長財富的《上師財神》法、《清淨道障》祈請文、《遂願任運成就》祈請文、《度母》法、《給念》（譯注：Genyen是西藏既有的大力鬼神，受蓮師的遣令成為護法，如念青唐拉山神等）火供、新年為整個王室所修的息災法等等，這個日期是不固定的。

欽哲仁波切常說他喜愛不丹，即使西藏能獨立，他也要留在不丹，因為這是他目前的家。在他圓寂前的幾年裡，他想要在薩參・秋登蓋一間房子。當時我人在卡林邦，所以就請阿謝・盼・盼在薩參・秋登幫忙找地。當欽哲仁波切去看地

時，他選了要建造未來房子的那塊地，並說他希望有間普巴金剛寺能蓋在那兒，面向達倉。他開玩笑地對冉江仁波切說當他們把那座普巴金剛寺蓋好時，他的紀念塔就能剛好建在那兒，但冉江仁波切看起來非常生氣，他就說那只是玩笑話。

就在他的屋子完工前，欽哲仁波切想要在那兒住一個晚上。在外頭搭了一座帳棚，他在那兒待了七天，修了十萬遍的火供。在仁波切圓寂後，我在那裡建了一座中央是尊大型普巴金剛佛像的普巴殿，兩側各是伊喜‧措嘉與蓮師。這座寺院在1998年由楚璽仁波切舉行開光，就在他前往本塘的庫杰寺傳授欽哲仁波切全部《全集》之前。當欽哲‧揚希仁波切到達不丹時，這座新的普巴殿便供養給他，這是欽哲‧揚希與雪謙‧冉江仁波切每年一度修欽哲仁波切心意伏藏《涅普巴》竹千法會的所在。

所以，因為西藏的大師們被迫逃離他們的家園，在印度與尼泊爾落腳，頂果‧欽哲，便來到不丹的藥草河谷定居，他的仁慈永難回報。他之所以來到不丹，是因為過去的業力與祈願以聖佛法甘露來引導幸運弟子之故，他的一切作為都是為了利益法教與眾生。從他在1959年抵達邊境直到1991年在廷布醫院圓寂為止，頂果‧欽哲加持與保護了不丹。透過他對不丹國王陛下的不共加持與保護，王室和所有不丹子民方能安享和平與幸福，並永遠受欽哲仁波切無竭加持的環繞，即使到今日亦然。不丹非常幸運，能夠擁有欽哲仁波切的轉世揚希仁波切，持續地加持我們的王國。

17.〈遇見我生生世世的不共怙主〉

南開‧寧波仁波切

第七世南開‧寧波仁波切是頂果‧欽哲仁波切的親近弟子之一,1966年出生在東不丹,由十六世噶瑪巴認證後,六歲昇座、十歲時由楚璽仁波切授戒出家,具足比丘戒,目前是本塘洛札‧卡秋寺暨其各分寺的住持。本文係於2010年7月7日與28日仁波切於台北的寧瑪洛札卡秋達瑪諦諦學佛會以藏文口述,經索南‧倫珠先生口譯後,由本書譯者劉婉俐謄寫整理、稍加潤飾而成。

　　第一次見到法王是在1972年,我大概七、八歲大,那時剛好是第三世不丹國王過世,要舉行火化的時候。在本塘‧庫杰舉行火化的那一天,十六世噶瑪巴、頂果‧欽哲法王、不丹的傑堪布尼瑟祖古等人,應不丹政府的要求前來。周遭有很多接待賓客的房子,我那時候很小,待在一個祖古的小房間裡,在一個竹圍籬的院子裡,有一群喇嘛在門口等候,我突然看到一個非常高大的人走進來,旁邊兩位僧人的高度,只到他的胸口,他的雙手靠在他們的肩膀上,我很驚訝怎會有那麼高大的人。我不記得當時接受過法王什麼法,但個頭這麼高大的人,是我對法王的第一印象。

　　幾個月後,我被帶到了廷布,到了法王的住所德千‧秋林王宮,裡頭有一小間法王住的房間。在法王房間裡,我的隨從請求法王,為我建立第一次的法緣,我當時不知道那是什麼,後來才知道是北伏藏長壽法的皈依與《持明總集》的長壽灌頂,這兩個法是我與法王的第一個法緣。我的隨從僧人也請求法王,為我寫下了一個長壽祈請文。

　　那時我在廷布附近朝聖，因為沒有車子，只好徒步來回。去朝聖的地方在廷布郊區，如當波・加瑞（Tango Cheri，噶舉派的寺院，有馬頭明王殿等著名景點）等地。在傍晚的回程時，路上突然有部車子停了下來，是法王搭乘的座車，他下車跟我的隨從講了一下話後，車子就開走了，沒多久就回來了一部空車，把我載了回去，是法王派車子來接我回廷布。

　　1973年，我八歲時，在不丹、印度的邊界，一個叫桑則（Samtse）的地方，敦珠法王傳授了《貝瑪林巴伏藏法》，請法的施主是不丹的太王太后朋措・秋准。接受灌頂的有很多人，包括多・竹千法王、頂果・欽哲法王、紐修堪仁波切等。在敦珠法王灌頂之後，頂果・欽哲法王、多・竹千仁波切等人，會親自下座幫其他人灌頂，我也在其中受法。中午用餐過後，頂果・欽哲法王會傳授自己所寫的《欽哲・確吉・羅卓傳記》唸傳。在印象中，欽哲仁波切戴著墨鏡坐在上方，其他受法者坐在底下，他不一會兒就會看著我，我心想：「仁波切在注意我，他很慈悲。」我有這種感受和感覺。

　　1974年，在廷布的札西・秋宗，因普那卡寺的僧眾請法，康祖仁波切傳授了兩個月的《聖壇城金剛鬘》（Kyilchok Dorje Trengwa）灌頂。在那段期間，法王也常在另外的時間內傳法。通常是早上十點開始灌頂，十點以前法王會傳其他的法，傳特別的法給我和其他幾位小祖古，如冉江仁波切、達冬祖古（Datong Tulku）等。因為法王的房間很小，他坐在床的一角，床有空的地方，都坐滿了小祖古。在傳授持明吉美・林巴心意寶藏的《龍欽心髓根本續》時，灌頂的甘露用的是橘子汁，法王會把橘子汁分在大家的手掌心裡。有一次，在灌頂時王后來了，頂

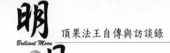

果‧欽哲仁波切、康祖仁波切、冉江仁波切和我，都到外頭等候，這時來了一團身穿錦緞的人，其中一位就是王后。

在《龍欽心髓根本續》的灌頂結束時，圓滿法會時，法王特別結緣，送給我三樣東西，除了龍欽巴與吉美‧林巴的不共法照之外，還給了《龍欽心髓根本續》的法本。此法的吉美‧林巴有特別的畫法，那個法照我到現在還保存著。印象中記得不是很清楚，但隨從後來告訴我說，因為龍欽心髓屬於欽哲傳承，特別強調利美的精神，法王還告誡說：「這個傳承一定要對其他教派保持清淨的信心，不可以有教派的分別。」

我想，一定是法王特別慈悲，在當時特別傳授了「心性直指」，經常要我們去找心在哪裡？我有時回答說：「心像花朵，心像草原。」往往在每天灌頂前，都要被問「心是什麼？」有時我不知怎麼回答才好。因為法王教授了心性，就要我的侍者在晚上看著我打坐，有時坐著、坐著我就打瞌睡睡著了，笑說這可真是在打坐。因為教授了心性，第二天早上要被詢問，所以法王就要侍者看著我晚上回去後要實修。沒人請求「心性直指」的法，但是法王慈悲、特別教授了此法。

那年冬天，在希溪楠新建了一座寺院，法王傳授了《四部心髓》。當時擔任法王事業金剛的烏金‧賢遍後來告訴我說，除了《四部心髓》，法王也傳授了他的全部心意伏藏。在灌頂時，我清楚地記得一件事，那時在我父母和寺院之間發生了一些問題，父母不讓我待在寺院裡，有一天，我父母去見法王，仁波切就告訴我父母說：「要把孩子送到寺院，最好孩子要留在寺院裡。」

另外還發生了一件事。在灌頂的那段期間，法王會吃糌粑，他做了一個很大的糌粑團送給我，我很高興，正想好好享用時，不巧在路上遇到了幾位僧人，硬要

跟我分享這塊大糌粑，我一生氣，就把糌粑丟進草叢裡，那些僧人知道這糌粑的可貴，隔天還特地到草叢裡去把它找了回來。

那年灌頂後，我有幾年時間沒見到法王。在灌頂之後，我回到了本塘。在1977年夏天，法王在帕羅傳授《寧瑪十萬續》，接受灌頂的，有康祖仁波切等人。法王也特別傳授了《上師精髓》（Lama Yantig）、《智慧上師》（Yeshe Lama）、《龍欽心髓八大持明幻輪法》（Longchen Nyingthig Rigdzin Gya Tsa Trulkor　譯注：幻輪即為氣脈修持法）等。每天在口傳之前，法王會傳一個秋林伏藏法的灌頂，在秋林伏藏中的《秘密心滴金剛薩埵》（Sangtig Dorsem）灌頂，是根據一個寶瓶來傳授金剛薩埵的。那時候，法王也經常派我們這些年輕祖古，去給大批信眾灌頂。

1977冬天在尼泊爾祖古‧烏金的噶寧‧謝竹林，法王傳授了《秋林新巖藏》的全部口傳和《四部心髓》。那時在波達納斯有一位在當地住了很久的中國喇嘛（是管理波達大佛塔的華僑），他請法，法王就傳授了《北伏藏三成就法》（Changter Drubkor Namsum）、《幻化網》（Gyütrül Drawa）的講解、和《智慧心要》（Yeshe Nyingpo）。

在尼泊爾傳授秋林伏藏法時，有時法王會戴上班智達帽，看著法王的莊嚴樣貌時，我心想龍欽巴大師應當就是這個樣子的。在秋林伏藏灌頂之後，仁波切對大眾開示，雖然內容我記得不是很清楚了，但感覺十分讚嘆；因為法王開示時，完全不曾停頓，非常流暢、就像念經一樣。我只記得一句話，就是法王說：「如果我還活著的話，這些就當做是勸告，如果我去世的話，就當做是忠告。」

在《秋林新巖藏》灌頂時，其中有一部份，在開始要演《師君三尊》的戲劇，這是秋林伏藏法裡的一個劇本，由蓮師所傳授，並授記說若在將來搬演此戲，必能使教法興盛、國泰民安。每個人都扮演了不同的角色，各有各的台詞。

當中，由頂果·欽哲仁波切扮演蓮花生大士；佛母康卓飾演的是伊喜·措嘉；楚璽仁波切是寂護大師（堪千菩提薩埵）的角色。因為請法的人是秋吉·尼瑪仁波切，他就扮演國王赤松德真。宗薩·欽哲仁波切飾無垢友；吉噶·康楚扮毘盧遮納；卓千·貝瑪·仁津扮演佛密（Sangye Sangwa）；企凱·秋林和冉江仁波切則分飾王子木赤·贊波（譯注：Mutri Tsenpo，即赤松德真王的次子木若·贊波Murub Tsenpo；長子木內·贊波Muney Tsenpo在位兩年後被其母親毒死，木若即位後即著名的藏王熱巴堅Yeshe Rolpa Tsal，後人常將他與其弟木帝混淆）和王子木帝·贊波（Mutik Tsenpo）；和札珠仁波切（Zatrul Rinpoche）飾演的玉札·寧波；而我擔任的角色是南開·寧波。正煩惱不知如何表演、要怎麼講述演戲的台詞時，去問法王，法王就在胸前比畫了一下，說道：「你做這樣的手勢，然後乘著日光飛行這樣子。」

正式表演時，表演的內容依序是國王赤松德真邀請寂護大師入藏，寂護大師表演了傳法。在啟建桑耶寺時，有魔鬼作亂，於是寂護大師建議邀請蓮花生大士前來，頂果·欽哲法王便飾演蓮花生大士，在蓮花生大士來了之後，就把所有的邪魔都降伏了等等。再來，是寂護大師第一次傳授七位出家人（七試士）的戒律，堪千貝瑪·謝拉、賈瑟仁波切、確吉·托賈等人都在其中。除了出家外，也表演辯經，這七位出家人撰寫了經論的釋疏，法王把他們撰寫的內容都放到勝幢頂上。

因為宗薩欽哲仁波切表演的是無垢友，他就傳法等等。在傳法時，札珠仁波

切的台詞是：「Kaka Pari Kaka Pari？」（「你怎麼還在傳這個法？」，意指你應當傳大圓滿法等高階的法要。）

宗薩欽哲仁波切就回說：「Datin Datin！」（梵文意指「時機還未成熟呢！」）

再來，由貝瑪‧仁津表演佛密，同樣表演了傳法。吉噶‧康楚是大譯師毘盧遮納，他表演了翻譯。

剛好那段時間也有八大嘿嚕嘎的法，法王便將八大嘿嚕嘎的法，分傳給不同的弟子。記憶中我們都到法王面前去受法，法王特別給佛母傳授了普巴杵，其他人則給了哈達，代表接受了八大嘿嚕嘎的不同法教。

後來，在印度迷拉敦的敏珠林寺，法王傳授《大寶伏藏》的灌頂時，也表演了同樣的內容。

1978年夏天，我十三歲時，在大吉嶺的甘珠爾仁波切寺院，法王傳授了《寧瑪教傳》（Nyingma Kama）的灌頂。在灌頂期間，甘珠爾仁波切也請敦珠法來傳長壽灌頂。上面坐著敦珠法王，底下坐著很多仁波切，頂果法王也在座。在長壽灌頂結束之後，他們兩人像是在開玩笑似的，敦珠法王一邊談笑著、一邊做著彈指的動作，好像在辯經一樣。法王沒有回答，只是合十微笑看著敦珠法王。

1978年冬天，回到不丹後，法王陸續在帕羅、普那卡等地，傳了《寧瑪教傳》的口傳，我也接受了口傳

1979年，在不丹的德千‧秋林，在法王住居的院子裡，他傳授了《四部心髓》的全部灌頂與口傳，雖然我對內容不是很清楚，但法王幾乎不需要看法本，所

有的灌頂幾乎都可以背出來，因此我的內心對法王產生了更大的信心。除了灌頂之外，法王也特別講解了索波・滇達（Sokpo Tendar）對《功德藏》的釋論，與堪布賢嘎根本上師烏金・天津・諾布所著的《極樂淨土祈願文》釋論。

在那段時間，我看到法王面前的小桌旁擺著兩個小法本，當時我正在聽聞米滂仁波切《智者入門》（Khenjuk）的釋論，講授的上師是洛本策滇。當晚我就做了一個夢，夢見法王把這兩個法本送給我。果然第二天早上，法王就把法本送給了我，夢境成真，我心裡非常高興。

那一年冬天，在不丹的帕羅・薩參，康祖仁波切請法，法王傳授了《七品祈請文》的灌頂。在灌頂期間，康祖仁波切有點不舒服，看起來不太對勁，法王立即把手上的戒指取下送給康祖仁波切。原本法王的無名指上戴著的，是欽哲・確吉・羅卓的戒指，應該不是這個戒指，而是另一個戒指。

在朋措林的寺院，同樣是康祖仁波切請法，法王傳授了桑傑・林巴的《意寶藏總集法》（Gongdu）的全部灌頂與口傳等，也傳授了娘・熱・尼瑪・沃色的《八大教誡：善逝總集》（Kagyé Deshek Dupa）灌頂，總共十五、十六天的時間。

同時，除了公開的灌頂之外，他也特別傳授了祕密的命灌頂，只有康祖仁波切、我等少數幾人受法。灌頂的內容，幾乎都是法王憶起傳授的，這讓康祖仁波切等人很驚訝。法王也帶領僧眾，特地為康祖仁波切與噶瑪巴的長壽，修了除障法，連修七天，由法王親自主法領誦。

1980年猴年時，在本塘・庫杰寺，舉辦了《蓮師十三法》（Sampa Lhundrup，另譯《遂願任運成就》）的大薈供，修了十天的法，並供了十萬盞

燈。期間，因宗薩寺僧眾請法，法王給了《七品祈請文》的灌頂。當時我住在賈嘎拉康，從那裡可以看到未來要建寺的地點，就邀請了法王來，請示法王那個地點好不好。法王說這個地點很好，可以建寺。

在庫杰寺，同樣是宗薩寺的僧侶請求《甘珠爾》口傳。在口傳之前，法王也傳授了《成就法海》（Drubthab Gyatso），這是《成就法總集》中一部分的隨許灌頂。因堪布達瑟（Khenpo Daser）請法，法王傳授了吉美・林巴釋論《功德藏》的講解。早上會口傳兩小時的《甘珠爾》，下午法王自己禪修，則由星給・札波仁波切繼續給《甘珠爾》中「律部」的口傳。

下午五點在星給仁波切結束《甘珠爾》口傳之後，法王會傳授其他法教，開頭的一小時會被堪布達瑟佔去，因為他是位大堪布，有權利先行請教。他常拿著一大疊的法本，在法王房裡，法王坐在上面，堪布坐在地上，他翻著佛經一個一個問，法王不需要看，便一一解答。在一個小時之後，就傳法了。傳授的內容，有龍欽巴對《幻化網》的釋論《十方暗除》（Chokchu Munsel）講解、《智慧上師》的講解、米滂所著《隨念三寶經》釋論的講解、《八大持明幻輪法》、《三寶總集》的講解、《椎擊三要》、堪布雍嘉的《功德藏》釋論等等。這些都是晚上所傳的課程，每個人都可以請法。每次請法時，要先供曼達，所以每個人都得再唸誦四句的供曼達文。

1981年我在賈嘎拉康，佛像剛建好，請法王來開光。法王修了《金剛薩埵》的灑淨、開光，法王還送給我一支手錶當做禮物。

1982年，法王首度為達賴喇嘛傳法，所傳的第一個法是《智慧上師》。

1983年在庫杰，法王傳授了《寧瑪教傳》的全部灌頂，因宗薩寺請法，另外傳授了《解脫莊嚴寶論》（Dakpo Targyen）；還有蔣揚・欽哲・旺波的《甘露心要道次第》（Lamrim Dutsi Nyingpo）的仔細講解、若那・林巴的《普巴金剛》灌頂與口傳、傑炯仁波切的《蓮花密髓》（Padma Sangtik）等。

灌頂期間，我請法王到建寺的地點康卓・桑南（Khandro Sanglam），給動土的地加持、灑米灑淨，法王傳授了一個湯東・賈波的長壽灌頂。他將寺院命名為「敏珠・嘎滇・敦炯林」（Mindrol Gaden Dudjom Ling），這原是五世達賴喇嘛的寺院名稱，法王加上了敏珠兩字，成為此寺的名稱。他還為寺名撰寫了四句的偈頌，這個偈頌是個授記，現在都一一示現了。裡面提到了咕嚕敏珠等等，後來我們能夠邀請達隆・哲珠仁波切傳授《大寶伏藏》的全部灌頂與口傳。當時根本沒想到這些，也不知道這就是預言。詩句中還提到了講修法林，現在寺院裡有講經的佛學院，也有閉關實修的部分，這些都是法王詩句中所言的內容。

我一路跟隨法王到帕羅、普那卡等地，接受了《寧瑪教傳》的口傳。尤其在基丘，法王傳授了廣軌的《智慧上師》講解。同一年1983年的冬天，在朋措林寺，因止貢法王請法，法王傳授了《教訣藏》（Damngak Dzö）的灌頂、口傳、講解，和《幻網續》（Gyu Sangwa Nyingpo）、《十方暗除》釋論的講解等。

之後在菩提迦耶，法王計畫興建佛塔時，在菩提樹下傳授了菩薩戒。同時，天噶仁波切在主修十萬遍的《普賢行願品》，法王有幾天特地前去主持法會。

後來法王從菩提迦耶到了新德里，在西藏流亡政府的邀請下，於「西藏之家」為一些外國人開示《前、中、後三善道》，這是依根本頌講解的。當時辦公室的主任是格魯派的朵本仁波切，他看到法王講解時，根本沒有翻閱佛經，一直講述

沒有停頓、非常流利，因此對法王十分信服，變成了法王的真正弟子。

1984年在尼泊爾的雪謙寺，法王傳授蔣貢‧康楚的《廣大教訣藏》（Gyalchen Kadzo）口傳、和蔣揚‧欽哲‧旺波的心意伏藏《三根本光明心髓》（Tsasum Özer Nyingthig）。晚上則傳授吉美‧林巴的《龍欽心髓八大持明幻輪法》。

在傳授《廣大教訣藏》時，法王也修了《金剛薩埵甘露成就法》（Pawo Chikdrup）的甘露法會。修法的人只有幾位，包括宗薩‧欽哲仁波切、法王侍者才旺‧倫珠（Tsewang Lhundrup）、法王秘書祖古‧貢嘎等；法王主法，我幫忙敲鑼。晚上因此貢法王請法，法王傳授了《智慧上師》的講解。

在雪謙寺傳法之後，法王原本的計畫是要去法國，但突然回到不丹。我從揚唐仁波切口中得知，法王說不丹的情勢不妙，於是改變行程，先到不丹去。那時沒有飛機，當搭車到了位於廷布、朋措林、與帕羅的三叉路口，一個叫做秋宗的地方時，法王特地指派木雅祖古，請到基丘去探看一尊蓮師像，要他仔細察看佛像的前、後、左右是否有問題。木雅祖古認為法王是一位偉大的成就者，事出必有因，就帶了幾位隨從前去查看，結果發現佛像的後面被老鼠咬出了一個大洞，已經快到裝臟的位置了。發現之後，就回去稟報法王，不丹出問題的原因就在這裡。於是法王到了基丘，協助佛像重修並予以灑淨、開光。他還修了鎮壓邪魔的壓制魔王法，叫做「貢波‧阿迭」（Gonpo Ate）。王太后知道此事之後，對法王有了比先前更大的信心，因為法王這麼慈悲，沒有請求就自動修了法。

這些鎮壓邪魔的法，非常嚴格，只能修一次而已。若修超過一次以上，對修法上師的壽命會產生障礙。但法王並不管這些，修了好幾次。王太后因為法王為不丹做了這麼多事，非常感激，就贈送了一輛賓士轎車給法王。

1984年的夏末，我去參加了在普那卡的《勝樂金剛》的竹千法會。在這期間，法王單獨給我和冉江仁波切兩人傳授了《智慧上師》的講解，沒有文字、也沒有法本，是法王將自身的經驗傳給了我們倆。

從法國回來後，那一年冬天，在帕羅的王宮前面，法王舉辦了吉美·林巴著作《全集》的口傳，也傳授了《龍欽心髓前行法》的廣軌講解。晚上他給幾位親近弟子，特別傳授《八大持明幻輪》。法王還傳了噶舉派的一個法，是竹巴·噶舉的卓恭·蒼巴·賈瑞（Drogon Tsangpa Gyare）的《緣起七法》（Tendrel Rabdun）。主法者必須戴著「緣起帽」，所以法王就戴起了「緣起帽」，傳法的主要內容是關於金剛師兄弟的緣起，分派了七個師兄弟，來當金剛師兄弟。在那段時間的晚上，則傳授《椎擊三要》。

1984年的冬天，雖然我沒去參加，在格列浦法王傳授了貝瑪·林巴《全集》的灌頂與口傳。

1985年冬天，達賴喇嘛在菩提迦耶舉辦《時輪金剛》的灌頂，法王也去參加了。灌頂的法座安排，是達賴喇嘛在中間，下面的座位右邊依次是薩迦·貢瑪、甘丹赤巴、止貢法王。左邊依次是頂果·欽哲仁波切、格魯的達隆·夏炯、敏林東瑟（法王子）。在時輪金剛灌頂的最後，是一個「金剛上師」的灌頂，出現了一個特殊的情景。達賴喇嘛的右邊是薩迦·貢瑪、甘丹赤巴這樣排了一圈，在繞行一圈的時候，原本是主法上師頭上有傘蓋，當達賴喇嘛下來繞行時，我恰好看到傘蓋放到頂果·欽哲法王的頭上，聽說是達賴喇嘛特地放的，在「金剛上師」灌頂時，這樣的景象頗為特殊。

我的親教師認為有一幅唐卡要請達賴喇嘛蓋手印，一般人沒辦法接近達賴喇

嘛。我便請求法王帶了唐卡去，達賴喇嘛不僅蓋好了手印，法王也向他提到我的事情，並表示以後若我去找達賴喇嘛，達賴喇嘛已經知道我是誰了。

從菩提‧迦耶回到尼泊爾後，在法王的房間裡，法王從堪布‧貢嘎‧旺秋接受了《成就法總集》（Drubtah Kundu）的灌頂與寂天菩薩《學集》（Labdu）的全部口傳；堪布‧貢噶‧旺秋則從法王接受了索波‧滇達的《功德藏》釋論。

在尼泊爾時，楚璽仁波切談到了最初見到頂果‧欽哲仁波切的緣起。那是在1961年，敦珠法王在印度的卡林邦傳授《寧瑪教傳》灌頂時，有位大堪布叫波羅堪布，坐在中間的席次，與楚璽波切的座位面對面坐著；有一天，在波羅堪布（Khenpo Polo）的上方突然擺了一個空位子，他有點好奇，心想今天不知是誰會來，一問之下，說是有一位頂果‧欽哲仁波切要來，之後就進來了一位個子很高大的人，坐在前面。因為兩排相對，楚璽仁波切一見到頂果‧欽哲法王時，內心就自然生起了一種不共的虔誠心，自然想要依止他為根本上師，但想要確認可不可以、怎麼去跟他接觸，於是就去請教敦珠法王這件事。敦珠法王立刻告訴楚璽仁波切說：「當然沒問題！他一方面是精通一切經續的學者，另一方面也是修行通達的大成就者，當然可以依止他。」還推薦說：「若有機會的話，就向他請求他自己的心意伏藏、特殊的長壽灌頂，試試看能不能請到這個灌頂。」

因為楚璽仁波切之前沒有接觸過頂果‧欽哲法王，想看看有沒有適合的機緣，碰巧發現在灌頂期間，頂果‧欽哲法王有時會去見另一位仁波切，到前世噶陀‧溫珠仁波切（Kathok Ontrul Rinpoche）的房間去拜訪他。於是楚璽仁波切就告訴溫珠仁波切說：「當頂果‧欽哲法王來的時候，麻煩請通知一下，我要請他來家裡、跟他見面。」有一天頂果‧欽哲法王來了，溫珠仁波切就派人去告訴楚璽仁波切。

　　楚璽仁波切立刻趕了過去，請頂果・欽哲法王到他的住處，當他們第一次私下碰面時，先話家常，楚璽仁波切告訴法王他自己的故事，一說完，頂果欽哲就說：「我是結婚的，不像你是位出家人。」兩人聊著，因為楚璽仁波切原本就想要請法、締結法緣，便請頂果欽哲法王講解龍樹菩薩的《勸誡王頌》，法王答應了。

　　楚璽仁波切請法王到他的住所去，但頂果法王說：「你不用下來，我到你的住所去。」因為卡林邦位於山區，地勢高低不平，法王住在山下，楚璽仁波切的住處在比較高的地方。每次講解時，法王都上到楚璽仁波切的住所來講解；同時也請到了涅傳承的普巴灌頂；於是講完《勸誡王頌》之後，就陸續傳授了《涅普巴》和《蓮花長壽心髓》的灌頂。在那段時間內，楚璽仁波切也向法王請求將來在尼泊爾傳授《甘珠爾》的口傳。

　　那時在尼泊爾還有另一件事，有天早上來了位看起來不甚起眼、穿著破爛老舊的人，法王接受了他的口傳，我也不以為意，沒想到要跟著法王接受口傳。後來才知道他就是偉大的堪布昆帕（Kunpal）的入門弟子，堪布昆沛是巴楚仁波切的直傳弟子與傳記作者。他看起來個子小小、衣服破舊不堪，法王從他那兒接受的是《巴楚仁波切自傳》的口傳。

　　1986年冬天、藏曆元月時，從隆德寺來的年巴仁波切等人請法，法王傳授了《七寶藏論》的口傳。那時我正計畫要去印度的比爾，聽堪布・貢嘎・旺秋講授《俱舍論》，便先到法王那兒，請法王傳授米滂仁波切所著的《俱舍論》釋論；除此，法王也傳授了《中觀莊嚴論》的釋論，並特別提到這是《俱舍論》的釋論之一，通常在傳授《俱舍論》釋論時，也會一併講授《中觀莊嚴論》。

　　夏天時，法王受達賴喇嘛的邀請到達蘭莎拉去，因為達賴喇嘛請法，約有

一個月的期間，達賴喇嘛私下接受了法王的許多法，傳法的內容不公開。傳法之後，法王特別請達賴喇嘛傳授了五世達賴喇嘛的淨相法《八大嘿嚕嘎》。我也幸運地一起接受了此法。

法王原本要特別介紹我給達賴喇嘛認識，叫我準備好哈達，但第二天早上法王想想，覺得不妥，因為還有其他的仁波切在，若單獨帶我去，感覺不太好。剛好那天早上，達賴喇嘛的私人秘書達朗仁波切來找法王的時候，法王就幫我引介了，那天我就沒有去拜見達賴喇嘛，但法王說他會特地告訴達賴喇嘛，以後去找達賴喇嘛時，他就知道是你。因為這個因緣，在法王圓寂之後，當我去拜會達賴喇嘛時，達賴喇嘛說我知道，法王有提過你。

那年冬天在印度的貝諾法王的寺院，法王傳授了米滂仁波切著作《全集》的灌頂與口傳、《續部文殊》的灌頂、巴楚仁波切的《全集》、龍欽巴大師的散文、索南・秋竹所作的《入行論》〈智慧品〉釋論等。

當法王在南印度傳米滂仁波切的《全集》時，敦珠法王在法國圓寂了，所以中間要前往法國。我在那段時間正在聽聞〈智慧品〉的講解，法王要從貝諾法王寺院離開去機場時，法王帶了幾位仁波切，要我也一起去，我回說因為在聞法不方便離開，但法王說你已經從堪布・貢嘎・旺秋聽聞過了，先到機場去，這幾天在那一帶逛逛就可以了。所以法王就帶我去了機場，然後去了法國，我就在附近住了幾天，沒有再接受〈智慧品〉的講解。

1987年在尼泊爾，雪謙寺完工，根據教傳的《措千度巴》（Tsokchen Düpa）舉行竹千法會。法王是請法的施主，請楚璽仁波切來主法，灑淨、開光。楚璽仁波切擔任金剛上師，依照《大悲如來總集》的儀軌舉行了開光。楚璽仁波切特地從索

魯孔布山上的寺院，帶來了兩百位尼師參加法會、修觀音法，我聽說這些尼師都是專修六字大明咒的行者，每位至少都持誦了數百萬遍的六字真言。

在開光之後，法王從貝諾法王處，接受了仁津・貝瑪・聽列所作的九乘次第《經集總集》（Dupa Dowang）的灌頂。

那時創巴仁波切在美國圓寂，法王去了美國，我並沒有跟去，直接回到了不丹。夏天時，法王接受不丹王太后的邀請，為本塘・庫杰的「八大嘿嚕嘎」、「意集」、與「普巴金剛」三大佛像（Ka Gong Phur Sum）修法開光、裝臟。另一方面，法王從貝雅仁波切接受了蔣揚・欽哲・旺波著作《全集》的口傳。在裝臟的時候，我也一起幫忙；順便邀請法王到我的寺院去，因新造的蓮師像剛完工，請法王裝臟，法王除了裝臟之外，也為我祈福，傳授了《度母》的灌頂。

那年在基丘《光明燈祈願法會》（Marme Monlam）的竹千法會時，法王表示出很難過的樣子，還流了淚。在祈願法會結束之後，我跟隨法王回到了法王的房間。

法王對我說：「你們要長壽。」

但我對他說：「應該是法王要長壽，我們將壽命全獻給您、您要長壽，這樣才是最適當的。」

法王卻說：「應該是你們要長壽，所以今天在法會時，我特地為宗薩欽哲仁波切、冉江仁波切和你三人，做了特別的祈願。」

1988年夏天時，法王去了康區。經香港轉機，我也跟去了。到香港時，法王給了我港幣四百元當禮物，說：「你不要待在這裡，去逛街。」所以我就帶了四百元去逛街。

在前往康區的雪謙寺之前，會先到成都。在去雪謙寺之前，法王先到北京與班禪喇嘛碰面，接受了《大威德金剛》的灌頂。從北京回返，經成都往雪謙寺，在經過一個地方叫揚雅（Yangna）時，法王講述了自己的生平故事。

在雪謙寺，修了七天的《上師密集》（Lama Sangdü）竹秋法會。在初十那天跳金剛舞，並傳授了《四部心髓》、迭達‧林巴的伏藏法《如意寶瓶》（Döjo Bumzang）的灌頂等。

當法王傳授灌頂時，依法王的指示，由宗薩‧欽哲仁波切給予口傳；另外，宗薩‧欽哲仁波切也給了《大圓滿三部》的口傳。法王並要求冉江仁波切與我，負責給米滂仁波切《全集》中十函佛學典籍釋論的口傳。其他法王所去之處，不管在宗薩寺、噶陀寺、白玉寺、德格等地，其他的地方皆有記載，在此就不贅述了。

從寺院回到成都後，因貝雅仁波切、生嘎仁波切的請法，法王在飯店房間裡傳授了《時輪金剛》的灌頂；堪布桑唐（Zamthang）並把自己所著的覺囊派「他空見」釋論給法王口傳。

1989年法王在不丹本塘‧庫杰，我請法王到我的寺院灑淨、加持蓮師像，當時法王傳授了《上師密集》（Lama Sangdü）的灌頂。剛好是我犯太歲的前一年，所以法王為我傳授了五世達賴喇嘛的長壽法，叫做《召請長壽精華》（Tsedrub Dangma Chudren）。晚上，法王在傳授護法的命灌頂時，據說在外面可看到屋頂上有一個很大的火球滾動著。

之後，法王回到了尼泊爾，傳授《大寶伏藏》，並從天噶仁波切處，接受了《丹珠爾》的全部口傳。在天噶仁波切口傳的期間，法王也傳授了《時輪金剛》的灌

頂，壇城的規制、供物等，全是請天噶仁波切安排布置的。在傳法時，當提到欽哲‧確吉‧羅卓的名諱時，法王掉下了眼淚。

那時的灌頂是很嚴格的，在灌頂之前，法王會仔細看看在座有哪些人，然後指名叫某人出去，當時坐在我身旁的一個人被請了出去，我心裡怕怕的，不知道自己會不會是下一個，還好沒被叫出去。

接著在不丹的德千‧秋林王宮，因揚唐仁波切請法，法王傳授了自己的心意寶藏全集灌頂。我也請求了多‧欽哲‧耶謝‧多傑的心意寶藏《執著自解》（Dzinpa Rangdrol）。

之後，回到了尼泊爾，法王傳授雪謙‧嘉察的《全集》、和伏藏師賈村‧寧波的《賈村六函》的灌頂。晚上則傳授《傑尊心髓》。

1990年，法王最後一次返藏，因為桑耶寺邀請法王去灑淨，那天用《敏珠林金剛薩埵》法來灑淨。當時桑耶附近有戶人家叫做Meme Tashi（Meme是老人之意），在灑淨時帶來了一些東西，是寂護大師的頭蓋骨、蓮師的天杖、蓮師在山上留下來的足跡等。看到寂護大師的頭蓋骨時，法王掉下了眼淚，對我們說：「要好好把握這個時機祈願。」

那時我正計畫到桑耶‧青埔附近朝聖，去向法王說明此意。法王大概是預知冉江仁波切妹妹（將意外過世）之事，要我好好照顧冉江仁波切的妹妹，帶著她一塊去朝聖。

因我是個出家人，心裡覺得很奇怪，為何法王會要我好好照顧冉江仁波切的妹妹？但因為法王這麼說，我就照辦了。那次冉江仁波切沒有一道去，所以第二天一大早，我就去敲她的門，帶著她四處朝聖。因為天天跟著一個女孩子出門，有些人就打趣我說：「怎麼樣？每天有女孩子陪著你？」

　　法王第二次返藏回到康區時，主要目的是為了帶宗薩・欽哲仁波切回宗薩寺。這一次到桑耶寺，主要目的則是為了帶我回本寺洛札・卡秋寺（Lhodrak Kharchu，南山堡河之意，山上自顯出勝樂金剛的形像）。因為卡秋寺位於邊界，沒辦法去成。但法王說，這次沒去成，以後你自己帶著地圖去。後來我真的辦好了手續，去了一次南開・寧波的本寺。

　　之後，到桑耶與敏株林，法王在敏株林傳授《上師密集》的灌頂時，特地叫我到樓上的一間房間去，那是洛千・達瑪・師利（Lochen Dharmashri）終生傳授《幻化網》的地方，很有加持力，他要我們到那兒去唸完一遍的《幻化網根本頌》。

　　原本法王要去多吉札寺，但因路不通，沒辦法過去。多吉札寺的僧團就過河來，由法王傳授了《蓮師七品祈請文》的口傳，之後就到北邊的熱振寺。在敏株林寺時，因為我帶著冉江仁波切妹妹才玲・旺嫫（Tsering Wangmo）去朝聖。一進門有一幅蓮師的畫像，據說這幅蓮師像是會說話的，因為我當導遊要幫忙解說，才玲・旺嫫就問我說：「蓮師說了些什麼？」我對蓮師說了些什麼並不清楚，就隨口開玩笑說：「蓮師說：『辛苦了，肚子餓了嗎？』」冉江仁波切的妹妹回去後報告法王，法王就說：「沒有錯，他就是這麼說的，因為迭達・林巴從寺院出來跳完了金剛舞，一回去蓮師就對他說：『辛苦了。』」至於肚子餓是我自己說的，剛好被我說中了。

　　到熱振寺，是因為熱振寺的住持邀請法王去，那兒有一尊阿底峽尊者請來的文殊像，叫做文殊金剛（Jowo Jampal Dorje），這尊文殊像非常尊貴、殊勝，因

為是阿底峽尊者親自請來的。熱振寺的新寺剛完工，請法王去開光、灑淨，很奇妙的是，所有壁畫上的佛像都流出了甘露水，其他地方看不到，只要有佛像的地方就有水。當我們向法王報告這件事時，法王並沒有理會，只淡淡地說：「是這樣子啊？」

突然，熱振寺的僧團請法王傳授《修心七要》，要找法本，卻遍尋不著，在沒有法本的情況下，法王就直接開示。

之後，法王到不丹的帕羅閉關，在閉關期間的晚上法王傳授《傑尊心髓》的講解，有十五、六天。我覺得那段時間的講解與開示，真正最受用。因為時間很充裕，可以一邊聽課，一邊有機會實修。

之前，我對法王比較敬畏，不敢隨便進入法王的房間，若非講法的時候，一般時候是不太會去的。但這時，我就不再有這種畏懼的感覺。去見法王的時候，內心總是很高興，不會怕怕的。最好的事是每次吃飯時，我就帶著飯到法王的房間吃，法王也會跟我聊天。當晚上九點鐘我要離開時，法王就說：「九點不能離開，要到十二點喔。」要陪法王聊天到十二點；甚至法王從客廳到臥房，或在床上做課誦時，也會一邊唸誦，一邊和我聊著。總之，那段時間我覺得最有收穫的，就是《傑尊心髓》的講解。

在那段時間裡，我們聊了很多話題。剛好聊到達賴喇嘛的事情，這些話法王幾乎從未對別人提過。有一次，達賴喇嘛對法王說：「大圓滿法應該是一邊看法本，慢慢地邊看邊看，就可以了悟的。」

法王就回說：「您說的也是，看法本、讀大圓滿的經文就可以。不過，一邊看法本，一邊內心生起強烈的信心、虔誠的信心，然後修上師相應法，就能夠證悟。」

因為達賴喇嘛比較直率，就反問法王：「您是這樣子開悟的嗎？」

法王回答說：「不能說是，也不能說不是。」

前一晚說過這麼一番話後，法王就回房間去了。

第二天達賴喇嘛開示時，當法王一坐上法座後，達賴喇嘛就對法王說：「您說的沒有錯。」達賴喇嘛突然冒出這句話，一時之間法王不知如何回應。於是達賴喇嘛就解釋道：「昨天晚上，我做了一個夢，兩位親教師林仁波切、赤江仁波切和您平起平坐，兩位親教師沒有說話，您睜大眼睛瞪著我、做出祈剋印指向我，大聲說了一個 呸 字。」

達賴喇嘛問：「這樣是不是開悟了嗎？」

法王回說：「是的。」

當時法王要我不要把這些話告訴別人，但法王已經圓寂了，我想這已是一段歷史，說出來應該無妨了。

本塘有座貝列山，法王到山上時，經常會在山上修煙供。有一次，法王坐在車上唸誦《山淨煙供》。他坐在車子裡喝茶後，就把杯子交給我，要我喝茶，我不敢直接就口喝，把茶倒在手掌上，法王就說：「直接喝吧！」當我喝完茶之後，正想把茶杯擦一擦時，法王就說：「不用擦了，直接倒茶就好了。」就在這麼交替喝茶時，被冉江仁波切發現了，就問說：「你們兩個師徒在做什麼？」

1991年法王到帕羅閉關，閉關期間是禁語的，其餘的時間就傳授《本尊總集百法》（Rimjung Gyaltsa），這是法王從卡盧仁波切接受此法的灌頂，但這個法沒有傳完、只傳了一部分。同時，法王也傳授了自己的心意伏藏《蓮花長壽

髓》（Pema Tse'i Nyingtik）的講解。那段期間，法王也為幾位弟子傳《八大持明幻輪法》；當時法王叫我閉關，修貝瑪・林巴伏藏法的《上師寶海會》（Lama Norbu Gyatso），所以我沒去參加。

宗薩欽哲仁波切、冉江仁波切、達波仁波切和我打算供養法王長壽曼達，便一起修了《無死聖度母心髓》（Chime Phagma Nyingtik）的儀軌，修完之後，到法王那兒去獻上長壽曼達。因為法王在閉關禁語，就想出了一個辦法，在紙上寫下一句話：「實修長壽有成就，三年內不會死。」給來的人看。因為我們已經修完長壽曼達儀軌，在法王的房間獻供，一如往常般，法王先一一接受了四大部洲與身、語、意的曼達後，還寫下了身、語、意的偈頌，內容大約是說諸佛上師正法聖眾，常住世間等等。一般來講，身、語、意的代表物是由自己領受，但法王在接受之後，又將身、語、意的曼達回贈、分享給獻供的人。因為法王寫了那句話，我們以為法王已經接受了長壽曼達，但法王回贈了這些曼達，實際上等於他並沒有接受。

在法王閉關的期間，我正好閉關結束，計畫要去瑞士。前一天去向法王辭行時，法王寫了給我的信，他把要告訴我的一些話寫在信上，並唸了一遍，說這信是要給我的。因為不能說話，所以在禁語期間就寫下這封信，他也送給我一個法本，是烏金・天津・諾布的開示錄。那時法王做了兩眼垂淚的手勢，我以為是隔天我要出國，法王心裡難過、所以掉眼淚的意思。但當時我坐在法王身旁，心裡不像過去一般，覺得十分哀傷。

當時是藏曆六月份，法王在紙上問說：「什麼時候回來？」

我答說：「大概是八月二十五日回來」。法王豎起拇指、沒再說什麼。

　　第二天當我要離開的時候，去見法王，獻上哈達、供曼達等。旁邊有一疊法本之類的東西，法王全拿來放在我的頭上，並說了四句的祈願文：「願心轉向法，願法無障礙，願修行順利，願道能成就。」說完後又祈願說：「願師徒能生生世世相見。」通常我去別的地方向法王報告時，法王並不會做這種事，但這次心裡的感受特別不一樣，特別難過。

　　法王的表情也好像大不相同。我一直看著他，他也是一直看著我。到了房外，剛好遇到了佛母康卓，佛母就陪我到院子裡，講了半小時的忠告，並送給我一百元，感覺上彷彿是密勒日巴的故事；在密勒日巴將要離開馬爾巴時，馬爾巴的佛母也是送到門口，給了很多忠告，記憶裡感覺十分相似。

　　在離開前往機場的路上，我坐在車子的前座，達波仁波切坐在後面，我的內心特別難過，心想是不是我出國就回不來了？是不是生命會有障礙？法王已經答應了三年不圓寂，怎麼會有這種感覺、應該不會有問題吧，我把這些複雜的心情告訴達波仁波切。達波仁波切安慰我說：「應該不是吧，不會有這種事的。」

　　當時不是直接去機場，是先到廷布，再從廷布去機場。第二天到帕羅機場後，法王還特地派了一個人到機場給我送了一條哈達。

　　到達瑞士後，我做了一個夢，覺得很奇怪，夢裡牙齒全掉光了；就問藏人，這代表什麼意思，他們說這可能是自己的親戚，舅舅、叔叔未來有問題，才會做這種夢。我記得還打電話問祖古・吉美，談到這件事，他們也感覺心裡空空的、渾不對勁。

　　我回到不丹時，剛好是藏曆八月二十五日，就是原來預定的日子。那天正好是法王十九日圓寂後，法體送到廷布宗的時候，所以回來時在札西・秋宗就看到

367

了。在國外的期間,曾收到一封法王寫來的信,我也寫了回信。冉江仁波切告訴我說,法王在圓寂之前,曾問過是否有收到我的信,問了三次。一聽到這件事,我心裡蠻難過的,回到自己的房間大哭了一場。

宗薩‧欽哲仁波切、冉江仁波切、祖古‧貝瑪‧旺賈、吉噶‧康楚、和我幾個人在不丹開會,商量以後轉世找人認證的問題。開會之後,決定要請楚璽仁波切來主持這件事;因為他們兩人互為師徒的法緣,而且楚璽仁波切是欽哲仁波切伏藏法的法主,是最適合的人選,所以第二天我們就去見了楚璽仁波切,楚璽仁波切也答應了。為此,楚璽仁波切認證了轉世,我衷心祈願這位轉世能圓滿成就欽哲仁波切的一切佛行事業。

18.〈啟建尼泊爾雪謙寺〉

楚璽仁波切

楚璽仁波切是頂果・欽哲的主要弟子、法友、與傳承持有者。下文是從他為欽哲仁波切二十五函《全集》所撰寫的索引中摘錄出來的。

伏藏師頂果・欽哲在秋久・林巴《八大教誡：善逝總集》的甚深《佛母命滴》中，由鄔底亞納的三世遍知者（譯注：指蓮師）授記如下：

「在末法時期，有一位蓮花加持的持明者，拉瑟・確吉・羅卓的最後一世稱為秋久・林巴，將示現悲智無二的的緣起幻化之行，此真實修道將廣泛流傳。那時，因緣起之故，偉大的怙主文殊師利將化現為嘿嚕嘎・噶旺・冬雅・林巴，出生在1910年金狗年；此幸運聖者具足一切，將受我鄔底亞納上師的眷顧。他將開啟許多甚深與廣大祕密伏藏之門，親自修持且弘傳這些伏藏予他人。屆時此伏藏將受福運加持。」

他在自己的伏藏《蓮花長壽心髓》中，也被授記如下：

「一位持守瑜伽戒律的化身，生性溫和、才智聰穎、具智慧、自信且禪修得力，是位能幫助末法時期眾生的持明者，猶如偉大班智達無垢友與赤松德真王般的智慧，圓滿本然證悟之力，是位威嚴與強力的勇父，法王冬雅・林巴・沃色・楚貝・多傑（Dongnak Lingpa Osel Trulpai Dorje）將在1910年金狗年誕生，具足勇父的徵相，專為弘傳此法恰如其份。」

圖二十八、頂果・欽哲仁波切與楚璽仁波切在尼泊爾的索魯孔布，1977年。
　　　　　瑪麗蓮・希弗爾史東攝

　　在1977年火龍年十一月四日，大伏藏師法王來到了我位於尼泊爾索魯孔布的寺院圖登・秋林。如我請求的，欽哲仁波切主要傳授了《幻化網文武百尊》的灌頂、《四部心髓》、《教訣藏》、《成就法總集》、他前期與後期的大部分甚深伏藏法、和許多其他口傳，並仁慈地待在我寺院裡，一派閒適，直到隔年的四月二十九日。

　　有一天仁波切的妻子來見我，說道：「仁波切不想蓋新寺院，但雪謙・冉江祖古現在十歲大了，若是能在尼泊爾蓋間小寺院讓他有個據點，是最好不過了。你能否仁慈地和仁波切討論一下這件事——我不敢開口！」

圖二十九、頂果‧欽哲仁波切攝於尼泊爾雪謙寺的一場竹千法會。馬修‧李卡德攝

　　因她的請求，我去見了仁波切，並獻上一個供養與絲哈達，我向仁波切提出了康卓‧拉嫫先前請我幫忙的提議。有半晌的時間，他只是盯著我看，然後說道：「拉嫫可能請你來問這件事。先前不丹的太王太后也給了我一些錢來建寺，但我把它用來印製《寧瑪十萬續》了。現在你已經建好了這座由達賴喇嘛命名的圖登‧秋林小寺院。」接著，他大聲笑了出來，嘲弄我說：「我年輕的時候，從未花力氣蓋什麼寺院，但現在我老了，因為你已經在尼泊爾蓋好了一座小寺院，我也要在這裡蓋一座更大的，我要把它叫做雪謙‧滇尼‧達吉林！」

圖三十、尼泊爾的雪謙寺。馬修‧李卡德攝

　　之後欽哲仁波切在尼泊爾的波達納斯大佛塔附近建造了雪謙‧滇尼‧達吉林，他的描述如下：

　　「在這個時代，當到達（法教）極度衰微的時節，縱使缺乏金剛上師的十德行，我也被授予此頭銜。在此欺誑境中，因惡業之風對我的猛力吹拂，散逸事業之雲的膨脹，我變得負載了一堆非善營生所得的資產，比我的身體還要沈重。我相當確信，若不盡力做一件大福德的善行，必遭地獄之火的難忍折磨。這是我下定決心的肇因，其幸運緣起則因雪謙‧冉江的化身，我對雪謙‧冉江的虔誠心之花，早在過去累世已然投下，如今他成為我的後代。這是這座寺院於1980年啟建的原由。

　　此乃第二座雪謙‧滇尼‧達吉林，第一座是位於康區的同名大寺，孕育出眾多博學者與成就者。這座新寺的院址在大佛塔前方，此大佛塔的

出現係因堪布、上師、與國王為雪域眾生所生起之大悲心；此三人乃前賢明燈與世界唯一隻眼。此地乃密咒乘持明者與空行母聚集的涅威·參多哈（Nyewai Tsendoha）尸林聖地，曾受七世佛、文殊菩薩、二莊嚴龍樹與世親、偉大金剛上師蓮花生大士、其他許多無雙且莊嚴佛教護法與眾生的加持。此尼泊爾主要谷地，自遠古以來，便環佈猶如鑽石般的神聖之地。

在無與倫比的日、月大伏藏師貝瑪·沃色·冬雅·林巴與秋久·林巴的共同重取伏藏、滿願《意成就法》禪觀法教的祕密授記中，可見如下之記載：

『於末法時期，一些譯師與班智達以其智慧力，將聚集於此神聖之地，開展佛陀珍貴法教的諸多聞思事業與精神成就，必能利益法教。』

憶起這些我曾在遍知欽哲·旺波親筆著作中所見之真實金剛語，且對實現此無欺授記具無比信心，我啟動了此法行之輪。為了此法行的具體實現，偉大虛空寶藏之門以如下廣素的方式開啟：

· 由涅朗·天沛（Nyenang Tenpel）、企美、南嘉和他們的親戚，廣闊的心胸獻出了清淨、具義的幻財；

· 由無與倫比之智識與美好功德的殊勝祖古·貝瑪·旺賈，偉大遍知的甘珠爾仁波切、大圓滿上師龍欽·耶謝·多傑之子；

· 由外國人昆桑·讓卓（Kunzang Rangdrol）、薩迦派的比丘貢秋·天津和他母親、比丘尼那旺·秋准（Nagwang Chödrön）和許多其他來自世界各國的人，他們對上師與法教的信心與願心，如虛空般廣大，發自虔誠心以各種方式做出貢獻；

· 由我的法侶拉嫫，她明白業力成熟的沈重，動用信眾與為亡者所做的供

養，也了知積存財富的毫無意義，以清淨發心，獻出了她的所有寶物與珠寶；

- 由南方龍族之地不丹的偉大法王國王陛下吉美‧星給‧旺秋、太王太后朋措‧秋准、王太后陛下珂桑‧秋准與她的母親秋銀‧桑嫫、王室的公主們，這些佛教的大施主透過他們的祈願，與證悟之佛龍欽巴和其來到此聖地的歷代轉世建立了強烈法緣，他們全體與臣民們，獻出了廣大供養，並以各種方式，提供水泥、木材、和其他無數資具，一直長期大力協助我們；

- 由具德的阮竹‧嘉措（Ngodup Gyatso），因過去的祈願與業力與他不動搖的清淨發心之故，建立良好的業緣；以及其他的工作者，無視遭遇到的一切困難，晝夜辛勞地完成工作，一心只想服侍上師和佛陀法教；

- 由熟知西藏傳統的寺院建築與裝飾工藝的安企‧昆桑（Amche Kunzang）醫生，為寺院的外觀與大殿內部的布置畫了美麗的草圖；

- 由擔任尼泊爾國王陛下拜仁札（Birendra）的宗教事務處處長庫夏‧才曲仁波切（Kyshab Tsechu Rinpoche），具足五莊嚴，鼎力促成了在宗教事務與建寺、塑造佛像等相關的一切公務；

- 由寧瑪派的代表、白玉寺的殊勝祖古‧宗諾‧蔣巴‧羅卓（Tulku Dzongnor Jampa Lodro，即最早來台弘法的藏傳佛教上師蔣波羅曾），提供了土地。

　　為了讓此工作的徹底實現能具備圓滿與吉祥的因緣，寧瑪派的持明者、具足了圓滿功德與智識的楚璽仁波切；我們的金剛兄弟、噶瑪寺的偉大住持創古仁波切；塔立仁波切（Trarik Rinpoche，譯注：塔立仁波切的英文音譯應為Tarik Rinpoche，其寺院也在波達納斯的大佛塔附近，與雪謙寺有地緣關係，故譯之）；達桑仁波切；祖古‧秋吉‧尼瑪和其他許多圓滿持守清淨戒律的大堪布，修了有好徵兆的拜懺法會。我自己，受惠於徒具的遍知文殊師利名號，為此塊土地的授予修了《金剛薩埵》法，並依照我自己的《涅普巴》心意伏藏修了息災的火

供。由大成就者秋久‧林巴之子祖古‧烏金‧托傑，依照《障礙俱除意成就法》修了竹千法會當做啟始，秋林祖古和其他許多人都參加了此法會。也修了嚐即解脫的聖藥預備法，與成就四種事業的火供。我自己則修了調伏、誓縛天魔與羅剎的法，這是圓滿加持與準備地基的原委。

接著蓋起了籌備完善、美麗的大殿，穩若鑽石。屋頂上加蓋了金頂，四角也安置了金勝幢，在前方是兩隻鹿脅侍的金法輪，金光閃閃、遍照四方。大殿內部，神聖的主尊是我們今生與來世的唯一依怙、舉世無雙的釋迦牟尼佛像，祂的仁慈是此末法時期三寶的慈悲太陽。其右側，是過去佛迦葉佛（Kasyapa）；左側是未來佛彌勒佛。這些是見即解脫的佛像，十五英呎高。在每尊佛像周遭，是小尊的佛像，代表佛的父母與子嗣、主要弟子與侍者。在主尊之間，是密咒乘的殊勝上師金剛薩埵、金剛持、末法時期防止大乘僧團衰微的地藏王菩薩；以及將菩薩的祈願開展至無限圓滿的普賢菩薩。

在大殿的頂樑上，刻畫了七世佛，和尸棄佛（Shikhinra，譯注：即寶髻佛，梵音譯為尸棄佛，為七佛之第二佛）與八大藥師佛。往左、右兩側的壁龕，是佛陀主要徒眾的塑像，以阿難和大迦葉為首，環繞著十六羅漢與將僧制傳入西藏的主要堪布：即律部下座傳承的大堪布寂護，與律部上座傳承的喀什米爾班智達釋迦‧師利（Shakya Shri）；這是弘傳寧瑪派傳承的吉祥緣起，是雪域勝者一切法教頂峰的金剛精華。在大殿內，還可見到一尊寧瑪派偉大的乘主迭達‧林巴的等身塑像。所有這些佛像，全都是由不丹最傑出的工藝師：丹秋大師、嗡同（Omtong）大師與其弟子們所打造的泥塑佛像。

大牆面的壁畫，是以九幅唐卡為本，描繪了遍知蔣揚‧欽哲‧旺波對佛陀法

教各傳承上師的各種禪觀。蔣揚・欽哲・旺波與蔣貢・康楚的兩位主要弟子，也是佛法怙主的前一世雪謙・嘉察和雪謙・冉江，同樣被描繪在壁畫上。這些美麗的壁畫全都是由我的弟子、西藏的畫師貢秋・沃色與來自南開・寧波的洛札寺院的大畫師，在不丹繪畫專家洛本達瓦・多傑（Loppön Dawa Dorje）和烏金・天津與他們的弟子協助下所繪成的。做為佛陀心意的象徵，有八座善逝的佛塔，是用芳香的檀木雕塑而成。這些是大殿中可見到的聖物，稱做持明聚集的悅意林（Pleasant Grove）。

三樓是藏經閣所在，稱做圓滿語甘露之悅意林。壇城上的主要佛像是智慧的化身文殊菩薩，依照密續的傳承所作。周遭環繞八尊塑像，是二勝與六莊嚴（譯注：指南瞻部洲的的二勝六莊嚴，二勝是釋迦光與功德光，六莊嚴是聖天、龍樹、無著、世親、陳那、法稱）。文殊菩薩的右側是雪域法教的唯一隻眼，上師蓮花生大士以囊息・錫隆、即殊勝調伏諸顯的形相示現，他的周圍環侍著實修傳承八大乘的主要上師塑像。文殊菩薩的左側是我們的皈依處米滂・蔣揚・南嘉的佛像，他是兩位遍知者榮宗・班智達與龍欽・冉江的真正法嗣。他的周圍是經教十傳承的上師們。四周的典雅書架上，盡是《甘珠爾》與《丹珠爾》、《寧瑪十萬續》、《五寶藏論》、蔣揚・欽哲・旺波、喇嘛・米滂和雪謙・嘉察等人的《全集》，以及其他無數經、續、佛學法教的函冊。

圓滿頂樓的四樓，由屋頂所包覆，屋頂下是和《勝處開光法》相關的各大元素與聖物，依照《四種心意儀軌》修了極為詳盡的預備法與開光。在頂樓佛堂裡，是法身佛阿彌陀佛的佛像，兩翼是報身佛觀世音菩薩與化身佛蓮花生和他的兩位空行母。在大殿的正上方的二樓，是各式房間，有許多和佛陀身、語、意相關的新舊聖物。

在護法殿裡，如同《成就海》儀軌所述的，是敏珠林傳承的九位主要護法，

和一些其他相關的護法，以及所有新譯派與舊譯派的主要護法。還有一個財寶篋，稱做圓滿所需寶藏，有蓮師以聖者善顯之形相的主尊，環繞著寧瑪派教傳與伏藏傳承的所有財寶本尊。

各樓層新造的所有佛像，全都以寶物和敏珠林傳承專用的成套祈請文、咒語裝臟，包括了五大陀羅尼與載有各特定本尊名號的咒語。在最大尊的佛像心間，有五種金屬製成的珍貴、古老佛像做為智慧尊。佛像的命木來自各處聖地，並附有四種主要的最珍貴與稀有舍利。如芝麻大小般的諸佛菩薩舍利，用來當做每尊佛像的心舍利；重取伏藏的黃卷與原始的梵文與巴利文佛經，被用來當做語舍利；各式各樣的珍貴舍利，如大聖者的頭髮、骨頭、衣服等，則用來當做身舍利。佛像的底部填滿了藥草、來自各聖地的土壤、寶石、各種穀物、與五彩錦緞。放進佛像裡的咒語和陀羅尼的開光，是超過一百天的修法；由持守清淨戒律的比丘，遵循寧瑪派往昔博學與成就的聖者所描述的程序，沒有任何錯誤且以妥當的順序，確實地安放在佛像中。所有這些佛像全都是鎏金的，有些是全身、有些僅是臉部與手部、有些是在裝飾與衣飾部分。右旋的白法螺被安放在三世佛的兩眉之間。

為了這些所有聖物的開光，因聖者的慈悲無時空之別，我們請求了在此末法時期的蓮師化身，即敦珠法王吉札・耶謝・多傑（Jigdral Yeshe Dorje），將他的智慧心轉向此大殿，讓其金剛心的加持普被。我們也請求了大悲觀音的瑜伽士、雪域眾生的怙主楚璽・那旺・確吉・羅卓仁波切（Trulshik Nagwang Chökyi Lodro Rinpoche）在以敏珠林大伏藏師的重取伏藏《如來總集觀音》為主的竹千法會期間，修了一個盛大的開光法。單就開光部分，楚璽仁波切用了名為《賜予富饒》的法本。至於開光的吉祥結行，則修了由噶旺・多傑（Garwang Dorje）所取出的空行母桑娃・伊喜（Sangwa Yeshe）的長壽法，以及護法大天神（Mahadeva）的修法，這些全依照無誤的敏珠林傳承所修成。這個開光在1987年火兔年的二月份完

成。

　　所有教派的其他許多上師也都用他們的智慧，加持了這個地方。我自己則在那兒修了三百遍以上的開光法，召請無數的殊勝本尊，並持誦了十萬遍的《緣起心要》咒。寺院裡也安住了一批持戒清淨的具德僧團；僧團致力於禪思、閱經、服務社區，因此維續了護持、延續與弘傳珍貴法教的三種事業。

　　在此定期舉行每年、每月、每日的法會，其中最重要的，是結合了嚐即解脫之聖法藥預備法的《措千度巴》竹千法會，這是一個龐大的儀軌，猶似《寧瑪教傳》的基礎，涵蓋了密續阿努瑜伽部的九乘次第；以及初十的大型慶典舞蹈，配合了《上師密集》起修；還有關於《律藏》的三個主要行事——將佛與法結合為一，是布薩（posadha）的懺罪、結夏安居、與結夏安居的結行。每年有十天傳授一切密續之王《幻網續》的教授，和一個月的灌頂口傳與唸傳。我們也向諸佛菩薩修了無數的祈請文，祈賜加持，好讓我們在不久的將來，能行使如康區雪謙寺般全盤的佛行事業，如修持教傳與伏藏的儀軌與法會，有佛學院、閉關中心等等。

　　每個月的法會，包括了藏曆初十、二十五的薈供，敬獻於寂靜相與忿怒相的蓮師與空行母；以及在初八、十五、三十對佛陀、八大菩薩與十六羅漢的獻供，和對藥師佛和賢劫千佛的獻供，皆是以《遂願任運成就》為主所修的獻供法。每逢二十九日，則依《成就海》儀軌舉行對九位主要護法與其他相關護法的盛大獻供法會，請求祂們履行誓願並完成其佛行事業。

　　每日的法會，則包括了依敏珠林傳承的早、晚祈請文課誦，由皈依、發心、七支淨供開始，並還淨兩種菩薩戒，接著是唸誦《幻網續》與《金剛薩埵幻化網》，每日各一品。然後唸誦《文殊真實名經》、《大集經》、和《普賢行願

品》，由佛親口宣說之經文。每天唸誦一品阿里・班禪・貝瑪・旺賈的《三戒釋》，並修《普巴金剛》的日修儀軌和依敏珠林傳承唸誦的精簡護法供養。為了法教的昌盛，這些日修法以迴向文和祈願文來封緘。這些日程表只約略指出在雪謙寺舉行的各種修法與佛行事業而已。

談到為自己和其他施主累積一大堆福德的必要與利益時，在《心間十輻法輪經》上提及：「流轉輪迴者，積福布施最甚；為此，欲求圓滿之智者熱衷於布施。」殊勝的月稱也說：「眾生希求快樂，快樂來自財富，財富來自布施。此即世尊首傳布施之因。」在《大梵天王問佛決疑經》上說：「財施積聚福德，法施積聚智慧；二者同施，可得正等正覺。」

遍知法王龍欽・冉江說：「諸如來佛像為人造化身，遍滿佛之加持；甚值供養，無他可媲美，故應對諸佛像深具信心。」在《神變經》中提到：「有些人以樂於製造聖物、建寺、造華苑等善行利生；有些人以樂於造佛像的善行利生；有些彩繪、有些金塑、有些銀塑、有些銅塑。」在《勝讚》中提到：「捐地建造如帝釋天（Indra）府邸之天境佛寺者，必生如梵天（Brahma）般福德，得安享數劫善趣。」同時，在〈如來身〉品中也提及：

「汝應以土、石、砂、木、卵石、銅、鐵、銀、琉璃、水晶、香等塑如來像，繪之於布、木或牆上。汝應修復龜裂之佛像，復原毀損者。若此，定不墮惡道，且不投生為邪行者、邪見者、或五根不全者。縱犯五無間罪，亦不墮地獄；縱墮地獄，亦不久長。如全身髒污者，滌淨且芳香塗身，得淨除穢臭，甚且清淨五無間罪。若行十不善者，能增長對如來之信且製佛像，其罪必化，猶奶油入火，不留任何煙跡。」

在《殊勝奇妙經》上說：

「阿難！非僅此南贍部洲；非僅東勝神洲；非僅西牛賀洲；非僅北俱盧洲；亦非僅萬能帝釋天之殊勝樓閣；縱汝善男子、善女人，以等百億世間之輪王七寶敬獻於須陀洹、斯陀含、阿那含和阿羅漢，與四方僧伽之眾比丘，亦不若造菴摩羅果般佛塔、內具針般命木與樹葉般頂幢，且具青稞般佛像以芝麻大小之舍利裝臟，福德廣多。」

這些話是佛陀親口所述，可見於各種佛經，明示造作此行之必要與無盡福德，故願大眾隨喜之！

由諸佛菩薩所作圓滿迴向之月光，照拂此善行之潔白海洋，願吾等追隨文殊菩薩與普賢菩薩圓滿示現之菩薩行海浪，以九乘次第之帆，渡過法教與釋論之海。願吾等成功攜回無誤之如意寶，敬獻於智識之勝幢頂。以成熟與解脫甚深義理之甘露，使珍貴四持明位之果，璀璨於真實祕密殊勝法教之悅意林中。願有緣之一切眾生，臻至金剛果位！此尼泊爾雪謙‧滇尼‧達吉林建寺簡史，由頂果‧欽楚‧札西‧巴久撰於1987年火兔年正月，故具信者隨喜之。願眾善增長！

因欽哲仁波切寫下了這些，雪謙‧冉江在雪謙寺設立了一所佛學院，有許多完成了九年研讀畢業的新洛本[267]（教師）與堪布出身於此。他也在南無‧布達建造了一處三年閉關中心，至今已有數位閉關者完成了三年閉關。雪謙‧冉江也創建了一所繪畫學校，提供六年的繪製唐卡課程。

---

267 洛本，藏文slob dpon，梵文acharya；在此指已完成了佛學院九年課程，但還未接受堪布頭銜的學生。

19.〈回到康區〉

貝雅祖古

貝雅祖古是一位薩迦派的喇嘛，也是欽哲·確吉·羅卓的親近弟子，目前是德格·更慶的最重要喇嘛。

　　我第一次見到頂果·欽哲，是當我們在宗薩從欽哲·確吉·羅卓處接受《大寶伏藏》時。那是在1945年木雞年，我十三歲大，欽哲·確吉·羅卓給約一百名弟子傳授灌頂與口傳。那時頂果·欽哲三十六歲。受法的主要喇嘛是雪謙·冉江、頂果·欽哲、噶陀·錫度，和一些其他殊勝的祖古。

　　某些盛大的灌頂，同時會有獲得證悟的上部事業，與解脫怨敵和障礙的下部事業，為此會拋擲、鎮壓邪魔食子。在盛大的灌頂期間，欽哲·確吉·羅卓會讓欽哲·旺波轉世的頂果·欽哲，穿戴起屬於欽哲·旺波擁有的特殊黑帽——通常是不給任何人看的——並拋擲食子。這頂帽子飾以乾顱骨，頂上有孔雀毛的裝飾，在西藏的門戶都不高，而欽哲仁波切又特別高大，戴著有羽毛的帽子，得彎下腰來才能拿著食子進出大殿。

　　欽哲·確吉·羅卓親自給他周圍的每個人寶瓶和灌頂物。我在灌頂中的座位是從噶陀·錫度數過來的第七位，所以覺得我不會拿到灌頂物；也不敢站起身來。但確吉·羅卓仁波切卻用寶瓶指向我，所以從那時起我就起身去領受由確吉·羅卓所給予的所有灌頂物。

　　一開始先傳授所有的灌頂，然後是休息時間。因雪謙·冉江的兄弟過世了，所以在受完灌頂後，他就得先行離開；他依照蔣揚·欽哲·旺波的甚深伏藏《三根本合修儀軌》，修了酬謝的薈供。在確吉·羅卓的法座旁，他們安排了一個雪謙·冉江的法座，他是維那師；有副好歌喉，也能長時間敲鐃鈸。後來他離開前去照料

他兄弟的葬禮。我對雪謙‧冉江深具虔誠心，在他敲完鐃鈸之後，我擦去他雙手握在鐃鈸上的汗漬當做加持。

《大寶伏藏》的唸傳，是由欽哲‧確吉‧羅卓親自給予。有一天，在口傳時，舉行了堪布、上師與法王的不共慶典；那是個特別適合教授、著述與辯經的日子。寺院為欽哲‧確吉‧羅卓與頂果‧欽哲安排了特殊的法座，並有四法幢的廣大供養等等。當時頂果‧欽哲撰寫了以「梵文為……」等字句為開頭的幾頁文稿，獻給確吉‧羅卓，後者表示這是真實的，並大表讚賞。之後，確吉‧羅卓傳授了一個不共的唸傳，接著是一場辯經。在《大寶伏藏》傳授完畢後，我們修了《敏珠林金剛薩埵》的竹千法會。我記得很清楚，頂果‧欽哲的兄長謝竹，一位比頂果‧欽哲和桑傑‧年巴大上許多的年長喇嘛，是負責維持修法座次的戒師。

當我十四歲時，欽哲‧確吉‧羅卓傳授了《教訣藏》，我也領受了；頂果‧欽哲和雪謙‧嘉察的轉世也在那兒。那時我的座位坐得十分遙遠。當1954年圓滿宮的薩迦‧貢瑪來到宗薩時，我們接受了《道果》、《成就法總集》、和主要的《喜金剛》灌頂，還有其他許多薩迦派的不共法教。頂果‧欽哲也在那兒，接受了所有的法教；我在宗薩待了很長的一段時間受法。欽哲‧確吉‧羅卓總是一直在給灌頂；從未有過任何時間是他不傳法的。欽哲‧確吉‧羅卓與頂果‧欽哲常會在一起用餐，總是暢談許多事；偶爾我會服侍他們用餐和喝茶。

在1985年，在離去三十年之後，欽哲仁波切終於能夠重返西藏。他造訪了前藏的拉薩、桑耶、敏珠林、薩迦、與祖普寺等地，還有康區他自己的寺院雪謙寺和其他地方。他受到所有弟子、老友、當地所有人的熱烈歡迎。欽哲仁波切第一次重返康區，是在1985年，我到康定去迎接他，他也很高興見到我。當我請他住在我德格的家中時，他說：「當然，我們是金剛師兄弟，不是嗎？」他從康定前往德格‧更

慶，雖然那並不是什麼舒適的地方，他和他的所有隨從全都在我家裡住了好幾天。

當他和我住在一起時，他告訴我在過去，他曾經請欽哲‧確吉‧羅卓寫下自傳，不過確吉‧羅卓說：「你比我年輕許多，所以應該是你來寫我的傳記。」頂果‧欽哲對此耿耿於懷，覺得確吉‧羅卓的意思是他將不久於世。後來在宗薩，確吉‧羅卓給了他自己所寫的自傳，蠻大一本的，還說：「這是你所請求的。」但頂果‧欽哲記起確吉‧羅卓先前所說過的話，所以不敢接受或讀它。

自從我出獄後，寺院有了較大的自由，我有十五小函欽哲‧確吉‧羅卓的《全集》，包括這本自傳的木刻版。那時有位喇嘛送來了一小函約十頁的確吉‧羅卓著作。當我翻閱時，發現這是非常特殊的東西：是確吉‧羅卓親手寫下的密傳。在堪布‧貢噶‧旺秋從獄中被釋放後，我拿給他看。他很快就歸還了，我把它放到另一個自傳裡。頂果‧欽哲仁波切問我說：「你手邊有這本自傳，對吧？」我說：「是的，我有。」

當欽哲仁波切在德格時，他在德格‧更慶寺傳授了《三根本合修儀軌》的長壽灌頂。接著去了宗薩，在那兒傳授了《法教總集法海》，和一些其他灌頂。然後他去了白玉寺，在那兒傳授了幾天欽哲‧旺波的甚深伏藏《三根本光明心髓》的全部灌頂。從那兒他去了雪謙，在那兒修了《八大教誡：善逝總集》的竹千法會。那真是段美好的時光；最後我們修了極為盛大的吉祥祈請文。仁波切也為一些人傳授了《龍欽心髓》的護法灌頂。然後他去了卓千寺，在那兒傳授了《龍欽心髓》中《持明總集》、《巴千度巴》、和《大樂佛母》的灌頂。

之後，他南下去了中國的峨嵋山，在那兒待了一天，給我傳了一些灌頂。他只要一有時間，就會單獨給我唸傳。雪謙‧冉江和年輕的宗薩‧欽哲，要到山上朝

聖，叫我一道去，但我留下來和仁波切在一起，他繼續傳授我唸傳，並說：「我們不上山，但我們完成了不少的口傳，對吧？」

仁波切從峨嵋山前往成都，待了幾天，然後去香港，我陪他到了香港機場，因為他行將離去而倍感哀傷。他說：「別難過，我們還會再見面！」然後他給了我一條他用來蓋住膝蓋的紅毯，我把它放在貝雅寺的寶篋裡。

應幾座寺院的請求，欽哲仁波切想要二度造訪康區，在不丹國王陛下的好心贊助與中共政府的歡迎下，他得以在1988年實現願望。這第二次的旅程非常成功，因為欽哲仁波切能夠造訪且待在他想要前往的所有寺院與聖地，包括在他的故鄉德格待了三個月的時間。

在他去康區的路上，欽哲仁波切前往北京與班禪喇嘛首度晤面。班禪喇嘛盛情款待了欽哲仁波切，之後欽哲仁波切由四川的首府開了四天的車前往康區，徒經美麗的雪山風光與游牧草原。在抵達雪謙寺前的數公里處，有五百名騎士、戴著傳統表歡迎之意白帽的僧眾，和穿著毛皮錦緞的在家人，沿途夾道迎接仁波切。在圍繞著仁波切的坐車繞了一大圈之後，他們全都朝向雪謙寺飛馳而去。

欽哲仁波切一行十二人，計有其妻子康卓‧拉嫫、他的孫子暨雪謙寺住持的雪謙‧冉江、宗薩‧欽哲、南開‧寧波、祖古‧貝瑪‧旺賈、喇嘛‧烏金‧賢遍、祖古‧貢噶、不丹皇家陸軍少校的卡桑‧多傑（Kesang Dorje），和一些其他侍者。

欽哲仁波切在雪謙寺待了四十五天，滿了每個人的願，傳授許多灌頂與法教並做了各種法會。許多喇嘛、僧眾與尼眾從康區各地蜂擁而至，來拜見他與領受加持，因此寺院前方的平原很快就佈滿了白色帳棚與數百隻放牧的馬匹。有場獻給蓮

花生大士的十天法會，在為期兩天描述大伏藏師咕嚕‧秋旺所見蓮師銅色山淨土之金剛舞後，登峰造極作結。

在這段期間，雪謙‧冉江和一些人造訪了欽哲仁波切在丹柯揚子江畔的出生地，在同一個河谷裡，觸目可及十六世噶瑪巴的出生地。在那兒可見到欽哲仁波切早年大多在閉關時的多處洞穴，這些洞穴有些他待了幾個月，有些則上至六年。這是趟異常動人的造訪，因為僅是對當地人提及欽哲仁波切的名號，就讓他們眼泛淚光，而且他們談到仁波切時，彷彿他只是日前才離開此地而已——顯然在歷經三十年的分隔與困厄中，他一直是他們心目中最重要的人物。

繼雪謙之後，欽哲仁波切前往卓千寺，巴楚仁波切和許多往昔聖者居住過與傳法的各洞穴就近在咫尺。從那兒他到了康區往日的首府德格‧更慶。在路上，他經過玉隆‧拉措（Yilung Lhatso），令人著迷的天湖。此湖的得名，乃是因它座落在如斯美麗之處，有一回有位公主路經此地，被湖光山色所深深吸引而不願再往他處去，就此落腳於此。經此湖後便是一個隘口，超過一千五百英呎高，會經過險峻的岩山與雪峰。

在德格時，仁波切又再度暫居舍下；他極為仁慈。我有座小小的蓮師殿，有許多依《障礙俱除意成就法》所修的吉祥財神伏藏寶瓶。欽哲仁波切在我家待了將近兩星期，一直在加持這些寶瓶。我那時五十六歲，他用一條法會的哈達加持我和我的妻子，並給了她《大樂佛母》的灌頂。

在德格‧更慶，欽哲仁波切傳授了《口耳傳承普巴精髓》和一些其他灌頂。他也為世上最大、收藏了超過七萬舊木刻版且奇蹟似逃過文化大革命浩劫的大印經院重新開光。此印經院又重新運作、成果輝煌，全天候有數百人以手工印製珍貴的佛經，如《甘珠爾》和《丹珠爾》和無數其他典籍，目前可供所有人請購。在過去

幾年裡，為《大寶伏藏》的六十三函，刻製了將近二萬塊新木刻版，這是蓮師為了後代所封藏的伏藏合集。當知道一個熟練的工匠一天只能刻出一塊木刻版時，你就會讚嘆這項工作的鉅大恢弘。

接下來的，便是仁波切此行的聚焦：宗薩之行。為了到宗薩，欽哲仁波切得被扛在轎子上走三天的路，並穿越兩道將近一萬六千英呎高的高山隘口，第一道隘口叫做果瑟‧拉（Goser La），意指白髮通道，因為據說從河谷下方往上行時是黑髮，走到山頂時就白髮蒼蒼了！村裡的人和紮營的牧民輪番熱忱地扛著欽哲仁波切，一次三十個人，同時有上百位騎士與許多徒步朝聖者跟著大隊人馬走。

第一天的傍晚，在抵達一處美麗草原，八蚌寺映入眼簾時，有道雙層彩虹出現在八蚌寺，與蔣貢‧康楚大半輩子居住的關房並取出許多伏藏的察卓‧仁千札（Tsadra Rinchen Trak）上空，將近一小時之久。第二晚是住在有錦繡圖案裝飾的美麗帳棚裡，周遭盡是中世紀風格的康巴騎士馬隊。最後在第三天早晨，欽哲仁波切與這一世的宗薩‧欽哲和其他同行者，一塊抵達了宗薩寺，他兩位根本上師之一宗薩‧欽哲‧確吉‧羅卓的駐錫地。這件事實現了那兒每個人最深切的美夢——一個我們幾乎不敢置信竟可成真的夢想。

正午時分，兩位欽哲仁波切在雪謙‧冉江和其他許多喇嘛的陪同下，到達宗薩寺的山腳下，成千的民眾等候著，太陽外圍有個圓弧彩虹映出了明亮的光暈，直到整隊人馬進入寺院方止。當欽哲仁波切待在宗薩寺傳法時，一行裡的年輕成員們，紛紛到附近群山四處朝聖，造訪了一些蓮師的洞穴，與其他大聖者如蔣揚‧欽哲‧旺波、蔣貢‧康楚、秋久‧林巴、米滂等人長住多年的關房。之後欽哲仁波切沿原路回到德格，在八蚌停了一個晚上，八蚌寺是少數在文化大革命中未遭大規模

破壞的倖存寺院。欽哲仁波切從那兒前往白玉寺，同行的其他祖古則拜會了噶陀寺，它是僅次於桑耶寺的寧瑪派最古老寺院，也是蓮師親自加持過的寺院。

在康區時，欽哲仁波切在雪謙建了一處閉關中心和佛學院，並實際供養了超過一百三十座寺院，做為整修和關房、經堂運作之用。所到之處都給予加持、傳法、和建言，有時人們走了好幾天、幾星期的長路，只為了能夠見上他片刻。他放生了超過三千頭動物，主要是犛牛和羊，牧民會來到他的面前發誓饒這些牲畜一命，讓牠們免遭屠殺，並將牠們放生。

回程途經美不勝收的仲塔（Dromta）高原，盡是綿延的大草原連著潔白無瑕的雪白山峰。仁波切一行人，在行經甘孜（Kandze）、道孚（Tao）、木雅和康定的各谷地、山脈的四天車程後，抵達了中藏交界的古老邊城成都。在成都下榻的旅館裡，仁波切仁慈地傳給我《寧瑪教傳》中《幻化網文武百尊》的灌頂。

到了他行將離去的時刻，每個人都感動地涕淚縱橫，祈請他能夠再回來更多次。在給了香港這個大都會加持之後，欽哲仁波切就回到不丹去，在那兒孜孜不倦地繼續利益所有眾生的諸多事業。

在1990年，頂果・欽哲仁波切最後一次重返西藏。他先到了桑耶寺，為新修繕後的大殿開光。當他在那兒時，我從成都飛往拉薩，在桑耶和他會合。仁波切在那兒傳授了《龍欽心髓》的大部分灌頂；如《觀世音》、《馬頭明王》等。仁波切一直待在大殿裡，依照《敏珠林金剛薩埵》修了開光；我自己則擔任維那師。仁波切的妻子康卓・拉嫫，說我的聲音是唯一可被清楚聽到的唱誦聲。

在開光之後，仁波切一行人去了拉薩。那時大家已得知仁波切是達賴喇嘛的上師之一，拉薩的人們對他有難以置信的虔誠心，大批群眾聚集到他下榻的飯店來

領受加持。因為有太多想擠進飯店的人,把大門都擠垮了。

之後仁波切去了祖普寺,當他回到拉薩後,不想讓他的落腳處為人所知,漢人就讓他住在不同的飯店裡;但人們還是很快就知道他在哪兒,又再度蜂擁來見他。於是他出來用灑米和祝禱的方式加持每個人。然後他去了瑞廷[268],在那兒做了一個開光,我聽說所有的佛像都流出了甘露。我留在拉薩沒有一道前去,但每個人都告訴我說確有此事。他的佛行事業真是不可思議。

---

268 瑞廷(Reting,譯注:即熱振寺);是阿底峽尊者的主要弟子種敦巴(Dromtonpa)的駐錫地,在拉薩附近。

20.〈圓寂與轉世〉

雪謙‧冉江仁波切

在1991年仁波切的健康變壞，遂請求所有的偉大上師占卜。他們大多表達了關切之意並建議修大法會。薩迦‧貢瑪建議我們要修一個最為甚深的長壽法，即蔣揚‧欽哲‧旺波有關白度母與觀世音菩薩的心意伏藏《無死聖度母心髓》，並在竹千法會結束前獻上一個長壽法。為此，大部分的祖古與欽哲仁波切的親近弟子集合起來，修了這個竹千法會。在法會的中途，仁波切寫下了這封信：

「致所有的轉世仁波切：

由殊勝的雪謙‧冉江開頭，修了大規模的《無死聖度母心髓》竹千法會，這是一個最吉祥與圓滿的緣起。蔣揚‧欽哲‧旺波常說白度母是延壽的最特殊本尊；他自己也一再親見白度母。據說《無死聖度母心髓》的修法，袪除了《無死聖度母心髓》心意伏藏的主要法嗣蔣貢‧康楚壽命的障礙，還有秋林、堪千‧札西‧沃色、噶瑪巴‧卡恰‧多傑、蔣揚‧羅迭‧旺波和其他許多上師的命障。

蔣揚‧欽哲的第二世轉世、金剛持確吉‧羅卓，也因為此法與本尊的加持而延壽。在宗薩，蔣揚‧欽哲‧旺波自己也修了一百零八個不同長壽儀軌的全部持誦，並成就所有的徵兆。他說藉此所造的緣起，可使欽哲的某位轉世能極為長壽。我已經活了八十二個年頭了，我是個將《無死聖度母心髓》的灌頂與口傳獻給你們的老人。我也修了幾次這個儀軌的完整與簡短持誦。先前，我沒有機會修以此法為主的竹千法會；今日，在達倉聖

389

地的前方，具備了清淨、無染三昧耶的師徒，值此藏曆的四月，五圓滿全都俱足了。

　　我會持續祈請，也請求你們全要祈請，達賴喇嘛、楚璽仁波切、宗薩‧欽哲和所有的聖者，尤其是佛法的施主們，在不丹國王陛下與王室的領導下，西藏與全世界的人們，都能夠安享長壽、富足、與一切美好的特質；快樂能遍佈各地；疾病、饑荒、與戰禍能夠止息；而且，透過佛法的修行，自己的祈願與他人的祈願皆能實現。」

　　欽哲仁波切的意思，是說他已經住世超過了他的命終、頂多是八十一歲。[269]在兩天後，有幾位僧人見到欽哲仁波切帳棚的正上方現出了一道彩虹。

　　當欽哲仁波切住院時，初十那天紐修堪仁波切供養了一百零八尊的龍欽‧冉江塑像，請求欽哲仁波切住世。當天在太陽周圍有道雙弧的彩虹，廷布的每個人都看到了。當欽哲仁波切在帕羅‧基丘生病時，尼泊爾雪謙寺也出現了一道彩虹，但出現的地點是在大殿與蓮師殿中間的走道──那是陽光照射不到的地方。

　　依達桑仁波切的說法，這些徵兆表示空行母已經來迎接欽哲仁波切前往其他淨土，因此沒辦法再拖延了。同樣的情況，也發生在十五世噶瑪巴卡恰‧多傑的身上，雖然獻上了許多長壽法，但無法迴遮這些徵兆。依仁波切侍者貝瑪‧達傑（Pema Dargye）的說法，當房裡無人時，欽哲仁波切會以異乎尋常的方式直視虛空許久。

---

269 依照藏人習俗，嬰孩出生時即一歲，假如藏曆新年（洛薩Losar）正好在其出生之後，那小孩就是二歲大，因為在新年時也會慶生。

　　宗薩・欽哲、南開・寧波、秋林、達波祖古、達唐祖古（Datang Tulku）和我，獻給了欽哲仁波切此白度母長壽法。因為仁波切將身、語、意、功德、事業的象徵物回贈給每位祖古和阿謝・盼・盼的女兒珂桑，我們全都淚眼盈眶。他凝視我們一會兒，然後在他的手板上寫下了這些話：「長壽法的徵兆已顯現，三年內我不會死。」我們都欣喜異常，但後來才知道他寫這些只是為了安慰我們。

　　當宗薩・欽哲要離開時，仁波切把他的嘎烏²⁷⁰放在宗薩・欽哲的頭上，祈請了半小時左右，這是非常不尋常的舉動。除了他的禁語誓言外，他還對這位年輕喇嘛說了一些話，並唸誦長祈願文的一部份：

　　　　上師弟子永遠不離分；
　　　　但願汝壽長穩如大地。
　　　　喜樂和睦善緣永常在，
　　　　吉祥法喜修行恆遍佈。

　　在南開・寧波離開的前一天，欽哲仁波切送給他一本由昔日上師所寫的忠告書，並要他唸了幾遍。幾個小時後，欽哲仁波切從他不共著作的紅色檔案夾裡，拿出了一些屬於個人的、深切的建言交給南開・寧波。在南開・寧波要離開那一天，欽哲仁波切用手示意，表示：「不久你將哭泣。」南開・寧波看得出欽哲仁波切顯得異常悲傷。欽哲仁波切把他的金剛橛放在南開・寧波的頭上，又再度唸誦了很長的祈願文。在他離開的路上，南開・寧波對達波祖古說：「我想今年我就會死去，不然欽哲仁波切為何那麼哀傷地望著我，他答應說他會再多留三年，所以他應該不會有事才對。」

---

270 嘎烏，藏文ga'u；用來裝珍貴舍利的小護身盒。

　　當欽哲仁波切在他位於不丹薩參・秋登的新家修火供時，堅持要有一天晚上住在這間房子裡，雖然房子還沒蓋好。他說：「就算是凍著，我也要在這屋子住上一晚。」那時，欽哲仁波切寫給我一些私人的建言，有一部份是這麼說的：「你從未做過任何違背我願望之事，請繼續下去；盡你所能地研讀與修行。」他也去了那兒的閉關中心，給了其他的教授，並告訴閉關者說：「縱使上師不以肉身的形式存在，也要向究竟上師祈請。」

　　在他前往卡林邦的路上，他在希溪楠的尼師院待了兩個晚上，並告訴我的侍者才仁・天沛說：「你一直好好地服侍仁波切，請照這麼做下去；我不會忘記你的。」當晚，康卓做了一個夢，夢見欽哲仁波切準備動身前往康區。康卓問他：「你要去多久？」欽哲仁波切回答說：「一年。」康卓請求道：「請在六個月內回來。」欽哲仁波切默不作聲地微笑著走開。當她醒來後，康卓覺得十分哀傷。

　　雖然每個人都堅持欽哲仁波切應該從帕羅搭直昇機往返卡林邦，但欽哲仁波切仍執意從卡林邦的回程，要前往朋措林去見他在那兒幫他照料了二十年屋子的老僕。在那兒，他翻遍了所有的藏書，把其中一本交給了秋林仁波切，對他說要修行並用功研讀。在朋措林，他深情地拍了拍我的頭，給了我更多私人的忠告。

　　在帕羅・基丘舉行了竹千法會的破土儀式之後，欽哲仁波切病倒了，告訴貝瑪・達傑說：「不要難過，我今年就會死去。」當貝瑪・達傑開始哭泣時，欽哲仁波切對他說：「別哭，唱首歌吧——沒必要傷心哪。」欽哲仁波切自己就唱起了一首道歌。

　　之後宗薩・欽哲帶了兩位曾在年前請求灌頂的漢人朋友來。因為欽哲仁波切人不舒服，他們就回廷布去。但是，在欽哲仁波切移往他自己的屋子後，就叫才旺

‧倫珠（Tsewnag Lhundrup）去請他們回來，因為他想要傳授他們灌頂。才旺‧倫珠請欽哲仁波切將灌頂往後延遲些，直到健康改善為止，但仁波切堅持要在那天傍晚給灌頂。

在八月十五日，相當西曆的九月份，欽哲仁波切拿了一個寶瓶和一個水晶，在他自己的頂、喉、心給自灌頂，我覺得很不安，因為欽哲仁波切曾告訴過我，當一位大師行將圓寂前，這就是他們請身上安住的本尊離開、前往其淨土的做法。

在十六日，仁波切問他的侍者丹秋今天是幾號；然後在一小張藍色紙上寫下了：「十九日我必將圓寂。」並把這紙條留在桌上。午夜時分，欽哲仁波切給他自己一個長壽加持，用水漱了口，並要秋林仁波切把這水喝下去。然後他服用了一個長壽甘露丸，也給了秋林。在清晨兩點鐘左右，他要紙和筆，用紅墨水寫了一個紙條，凝視著我，然後把這紙條交給我。我馬上把宗薩‧欽哲叫醒，我們試著解讀這張紙條；猜想這紙條攸關他會活多久的訊息，但看不清上面的字。我們希望上頭說的會是好事，但我直覺不是這樣。早上我告訴洛本涅企，很多事情指出欽哲仁波切不太對勁，並把這封信給他看。

之後我去參加竹千法會，欽哲仁波切又再對貝瑪‧達傑說：「我很快就會死去，坐到我身邊來。」在午餐的休息時間，貝瑪‧達傑來找我，告訴我仁波切所說的話。我立刻找了宗薩‧欽哲來，我、他、秋林、和達波祖古一起密談。我告訴他們說：「我們得馬上獻上長壽法，並請求欽哲仁波切活久一點。」因為我們不知道該怎麼做最好，就決定將欽哲仁波切的紙條傳真給楚璽仁波切看，解釋情況並請他隔天就來。

同時，南開‧寧波在瑞士，覺得非常哀傷，並在夢裡見到了壞徵兆，像是他的牙齒全掉光了之類。他打電話給在法國的吉美‧欽哲（Jigmey Khyentse），後者也說他做了很不好的夢。在南開‧寧波來電的幾分鐘之前，吉噶‧康楚也從美國打電話給吉美‧欽哲，說他做了有關欽哲仁波切的傷心夢。祖古‧貝瑪‧旺賈也做了一個夢，夢見欽哲仁波切把所有的印章和一幅美麗的護佑壇城圖送給他，但他覺得難過極了。敦珠法王的妻子桑雲‧庫秀[271]夢見在一座高山的山頂上有座大寺院，被雷擊而完全倒塌了，夢裡有人說這是無力可迴天的。於是她告訴她的密友說這似乎表示有位寧瑪派的大喇嘛即將圓寂。

達賴喇嘛告訴我說，當他在八月二十四日在多荷冬（Dordogne）傳授廣軌的《觀世音》灌頂時，在製作砂壇城時有不好的徵兆。同樣的徵兆出現在拉達克，在他一位主要上師將要圓寂之前，所以達賴喇嘛覺得很不自在。

在四月份，楚璽仁波切夢見他在尼泊爾的雪謙寺，見到欽哲仁波切赤裸著走出門去。楚璽仁波切想要跟隨他，但無法從座位上起身。他往窗外叫說：「仁波切，請不要離開我們，我想和你一起走。」但欽哲仁波切聽不見就走了。楚璽仁波切在欽哲仁波切去不丹之前跟他提及這個夢，但仁波切只是嘲弄地回說：「不要有這種怪念頭，這只不過是個夢，每個人都知道我老是光著身子到處走動。」之後楚璽仁波切獻上了一個盛大的長壽法。那天我覺得無比憂傷，哭了許久。

阿波仁波切的女兒接到了欽哲仁波切寫的一封信，滿是建言。他在信尾寫道：「我們會在銅色山淨土再相見。」於是她知道這輩子不可能再見到欽哲仁波切了。世界各地許多其他欽哲仁波切的弟子，也都做了不好的夢，諸如沒辦法見到他或仁波切在醫院裡過世等等。

---

271 這是敦珠法王的第二任妻子，桑雲‧庫秀‧仁津‧旺嫫（Sangyum Kusho Rigzin Wangmo）。

在十七日，楚璽仁波切來了。在早上，欽哲仁波切要我們搬來他的椅子、鋪上錦緞；他在上頭坐了一會兒。

在十八日，當不丹國王陛下和欽哲仁波切在一起時，楚璽仁波切來到，問說：「你還認得我嗎？」欽哲仁波切回說：「我當然認得這顆光頭。」當楚璽仁波切注視著欽哲仁波切的臉龐時，欽哲仁波切說：「莫非我該死了？」楚璽仁波切立刻請他住世。

在十九日凌晨一點左右，欽哲仁波切的情況惡化。在早上他要一串珍珠念珠，並叫才旺・倫珠做護法的祈請，通常在早上是不修這個的。欽哲仁波切曾告訴過我，在圓寂之前，有些喇嘛會請求護法繼續他們的事業。

在欽哲仁波切去醫院之前，我們全體獻上了另一個長壽法，不丹國王也參加了。所有的祖古和侍者懺悔他們服侍欽哲仁波切時可能曾犯下的過失，並誓言持誦十萬遍的金剛薩埵咒語。然後欽哲仁波切去了醫院，在那兒圓寂。

在欽哲仁波切圓寂之後，他的親近弟子轉向他最資深與最有成就的弟子楚璽仁波切，請他找尋他的下一世。楚璽仁波切一直夢見並在禪觀中見到轉世身份的清楚指示。有天凌晨破曉前，他夢見在波達納斯的雪謙寺庭院裡，有二十五座金佛塔一直在移動著。楚璽仁波切只有一條哈達，想要獻給主要的佛塔，但是不知道哪個才是最重要的。他清楚地知道，這些佛塔裡裝有欽哲仁波切的舍利。當他正在猜想哪個才是主要的佛塔時，其中之一在他的面前停住了。一隻不知名的奇特小鳥從佛塔上半部的窗戶中飛了出來，開始鳴唱起來。楚璽仁波切走近，在鳥的前方獻上了白色的哈達。所有的二十五座佛塔於是排列在這第一座之後，彷彿是列隊般，進了秋吉・尼瑪仁波切的寺院噶寧・謝竹林。

在另一個夢中，這比較像是禪觀——楚璽仁波切謙恭地說道：「這是個夢，但我沒有睡著。」——欽哲仁波切在他面前現身，唱出一首詩，揭示了這孩子的出生年、雙親的名字、以及被找到的地方。楚璽仁波切不想太在意這個禪觀，但與其消失無蹤，這個禪觀反而在他心中越發清晰地現起。他把所有的細節保密，直到1995年的四月份，然後給我寫了一封信。

整個尋訪過程很短。在解讀後，這首詩顯示父親是他親近的法友祖古·烏金的兒子企凱·秋林·明珠·迭威·多傑（Migyur Dewai Dorje），母親是德千·巴仲（Dechen Paldron）。他們的兒子在蓮師生日那天出生，1993年六月三十日、雞年的五月初十，如詩偈所述般：「無誤之巴久轉世。」巴久是欽哲仁波切的名諱之一。後來達賴喇嘛確認了這個小孩的確是欽哲仁波切的轉世。「我完全確信，」他說：「這個年幼的小孩就是頂果·欽哲的真正轉世。」

在1996年十二月二十九日，在瑪若帝卡（Maratika）洞舉行了一個簡單的法會。那些聚集在那兒的人，有些是大老遠從加德滿都或不丹走了好幾天才到達的，那些人心中的暖陽在這世上昇起。因此達賴喇嘛在欽哲仁波切辭世後幾天內所寫的祈請文，得以實現：

> 無助眾生若越多，
> 汝愛眾本性越多；
> 為成熟與解脫末法眾生故，
> 請速揭顯汝化身之如月顏！

在1997年十二月，在尼泊爾的雪謙寺舉行了年幼的頂果·欽哲·揚希昇座大典。吸引了超過一萬五千名來自四十個國家的人們，與藏傳佛教各教派一百名以

上的著名喇嘛與會。從那時起，年幼的轉世便在尼泊爾雪謙寺與不丹學習，猶如花朵盛開時顯出其美麗般，他逐漸開展出功德，讓人衷心期盼他將能廣大地利益眾生，一如其前世。

圖三十一、達賴喇嘛與頂果‧欽哲‧揚希在達蘭莎拉。馬修‧李卡德攝

頂果欽哲法王口訣

當心注視心，
雖無物可視，卻清清楚楚；
此境不造作、自由且自在，
自然地安住，純粹不散亂。

當念頭生起，
不抑不分別，注視其本性。
念頭之生起，無礙究竟性；
任何之所生，盡是鬆坦然。

不隨過去念，
不入未來念，
直截超外相；
即「非三之四」。

若住此念之指認，
生住滅即非真實，
明知卻無妨本性；
赤裸本然、如是也。

此明空、廣放為道，
恆時於座上座下，
必速證得自信悟，
無明迷惑自解之。

甚有助益將汝心
無別融入上師心；
安住此境增虔信，
必見法身本面目。

無常出離相續守，
清淨持戒如護目；
一心精進於緊要
甚深要義之瑜伽。

輪番聞、思與修持，
必能利益於他人；
究竟終得決疑之
不懈恆修精要義。

願此喜悅聖供雲，
法教口訣之精髓，
使汝證得虛空般
了義祕密之證悟。

曼嘎拉

圖三十二、頂果‧欽哲仁波切八十多歲時攝於印度。馬修‧李卡德攝

名 詞 解 釋

Abbot 堪布（Tib. mkhan po） 一般而言，是指僧院戒律的傳授者；此頭銜也頒予那些已獲佛法高等學歷且獲准教授佛學者。

Accomplishment 成就（Tib. dngos grub, Skt. siddhi） 共或不共成就。不共成就是證得佛果；共成就是在修行過程中所得到的神通。這些神通，類似某些非佛教傳統修行者所獲得的能力，被認為並非究竟。但當神通出現時，可視為修道進步的徵兆，也可用來利益法教與弟子。

Adzom Drukpa 阿宗·竹巴 全名是阿宗·竹巴·那措·讓卓（Adzom Drukpa Natsok Rangdrol），蔣揚·欽哲·旺波的弟子之一，偉大的成就者與作者。

Aeon 劫（Tib. bskal pa, Skt. kalpa） 世間的歷時、宇宙的循環。一大劫相當於整個世界從形成到毀滅的一個循環，分成八十個中劫；一個中劫由兩個小劫所組成，其中一個小劫壽命等等增長，而另一個小劫壽命逐漸衰減。

All-ground consciousness 阿賴耶識、總基識（Tib. kun gzhi'i rnam shes, Skt. alayavijnana）做為一切經驗基礎的意識。依照大乘法教，阿賴耶是心的根本位與不確定位，在此儲存了業的印記。

Amdo 安多 東藏的一省。

Ananda 阿難尊者（Skt.; Tib. kun dga' bo） 釋迦牟尼佛的堂弟，也是佛陀的隨身侍者。他記得佛陀所說的每個字，集結了佛陀的法教，並成為經教傳承的二祖（譯注：初祖為大迦葉尊者）。

Anuyoga 阿努瑜伽（Skt.; Tib. rjes su rnal 'byor） 依寧瑪派九乘次第的分法，是內密續的第二部。阿努瑜伽著重在密乘修行的圓滿次第，以禪修空性、與肉身的微細氣、脈、明點為主。

Appearance 相 參見觀條目。

Arhat 阿羅漢（Skt.; Tib. dgra bcom pa） 字義是「滅敵者」。指已消滅煩惱之敵並證得人無我，而永遠脫離輪迴之苦的人。阿羅漢果位是根本乘或小乘法教的目標。

Arya 聖者（Skt.; Tib. 'phags pa） 已超越輪迴者。有四種聖者：阿羅漢、辟支佛（緣覺）、菩薩、與佛。

Atiyoga 阿底瑜伽（Skt.; Tib. rdzogs chen） 大圓滿法，內密續的最後一部與最高層級，依寧瑪派九乘次第分法的最高體系。

Ato Tulku 阿托祖古 頂果‧欽哲仁波切的外甥，仁波切某位姊姊的兒子，住在英國。

Auspicious Blazing Splendor Hermitage 札西‧巴拔林、吉祥威光洲（Tib. bkra shis dpal 'bar gling） 喇嘛米滂在丹柯的關房名稱，欽哲仁波切的父親在那兒為喇嘛米滂蓋了一間關房，頂果‧欽哲仁波切與桑傑‧年巴仁波切於此地閉過關。

Avalokiteshvara 觀世音（Skt.; Tib. spyan ras gzigs） 「觀照怙主」，一切諸佛慈悲、語化身的菩薩，是阿彌陀佛的報身示現，有時被稱做「觀自在」，「世間怙主」之意。

Awareness 本覺（Tib. rig pa, Skt. vidya） 去除無明與二元執取的意識，指大圓滿的見。

Barlha Tsegyal 巴拉‧才賈（Tib. bar lha rste rgyal） 丹柯的一處山峰名，是地祇巴拉‧才賈的駐地。

Bedi, Freda 貝迪夫人 1960年代住在印度的一位英國婦人，她嫁給一位印度人，大力襄助在1959年初次逃亡印度的許多西藏喇嘛。她在達浩斯（Dalhousie）

籌組了西藏喇嘛學校（Tibetan Lama School），讓祖古們學習英文。她也
是第一位剃度為尼的西方婦女，受噶瑪巴賜法名為喀秋・巴嫫（Kechok
Palmo），並在達蘭莎拉附近的帝洛普，設立了印度最早的西藏尼師院之一。
於1970年代中過世。

Benchen Monastery 班千寺（Tib. ban chen phun tshogs dar rgyas gling） 位於康
區賈哇的一座噶舉派寺院，是頂果・欽哲仁波切兄長桑傑・年巴仁波切的駐
錫地，也是天噶仁波切的駐錫地。天噶仁波切與這一世的年桑傑・巴仁波切
住在尼泊爾蘇瓦揚布（Swayambunath）的班千寺。

Bhikshu 比丘（Skt.; Tib. dge slong） 受具足戒的出家僧。

Bhikshuni 比丘尼（Skt.; Tib. dge long ma） 受具足戒的出家尼師。

Bhumi 地（Skt.; Tib. sa）菩薩的位階或次第。

Bodh Gaya 菩提迦耶（Tib. rdo rje gdan, Skt. vajrasana）字義是「金剛座」，在
現今印度的比哈爾省，是釋迦牟尼佛證悟成佛之地，也是賢劫千佛獲得證悟
之地。

Bodhichitta 菩提心（Skt.; Tib. byang chub kyi sems）心的覺醒狀態；也可指為了
一切眾生而證悟成佛的願心；或是在大圓滿法教中，指覺醒之心的本覺。

Bodhisattva 菩薩（Skt.; Tib. byang chub sems dpa'） 指以悲心為了一切眾生而致
力證得佛果之究竟覺悟者，菩薩可以是凡夫或聖者，以其是否證得「見道」
並住於十地菩薩任一位階而定。

Bomta Khenpo 邦塔堪布（十九世紀至二十世紀） 又名波羅堪布，是堪布那瓊
（Khenpo Ngakchung）的著名弟子，在不丹圓寂。

Brahma 梵天（Skt.; Tib. tshangs pa）在佛教傳統中，指色界中統領天神的天王。

Brahmin 婆羅門（Skt.; Tib. bram ze） 古印度屬於祭司種姓者，此詞常用於隱士與修行者。必須一提的是，佛陀反對種姓制度，並多次表明婆羅門並非那些因出生而命定之人，而是指全然破除染污而獲得自由的人。

Brahmin Rahula 婆羅門羅目侯羅（Skt.; Tib. bram ze sgra gcan 'dzin） 佛陀在錫蘭島（又稱獅子國，Simhaladvipa）之子；十六羅漢之一，他用黑、白卵石計數其善、惡之行。

Buddha 佛（Skt.; Tib. sangs rgyas） 「完全覺醒者」；指已去除煩惱障與所知障的人，具足一切證悟的功德。

Buddha Shakyamuni 釋迦牟尼佛（Skt.; Tib. sangs rgyas sha kya thub pa）釋迦族的聖者；在我們這個時代示現的佛，約生活於西元前五世紀。

Buddhafield 淨土、佛國（Tib. zhing khams） 佛或大菩薩所化現的境或域，住於此境的眾生向證悟成佛邁進，而不墮回輪迴的惡趣之中。也指任何地方，猶如任運智慧的清淨化現。

Chagmey Rinpoche 恰美仁波切（1613-78） 全名是噶瑪·恰美·若嘎·阿夏（Karma Chagmey Raga Asya），有名的上師與詩人，是蓮師弟子秋（Chok）的化身與伏藏師明珠·多傑的叔父。他寫下了著名的《恰美閉關指南》與《大手印與大圓滿合一》（The Union of Mahamudra and Dzogchen）。

Chakrasamvara 勝樂金剛（Tib. 'khor-lo bde-mchog） 新譯派的主要本尊名，屬於阿努瑜伽部。

Changling Tulku 羌林祖古 北伏藏法教的持有者之一，尼泊爾雪謙寺的一位主要祖古，任教於雪謙寺的佛學院。

Chatral Rinpoche 恰札仁波切 全名是恰札·桑傑·多傑，一位廣為人知的寧瑪派上師，在尼泊爾建立了數座閉關中心，大多住在加德滿都谷地的揚列穴。他是堪布那瓊的關門弟子之一，現年約九十多歲。

Chimey Dronkar 企美・卓卡 頂果・欽哲仁波切的長女，她是雪謙・冉江仁波切的母親，現在住在不丹。後來名叫企美・旺嫫。

Chimey Rinpoche 企美仁波切 頂果・欽哲仁波切的一位外甥，他住在英國並在那兒傳法；在歐洲有一些佛法中心。

Chimey Wangmo 企美・旺嫫 參見企美・卓卡條目。

Chimphu 青埔（Tib. chims phu） 桑耶上方的閉關洞穴，蓮師和許多其他大師曾在此處閉關多年。

Cho 施身法（Tib. gcod） 斬斷對身體與自我執著的一種修法，由帕當巴・桑傑與瑪吉・拉准所傳下。

Chokling Tertön 秋林伏藏師 第一世的秋久・林巴，與同一輩的蔣揚・欽哲・旺波與蔣貢・康楚・羅卓・泰耶共同取出《秋林新巖藏》。

Chuba 長服（Tib. chu-pa） 西藏的傳統服裝，男女通用，但在型式上因衣褶有異而不同。

Completion stage 圓滿次第 參見生圓次第條目。

Conqueror 勝者（Tib. rgyal ba, Skt. jina） 佛的稱號之一。

Copper-Colored Mountain 銅色山（Tib. zangs mdog dpal ri） 吉祥銅色山，是蓮師的淨土，位於南瞻部洲東南方的拂塵洲（Chamara）半洲。拂塵洲是住有凶猛夜叉之九座島嶼的核心島。島中央矗立了一座宏偉的紅色山脈，山頂是本覺的明力所化現的一處奧妙宮殿蓮花光。蓮花生大士居住於此，以超越生死的不壞之身，長住輪迴之中，以其身、語、意的神變化身不斷地利益眾生。

Crystal Cave 水晶洞（Tib. shel brag） 位於前藏雅隆河谷的一處著名蓮師洞穴，烏金・林巴在此取出了蓮師的《水晶洞蓮花遺教》。

Crystal Lotus Cave 水晶蓮花洞（Tib. pad ma shel phug） 章龍的一處聖地，秋久・林巴在此取出了《大圓滿三部》，頂果・欽哲仁波切也在此取出他的心意伏藏《無死長壽續》。

Crystal Lotus Mountain 水晶蓮花山（Tib. pad ma shel ri）在多康二十五處重要聖地當中，一處金剛部的息災要地。位於姜賈，頂果・欽哲仁波切在此取出了他的心意伏藏《蓮花長壽心髓》。

Dabzang Rinpoche 達桑仁波切 囊謙迪雅寺（Dilyak Monastery）的一位上師，他是岡波巴的化身之一。他在加德滿都谷地建立最早的藏傳寺院之一，也是頂果・欽哲仁波切的好友。在1992年圓寂。

Dagger 普巴、金剛橛（Tib. phur pa, Skt. kilaya） 密乘儀軌中所使用的一種尖頭、三面刀鋒的短戟武器，有四種普巴：本覺普巴、菩提心普巴、大悲遍佈普巴、與物質普巴。

Daka 勇父（Skt.; Tib. dpa' bo） 字義是「英雄」，在密續中相當於菩薩和等同於空行母的男性用語。

Dakini 空行母（Skt.; Tib. mkha' 'gro ma） 字義是「於虛空中行走」；智慧的女性形相顯現，空行母有數種位階：已究竟證悟的智慧空行母、和擁有不同神力的世間空行母。也用於偉大女性上師的頭銜，並尊稱上師的妻子。

Dakini script 空行文字（Tib. mkha' 'gro'i brda-yig） 空行母所使用的象徵文字，僅有特定的伏藏師能讀出。

Dalai Lama 達賴喇嘛 指十四世達賴喇嘛天津・嘉措。在藏傳佛教中，歷代達賴喇嘛的系譜可回溯至1391年，其為大悲菩薩、觀世音菩薩的化身，屬於格魯派的傳承。

Dartsedo 康定、打箭爐（Tib. dar-rtse-mdo） 在東藏與中國交界的城鎮。

Definitive meaning 了義　參見不了義與了義條目。

Demon 魔（Tib. bdud, Skt. mara）　惡鬼邪靈，或指修道上象徵性的負面力量或障礙，四魔（Tib. bdud bzhi）即屬於後者。蘊魔指的是五蘊，如佛法所述，五蘊乃輪迴痛苦的基礎；煩惱魔指的是引發痛苦的煩惱；死魔指的並非只有死亡，而是一切現象的無常遷化，其本質即是痛苦；天魔指的是心念流轉與執著現象為真實存在。

Denkok 丹柯（Tib. ldan khog）　德格的一處地名，頂果・欽哲仁波切的出生地。

Derge 德格（Tib. sde dge）　位於東藏的前王國。

Derge Gonchen 德格・更慶（Tib. sde dge dgon chen）字義是「德格的大寺」，但也指德格的首府。

Deva 天神（Skt.; Tib. lha）輪迴眾生之六道中最高層級者，享受天境的暫時大樂。

Development and completion 生圓次第（Tib. bskyed rdzogs）　密乘修行的兩個主要階段。生起次第（Tib. bskyed rim）觀修形色、聲音、和念頭為本尊、咒語、和智慧。圓滿次第（Tib. rdzogs rim）指的是將觀想的形相融入空性的體驗之中，也可指觀修身上微細的氣、脈、明點。生圓次第也可指內密續的前兩部：瑪哈瑜伽和阿努瑜伽。

Development stage 生起次第　參見生圓次第條目。

Dhanakosha 達納郭夏（Skt.; Tib. dha na ko sha）　字義是「財富寶藏」。位於鄔底亞納的一座島名，在今日的西印度，周邊有許多珍貴的樹種，故以此得名。

Dharani 陀羅尼（Skt.; Tib. gzungs）　佛或菩薩所加持的一種語音形制，通常頗長，類似金剛乘的咒語，但出現在佛經上。也用於指無誤記憶的成就（siddhi）。

Dharma 法（Skt.; Tib. chos） 佛陀的教授。廣義上指所有可被知曉者。在本書中，限稱佛陀的法教。法有兩個面向：經教或教傳之法（Tib. lung gi chos），即實際教授的法教；與證法（Tib. rtogs pa'i chos）或智慧狀態等，是透過對法教的實修所證得者。法也可用來僅是稱「現象」。

Dharma protector 護法（Tib. chos skyong, Skt. dharmapala） 法教的護守者，護持法教免於式微、傳承不受障擾或扭曲。護法有時是諸佛菩薩的化身，有時是被偉大的上師所調伏並用誓言束縛的鬼、神或魔。

Dharmadhatu 法界（Skt.; Tib. chos dbyings） 究竟界；有覺知的遍佈空。

Dharmakaya 法身（Skt.; Tib. chos sku） 三身的第一個，免於造作，如虛空般，有證悟功德之身，參見三身條目。

Dharmapala 護法 參見護法條目。

Dharmata 法性（Skt.; Tib. chos nyid） 心與現象的本性，即空性。

Dhumavati 煙炭母（Skt.; Tib. dud sol ma） 度索瑪，一位佛教的女護法神。

Dilgo Khyentse 頂果·欽哲（1910-91） 一位伏藏師，四大教派信徒公認的上世紀（二十世紀）最偉大的藏傳上師之一。

District-controlling temple 鎮魔寺（Tib. ru gnon）由松贊岡布所建，用以護守西藏的風水寺院。

Do Khyentse 多·欽哲（1800-1859） 全名是多·欽哲·耶謝·多傑（Do Khyentse Yeshe Dorje），吉美·林巴心意化身的偉大上師與伏藏師。

Dokham 多康（Tib. mdo khams）東藏。

Dokhampa Tenpai Nyima 多康巴·滇貝·尼瑪（1849-1907） 第六世康祖仁波切，竹巴·噶舉派的一位著名上師，其康巴嘎寺位於東藏的拉拓（Lhatok）地區。他最著名的一位弟子是釋迦·師利。

Drogon Chophak Rinpoche 卓恭·秋帕仁波切（1235-1280） 即八思巴，薩迦派第五祖。

Drugu Chögyal Rinpoche 竹古·秋賈仁波切（1946-） 康區竹古地區的一位著名喇嘛，他是一位傑出的畫家，住在康祖仁波切位於印度喜瑪恰·普拉德希（Himachal Pradesh）省份的札西炯社區。他是竹古·秋賈的第八世轉世，又名秋賈·雍滇·嘉措（Chögyal Yonten Gyatso）。

Drugu Tokden Shakya Shri 竹古·托滇·釋迦·師利 參見釋迦·師利條目。

Drungram Gyatrul 宗南·嘉楚 頂果·欽哲仁波切的上師之一，終生在洞穴中閉關。

Drupchen 竹千法會（Tib. sgrub chen） 為期七天到十天的密集共修法會，修法期間連續二十四小時持誦咒語。

Duality 二元、分別（Tib. gnyis 'dzin 或gzung 'dzin）尚未證悟的凡夫之識。以主、客體來感知現象，並相信其真實存在。

Dzogchen 大圓滿 寧瑪派的最高法教，參見阿底瑜伽條目。

Dzogchen Monastery 卓千寺（Tib. ru dam rdzogs chen dgon） 如丹·卓千寺，康區的主要寧瑪派寺院之一，靠近德格的雪謙寺（譯注：另譯佐欽寺）。

Dzongsar 宗薩（Tib. rdzong gsar） 德格的薩迦派寺院，是蔣揚·欽哲·旺波與宗薩·欽哲·確吉·羅卓的駐錫地。

Dzongsar Khyentse 宗薩·欽哲（1961-） 蔣揚·欽哲·確吉·羅卓的主要轉世。聽列·諾布仁波切的兒子，康區宗薩寺與印度比爾宗薩佛學院的住持。他負責亞洲各地六所寺院與佛學院近一千六百名僧眾的生活開支。他也是位作者和導演，執導了《高山上的世界盃》和《旅行者與魔術師》等影片。又名欽哲·諾布。

Early Translation 舊譯派（Tib. snga 'gyur）　寧瑪派的別稱，指大譯師仁欽‧桑波（Rinchen Zangpo）之前，在赤松德真王與熱巴堅（Ralpachen）在位時所譯出的法教。

Effortless Fulfillment Printing Press 倫竹滇印經院、任運上院印經院（Tib. lhun grub steng gi spar khang）位於德格‧更慶的重要木刻版圖書館。

Eight charnel grounds 八大尸林（Tib. dur khrod brgyad）　勇父、空行聚集處，內與八識相應，這八大尸林為：一、東方的寒林（Sitavana，Tib. bsil ba tshal）；二、南方的身圓滿（Tib. sku la rdzogs）；三、西方的蓮花堆（Tib. pad ma brtsegs）；四、北方的島堆（Tib. lan ka brtsegs）；五、東南方的任運堆（Tib. lhun grub brtsegs）；六、西南方的大密幻化（Tib. gsang chen rol po）；七、西北方的大喜展佈（Tib. he chen brdal ba）；與八、東北方的世間堆（Tib. 'jig rten brtsegs）。

Eight classes of gods and demons 天龍八部（Tib. lha srin sde brgyad）　依佛經所說，天、龍、夜叉、乾達婆（gandharvas，香神或樂神）、阿修羅、迦樓羅（garudas，金翅鳥）、緊那羅（kinnaras，歌人、非人）、與摩呼羅迦（mahoragas，大蟒神），皆能領受與修持佛陀的法教。這些天龍八部也指能行善或作惡，人類肉眼所不能見的八種世間鬼神：骷髏鬼（gings）、魔（maras）、妖精（tsens）、夜叉、羅剎、女鬼（mamos）、星曜（rahulas）、與龍族。

Eight manifestations of Guru Rinpoche 蓮師八變　蓮花生大士、愛慧上師（Loden Choksey）、釋迦獅子（Shakya Senge）、獅吼上師（Senge Dradrok）、蓮花王（Padma Gyalpo）、日光上師（Nyima Öser）、湖生金剛（Tsokye Dorje）、忿怒金剛（Dorje Trolo）。

Eight Sadhana Teachings 八大教誡（Tib. sgrub pa bka' brgyad）瑪哈瑜伽部的八大主尊與其相對應的密續和儀軌，分別是：文殊身、蓮花語、清淨（嘿嚕嘎）意、甘露功德、普巴事業、召遣非人、猛咒詛詈、與世間供讚等。

Ekajati 一髮母（Skt.; Tib. ral chig ma） 阿底瑜伽法教的不共女護法神。

Empowerment 灌頂（Tib. dbang, Skt. abhisheka） 對修持金剛乘法教的授權，為密乘修行不可或缺的入門。讓吾人能精通俱生的金剛身、語、意，並視形色為本尊、聲音為咒語、念頭為智慧。參見四灌條目。

Emptiness 空性（Tib. stong pa nyid, Skt. shunyata） 現象的究竟本性。

Enlightenment 證悟、菩提（Tib. byang chub, Skt. bodhi） 一般指佛果的果位，以圓滿福、慧資糧與去除二障為幟，也可指證悟的較低果位、如阿羅漢或辟支佛。

Expedient and definitive meaning 不了義與了義（Tib. drang don和nges don, Skt. neyartha和nitharta） 不了義指的是有關四聖諦、業、道、果等例常的法教，用來將修行者導入了義，即對空性、如是與佛性的觀照。

Expedient meaning 不了義 參見不了義與了義條目。

Feast offering 薈供（Tib. tshogs 'khor, Skt. ganachakra）在佛教密乘中獻供儀式，獻上的飲食被加持為智慧甘露，獻給本尊以及自己的身內壇城，以清淨破犯的三昧耶。

Fierce mantra 猛咒（Tib. drag sngags）屬於忿怒尊的咒語，用來祛除阻礙佛教或眾生利益的魔障。

Five aggregates 五蘊（Tib. phung po lnga, Skt. panchaskandha） 色、受、想、行、識的基本組成元素。當五蘊結合時，便在無明之心產生了自我的幻相。

Five conflicting emotions 五毒（Tib. nyon mongs lnga） 貪、瞋、痴、慢、嫉。

Five elements 五大（Tib. 'byung ba lnga） 地、水、火、風、空，各是固體、液體、溫度、移動、與空間的元素。

Five families 五方佛（Tib. rigs lnga, Skt. panchakula） 五佛部，分別是：佛部、金剛部、寶部、蓮花部、與羯磨部（事業部）。代表我們佛性的俱生功德，每一佛部各有一佛，分別是：毘盧遮納佛、不動佛、寶生佛、阿彌陀佛、與不空成就佛。

Five poisons 五毒（Tib. nyon mongs lnga） 參見五毒條目。

Five sciences 五明（Tib. rig pa'i gnas lnga） 內明、聲明、因明、醫方明、和工巧明。

Five wisdoms 五智（Tib. ye shes lnga, Skt. panchajnana） 與五方佛相應的五種智慧：大圓鏡智（金剛部）、平等性智（寶部）、妙觀察智（蓮花部）、成所作智（羯磨部）、與法界體性智（佛部），其代表我們佛性的的五種功用。

Formless realms 無色界（Tib. gzugs med khams） 輪迴中的四種最高層級（無色界四天）。

Four continents 四大部洲（Tib. gling bzhi）位於須彌山周圍四個方位的四洲，構成了整個世界；分別是東方半圓形的東勝神洲、南方梯形的南瞻部洲、西方圓形的西牛賀洲、北方四方形的北俱盧洲。

Four empowerments 四灌（Tib. dbang bzhi, Skt. catuhabhisheka） 由上師將慧力傳給弟子，授權某人讓他能夠進入修行並臻至成果。在密乘的灌頂中有四個層級：第一是瓶灌，清淨與身體相關的染污與障礙，賜予金剛身的加持，並授權弟子能夠修持生起次第的瑜伽，使其獲得化身。第二是密灌，清淨和語言相關的染污與障礙，賜予金剛語的加持，並授權弟子能夠修持圓滿次第的瑜伽，使其獲得報身。第三是慧灌，清淨和心意相關的染污與障礙，賜予金剛意的加持，並授權弟子能夠修持方便道的瑜伽，使其獲得法身。最後的灌頂，通常被稱為第四灌頂，是文字灌，清淨身、語、意的染污及所有的業障與所知障，賜予金剛本初智慧的加持，並授權弟子能夠修持大圓滿，使其獲得法界體性身。參見灌頂條目。

Four kayas 四身（Tib. sku bzhi） 佛的四身：法身、報身、化身、和法界體性身。參見三身條目。

Four Noble Truths 四聖諦（Tib. bden pa bzhi） 釋迦牟尼佛初轉法輪時所宣說的苦、寂、滅、道法教，是小乘與大乘佛法的基礎。

Four types of right discrimination 四無礙解（Tib. so so yang dag pa'i rig pa bzhi） 法無礙解、義無礙解、詞無礙解、和辯才無礙解。

Four visions 四見（Tib. snang ba bzhi） 頓超的四見：現見法性（Tib. chos nyid mngon sum gi snang ba）、證悟增長（nyams gong 'phel ba'i snang ba）、明智如量（rig pa tshad phebs kyi snang ba）、與遍盡法界（chos nyid du 'dzin pa zad pa'i snang ba）。

Four wheels 四輪（Tib. 'khor lo bzhi） 四輪的修行為：一、待在合宜僻靜處；二、倚靠善知識；三、發崇高之願；四、有累世福德之助。

Fruition 果（Tib. 'bras bu, Skt. phala） 修道的成果，圓滿正覺位。

Ga 嘎（Tib. sga） 德格的一個地方名。

Gampopa 岡波巴（1079-1153） 密勒日巴最傑出的弟子，有極高的證量、也是位大學者。他是《解脫莊嚴寶論》的作者，與所有噶舉傳承的祖師。

Garab Dorje 極喜金剛（Tib. dga' rab rdor rje, Skt. prahevajra） 大圓滿傳承的第一位人類持明者。他是曾受諸佛灌頂的天神森拉堅（Semlhag Chen，意譯為聖心）的轉世。極喜金剛的母親是位尼師，清淨懷胎，也是鄔底亞納達黑納·塔羅（Dhahena Talo）王或因札菩提王的女兒。極喜金剛從金剛薩埵與金剛手菩薩，親自接受了所有大圓滿的續、經教、和口訣。經由無修的大圓滿法，他證得了圓滿正覺的果位之後，將法教傳給他不凡的眷眾。文殊友被認為是他的心子。

Garuda 金翅鳥（Skt.; Tib. khyung） 一種鳥類，出現在印度佛教與藏傳佛教中。體型奇大，在孵化後便能一飛沖天，是本初智慧的象徵。

Geluk 格魯派（Tib. dge lugs） 由宗喀巴所創立的藏傳佛教支派，是阿底峽傳承（譯注：即噶當派）的演化。

Gemang 格芒（Tib. dge-mang） 在康區札曲喀地區的格芒寺。

Geshe 格西（Tib. dge bshes） 在格魯派傳承中學識淵博的佛教學者。

Glorious Copper-Colored Mountain 吉祥銅色山 參見銅色山條目。

Gods 天神 參見天神條目。

Great Perfection 大圓滿（Tib. rdzogs pa chen po, Skt. mahasandhi） 參見阿底瑜伽條目。

Great Prayer Festival 傳召大法會（Tib. smon-lam chen-mo） 祈願大法會，在藏曆元月十五日於拉薩舉行的祈願慶典。

Great vehicle 大乘 參見大乘條目。

Guru Chowang 咕嚕・秋旺（1212-70） 五大伏藏法王之一。

Guru Rinpoche 蓮師 參見蓮花生大士條目。

Gyalse Shenpen Thaye 賈瑟・賢遍・泰耶（1740-?） 卓千寺的著名上師。

Gyaltsap Rinpoche 嘉察仁波切 參見雪謙・嘉察條目。

Gyalwa Drikungpa 止貢法王 （1509-57） 嘉哇・止貢巴・仁欽・朋措（Gyalwa Drikungpa Rinchen Puntsök），止貢・噶舉派的法王。

Gyogchen Dongra 久千・東若 （Tib. sgyogs chen gdong ra） 形成世間（srid pa chags pa'i lha dgu）的九位本尊之一，這九位本尊為：一、沃代・貢杰

（Ode Gungyal，譯注：山南區桑日縣沃卡地區的雪山名）；二、雅拉‧香
波（Yarlha Shampo，譯注：在山南區瓊結縣內的神山名）；三、念青‧唐拉
（Nyanchen Thanglha）；四、瑪卿‧繃若（Machen Pomra，譯注：駐錫在
青海省果洛藏族自治區瑪卿雪山的山神，被蓮師所調伏）；五、久千‧東若
（Gyogchen Dongra）；六、恭波‧拉則（Gompo Lhatse）；七、秀拉‧舉
波（Zhoglha Gyugpo）；八、覺沃‧局賈（Jowo Gyulgyal）；和九、謝梧‧
卡若（She'u Khara）。

Habitual tendencies 習氣（Tib. bag chags, Skt. vasana） 念頭、語言或行為的習
性。

Hearing lineage 口耳傳承（Tib. gang zag snyan rgyud）口耳相傳的傳承，此傳承
必須有上師使用文字讓弟子聽聞，而非以心心相應或透過象徵指示來傳法。

Hell 地獄（Tib. dmyal ba, Skt. naraka） 六道之一，地獄道的眾生因過去惡行的果
報而遭受劇苦，尤其是與嗔相關的惡行，如殺生。地獄有十八層，由八熱地
獄、八寒地獄、近邊地獄與獨孤地獄所組成。

Heretic 外道（Tib. mu stegs pa） 非佛教徒，指傳授非佛學的上師，執著於常、
斷的邊見。

Heruka 嘿嚕嘎（Skt.; Tib. khrag 'thung） 字義是「飲血者」。為忿怒本尊，我執
之血的飲用者。

Hinayana 小乘（Skt.; Tib. theg dman） 出自初轉法輪的佛教思想與修行根本體
系，以四聖諦與十二因緣的法教為主。

Ignorance 無明（Tib. ma rig pa, Skt. avidya） 在佛法的脈絡中，不僅是無知，也
指錯誤的認知。對眾生與現象的究竟本性，無法指認或有不正確的了解，因
此產生了眾生與現象是真實存在的錯誤認知。

Indra 因陀羅（Skt.; Tib. dbang po）　三十三天的天王（譯注：欲界第二重天之主，梵文音譯為因陀羅、憍尸迦）。因陀羅被認為佛教的護法之一，他住在須彌山頂的圓滿勝利宮中，又名帝釋（Shakra, Tib. brgya byin），天神的統治者。

Indrabodhi 因札菩提　鄔底亞納的國王，發現、養育、並（有一段時期）保護蓮花生大士。

Innate nature 本性　參見法性條目。

Inner tantras 內密續　參見三內密續條目。

Instruction class 訣竅部（Tib. man ngag gi sde）　由文殊友所編排的阿底瑜伽第三部。

Jamgön Kongtrül Lodro Thaye 蔣貢‧康楚‧羅卓‧泰耶（1813-1899）　欽哲‧旺波的同輩，又名蔣貢‧確吉‧賈波、或古納‧薩姆札。他編纂了《五寶藏》，其中包括《教訣藏》，並在蔣揚‧欽哲‧旺波的協助下，編纂了《大寶伏藏》。

Jamgön Lamas 蔣貢喇嘛　在本書中，指蔣貢‧康楚、欽哲‧旺波、喇嘛米滂等人，常被頂果‧欽哲仁波切稱為「蔣貢喇嘛」。

Jamyang Loter Wangpo 蔣揚‧洛迭‧旺波（1847-1914）　一位薩迦派上師。

Jatson Nyinpo 賈村‧寧波（1585-1656）　一位伏藏師，取出了《三寶總集》伏藏法。

Jetsun Trakpa Gyaltsen 傑尊‧札巴‧嘉稱（1147-1216）　創建薩迦派的祖師薩千‧貢噶‧寧波（1092-1158）的兒子（譯注：薩迦五祖之一）。

Jigmey Gyalwai Myugu 吉美‧嘉威‧紐古（1750-1825）　吉美‧林巴的心子，巴楚仁波切的根本上師，他的轉世是昆桑‧德千‧多傑。

Jigmey Lingpa 吉美‧林巴（1729-98） 一位伏藏師，被認為無垢友、赤松德真王、與賈瑟‧拉哲（Gyalsey Lharje）的合一化身。他取出了《龍欽心髓》伏藏法。

Jigmey Senge Wangchuk, King 吉美‧星給‧旺秋 現任的不丹國王，是貝瑪‧林巴的化身。

Jokhang 大昭寺（Tib. jo khang） 由松贊岡布所建的拉薩大寺，奉祀由其王后帶入西藏的釋迦牟尼佛像。

Jowo 覺沃（Tib. jo bo） 印度風格的報身佛形相釋迦牟尼佛像，由松贊岡布的中國王后（譯注：即文成公主）帶入西藏。原先奉祀在小昭寺，但現今是拉薩大昭寺的主尊，是西藏最受景仰的最重要佛像。

Kahma教傳（Tib. bka' ma） 寧瑪派的口傳傳承。主要是蓮師住藏時期所譯出的法教，之後由上師傳給弟子直至今日。參見教傳與伏藏、伏藏條目。

Kahma and terma 教傳與伏藏（Tib. bka' gter） 寧瑪派的教傳與伏藏，亦即口傳的法教與取出的伏藏法教，同時以外密續與內密續為基礎，強調內密續：瑪哈瑜伽、阿努瑜伽、和阿底瑜伽的修行。參見教傳、伏藏條目。

Kailash 岡底斯 參見岡底斯山條目。

Kalachakra 時輪金剛（Skt.; Tib. dus kyi 'khor lo） 字義為「時間之輪」，由釋迦牟尼佛所傳授的密續與金剛乘體系，顯示出外在世界、人體、和心靈的相互關連性。

Kalapa 卡拉帕（Tib. ka la pa） 參見香巴拉條目。

Ka-Nying Shedrup Ling 噶寧‧謝竹林、噶寧講修洲 由烏金‧祖古仁波切在尼泊爾波達納斯佛塔區所創建的寺院名；此寺的堪布與金剛上師是他的兒子秋吉‧尼瑪和秋林仁波切。

Karma 業（Skt.; Tib. las） 行為，依照一切經驗皆是先前行為的結果，以及一切行為是未來處境的種子所得出的無誤因果法則。產生快樂經驗的行為，被界定為是善的；導致痛苦的行為被認為是不善的。

Karma Chagmey 噶瑪・恰美 參見恰美仁波切條目。

Karma Monastery 噶瑪寺（Tib. kar ma dgon） 噶瑪巴在康區的駐錫寺院，位在蘇曼與昌都之間的拉陀。

Kakyab Dorje 卡恰・多傑 參見噶瑪巴・卡恰・多傑條目。

Karmapa Kakyap Dorje 噶瑪巴・卡恰・多傑（1871-1922） 又名嘉旺・卡恰・多傑，第十五世噶瑪巴。

Kashyapa Buddha 迦葉佛（Skt.; Tib. sangs rygas 'od srung）在釋迦牟尼之前出世的佛。

Katok 噶陀寺（Tib. ka thog） 東藏德格地區四大寧瑪派寺院之一；由噶當巴・德謝在1159年創建。

Katok Situ 噶陀・錫度（1880-1925）噶陀・錫度・確吉・嘉措，德格噶陀寺的主要喇嘛之一，他的轉世叫做噶陀・錫度・秋楚・蔣巴・確吉・尼瑪。

Kesang Chödrön, Queen Mother 王太后珂桑・秋准 現任的不丹王太后，前一世不丹國王的妻子，與現任不丹國王吉美・星給・旺秋的母親。

Khamche Monastic College 康傑佛學院 德格宗薩寺的佛學院。

Khamtrul Dongyu Nyima 康祖・東古・尼瑪（1932-80）第八世康祖仁波切，與頂果・欽哲仁波切互為師徒。在逃離西藏後，他在北印度創立的札西炯社區，在1980年圓寂，現任的第九世康祖仁波切，目前主持札西炯的康巴嘎寺。

Khamtrul Tenpai Nyima 康祖・滇貝・尼瑪（1849-1907）第六世的康祖仁波切，竹巴・噶舉的一位重要上師，是釋迦・師利的主要上師。

Khandro Lhama 康卓‧拉嬤（1913-2003）頂果‧欽哲仁波切的妻子，她在十九歲時嫁給了仁波切，當時仁波切二十出頭。她九十多歲時在尼泊爾圓寂，在荼毘之後，留下非常珍貴的雙眼、舌、與心舍利等。

Khandro Tsering Chödrön 康卓‧才玲‧秋准（1925-）欽哲‧確吉‧羅卓的法侶。在確吉‧羅卓於錫金圓寂後，她花了四十五年待在其法體奉祀的王宮裡。後來她移居到印度比爾的宗薩寺，因為確吉‧羅卓的舍利塔也移往此處。身為索甲仁波切的姑姑，她也待在其法國的閉關中心列若林（Lerabling）（譯注：目前佛母常住在法國的列若林）。

Khenchen 堪千（Tib. mkhan chen）對最高階位的大學者尊稱。

Khenchen Pema Vajra 堪千‧貝瑪‧金剛（1807-1884）卓千寺的一位重要喇嘛，他目前的轉世是祖古‧卡桑（Tulku Kalzang）、康區卓千寺的住持喇嘛。

Khenpo 堪布（Tib. mkhan po）對已完成約十年佛學、因明、戒律等傳統學門之主要課程者的稱謂，再授予堪布頭銜後便可教學。也指寺院的住持或剃度時的戒師。

Khenpo Bodhisattva 堪布菩薩　參見寂護條目。

Khenpo Ngakchung 堪布那瓊（1879-1941）堪布那旺‧貝桑，噶陀佛學院的一位學者，被認為是無垢友與龍欽巴的化身。他是弘傳大圓滿法經院傳承的重要提倡者，《普賢上師言教導引》一書的作者，恰札仁波切是他最後一位仍在世的弟子。

Khenpo Pema Sherab 堪布貝瑪‧謝拉（1936-）擔任頂果‧欽哲仁波切在拉薩與印度時的侍者，約十年之久。現在是貝諾法王在比拉庫貝（Bylakuppe）的南卓林佛學院的資深上師。

Kehnpo Rigzin Özer 堪布仁津‧沃色　又名貢秋‧羅卓，是卓千寺一位堪布。他是堪布雍嘎的親近弟子，也是頂果‧欽哲仁波切的上師之一。

Khenpo Shenga 堪布賢嘎（1871-1927） 全名為賢遍·確吉·那旺，札曲喀的一位著名堪布，是頂果·欽哲仁波切主要的佛學老師之一。

Khenpo Yonga 堪布雍嘎（十九世紀） 格芒寺的堪布雍滇·嘉措，巴楚仁波切的主要弟子之一，他寫下了《功德藏》的釋論《日光論》與《月光論》。他是羌瑪的堪布圖登的上師，教授頂果·欽哲仁波切《幻網續》。

Khenpo Yonten Gyamtso 堪布雍滇·嘉措 參見堪布雍滇條目。

Khon tradition 昆氏傳承（Tib. 'khon lugs） 薩迦派的昆氏支系。

Khon Konchog Gyalpo昆·貢秋·賈波（1034-1102） 薩迦寺的創建者，自他以降，由昆氏家族延續了整個薩迦派。

Khyentse Chökyi Lodro 欽哲·確吉·羅卓（1896-1959） 蔣揚·欽哲·旺波的五位轉世之一，又名蔣揚·欽哲或達瑪瑪帝。他是奉守利美傳承的偉大上師，也是頂果·欽哲兩位主要根本上師之一，他的三位轉世目前住在北印度的比爾、法國的多荷冬、與印度的德里（譯注：指宗薩·欽哲仁波切、吉美·欽哲仁波切、與欽哲·耶謝仁波切）。

Kilaya 普巴金剛（Skt.; Tib. phurba） 一切諸佛的事業化現，是金剛薩埵的忿怒尊。此本尊的修法與四種普巴相關。參見金剛橛條目。

Kriya 事部（Skt.; Tib. bya ba） 事部密續，是外三部密續的第一部。事部著重在修法的潔淨：壇城與聖物的潔淨，以及修行者身體的潔淨，每天要沐浴與更衣三次，並茹素。

Kunzang Dechen Dorje 昆桑·德千·多傑 札嘉寺之吉美·嘉威·紐古的轉世，又名參楚仁波切（Tsamtrul Rinpoche）。

Jeykundo 玉樹（Tib. dkye dgu） 東藏的大城鎮。

Lama 喇嘛（Tib. bla ma, Skt. guru） 有高度證量的精神上師。在俗語上，有時也用來禮貌性稱呼出家僧人。

Lama Ösel 喇嘛沃色　秋銀・沃色（Choying Öser），頂果・欽哲仁波切的上師之一，曾是喇嘛米滂主要的終生侍者與弟子。

Lama Mipham 喇嘛米滂　參見米滂仁波切條目。

Lerab Lingpa 列若・林巴（1856-1926）　伏藏師索甲的別稱，上世紀的一位伏藏師，有兩位轉世：堪布吉美・朋措（譯注：即四川省色達喇榮寺五明佛學院的吉美・朋措法王）與索甲仁波切。《消除惡緣》是他的伏藏法之一。

Level 地（Tib. sa）　參見地條目。

Lhakhang 拉康（Tib. lha khang）　寺或殿。

Lhasa 拉薩（Tib. lha sa）　西藏的首府，字義是「天神所居地」。

Longchenpa 龍欽巴（1308-63）　全名為龍欽・冉江・智美・沃色，是赤松德真王女兒貝瑪・薩（Pema Sal）公主的轉世，蓮師將他自己的大圓滿傳承《空行心髓》交付給她。他被認為是大圓滿法教最重要的作者，著有《七寶藏論》。

Longchen Rabjam 龍欽・冉江　參見龍欽巴條目。

Loppön Nyabchi 洛本涅企　現任不丹王太后珂桑・秋准的宗教秘書。

Loppön Pemala 洛本貝瑪拉　不丹本塘尼瑪隆寺的住持喇嘛。

Lord of Secrets 祕密主（Tib. gsang ba'i bdag po）　金剛手的別名，是金剛薩埵的化身之一，也是密乘法教的編纂者。

Lords of the three families 三部怙主（Tib. rigs gsum mgon po）　三位主要的菩薩：文殊、觀世音與金剛手。

Lotsawa 譯師（Tib. lo tsa ba, Skt. locchava）　西藏翻譯佛經的譯者，通常與印度的班智達密切合作。此稱謂的字面意思是「通雙語」。

Lower realms 下三道、惡趣（Tib. ngan song） 指地獄道、餓鬼道、與畜生道。

Luminosity 明光（Tib. 'od gsal, Skt. prabhasvara） 心的明分或知分，指離於無知的黑暗並具備知曉的能力。

Machik Labdrön 瑪吉‧拉准（1055-1153）女性上師，伊喜‧措嘉的轉世。她是帕當巴‧桑傑的弟子，弘傳斬斷我執的施身法法教。

Madhyamaka 中觀 由龍樹與提婆所傳下的大乘佛教傳承之一。中觀學派闡釋不落入常、斷邊見的中道，印度的中觀學派後來分成自續派、應成派、與瑜伽行中觀派等。

Mahamudra 大手印（Skt.; Tib. phyag rgya chen po） 字義是「大的印記」。指的是對一切現象究竟本性的印記，這是了悟佛性的最直接修行。這套體系的法教是噶舉派、格魯派、與薩迦派之新譯派金剛乘修行的根本見。

Mahayana 大乘（Skt.; Tib. theg pa chen po） 大乘的特點是人無我、法無我的甚深見，以及同體大悲心與想讓一切眾生離於苦與苦因的希求。

Mahayoga 瑪哈瑜伽（Skt.; Tib. rnal 'byor chen po）三內密續的第一部。瑪哈瑜伽的經論分成密續與儀軌兩部分：密續部由《瑪哈瑜伽十八續》（Eighteen Mahayoga Tantra）所組成，儀軌部則由《儀軌八法》（Eight Sadhana Teachings）組成；強調生起次第的法門，與修習二諦無別之「觀」而證得解脫的見。

Major and minor marks of a Buddha 三十二相、八十隨行好（Tib. mtshan dang dpe byad） 一切諸佛本俱的三十二種主要的證悟身相（例如頂髻或頂嚴）和八十種小的特徵（如銅色的指甲）。

Mamo 瑪嫫、女鬼（Skt.; Tib. ma mo） 一類半天人的眾生，有時是佛教的護法。

Mandala 壇城、曼達（Skt.; Tib. dkyil 'khor） 字義是「中央與周遭」。本尊所在境域的一種象徵性、地理性的表示。

Mandala offering 供曼達　觀想成宇宙的一種供養；也是密乘儀軌的供養編制，通常是擺放在一個華美的圓盤上。

Manigenko 瑪尼格貴（Tib. ma ni dge bkod）　德格的一個鎮，通往德格、囊謙等地的道路交會處。

Manjushri 文殊（Skt.; Tib. 'jam dpal dyangs）八大菩薩之一，代表智慧的圓滿。

Manjushrimitra 文殊友（Skt.; Tib. 'jam dpal gshad snyan）大圓滿傳承的第二位人類祖師，極喜金剛的心子。他將大圓滿法分成心部、界部、與訣竅部三部。

Mantra 咒（Skt.; Tib. sngags）字義是「心的保護」。因此，當種子字或咒語，配合適當的觀想而持誦時，能夠保護修行者的心免於俗念。咒是召請本尊與本尊的聲音形式化現。通常禪修者持誦咒語，以和禪修本尊的能量產生連結。

Mantrika 咒師　參見咒師條目。

Mara 魔　參見魔條目。

Maratika 瑪若帝卡（Tib. ma ra ti ka）　在尼泊爾的一處聖穴，是蓮師與其法侶曼達拉娃證得無死成就之處。

Matrul Rinpoche 瑪楚仁波切　達隆・瑪楚仁波切，達隆・噶舉派的法王。

Meditate 修（Tib. sgom pa）　讓心安住在禪修的客體上，或保任見的順暢。

Middle Way 中道　參見中觀條目。

Milarepa 密勒日巴（1040-1123）字義是「穿棉衣的密勒」，在西藏宗教史最著名的一位瑜伽士與詩人。噶舉派的大部分法教皆是由他所傳下。

Mind class 心部（Tib. sems sde）　阿底瑜伽三部的第一部。

Mind essence 心性（Tib. sems ngo）吾人心的本性，教法說一切證悟者的本質皆同。但必須要分辨心性與凡夫心（Tib. sems）的不同，凡夫心指的是以念頭本性的無明為基礎，所產生的世俗妄念。

Mind teachings 心性教授（Tib. sem khrid） 心性直指。

Mind treasure 心意伏藏（Tib. dgongs gter） 從伏藏師的心中，取出他在過去生中曾是蓮師弟子時所接受過的法教；這類的伏藏會自動現起，毋須物質性的伏藏。

Mindroling Jetsun Migyur Paldron 敏珠林傑尊・明珠・巴卓（1699-1769） 敏珠林寺的創建者迭達・林巴的女兒，是其法教持有者。

Mindroling Monastery 敏珠林寺（Tib. o rgyan smin grol gling）烏金敏珠林；前藏的主要寧瑪派寺院，由迭達・林巴在十七世紀時所建。通常叫做敏珠林。

Minling Terchen 敏林・迭千 參見迭達・林巴條目。

Minling Trichen 敏林・崔欽（1931-2008） 敏珠林寺第十一任法座暨寧瑪派法王。他是敏珠林寺創建者迭達・林巴的後代，第十任敏林・崔欽的兒子。

Mipham Rinpoche 米滂仁波切（1846-1912）喇嘛米滂、米滂・久美・米攸・多傑，是上世紀一位偉大的寧瑪派上師與作者，也是蔣揚・欽哲・旺波的親近弟子。他被認為是文殊友的直接化身，並成為他那一代最偉大的學者之一。他的全集超過了三十函，心子是雪謙・嘉察・貝瑪・南嘉。

Mount Kailash 岡底斯山（Tib. ti se） 在藏西的一處聖山名。

Mount Meru 須彌山（Skt.; Tib. ri rab） 位於我們世界中央的一處傳說之山，由四大部洲所圍繞，此山的斜坡是欲界最低兩層天的天眾所居處，周遭環繞著較低的群山、湖泊、洲、和海洋；據說其拔起的高度約在海平面上八萬四千由旬高（譯注：由旬為古印度的長度單位，依《阿毘達磨》的算法，約合八公里）。

Mudra 手印（Skt.; Tib. phyagrgya） 一、指密咒乘的手勢；二、法侶；三、本尊的身相。

Naga 龍族（Skt.; Tib. klu） 強力、長壽的蛇形眾生，住在水域，經常守護著大寶藏。龍族屬於半畜生道、半天道的眾生，他們常以蛇形存在，但有時會轉變成人身。

Nagarjuna 龍樹（Skt.; Tib. klu grub） 一位偉大的印度佛學大師與密乘成就者。他接受了《蓮花語》續，證得成就之後，將其傳給了蓮師。他從龍宮重取出《般若經》，是中觀學派的創始者。據說他是達尼瑪（Dagnyima）的弟子，庫庫拉傑（Kukkuraja）的上師。

Nalanda 那瀾陀（Skt.; Tib. na lan dra） 在菩提迦耶北方有一段距離的舍利弗（Shariputra）出生地，所建造的一所著名僧院大學。那瀾陀有悠久、輝煌的歷史，許多大乘佛教的最偉大上師皆在此常住、修學、與講學。約毀於十三世紀。

Namkai Nyingpo 南開・寧波 努・南開・寧波的轉世，住在不丹本塘的寺院中；是頂果・欽哲仁波切的親近弟子。

Nangchen 囊謙（Tib. nang chen） 東藏的大縣。

Nectar 甘露（Tib. bdud rtsi, Skt. amrita） 神飲，能賜予長生或其他力量。

Nenang Pawo Rinpoche 乃朗・巴沃仁波切 前藏乃朗寺的一位噶瑪・噶舉派上師。

Ngakpa 咒師（Tib. sngags pa） 通常穿白袍、蓄長髮，也可結婚的金剛乘行者。

Ngapo 納波 全名是納波・那旺・吉美（Ngapo Ngawang Jigmey），一位在五〇年代的拉薩深具影響力的官員，對頂果・欽哲仁波切很虔誠，在拉薩幫了他很多忙。

Ngok Zhedang Dorje 哦・協當・多傑 止貢法王的主要弟子之一，是帕莫・竹巴的弟子。

Ngor Evam Chode 哦・伊旺・秋丹寺（Tib. ngor e wam chos sde） 薩迦派的第二重要次院，在1429年由哦千・貢噶・桑波（Ngorchen Kunga Zanpo, 1382-1444）所創建。此寺的著名係為《道果》法教的總座，並有一藏書豐富的藏經閣，其中藏有大批的梵文經典。

Nine vehicles 九乘次第（Tib. theg pa dgu） 寧瑪派對佛法的傳統性分類，前三乘是三因乘：聲聞、緣覺、和菩薩；接著三乘是三外密續：事部、行部、瑜伽部；最後三乘是內密續：瑪哈瑜伽、阿努瑜伽、和阿底瑜伽。

Nirmanakaya 化身（Skt.; Tib. sprul sku）化現之身，可被凡夫所見的證悟面向。

Nirvana 涅槃（Skt.; Tib. myang ngan 'das） 字義是「超越痛苦的境界」，指的是小乘與大乘皆可證得之證悟的不同果位。

Nonarising 無生（Tib. skye ba med pa） 依勝義諦的觀點，指一切現象並無獨立、固定的性質，故究竟離於生、住、滅。

Nonconceptual 絕思（Tib. mi dmigs） 字義是「離念」，不執於心念，遠離一切妄念的造作。

Norbu Lingka 羅布林卡 達賴喇嘛於拉薩近郊的夏宮。

Nub Namkhai Nyingpo 努・南開・寧波 蓮師的二十五位弟子之一，是被赤松德真王送往印度求法的譯師之一。他與同伴師從吽嘎拉（Humkara），學習《清淨嘿嚕嘎》的法教。

Nyak Jnana Kumara 涅・嘉納・庫瑪拉 一位專精的譯師，暨蓮師、無垢友、毘盧遮納、與玉札・寧波的弟子。他與無垢友密切合作，譯出了瑪哈瑜伽與阿底瑜伽的密續。

Nyenpa Rinpoche 年巴仁波切 參見桑傑・年巴條目。

Nyingma 寧瑪派（Tib. rnying ma） 主要是在西元九世紀赤松德真王在位時，直到譯師仁欽·桑波為止的期間，由寂護、蓮師、無垢友、毘盧遮納等人傳入西藏且譯出的法教。

Nyingtik 心髓（Tib. snying thig） 通常指的是大圓滿法的訣竅部法教。

Obscurations 障（Tib. sgrib pa, Skt. avarana） 遮蔽真正心性的心念。在顯教經典中，提到了數種障：業障阻礙使人無法步上證悟之道、煩惱障阻礙修道上的進步、習氣障阻礙迷惑的消失、以及最後的所知障阻礙全然證得佛果。

Onpo Tenga 昂波·天噶 全名是烏金·天津·諾布，是賈瑟·賢遍·泰耶的姪子。他是巴楚仁波切的弟子，堪布賢嘎與頂果·欽哲仁波切父親的根本上師。昂波·天噶寺院的人，仍舊相信頂果·欽哲仁波切是昂波·天噶的轉世，卻強被雪謙寺帶走，只因他有欽哲的名號。

Orgyen Topgyal 烏金·托傑（1952-） 第三世涅瓊·秋林·貝瑪·智美的長子。他住在印度的比爾，在此地建好了由他父親啟建的秋林寺（譯注：即宗薩·欽哲仁波切執導影片《高山上的世界盃》的拍攝場景與故事發生地）。

Outer tantras 外密續（Tib. phyi rgyud） 屬於事部、行部、和瑜伽部的密續。

Padampa Sangye 帕當巴·桑傑（卒於1117） 一位印度的大成就者，西元十一世紀間的人，曾造訪西藏五次，最後一次是在1098年，傳下了八大實修傳承中的希解派法教。他的西藏心子是瑜伽女瑪吉·拉准。

Padmasambhava 蓮師 字義是「蓮花中出生」。蓮師由釋迦牟尼授記為將弘傳金剛乘法教之人。在西元九世紀時由赤松德真王迎請入藏，調伏了作祟阻礙佛教在西藏宏揚的邪魔，廣傳密咒乘，並埋藏了無數伏藏以利益後代眾生。

Palpung Monastery 八蚌寺（Tib. dpal spung thub bstan chos 'khor gling） 德格地區的一座寺院名，是錫度傳承的寺院法座所在，在1717年由錫度·確吉·炯內所創建。蔣貢·康楚在此設立了閉關中心。

Palpung Situ 八蚌・錫度　參見錫度・貝瑪・旺秋・賈波條目。

Panchen Lama 班禪喇嘛　位於日喀則之札什・倫布寺住持的轉世系譜，在五世達賴時開始。在佛母康卓的回憶中所提及的班禪喇嘛，是第九世班禪喇嘛圖登・秋吉・尼瑪（Thupten Chokyi Nyima, 1883-1937），而頂果・欽哲仁波切在返回康區時所見到的班禪喇嘛，是第十世班禪喇嘛秋吉・嘉稱（Chokyi Gyaltsen, 1938-1989）。

Pandita 班智達（Skt.; Tib. pan di ta）　博學的上師、學者、或佛學教授。

Paramita 波羅密、度（Skt.; Tib. pha rol tu phyin pa）　超越的圓滿或善德，修持度可證得佛果，故為菩薩的修行。有六度，為布施、持戒、安忍、精進、禪定、和般若。

Paro Kyechu 帕羅・基丘（Tib. spa gro skye chu）　不丹的一處朝聖地，是松贊岡布所建的四大降魔寺之一。此寺仍保留原貌，也是不丹最神聖的地方之一。就在此寺旁的蓮師殿，是由王太后珂桑・秋准所建。

Path 道（Tib. lam, Skt. marga）　在大乘與小乘中，闡述要邁向證悟有五道：即資糧道、加行道、見道、修道、和無學道。前四者構成了有學道，而無學道則是佛果。

Patrul Rinpoche 巴楚仁波切（1808-87）　巴楚・烏金・吉美・確吉・旺波（Patrul Urgyen Jigmey Chökyi Wangpo），又名卓千・巴給（Dzogchen Palgey）。十九世紀不分派的大師，被認為是吉美・林巴的語化身。他是那一代最傑出的學者之一，不僅以學識聞名，也以其出離心和悲心為典範。他最有名的著作包括了《普賢上師言教》，和對大圓滿法精要《椎擊三要》的釋論。

Pema Ösel Dongnak Lingpa 貝瑪・沃色・冬雅・林巴　由蓮師所授予的蔣揚・欽哲・旺波的伏藏師名。

Pemako 貝瑪貴（Tib. pad ma bkod）　藏南的地區，以其隱密聖境而聞名；貝

瑪貴的三分之一是在西藏，三分之二是在現今印度的阿汝那恰·普拉德希（Arunachal Pradesh）省境內。

Percptions 觀、所顯（Tib. snang ba） 顯現在每個人眼前的事物，依其習性或精神發展而異。有三種觀：一、染污觀，因誤解而顯現在六道眾生的意識當中，被稱為器世與有情的不淨、染污觀。二、緣起觀，依幻相八喻，吾人不將幻化視以為真；這是十地菩薩在座下的觀。三、真實、圓滿、智慧觀，當吾人已了悟一切事物的本然狀態，眾生與世間顯現為佛身與智慧的示現。

Pewar Tulku 貝雅祖古（1933-） 薩迦派的喇嘛，目前是德格·更慶寺的主要喇嘛。他是欽哲·確吉·羅卓的親近弟子，十三歲時在宗薩寺與時年三十五歲的頂果·欽哲仁波切，一起親受確吉·羅卓傳授的《大寶伏藏》。

Peyul Monastery 白玉寺（Tib. dpal yul） 康區寧瑪派的四大寺院之一。

Pith instructions 訣竅（Tib. man ngag, Skt. upadesha） 以最精要與直接的方式，解說修行最甚深的要點。

Pointing-out instruction 直指（Tib. ngo sprod） 由根本上師所傳授對心性的直截引介，使能指認出心性。

Prabhahasti 光象尊者 接受《八大教誡》的印度八大持明之一（譯注：其接受的是《八大教誡》中的普巴事業）。

Prajnaparamita 般若（Skt.; Tib. she rab kyi pha rol tu phyin pa） 一、六度中的智慧度。二、空性的智慧。三、二轉法輪時，宣說空性教法所集結而成的佛經。

Pratimoksha 別解脫戒（Tib. so thar）個人的解脫。有八支別解脫戒：一、八關齋戒，持戒一天；二、信士、近善男的五戒；三、信女、近善女的五戒；四、沙彌戒；五、沙彌尼戒；六、在受比丘尼戒前所受的式叉摩那尼戒；七、比丘尼所受的具足戒；八、比丘所受的具足戒。

Pratyekabuddha 緣覺、辟支佛（Skt.; Tib. rang sangs rgyas） 字義為「獨處佛」；指未倚賴上師，藉著禪修十二因緣而證得苦滅的人。雖然了悟現象的空性，但辟支佛缺乏佛的正等正覺，所以無法利益無盡的眾生。

Preliminary practices 前行、加行（Tib. sngon 'gro） 由外共加行與內不共加行所組成。外共加行是四轉心念：思惟人身難得、生死無常、因果業報、和輪迴過患。內不共加行是四個各十萬遍的修法，分別是皈依與發菩提心、金剛薩埵唸誦、供曼達、和上師瑜伽。

Preta 餓鬼道（Skt.; Tib. yi dvags） 挨餓的鬼，輪迴中的六道眾生之一類。

Primordial purity 本淨（Tib. ka dag） 眾生的本性是本初不受染污所垢染的，且超越迷惑與解脫的。眾生的本性是本初清淨的。

Prince Murub 王子木若 赤松德真王的次子，蓮師的親近弟子，誓言不斷轉世以取出蓮師所埋藏的伏藏。他證得「修道」的圓滿成就，在臨終時證得虹光身。他有十三世的伏藏師轉世，最後一世是秋久·林巴。

Protector 護法 參見護法條目。

Puntsök Chödrön, Queen Mother 太王太后朋措·秋准 已故的不丹太王太后，她是前一任不丹過王的母親，率先邀請頂果·欽哲仁波切至不丹者。

Pure land 淨土 參見佛國條目。

Pure perception 淨觀（Tib. dag snang） 對世間的觀點是清淨的淨土或佛身與智慧的示現。

Rabsel Dawa 若瑟·達哇（Tib. Rab-gsal-zla-ba） 頂果·欽哲仁波切的名字之一，「明月」之意。

Rainbow body 虹光身（Tib. 'ja' lus） 修行者在臨終之際，已證得大圓滿法頓超的「遍盡法界」。對這樣的修行者來說，構成身體的粗重五大融入其本質中，即五色虹光中。有時僅有頭髮與指甲留下。

Raksha Thotreng 羅剎・顱鬘　蓮師十二化身之一。

Rakshasa 羅剎（Skt.; Tib. srin po）　一、天龍八部之一；二、住在東南方拂塵洲的凶猛食人族；三、對無明與煩惱之不受控制、乖違的表達。

Ratna Lingpa 若那・林巴（1403-78）　一位伏藏師，取出了二十五種甚深的伏藏法。他是朗卓譯師（Langdro Lotsawa）的轉世，又名若那・林巴・仁千・巴桑波（Ratna Lingpa Rinchen Palzangpo）。

Rediscovered treasure 重取伏藏（Tib. yabg gter）　在過去已被取出但未曾廣傳之伏藏，再重新被取出。

Rekong 熱貢（Tib. reb gong）　安多的一處地名，有許多咒師聚集在此，是頂果・欽哲仁波切傳授《大寶伏藏》之地，他在此待了一年。

Relative truth 世俗諦　參見二諦條目。

Ri-me 利美（Tib. ris med）　不分派主義。利美運動或不分派運動，是在十九世紀的西藏展開的一種融合運動，目的在藉由對藏傳佛教各不同傳承之典籍、釋論與修法的應用，來降低分派的敵對並重振靈性的修持。

Rinpoche 仁波切（Tib. rin po che）　字義為「寶」，用來稱呼自己的上師、堪布、或任何佛教老師的尊稱。

Roldor Rinpoche 若多仁波切（Tib. rol rdor）　若多秋楚噶瑪・智美・沃色，蘇曼寺的伏藏師若貝・多傑（Rolpai Dorje）的轉世。若多秋楚與頂果・欽哲仁波切互為師徒。

Rumtek 隆德寺　位於錫金的噶瑪・噶舉傳承主要法座，由十六世噶瑪巴所建。

Sacred commitment　參見三昧耶條目。

Sadhana 儀軌（Skt.; Tib. sgrub thabs）　成就的法門。密乘的禪修方法，有本尊的觀想與咒語的持誦。

Sakar Monastery 薩嘎寺（Tib. sa dkar bsam sgrub gling） 薩嘎‧桑竹林，位於頂果‧欽哲仁波切村裡的薩迦派寺院。

Sakya Gongma of Drolma Palace 度母宮的薩迦‧貢瑪（Tib. sa skya bdag chen sgrol ma pho brang bdag chen, 1945-） 從度母宮家族出身的薩迦派法王。圓滿宮與度母宮輪流擔任薩迦法王。現任的薩迦法王是來自度母宮，是第四十一任薩迦‧崔欽。

Sakya Gongma of Puntsök Palace 圓滿宮的薩迦‧貢瑪（Tib. sa skya bdag chen phun tshogs pho brang, 1929-）從圓滿宮家族出身的薩迦派法王。參見度母宮的薩迦‧貢瑪條目。

Sakya Pandita 薩迦‧班智達（1182-1251） 貢嘎‧嘉稱。薩迦五祖之一，是為著名的學者與政治家。

Samadhi 三摩地（Skt.; Tib. bsam gtan） 不同層次的禪定。

Samantabhadra 普賢王如來（Skt.; Tib. kun tu bzang po） 字義是「一直美好者」。一、普賢菩薩，八大佛子之一，以其定力所化現的供養著稱。二、本初佛，從未落入迷妄中；本覺的象徵，心性的恆淨與光明。

Samantabhadri 普賢王佛母（Skt.; Tib. kun tu bzang mo） 本初佛普賢王如來的佛母，其雙運象徵顯空不二。

Samaya 三昧耶（Skt.; Tib. dam tshig） 在傳授灌頂時，於上師與弟子之間所締結的誓約。

Sambhogakaya 報身（Skt.; Tib. longs spyod rdzogs pa'i sku） 受用身。參見三身條目。

Samsara 輪迴（Skt.; Tib. 'khor ba） 存在之轉輪或存在的迴旋。未覺醒的存在狀態，此中的心被貪、嗔、痴三毒所奴役，無法控制地從一個狀態轉至另一個狀態，歷經無盡的身心經驗之流，這一切的經驗全是痛苦。

Samye Monastery 桑耶寺（Tib. bsam yas） 字義是「不可思議」。西藏的第一
座佛寺，座落在拉薩東南方的雅隆河谷。由赤松德真所建，蓮師開光。

Sangha 僧伽、僧團（Skt.; Tib. dge 'dun） 佛教修行者的社群，不管是出家眾
或在家眾。「聖僧伽」一詞，指的是那些佛教社群的成員皆已證得見道以上
者。

Sangye Nyenpa 桑傑‧年巴 全名是桑傑‧年巴‧噶瑪‧謝竹‧滇貝‧尼瑪。班
千寺的寺主喇嘛，他是頂果‧欽哲仁波切的兄長。目前的轉世住在尼泊爾的
班千寺。

Sarasvati 妙音天女（Skt.; Tib. dbyangs can ma） 字義是「具足音律者」。一位
美麗、繆思般的學識女神。

Secret Mantra 密咒乘（Tib. gsang sngags） 大乘的一支，運用不共的密續竅門，
為了一切眾生在成佛之道上較快速地前進。

Self-existing wisdom 俱生智（Tib. rang byung ye shes） 本然的覺醒，有別於智
識的造作。

Sengtrak Rinpoche 星札仁波切 一位竹巴‧噶舉的祖古，拉達克‧貝瑪‧秋賈
（Ladakh Pema Chogyal）、阿柏仁波切（Abo Rinpcohe）、和頂果‧欽哲仁
波切的弟子，他住在位於尼泊爾與西藏交界處的閉關中心關房裡，如隱士般
生活著，那兒有數百名的僧尼在閉關。他是仁波切鍾愛的弟子，不幸在2005
年因急病過世，享年五十八歲。

Sentient being 眾生、有情（Tib. sems can） 在六道中任何尚未獲得解脫的生
物。

Shabkar Tsogdruk Rangdrol 夏嘎‧措助‧讓卓（1781-1851） 安多的一位偉
大上師與菩薩，他住在熱貢，也就是頂果‧欽哲仁波切第一次傳授《大寶伏
藏》的地方。

Shakya Shri, Drugu Tokden 釋迦‧師利 最有名的一位竹巴‧噶舉瑜伽士，第六世康祖仁波切滇貝‧尼瑪與欽哲‧旺波的弟子。

Shamatha 止、奢摩他（Skt.; Tib. zhi gnas） 基本上是一種將心持續專注在禪定客體上的禪定。這是一種安住的狀態，雖然十分重要，但止本身卻無法破除無明與自我的概念。

Shambhala 香巴拉（Tib. sham bha la） 如時輪金剛密續中所述，香巴拉的國度位於北方，是一淨土，以卡拉帕為首都。

Shantarakshita 寂護（Skt.; Tib. zhi ba mtsho） 又名堪布菩薩。是金剛手菩薩的化身，他是超戒寺（Vikramashila）與桑耶寺的住持。他為西藏首批出家僧剃度，也是結合了中觀與瑜伽行派之瑜伽行中觀派的創始者。

Shantideva 寂天（Skt.; Tib. zhi ba lha） 印度八十四大成就者之一。他撰寫了著名的《入菩薩行論》與《學處集要》，是兩本描述菩薩之典範與修行的重要典籍。

Shastra 論（Skt.; Tib. bstan bcos） 對佛陀之語的注解。

Shechen Gyaltsap 雪謙‧嘉察（1871-1926） 全名是雪謙‧嘉察‧久美‧貝瑪‧南嘉，喇嘛米滂的主要弟子，與頂果‧欽哲仁波切的根本上師。

Shechen Kongtrül 雪謙‧康楚（1901-約1960） 全名是雪謙‧康楚‧貝瑪‧智美‧列貝‧羅卓，康區雪謙寺的主要喇嘛之一。目前的雪謙‧康楚是給薩，蘇曼‧創巴仁波切的兒子之一。

Shechen Rabjam 雪謙‧冉江（?-約1960） 全名是雪謙‧冉江‧久美‧昆桑‧滇貝‧尼瑪，雪謙寺的主要喇嘛之一，他是頂果‧欽哲仁波切的上師之一。目前的轉世是第七世的冉江，也是頂果‧欽哲仁波切的孫子，他是雪謙寺的主持，在1966年出生。

Shechen Tennyi Dargyeling 雪謙·滇尼·達吉林（Tib. zhe chen bstan gnyis dar gyas gling） 雪謙·冉江、雪謙·康楚、暨雪謙·嘉察位於德格的寺院名。是康區寧瑪派四大寺院之一。第二座雪謙寺由頂果·欽哲仁波切建於尼泊爾的波達納斯。

Shravaka 聲聞（Skt.; Tib. nyan thos） 小乘的追隨者，其目標是免除輪迴的痛苦。不像大乘的追隨者，聲聞乘並不發願為了一切眾生而證得圓滿正覺。

Shri Singha 師利·星哈 大圓滿法的傳承中，文殊友的繼承者與心子，他取出被埋藏在菩提迦耶的密續後前往中國，在中國將阿底瑜伽的訣竅部分成四部：外、內、密、與最密。他的主要弟子是嘉納蘇札（Jnanasutra，智經）、無垢友、蓮師、與毘盧遮納。

Shri Singha Monastic College 師利·星哈佛學院 卓千寺的佛學院，巴楚仁波切和許多其他大師在此就讀與任教。

Siddha 成就者（Skt.; Tib. grub thob） 藉由金剛乘的修行而獲得成就的人。

Siddhi 成就 參見成就條目。

Sikkim 錫金 界於不丹與尼泊爾之間的喜馬拉雅山區獨立國家，直到1975年被印度併吞為止。

Single sphere 唯一明點（Tib. thig le nyag gcig） 對法身的象徵性描述，為唯一明點，因為其離於二元與界線，並反一切可能形成對法身相關的概念造作。

Sitavana 寒林（Skt.; Tib. sil ba'i tshal） 位於菩提迦耶東北方的神聖屍林，住著許多空行母與凶猛眾生。此處有一座大佛塔，裝有許多由空行母藏在盒篋中的不共密續。蓮師在此處修苦行多年；極喜金剛也在此多年，傳法給空行母，文殊友便是在此遇見他。

Situ Pema Wangchok Gyalpo 錫度·貝瑪·旺秋·賈波（1886-1953） 八蚌寺

第十一世的錫度。他由十五世噶瑪巴昇座，師從蔣貢‧康楚與堪布賢嘎。他
將噶舉派的所有口傳傳承，供養給十六世噶瑪巴。在本書中，他也被稱為八
蚌錫度，相對於噶陀錫度、噶陀寺的主要喇嘛之一。

Six doctrines of Naropa 那洛六法　參見六法條目。

Six ornaments 六莊嚴（Tib. rgyan drug）　六位偉大的印度上師：聖天、龍樹、
無著、世親、陳那、和法稱。

Six realms 六道（Tib. rigs drug）　受特定心毒所宰制與造成的六種存在模式：
地獄道（瞋）、餓鬼道（悋）、畜生道（痴）、人道（貪）、阿修羅道
（嫉）、和天道（慢）。他們因應著業力所產生的染污概念，並信以為真。

Six yogas 六法、六瑜伽（Tib. na ro chos drug）　那洛巴的六種教法：拙火、幻
身、夢瑜伽、明光、中陰、和頗瓦（遷識）。

Skillful means 方便、善巧（Tib. thabs, Skt. upaya）　指的是悲心，相對於空性的
智慧。廣義來說，是指以菩提心所做的一切行為與修學。

Small hand drum 手鼓（Skt.; Tib. da ma ru）　一種在密乘修法中所使用的小手
鼓，通常用人的頭蓋骨做成。

Smritijnana 師彌瑞提嘉納　一位偉大的譯師。他的著作區分出寧瑪派，在師彌瑞
提嘉納之前於西藏所譯出的主要法教，即是寧瑪派的法教。他在十一世紀初
期到西藏。

Sogyal Rinpoche 索甲仁波切（1946-）伏藏師索甲、又名列若‧林巴的轉世。康
卓‧才玲‧秋准的姊姊才露與頂果‧欽哲仁波切外甥蔣嘎（Jamga）的兒子。
他的童年，一直跟著欽哲‧確吉‧羅卓，後來前往英國，就讀於劍橋大學。
他是全球本覺會的總監，與暢銷書《西藏生死書》的作者。

Songtsen Gampo, King 松贊岡布（609-49）　觀世音菩薩的化身，他是西藏的
第二任法王。他在十三歲時繼位，十五歲時命令其金剛手菩薩化身的大臣嘎

爾（Gar），前去迎請尼泊爾的赤尊（Bhrikuti）公主與中國的文成公主為王后。這兩位公主各自帶入了釋迦牟尼佛的八歲與十二歲身像，做為嫁妝。

在興建大昭寺時，建寺工程被非人所阻撓。松贊岡布與其兩位王后，便前往基丘河谷的瑪如宮（Maru palace）閉關，修持其本尊而獲得成就，本尊並指示松贊岡布建造邊境鎮魔（Border Taming）、遠境鎮魔（Further Taming）、與翼轄鎮魔（District Controlling）各寺。如此一來，他降伏了作祟的地魔，得以順利地建好大昭寺與小昭寺，以奉祀兩尊釋迦牟尼佛像。他頒佈以佛法戒律為準的律法，在大臣吞彌·桑波答（Thonmi Sambhota）的協助下，制訂西藏文字，便開始翻譯佛經為藏文。

Space class 界部（Tib. klong sde） 大圓滿法的第二部，著重在空性的教授。

Spontaneous presence 任運（Tib. lhun grub） 大圓滿法的兩個主要面向，另一是本淨。

Stupa 佛塔（Skt.; Tib. mchod rten） 字義是「供養所依物」。通常是裝有佛教聖者舍利的紀念物。佛塔係依照宇宙的和諧、秩序原則而建造的，通常相當巨大，被認為是著重且散發出遍及六道的治療能量。

Suchness 如是（Skt.; Tib. de bzhin nyid, Skt. tathata） 空性或一切事物本性、法性的同義詞。也用來指稱緣起與空性的不二。

Sugata 善逝（Skt.; Tib. bde bar gshegs pa） 字義是「已前往且繼續在大樂中者」。佛的稱號之一。

Sukhavati 極樂世界、極樂淨土（Skt.; Tib. bde ba can） 字義是「喜樂」。西方淨土之名，阿彌陀佛的淨土。

Supreme Heruka 巴千（Tib. dpal chen） 《龍欽心髓》中的主要本尊。

Sutra 經（Skt.; Tib. mdo）佛所說的法。也指所有視修道為成佛之因的隨機說法。

Svabhavikakaya 法界體性身（Skt.; Tib. ngo bo nyid kyi sku） 體性之身，三身的合一。蔣貢・康楚定義法界體性身為法身的面向，因為法身乃「一切現象之本性，無一切造作之空性，並具足本淨的特質。」參見四身和三身的條目。

Symbol lineage 指示傳承（Tib. rig 'dzin brda rgyud） 此傳承是由持明者以象徵的方法或手勢傳授，是文殊友之上的傳承，也包括無垢友在內。

Taklung 達隆（Tib. stag lung） 在拉薩東北方的地區。達隆是噶舉派的一個支系，約在八百年前由達隆・湯巴（Taklung Tangpa）所創。

Taksham Nuden Dorje 達善・桑滇・林巴（1655-?） 一位伏藏師，又名桑滇・林巴。

Tantra 續、密續（Skt.; Tib. rgyud） 字義是「持續」。由佛陀以報身形式傳授的金剛乘法教。密續也可指金剛乘有關果的一切法教。

Tantra section 續部（Tib. rgyud sde） 瑪哈瑜伽兩部的其中一部。

Tantras, scriptures, and instructions 續、經教、口訣（Tib. rgyud lung man ngag） 指瑪哈瑜伽、阿努瑜伽、和阿底瑜伽。也可指大圓滿本續的三種分類。

Tarthang Tulku 塔唐祖古（1934-） 寧瑪派的一位上師，住在美國加州，出本了許多經論。他在加州的柏克萊創立了寧瑪佛學院（Nyingma Institute）。

Tashi Namgyal 札西・南嘉 欽哲・確吉・羅卓在宗薩最親近的侍者之一，他擔任這一世宗薩・欽哲的總秘書，在2007年過世。

Tashi Paljor 札西・帕久 喇嘛米滂為頂果・欽哲仁波切所取的名字。

Tashi Tsepel 札西・才沛 頂果・欽哲仁波切的祖父，德格的官員。

Tashi Tsering 札西・才仁 頂果・欽哲仁波切的父親。

Tathagata 如來（Skt.; Tib. de bzhin gshegs pa） 字義是「如逝者」或「如來者」。是正等正覺諸佛的同義詞。

Tathagatagarbha 如來藏（Skt.; Tib. de gshegs snying po） 佛性，一切眾生皆有的證悟本性。

Ten directions 十方（Skt.; Tib. phyogs bcu） 四方位與四斜半方位，加上下。

Ten levels 十地 參見地條目。

Ten principles of a vajra master 金剛上師十德 金剛上師的十種德行，是：一、獲得密咒乘的灌頂並妥善持守三昧耶；二、極為祥和且傳授基、道、果；三、研習密續並了解其義理；四、完成了持誦的修行；五、圓滿了外、內、密的徵兆；六、以證得無我的智慧而解脫自身；七、以無盡的事業廣泛利他；八、捨棄世間八風，只關心佛法；九、強烈厭離輪迴之苦，且鼓勵他人如是；十、得到具德傳承上師的加持。

Ten topics of learnedness 十明（Tib. mkhas bya'i gnas bcu） 十種學問的科目，見於《智者入門》。

Tenga Rinpoche 天噶仁波切（1932-） 班千寺的寺主喇嘛之一，目前住在加德滿都谷地蘇瓦揚布的班千寺。他是頂果‧欽哲仁波切極為親近的弟子，與頂果一行人從西藏逃離出來。他是第二世的天噶祖古。

Tennyi Lingpa 滇尼‧林巴（1480-1535） 滇尼‧林巴‧貝瑪‧才旺‧賈波，一位伏藏師。

Tenzin Dorje 天津‧多傑 班千寺一位博學的上師，是頂果‧欽哲仁波切的佛學老師。

Terdak Lingpa 迭達‧林巴（1646-1714） 一位伏藏師，前藏敏珠林寺的創建者，他是大譯師毘盧遮納的與化身，也是玉札‧寧波化身之洛千‧達瑪師利（1654-1717）的兄弟。

Terma 伏藏（Tib. gter ma） 字義是「寶藏」。由蓮師與伊喜・措嘉所埋藏的伏藏傳承，將會在適當的時機由伏藏師取出，以利益後世的弟子。是寧瑪派兩大主要傳承之一，另一傳承是教傳，或稱口傳。據說伏藏傳承在佛的《律藏》失傳之後，仍會延續下去。參見教傳與伏藏條目。

Tersey Tulku 迭瑟祖古（1887-1955） 秋林伏藏師的女兒貢秋・巴卓的兒子之一，他是秋林伏藏師兒子旺秋・多傑的轉世，是烏金・祖古仁波切的伯父與上師。

Tertön 伏藏師（Tib. gter ston） 伏藏的取藏者，為蓮師親近弟子的轉世，發願在未來將會利益眾生。

Terton Sogyal 伏藏師索甲 參見列若・林巴條目。

Thangka 唐卡（Tib. thang-ka） 一種繪在布上的神聖圖畫，能夠捲起成軸。

Three classes of the Great Perfection 大圓滿三部（Tib. rdzogs chen sde gsum） 在極喜金剛將八百四十萬大圓滿密續傳入人間後，文殊友將其分成三類：心部著重在明；界部著重在空；以及訣竅部著重在明空不二。也指秋久・林巴取出的一伏藏法名。

Three inner tantras 三內密續（Tib. nang rgyud gsum） 指瑪哈瑜伽、阿努瑜伽、和阿底瑜伽。這三密續是寧瑪派的不共法教。又名「生起次第、圓滿次第、與大圓滿」，或「續、經教、口訣」。

Three Jewels 三寶（Tib. dkon mchog gsum） 佛寶、法寶、和僧寶。

Three kayas 三身（Tib. sku gsum） 法身、報身、和化身。這三身在「基」時是「體性、自性、與示現」；在「道」時是「樂、明、無念」；在「果」時是「佛果三身」。參見四身條目。

Three kinds of discipline 三戒（Tib. tshul khrims gsum） 依菩薩乘的說法，是行善、利生、與遮止惡行。

Three kinds of wisdom 三慧（Tib. shes rab gsum） 因聞、思、修所得的妙慧。

Three knowledges 三智（Tib. mkhyen pa gsum）一切智、道種智、一切種智。

Three poisons 三毒（Tib. dug gsum） 貪、嗔、痴三種主要的苦惱。

Three provinces 三區（Tib. chol kha gsum） 前藏與後藏，為教區；康區，為人區；安多，為馬區。

Three Roots 三根本（Tib. rtsa ba gsum） 上師、本尊、與空行。

Three samadhis 三等持、三三摩地（Tib. ting nge 'dzin gsum） 在瑪哈瑜伽中，有真如三摩地、現位三摩地、和因位（種子字）三摩地。

Three services 三承侍（Tib. zhabs tog gsum） 服侍上師的三種方式：上是以修行供養；中是身、語服侍；下是以財物供養。

Three spheres of reading and abandoning 捨誦三輪（Tib. spang klog 'khor lo gsum） 這三輪是：一、聞思之修學輪（Tib. slog pa thogs bsam kyi 'khor lo）；二、禪定之出離輪（Tib. spong ba bsam gtan gyi 'khor lo）；與三、佛行事業之行輪（Tib. bya ba nan tan gyi 'khor lo）。

Three sweets 三甜（Tib. mngar gsum） 糖、蜂蜜、和糖漿。

Three trainings 三學（Tib. bslabs pa gsum, Skt. trishika） 戒、定、慧。是佛教修道的基礎。

Three types of generosity 三種布施（Tib. sbyin pa gsum） 財施、無畏施、和法施。

Three whites 三白（Tib. dkar gsum） 奶酪、牛奶、和奶油。

Three worlds 三界（Tib. khams gsum） 欲界、色界、和無色界。

Tradruk 昌珠（Tib. khra 'brug） 由松贊岡布王在雅隆河谷所見的一座寺院名，在拉薩附近。

Trangu Rinpoche 創古仁波切（1933-） 位於囊謙的一座噶舉派寺院創古寺的寺主。目前他住在尼泊爾波達納斯的新建創古寺。他是第九世的創古祖古。

Transmission 口傳（Tib. lung） 直接由上師傳予弟子，連續不斷的法脈。

Treasure 伏藏 參見伏藏條目。

Treasure revealer 伏藏師 參見伏藏師條目。

Trinley Norbu Rinpoche 聽列·諾布仁波切 一位證量很高的上師，是前一世敦珠法王的兒子之一與《敦珠新巖藏》的持有者。他住在美國，出版了一些以英文寫成的美妙佛法書。

Trisong Detsen 赤松德真（790-844） 西藏的第三任法王，文殊菩薩的化身。他是松贊岡布後的第五任藏王，十三歲即位。他迎請了許多上師至西藏，弘傳佛法，啟建桑耶寺，並使佛教成為西藏的國教。

Trulshik Rinpoche 楚璽仁波切（1924-） 敦珠法王與頂果·欽哲仁波切的心子。他的前一世是伏藏師楚璽·昆桑·東卓（Trulshik Kunzang Thongdro），曾取出《黑精髓》（Yangti Nagpo）伏藏法。楚璽仁波切的寺院位於尼泊爾的索魯孔布，有四百名尼師和一百名僧人。他目前正在加德滿都谷地蘇瓦揚布附近的一處山丘，興建第二座寺院（譯注：現已落成，且僧眾已遷入）。

Trungpa Rinpoche 創巴仁波切 囊謙蘇曼寺的寺主。創巴·確吉·寧切是頂果·欽哲仁波切的上師之一，他的轉世，最近一世的創巴、確吉·嘉措（1939-1987），是頂果·欽哲仁波切的弟子，在1960年代前往西方，創建了香巴拉中心。在西方，他以丘陽·創巴之名廣為人知。

Tsadra Rinchen Trak察卓·仁千札（Tib. tsa 'dra rin chen brag） 位於德格八蚌寺上方，蔣貢·康楚的閉關之地。

442

Tsampa 糌粑（Tib. tsam pa） 炒過的大麥（青稞）粉，是藏民的主食。

Tsar tradition 茶巴傳承（Tib. tshar lugs） 薩迦派的茶巴支系，由茶千・羅薩・嘉措（!502-56）所創立，他是一位有非凡證量的上師，曾有過蓮師、金剛瑜伽母、勝樂金剛等的淨觀。他傳下並闡釋了《道果》的不共口訣教授，以及《那洛空行》的不共金剛瑜伽母修法。

Tsawarong 察瓦絨（Tib. rgyal mo tsha ba rong）嘉摩・察瓦絨，界於東藏和中國之間的一個地區，位於康區東南方的中國邊境，是譯師毘盧遮納被流放的地區。

Tsele Natsok Rangdrol 才列・那措・讓卓（1608-?） 噶舉派與寧瑪派的一位重要上師，是賈村・寧波的弟子。他是《正念之鏡》（Mirror of Mindfulness）、《大手印明燈》（Lamp of Mahamudra）、《灌頂》（Empowerment）等書的作者。

Tseringma 長壽母 吉祥長壽母，字義是「吉祥長壽母」，長壽五姊妹女神的主尊，是西藏與佛法的護法。她們的駐錫地是在西藏與尼泊爾交界的五峰雪山久嫫・岡嘎。

Tsewang Paljor 才旺・巴久（1909-1999） 欽哲・確吉・羅卓在宗薩寺的總管，後來他娶了康卓・才玲・秋准的姊姊才露，她先前曾與頂果・欽哲仁波切的外甥蔣嘎有過一段婚姻。

Tsikey Chokling 企凱・秋林（1953-） 企凱寺的秋久・林巴轉世。這一世的企凱・秋林是祖古・烏金仁波切的兒子之一，也是頂果・欽哲仁波切轉世的父親。他住在尼泊爾的噶寧・謝竹林，是秋久・林巴的第四世轉世。

Tsikey Monastery 企凱寺 秋久・林巴三處駐錫地之一，位於囊謙的企曲河（Tischu）與喀拉河（Kela）交會處，距離西藏自治區的邊界僅有十分鐘車程。此寺的上方是諾布・朋孫（Norbu Punsum），秋久・林巴取出《遂願任運成就意成就法》（Thugdrub Sampa Lhundrup）的地方。

Tso Pema 措貝瑪（Tib. mtsho pad ma） 位於北印度喜瑪恰‧普拉德希省曼第區
（Mandi）的一個小鎮名叫瑞哇薩（Rewalsar），據說是蓮師與其法侶曼達拉
娃曾被綁在柴堆上焚燒之處，蓮師將火轉成湖水。

Tsongkhapa 宗喀巴（1357-1419） 格魯派的創始者，格魯派是阿底峽尊者噶當派
的革新教派。

Tsultrim Rinchen 楚欽‧仁千（1697-1774） 薩嘎寺的一位薩迦派譯師。

Tsurphu Monastery 祖普寺（Tib. mtshur phu） 噶瑪巴在前藏的駐錫地（另譯：
楚布寺）。

Tulku Urgyen 祖古‧烏金（1920-96） 秋久‧林巴的曾孫，由十五世噶瑪巴認證
為咕嚕‧秋旺的轉世。他是一位偉大的大圓滿上師暨秋久‧林巴、欽哲‧旺
波、與蔣貢‧康楚等法教的持有者。 他在尼泊爾的波達納斯創建了噶寧‧謝
竹林，且在加德滿都谷地的阿蘇拉洞和蘇瓦揚布分別設立了閉關中心。

Tushita 兜率天（Skt.; Tib. dga' ldan） 字義是「喜悅的」，指這一劫賢劫千佛的
淨土，只有菩薩與諸佛居住。目前彌勒菩薩住在此天境，等候在這世間降生
為下一位佛。

Twelve links of dependent origination 十二因緣（Tib. rteu 'brel yan lag bcu
gnyis） 亦即無明、行、識、名色、六入、觸、受、愛、取、有、生、老死。

Twelve manifestations of Guru Rinpoche 蓮師十二化身（Tib. rnam 'phrul bcu
gnyis） 根據《障礙俱除意成就法》，蓮師有十二化身，而非通常的八變。
這十二位化身皆稱為持明：羅剎‧顱鬘（rig 'dzin raksha thod phreng）、語
獅子（Lion of Speech, rig 'dzin smra ba'i seng ge）、勝者承嗣（Victorious
Lineageholder, rig 'dzin rgyal ba'i gdung 'dzin）、聖者善顯（Eminent Person,
rig 'dzin skyes mchog tshul bzang）、大誅魔者（Slayer of Demons, rig 'dzin
bdud kyi gshed chen）、神通力士（Great Magician, rig 'dzin rdzu 'phrul mthu

chen）、南瞻妙莊嚴（Supreme Ornament of Jampudvipa, rig dzin 'dzam gling rgyan mchog）、蓮花生、最極聖者（Especially Noble, rig 'dzin khyad par 'phags pa）；忿怒金剛（Vajra Wrath, rig 'dzin rdo rje drag rtsal）、有緣導師（Guide to the Fortunate, rig 'dzin skal ldan 'dren mdzad）、大樂王（Great Bliss King, rig 'dzin bde chen rgyal po）等。

Two accumulations 二資糧（Tib. tshogs gnyis, Skt. sambharadvaya）福、慧資糧。

Two doctrines 二教（Tib. bstan gnyis） 小乘與大乘教法。

Two truths 二諦（Skt.; Tib. bden gnyis） 世俗諦與勝義諦。世俗諦描述似相、表象與顯見的一切事物。勝義諦描述真正、真實、與無誤的事物。

Uddiyana 鄔底亞納（Skt.; Tib. o rgyan） 又名烏金或鄔金，根據一些專家的說法，是古印度界於斯瓦特（Swat）河谷與阿富汗、喀什米爾之間的一個地區，鄔底亞納是蓮師與極喜金剛的出生地。。

Vairochana 毘盧遮納佛、大日如來（Skt.; Tib. rnam par snang mdzad） 佛部的主尊佛，對應色蘊。

Vairotsana 毘盧遮納 在赤松德真王時期的西藏大譯師。他在十五歲時被送往印度求大圓滿法，師從師利‧星哈與其他印度的大圓滿上師之後，在五十多歲時返回西藏。他與蓮師和無垢友一起，是將大圓滿法傳入西藏的三位主要上師之一。

Vajra 金剛杵（Skt.; Tib. rdo rje）鑽石或金剛的武器，是不壞的象徵；也用來表示方便或慈悲。金剛杵常與鈴一起用於密乘的修法中，鈴象徵的是空性的智慧。

Vajradhara 金剛持（Skt.; Tib. rdo rje 'dzin pa） 字義是「金剛的持有者」。普賢王如來的化身之一，是新譯派的法身佛。也可指金剛乘中某人的上師，或遍在的佛性。

Vajrakilaya 普巴金剛　參見普巴金剛條目。

Vajrapani 金剛手（Skt.; Tib. phyag na rdo rje）　一位大菩薩與八大佛子之一，代表諸佛的力量與心。

Vajrasattva 金剛薩埵（Skt.; Tib. rdo rje sems dpa'）　總集一百尊佛的佛。金薩薩埵的修法與持誦其百字明咒語，是清淨惡業最有效的方法。在阿底瑜伽的傳承中，祂是報身佛。

Vajrayana 金剛乘（Skt.; Tib. rdo rje theg pa）　以密續為主的法教與修行體系，密續是闡述心之本淨的經典。參見密咒乘條目。

Vajrayogini 金剛瑜伽母（Tib. rdo-rje phag-mo）　佛教密乘的本尊之一，源自印度十至十二世紀之間。被觀想成十六歲的女性、半透明、深紅色，手拿裝滿鮮血的顱器與金剛鉞刀，其佛父是勝樂金剛。

Varanasi 瓦拉納西　位於恆河邊的北印度城市，是印度教的朝聖要地。其近郊的鹿野苑，是釋迦牟尼佛初轉法輪、傳下四聖諦法教的地方。

Vehicle 乘（Tib. theg pa , Skt. yana）　行經成佛之道的方法。

Vidyadhara 持明（Skt.; Tib. rig 'dzin）　字義是「覺的持有者」，指金剛乘中有高度成就之人。依寧瑪派的見解，有四持明果位，和顯教證悟的十地（有時是十一地）相應，分別是：一、異熟持明；二、壽自在持明；三、大手印持明；與四、任運持明。

View 見（Tib. lta ba, Skt. dristi）　在大手印法中，指的是真正的見，即正智與本然的經驗。也可指以佛學的聞思為基礎，而得到某種特殊的了知。

Vimalamitra 無垢友（Skt.; Tib. dri med bshes gnyen, 八世紀）　印度佛教最偉大的上師與學者之一。他在九世紀入藏，教授與翻譯了許多梵文經典。他與蓮師，是西藏大圓滿法的主要根源之一。

Vishuddha 清淨嘿嚕嘎（Skt.; Tib. yang dag） 金剛部的嘿嚕嘎，或是與此忿怒尊相關的密乘法教；是寧瑪派《八大教誡》之一。

Vow-holder 具誓、護法（Tib. dam can） 受誓縛的護法。參見護法條目。

Vulture Peak 靈鷲山（Tib. bya rgod phung po'i ri） 在中印度比哈爾省王舍城國（Rajgir）附近，是佛陀（二轉法輪）傳授《般若經》的地方。

Wisdom 智慧 一、慧（Tib. shes rab, Skt. prajna），能正確辨別的能力；對空性的了解。二、智（Tib. ye shes, Skt. jnana）心性本初與不二了知的面向。

Wish-fulfilling gem 如意寶（Tib. yid bzhin nor bu, Skt. chintamani） 一種天界或龍族的奇異珍寶，能夠滿足一切的願望。佛、自己的上師、和心性，也常被稱做如意寶。

Wish-fulfilling tree 如意樹（Tib. dpag bsam gyi shing） 一種神奇的樹木，其根部在阿修羅道，但果實卻結在三十三天的天界。

Wutai Shan 五台山（Tib. ri bo rtse lnga） 字義是「五峰的山」，在中國西北方的一座山，是文殊菩薩的聖地，據說無垢友常住於此。

Yakchar 雅恰 一位伏藏師的名字。

Yamantaka 大威德金剛（Skt.; Tib. gshin rje gshed）文殊菩薩的忿怒相，瑪哈瑜伽部的《八大教誡》之一。

Yamantaka Cave 大威德金剛穴（Tib. gshin rje'i sgrub phug） 在卓千寺上方的一處洞穴，是巴楚仁波切的閉關處與寫下《普賢上師言教》的地方。

Yanglesho 揚列穴 在尼泊爾加德滿都谷地南方的一處洞穴，蓮師在此藉由修持清淨嘿嚕嘎與普巴金剛，證得大手印的成就。

Yarlha Shampo 雅拉・香波 一、一位騎在白犛牛上的神祇，受蓮師的誓縛。二、在前藏雅隆河谷的一處山脈，據說西藏的第一位國王在此從天上降下人間。

Yidam 本尊（Tib. yid-dam） 密乘的本尊，各代表不同的證悟面向。本尊可以是寂靜的或忿怒的、男性或女性、依每位修行者的本性與需求而選擇其禪修的本尊。

Yoga 瑜伽（Skt.; Tib. rnal 'byor） 字義是與心的本然狀態「融合」或「合一」。是通常用來表示精神修法的用語。

Yogatantra 瑜伽部（Skt.; Tib. rnal 'byor rgyud） 三外密續的第三部，與見相關，而非與行相關，認為本尊和自己是同一位階。

Yogi 瑜伽士（Skt.; Tib. rnal 'byor pa） 密乘的修行者，是已經證得穩定心性的人。

Yogini 瑜伽女（Skt.; Tib. rnal 'byor ma） 女性的瑜伽士。

Yudra Nyingpo 玉札‧寧波 毘盧遮納的主要弟子與法教持有者。他是蒼‧列助（Tsang Lekdrub）的轉世，出生在札娃榮，遇見了被流放到那兒的毘盧遮納。

Yumka 大樂佛母（Tib. yum bka' bde chen rgyal mo） 女性的本尊；此空行母的修法是《龍欽心髓》伏藏法的一部份，由吉美‧林巴所取出。

Zhabdrung 夏炯（Tib. zhabs drung） 職掌密乘法會的金剛上師，在薩迦派的傳承中，其法座是法王最高位階之下的第三階位。

Zurmang Monastery 蘇曼寺 蘇曼‧德孜緹寺，是創巴仁波切在東藏囊謙的寺院駐錫地。

參考書目節錄

《阿毘達磨》 Abhidharma（Tib. mngon pa）

　　三藏的第三部論（另兩部是經、律）。形上學的系統性法教，藉由分析經驗的成分並探究存在事物之本性，來強調慧的修學。

《妙喜金剛薩埵》 Abhirati Vajrasattva, Manifest Joy of Vajrasattva（Tib. rdor sems mngon dga'）

　　敏珠林傳承的金剛薩埵儀軌

《祕密主密意莊嚴論》 Adornment of Realization of the Lord of Secrets, Sangdag Gongyen（Tib. gsang bdad dgongs rgyan）

　　敏林・洛千・達瑪師利的《幻網續》講解。

《無量壽經》 Amitayus Sutra（Tib. tshe mdo）

《恰美閉關指南》 Chagmey Retreat Manual（Tib. chags med ri chos）

　　在寧瑪派與噶舉派中流傳的著名閉關指南，由噶瑪・恰美所撰。

《文殊真實名經》 Chanting the Names of Manjushri（Tib. 'phags pa' jams dpal gyi mtshan yang dag par brjod pa, Skt. manjushri-nama-sangirti）

　　連續誦念文殊菩薩的名號。

《清淨道障》 Clearing the Obstacles of the Path supplication, Barchey Lamsel（Tib. gsol 'debs bar chad lam sel）

　　《秋林新巖藏》中的祈請文，其他的伏藏師也取出這個祈請文，但唯有秋久・林巴是取出兼具祈請文的完整儀軌修法；整部儀軌叫做《障礙俱除意成就法》。

《三根本合修儀軌》 Combined Sadhana of the Three Roots, Tsasum Drildrub（Tib. rtsa gsum dril sgrub）

　　西藏的第一個伏藏，由伏藏師卓篤・桑傑・喇嘛（1000-1080）所取出，後來重新出現成蔣揚・欽哲・旺波的重取伏藏與第三世噶瑪巴讓炯・多傑（Rangjung Dorje）的心意伏藏。

《釋量論》 Commentary on Valid Cognition（Tib. tshad ma rnam grel, Skt. pramana-vartika）
印度佛教有關本體論與邏輯（因明）的最偉大著作，探求有效的知曉法門，
是法稱所著的七本因明論典之一。

《水晶洞蓮花遺教》 Crystal Cave Chronicles（Tib. pad ma bka' thang shel brag ma）
由烏金‧林巴（1323-74）所取出的蓮師傳記，以從雅隆的水晶洞取出，故
得名。英譯且出版成兩冊的《蓮師生平與解脫》（The Life and Liberation of
Padmasambhava, 由美國加州柏克萊的佛法出版社於1970年印行）

《十方暗除》 Dispelling the Darkness of the Ten Directions（Tib. phyogs bcu mun sel）
龍欽巴所著的《幻網續》釋論。

《八大教誡：善逝總集》 Eight Commands: Union of the Sugatas, Kabgye Deshek Dupa（Tib.
bka' brgyad bde 'dus）
由娘‧若‧尼瑪‧沃色取出的九函或十三函伏藏法。

《心部‧十八母子經》 Eighteen Major Scripture of the Mind Class（Tib. sems sde bco brgyad）
心的十八部主要經典，是師利‧星哈、毘盧遮納、與蒼‧列助所傳下的一
系列大圓滿密續，前五本是由毘盧遮納在被流放至察瓦絨之前所翻譯的，其
他的十三本則是後來由無垢友與玉札‧寧波所譯出。

《瑪哈瑜伽十八根本續》 Eighteen Root Tantras of Mahayoga（Tib. ma ha yo ga'i rgyud sde
bco brgyad）
身、語、意、功德、事業的五根本續：《佛果等住》（Sarvabuddha
Samayoga）、《密月藏》（Secret Moon Essence）、《密集》（Gathering
of Secrets）、《勝妙本初續》（Glorious Supreme Primal Tantra）、和《事
業鬘》（Activity Garland）；與儀軌修法相關的五幻化續：《嘿嚕嘎幻化
續》（Heruka Display Tantra）、《妙駒幻化續》（Supreme Steed Display
Tantra）、《悲心幻化續》（Compassion Display Tantra）、《甘露幻化
續》（Nectar Display Tantra）、和《十二普巴續》（Twelvefold Kilaya
Tantra）；與行相關的五續：《山積續》（Mountain Pile）、《智慧威閃
電》（Awesome Wisdom Lightning）、《三昧耶安置》（Arrangement
of Samaya）、《專一三摩地》（One-pointed Samadhi）、和《猛象續》
（Rampant Elephant Tantra）；用來補缺的其後兩續：《大日如來幻網》
（Magical Net of Vairochana，譯注：此處英譯本中是Vairotsana，乃大譯師

毘盧遮納的英譯，有時也稱作Vairochana，與Vairochana大日如來或毘盧遮納佛的中文譯法相同，此處應是大日如來，故更正之）、與《善巧胃索》（Skillful Lasso）；一部最著稱且總括所有的密續是《祕密藏》，即《金剛薩埵幻化網》，又名《幻網續》。

《密意總集經》 Embodiment of Realization（Tib. dgongs 'dus）
《諸佛密意總集經》的簡稱，是阿努瑜伽最重要的經典。

《三根本密意總集》 Embodiment of Realization of the Three Roots, Tsasum Gongdu（Tib. rtsa gsum dgongs 'dus）
蔣貢・康楚・羅卓・泰耶的一個伏藏法。

《三根本總集》 Embodiment of the Three Roots, Tsasum Chidu Nyingtig（Tib. rtsa gsum spyi 'dus snying thig）
《三根本心髓總集》的簡稱，蔣揚・欽哲・旺波所取出的一個巖藏。

《入中論》 Entering the Middle Way（Tib. dbu ma la 'jug pa, Skt. madhyamakavatara）
印度上師月稱所寫關於中觀的佛學論著，由蓮師翻譯小組英譯，加上米滂仁波切的釋論，出版為《入中論》（Introduction to the Middle Way）一書（2005年由美國香巴拉出版社印行）。

《大樂勝妙道》 Excellent Path of Bliss（Tib. bde-chen lam bzang）
由敏珠林傑尊・明珠・巴卓所著關於《毘瑪心髓母子合一》的釋論。

《廣大教誡藏》 Extensive Treasury of Instructions, Gyachen Kadzo（Tib rgya chen bka' mdzod）
蔣貢・康楚的《五寶藏》之一，其中包括了他的全集。

《虛幻休息》 Finding Rest from Illusion（Tib. sgyu ma ngal gso）
《三休息》之一（譯注：龍欽巴尊者所著之《三休息》）。

《精研磨論》 Finely Woven（Tib. zhib mo rnam 'thag, Skt. vaidalya-sutra）
龍樹菩薩所著有關中觀論理的六本著作之一。

《五部遺教》 Five Chronicles（Tib. bka' thang sde lnga）
由烏金・林巴所取出的五部遺教，分別是有關國王、王后、大臣、學者及譯師、和天神及魔等五部。

《五寶藏》Five Treasuries
一、《大寶伏藏》（Tib. rin chen gter mdzod）；二、《教訣藏》（Tib. gdam ngag mdzod）；三、《噶舉密咒藏》（Tib. bka' 'brgyud snags mdzod）；四、《廣大教誡藏》（Tib. rgya chen bga' mdzod）；五、《知識寶藏》（shes bya kun khyab mdzod）。

《慈氏五論》Five Treatises of Lord Maitreya（Tib. byams chos sde lnga）
彌勒菩薩傳授給無著的五部論頌：一、《大乘莊嚴經論》（Tib. mdo sde rgyan）；二、《辨中邊論》（Tib. dbus mtha' rnam 'byed）；三、《辨法法性論》（Tib. chos dang chos-nyid rnam 'byed）；四、《寶性論》（Tib. rgyud bla-ma）；和五、《現觀莊嚴論》（Tib. mngon rtogs rgyan）。

《中觀四百論》Four Hundred Stanzas on Madhyamaka（Tib. dbu ma bzhi brgya pa, Skt. madhyamakacatuhshataka）
龍樹的弟子聖天（提婆）所著的一本經典論頌，詳盡地闡述了龍樹的觀點。

《四部心髓》Four Parts of the Heart Essence, Nyingtik Yabzhi（Tib. snying thig ya bzhi）
大圓滿法最重著名的合集之一。無垢友將最密部的兩個面向：即經教傳承與口耳傳承合而為一，將之埋藏等待後世取出，是為《毘瑪心髓》；龍欽巴在其五十一品的《上師精髓》中加以詮解；蓮師將其最密部的大圓滿法埋藏，等待後世取出，是為《空行心髓》；龍欽巴也在其《空行精髓》中加以詮解。這四套特殊的大圓滿法，以及龍欽巴的附加法教《甚深精髓》收錄在《四部心髓》之中。

《中論》Fundamental Treatise on the Middle Way（Tib. dbu ma rtsa ba shes rab, Skt. madhayamaka-karika）
龍樹所著的一部中觀學經典論頌。有許多譯本與釋論，最近的一個版本是《中道的根本智慧》（Fundamental Wisdom of the Middle Way, 在1995由紐約的牛津大學出版社印行）。

《岡洛瑪》Gangloma（Tib. gang blo ma）
對文殊菩薩的著名讚頌。

《智者入門》Gateway to Knowledge（Tib. mkhas pa'i tshul la 'jug pa'i sgo）
米滂仁波切的著作之一，對佛教學術法則與分類的一種呈現，以Gateway to Knowledge為書名，翻譯成三冊的英譯本（在1997年由俱生智出版社印行）。

《持明總集》 Gathering of the Vidyadharas（Tib. rig 'dzin 'dus pa）
　　吉美・林巴所取出的《龍欽心髓》中的上師瑜伽修法。

《幻網續總義：明光心要》 General Meaning of the Secret Essence: Core of Luminosity,
　　　　　　　　Chidon Ösel Nyingpo（Tib. spyi don 'od gsal snying po）
　　米滂仁波切有關《幻網續》的釋論。

《大傑尊毘瑪甚深心髓》 Great Chetsun's Profound Essence of Vimala（Tib. lche btsun chen
　　　　　　　　po bi ma la'i zab thig）
　　屬於《傑尊心髓》法教的一部份，是欽哲・旺波的心意伏藏之一，由傑尊・
　　星給・旺秋直接傳授給他，傑尊・星給・旺秋是無垢友的化身，也是欽哲・
　　旺波的前世。

《幻網續》（《祕密藏續》）Guhyagarbha Tantra（Skt; Tib. gsang ba'i snying po）
　　寧瑪派最主要的瑪哈瑜伽密續。

《普賢上師言教導引》 Guide to the Words of My Perfect Teacher（Tib. kun bzang bla ma'i
　　　　　　　　zhal lung gi zin bris）
　　堪布那瓊有關《普賢上師言教》的釋論，由蓮師翻譯小組英譯，於2004年由
　　香巴拉出版社印行。

《上師精髓》 Guru's Innermost Essence, Lama Yantig（Tib. bla ma yang thig yid bzhin nor
bu）《上師精髓如意寶》的簡稱，是龍欽巴《四部心髓》的一部份；《四部心髓》是
　　龍欽巴對《空行心髓》與《毘瑪心髓》的釋論。

《心髓》 Heart Essence（Tib. snying thig）
　　通常是《龍欽心髓》的簡稱。

《傑尊心髓》 Heart Essence of Chetsun（Tib. lce btsun snying thig）
　　蔣揚・欽哲・旺波的重取伏藏，這是近代最重要的大圓滿教授之一。

《母子心髓》 Heart Essence of Mother and Son（Tib. snying thig ma bu'i khrid yig）
　　蔣貢・康楚的著作之一，出自《教訣藏》。

《龍欽心髓》 Heart Essence of the Great Expanse, Longchen Nyingthik（Tib. klong chen snying
　　　　　　　　thig）
　　吉美・林巴在三次親見龍欽巴的禪觀之後所取出的一套伏藏法教。

《無死聖度母心髓》Hear Essence of the Immortal Arya, Phagmai Nyingtik（Tib. 'chi med 'phags ma'i snying thig）

　　白度母與紅觀音雙運的一個長壽法，是欽哲・旺波的心意伏藏之一，此法包含了長壽三尊：白度母、無量壽佛、與佛頂尊勝佛母。

《無死湖生心髓》Heart Essence of the Immortal Lake-Born, Chimey Tsokye Nyingtik（Tib. 'chi med mtsho skyes snying thig）

　　蔣揚・欽哲・旺波的伏藏之一。

《毘瑪心髓》Heart Essence of Vima, Vima Nyingthik（Tib. bi ma snying thig）

　　無垢友的合集，《四部心髓》的一部份。

《玉陀心髓》Hear Essence of Yuthok（Tib. g.yu thog snying thig）

　　由達瑪・星給（Dharma Senge）所寫下，有關著名上師暨醫生的玉陀・雍滇・恭波（Yuthok Yonten Gonpo, 708-833）的修法。

《障礙俱除意成就法》Heart Practice Dispelling All Obstacles, Tukdrub Barchey Kunsel（Tib. thugs sgrub bar chad kun sel）

　　秋久・林巴與蔣揚・欽哲・旺波一起取出的一套伏藏法，約有十函典籍。

《寧瑪十萬續》Hundred Thousand Nyingma Tantras, Nyingma Gyubum（Tib. rnying ma rgyud 'bum）

　　由若那・林巴蒐錄，再由吉美・林巴重新編輯的屬於三內密續：瑪哈瑜伽、阿努瑜伽、阿底瑜伽的經論合集。頂果・欽哲仁波切在1974年於新德里印製了一個版本，有三十六函：其中十函為阿底瑜伽、三函為阿努瑜伽、六函為瑪哈瑜伽的密續部、十三函為瑪哈瑜伽的儀軌部、一函為護法密續、以及三函為目錄和歷史淵源。

《最密上師成就法：明點具印》Innermost Sealed Essence Guru Sadhana, Tigle Gyachen（Tib. yang gsang bla sgrub thig le rgya can）

　　《龍欽心髓》中的龍欽・冉江上師法。

《解脫莊嚴寶論》Jewel Ornament of Liberation（Tib. dvags po'i thar rgyan）

　　密勒日巴的心子與傳承持有者岡波巴所著的一本有關修道次第的著名典籍，有許多譯本，包括由賀伯特・均瑟爾所譯的一種版本（在1986年由香巴拉出版社印行）。

《甘珠爾》Kangyur（Tib. bka' 'gyur）

　　釋迦牟尼佛語的藏文譯本，有一百零四函。與《丹珠爾》構成藏傳佛教的大
　　藏經典。

《正字學：語燈論》Lamp of Speech Grammar（Tib. dag yig ngag sgron）

　　由巴康・洛札哇（Palkhang Lotsawa）以詩偈寫成的藏文拼字字典，包括了
　　後接字的詳細解析。

《親友書》（漢譯《龍樹菩薩勸誡王頌》）Letter to a Friend（Tib. bshes pa'i spring yig,
　　Skt. suhrllekha）

　　龍樹菩薩寫給其友人、國王親友乘士（Surabhibhadra）的信，成書於西元
　　一或二世紀間。有各種英譯本，包括了甘珠爾仁波切的《龍樹菩薩親友書》
　　（Nagarjuna's Letter to a Friend, 由美國雪獅出版社於2006年印行）

《幻化網文武百尊》Magical Display of the Peaceful and Wrathful Ones, Gyutrul Zhitro（Tib.
　　sgyu 'phrul zhi khro, Skt. shanti-krodha-mayajala）

　　屬於瑪哈瑜伽部的一百位寂靜尊與忿怒尊壇城。

《幻化網》Magical Net（Tib. sgyu 'phru 'drwa ba）

　　《金剛薩埵幻化網》的簡稱。

《金剛薩埵幻化網》Magical Net of Vajrasattva（Tib. rdo rje sems dpa' sgyu 'phrul 'drwa ba）

　　《幻網續》的另稱。

《敏珠林金剛薩埵》Mindroling Vajrasattva（Tib. smin gling rdor sems）

　　迭達・林巴取出的一個伏藏。

《北伏藏》Northern Treasures, Jangter（Tib. byang gter）

　　持明貴滇（1337-1408）所取出的一套伏藏法。

《沙彌律儀》Novice Aphorisms, Getsul Karika（Tib. dge tshul ka ri ka）

　　詳細解說沙彌戒的偈頌。

《寧瑪教傳》Nyingma Khama（Tib. snga 'gyur ma bka' ma）

　　在寧瑪派裡，相對於伏藏傳承的教傳（口傳）傳承法教合集，由敦珠法王在
　　1982年於德里印製的增版，有五十六函。

《成就海》Ocean of Accomplishment（Tib. dngos grub rol mtsho）
　　護法的儀軌之一。

《法教總集法海》Ocean of Dharma That Embodies All Teachings（Tib. bka' 'dus chos kyi rgya mtsho）
　　烏金‧林巴所取出的一個伏藏法。

《密意通澈》Openness of Realization Tantra, Gongpa Zangtal（Tib. dgongs pa zang thal gyi rgyud）
　　蓮師所埋藏的一部密續經典，由取出《北伏藏》的上師持明貴滇取藏，其中包括了著名的《普賢王如來祈願文》。

《祕密主言教》Oral Advice, Sangdag Zhalung（Tib. gsang bdag zhal lung）
　　敏林‧洛千‧達瑪師利對《幻網續》的疏注。

《道次第智慧心要口訣》Oral Instructions in the Gradual Path of the Wisdom Essence, Lamrim Yeshe Nyingpo（Tib. zhal gdams lam rim ye shes snying po）
　　蓮師最珍貴、精簡、與甚深的法教，濃縮了整個修道。蔣揚‧欽哲‧旺波盛讚其價值遠勝過三十頭犛牛馱載的經書，本續與蔣貢‧康楚所寫的釋論被收錄在《大寶伏藏》與《秋林新巖藏》的最後一函中。英譯為《智慧之光》一書（Light of Wisdom, 由美國香巴拉出版社於1995年印行）。

《中觀莊嚴論》Ornament of the Middle Way（Tib. dbu ma rgyan, Skt. madhyamakalamkara-karika）
　　八世紀寂護大師所寫的一本論著，由蓮師翻譯小組英譯為《中觀莊嚴論》（The Ornament of the Middle Way，由美國香巴拉出版社於2005年印行）。

《律讚》Praise to the Vinaya（Tib. 'dul bstod）
　　巴楚仁波切的一本著作。

《般若現觀莊嚴論》Prajnaparamita Ornament of Realization（Tib. sher phyin mngon par rtogs pa'i rgyan gyi tshig don rnam par bshad pa ma pham zhal lung）
　　波巴祖古、冬雅‧滇貝‧尼瑪（Böpa Tulku Dongak Tenpai Nyima, 1907-59）所寫有關彌勒菩薩《現觀莊嚴論》的釋論，《現觀莊嚴論》是對般若佛學劃時代的系統性論著。

《智慧上師》Primordial Wisdom Guru, Yeshe Lama（Tib. ye shes bla ma）
　　吉美‧林巴對大圓滿修法詳盡導引的一本著作，屬於《龍欽心髓》的一部份。

《甚深內義》Profound Inner Topics（Tib. zab mo nang don）
　　噶瑪巴‧讓炯‧多傑所寫的一本佛學論著。

《大圓滿金法》Pure Gold Perfection cycle（Tib. rdzogs chen gser zhun）
　　米滂仁波切對文殊友《石上金法》（Writing in Gold on Stone, Tib. rdo la
　　gser zhun）的釋論。

《口耳傳承普巴精髓》Quintessential Kilaya of the Hearing Lineage（Tib. bsnyan brgyud
　　　　　　　　　　　　gnad thig phur ba）
　　欽哲‧旺波所取出的一個普巴金剛心意伏藏。

《月光論》Radiance of the Moon
　　參見《日光論》條目。

《日光論》與《月光論》Refulgence of the Sun and Radiance of the Moon（Tib. nyi zla'i
　　　　　　　　　　　snang ba）
　　堪布雍嘎（堪布雍滇‧嘉措）的兩本著作，共有三函，是《功德藏》的最詳
　　盡釋論，頂果‧欽哲仁波切時常給予此教授。

《迴諍論》Refutation of Criticism（Tib. rtsod zlog, Skt. vigraha-vyavartani）
　　龍樹菩薩六本有關中觀論理的著作之一。

《心性休息》Resting in the Nature of Mind（Tib. sems nyid ngal gso）
　　《三休息》之一。

《密集長壽法》Secret Assembly Longevity Practice, Sangwa Dupa（Tib. tshe sgrub gsang ba
　　　　　　　'dus pa）
　　若那‧林巴取出的伏藏之一。

《空行密集》Secret Gathering of the Dakinis（Tib. mkha 'gro sgang 'dus）
　　蔣揚‧欽哲‧旺波所取出的一個黑金剛亥母的伏藏法。

《大悲觀音痛苦自解》Self-Liberation of Suffering Avalokiteshvara（Tib. thugs rje chen po
ngan song sdug bsngal rang grol）

賈村·寧波所取出的一套伏藏法，係透過唸誦六字大明咒：嗡 嘛 呢 唄 美
吽，得到某觀音形相的寬慰。

《七寶藏論》Seven Treasuries（Tib. mdzod bdun）

龍欽·冉江所著的七函著作，包括：一、《宗派寶藏論》（Tib. grub mtha'
mdzod）；二、《勝乘寶藏論》（Tib. theg mchog mdzod）；三、《如意
寶藏論》（Tib. yid bzhin mdzod）；四、《訣竅寶藏論》（Tib. man ngag
mdzod）；五、《法界寶藏論》（Tib. chos dbyings mdzod）；六、《實相
寶藏論》（Tib. gnas lugs mdzod）；七、《詞義寶藏論》（Tib. tshig don
mdzod）。

《七品祈請文》Seven-Chapter Supplication（Tib. gsol sdebs le'u bdun ma）

由七個章節所組成的蓮師祈請文，是持明貴滇所取出的《北伏藏》中著名的
祈請文。

《七支祈請文》Seven-Line Prayer（Tib. tshig bdun gsol 'debs）

著名的蓮師祈請文，以「烏金剎土西北隅……」為開頭。

《七十空性論》Seventy Verses on Emptiness（Tib. stong nyid bdun cu pa, Skt. shunyatasaptati-
karika）

龍樹菩薩的論著之一，成書於西元一世紀或二世紀。

《釋迦牟尼佛儀軌：加持寶藏》Shakyamuni Liturgy（Tib. thub chog byin rlabs gter
mdzod）

米滂仁波切所撰，迎請釋迦牟尼佛加持的儀軌修法。

《龍樹六論正理聚》Six Scriptures on Reasoning（Tib. rigs tshogs drug）

龍樹菩薩所著關於論理的六本著作：包括一、《中論》（Madhyamaka
Prajna）；二、《六十正理論》（Yuki-sastika-karika）；三、《七十空性
論》（Shunyata-Saptali-karika）；四、《精研磨論》（Vaidalya Sutra）；
五、《迴諍論》（Vigraha-vyavartani）；和六、《寶鬘論》（Ratnavali）。

《賈村六函》Six Volumes of Jatson（Tib. 'ja' mtshon pod drug）

伏藏師賈村·寧波所著的伏藏合集，共有六函。

《六十正理論》Sixty Stanzas on reasoning（Tib. rigs pa drug cu pa, Skt. yuki-sastika-karika）
　　龍樹菩薩六本有關中觀論理的著作之一。

《天法》Sky Teaching（Tib. gnam chos）
　　噶瑪‧恰美的姪子明珠‧多傑（1645-67）所取出的一套伏藏法。

《妙明善釋》Sublime Light of Excellent Discourse（Tib. legs bshad snang ba dam pa）
　　噶瑪‧拉素‧滇貝‧嘉稱（Karma Lhasum Tenpai Gyaltsen）所著的一本文法與拼音書。

《佛說大乘莊嚴寶王經》Sutra Designed like a Jewel Chest（Tib. mdo sde za mo tog bkod pa,
　　　　　　　　　　　Skt. Karandavyuhasutra）
　　出現在松贊岡布王的《嘛呢全集》（Mani Kahbum）中的一部觀世音菩薩經典。

《密咒共義：梵音流佈》Tantric Overview（Tib. sngags kyi spyi don tshangs dbyangs 'brug
　　　　　　　　　　sgra）
　　龍欽‧冉江對密續共義的釋論。

《丹珠爾》Tengyur（Tib. bstan 'gyur）
　　藏文大藏經的第二部分，印度上師對釋迦牟尼佛語的釋論，共有二百一十三函。

《三寶釋》Three Jewel Commentary, Konchog Drel（Tib. dkon mchog 'grel）
　　榮宗‧班智達對《幻網續》的釋論。

《椎擊三要》Three Lines That Strike the Vital Point, Tsiksum Nedek（Tib. tshig gsum gnad
　　　　　brdegs）
　　極喜金剛傳給文殊友的最後教誡。巴楚仁波切寫了一個對本續的釋論，加上頂果‧欽哲仁波切的釋論，英譯為《本淨》（Primordial Purity）一書（由加拿大的金剛毘盧遮納翻譯小組Vajra-Vairochana Translation Committee英譯）。

《知識寶藏》Treasury of All-Pervading Knowledge（Tib. shes bya kun khyab mdzod）
　　蔣貢‧康楚仁波切的《五寶藏》之一，有三函包括了佛學與佛教文化的百科。在卡盧仁波切的指導下，英譯為《知識寶藏》（Treasury of Knowledge,在2003年由美國雪獅出版社印行）。

《法界藏》Treasury of Dharmadhatu（Tib. chos dbyings mdzod）

龍欽巴的《七寶藏論》之一，由理查‧巴倫（Richard Barron）英譯為《現象本界之寶藏》（Precious Treasury of the Basic Space of Phenomena，於2001年由美國蓮花出版社印行）和《教傳貴重寶藏》（Treasury Trove of Scriptural Transmission，於2001年由美國蓮花出版社印行）。

《功德藏》Treasure of Precious Qualities, Yontendzo（Tib. yon tan mdzod）

吉美‧林巴的著作，兼有本續與釋論。堪布雍嘎為此撰寫了最詳盡的釋論《日光論》與《月光論》。

《大寶伏藏》Treasury of Precious Termas（Tib. rin chen gter mdzod）

《五寶藏》之一，蔣貢‧康楚將蓮師、無垢友、毘盧遮納、與其最親近弟子等，被後代取出的最重要伏藏，蒐錄成六十三函的合集，在蔣揚‧欽哲‧旺波的幫助下，編纂而成。

《教訣藏》Treasury of Spiritual Instructions（Tib. gdams ngag mdod）

由蔣貢‧康楚‧羅卓‧泰耶集結、編修、完成之八大實修傳承根本法教的十三函合集。

《句義寶藏論》Treasury of Words and Meaning（Tib. tshig don mdzod）

龍欽巴的《七寶藏論》之一。

《三休息》Trilogy of Natural Ease（Tib. ngal gso skor gsum）

龍欽‧冉江有關大圓滿法的三本著作，分別是：《心性休息》（Tib. sems nyid ngal gso）、《虛幻休息》（Tib. sgyu ma ngal gso）、與《禪定休息》（Tib. sam gtan ngal gso）。由賀伯特‧均瑟爾英譯為《仁慈垂撫我們》（Kindly Bent to Ease Us）一書（在1975年由美國加州佛法出版社印行）。

《三藏》Tripitaka（Skt.; Tib. sde snod gsum）

佛陀話語的三種集結：律、經、論；其目的在於開展戒、定、慧三學，其功用在於對治貪、嗔、痴三毒。在藏傳佛教中是《甘珠爾》，《三藏》是印度佛教的用語。

《二辨》Two Analyses（Tib. 'byed gnyis）

彌勒菩薩的兩本著作，同屬於《慈氏五論》，分別是《辨中邊論》（Tib. dbus dang mtha' rnam par 'byed pa'i bstan bcos, Skt. madhyanta-vibhanga），

是討論瑜伽行學派的偈頌論著；與《辨法法性論》（Tib. chos dang chos nyid rnam par 'byed pa'i bstan bcos, Skt. dharma-dharmata-vibhanga），是有關如何擇分現象與本性。

《二莊嚴》 Two Ornaments（Tib. rgyan gnyis）

彌勒菩薩的兩本著作，同屬於《慈氏五論》，分別是：一、《大乘莊嚴經論》（Tib. mdo sde rgyan, Skt. sutralamkara）與《現觀莊嚴論》（Tib. mngon rtogs rgyan, Skt. abhisamayalamkara）。

《二品》 Two Segments（Tib. brtag gnyis, Skt. hevajra-mulatantra-raja）

《二品釋續》，《喜金剛續》的精簡版本。

《寶性論》 Unexcelled Continuity（Tib. theg pa chen po'i rgyud bla ma'i bstan bcos, Skt. uttaratantra-shastra）

《究竟一乘寶性論》，彌勒菩薩的著作；是《慈氏五論》之一，成書於西元四世紀間，討論的是如來藏的議題。英譯本有《不變本性》（The Changeless Nature）和《佛性》（Buddha Nature, 在2000年由美國雪獅出版社印行）。

《金剛日光》 Vajra Sunlight（Tib. rdo rje nyi ma'i snang ba）

簡軌《時輪金剛密續》的釋論。

《前、中、後三善道》 Virtuous in the Beginning, Middle, and End（Tib. thog mtha' bar gsum）

巴楚仁波切的一本名著，以觀世音菩薩（心咒）的唸誦為主，與頂果・欽哲仁波切的釋論，英譯出版為《證悟者的心要寶藏》（The Heart treasure of the Enlightened Ones, 在1992年由美國香巴拉出版社印行）。

《入菩薩行論》 Way of the Bodhisattva（Tib. byang chub sems dpa' spyod pa la 'jug pa, Skt. bodhicaryavatara）

印度班智達寂天菩薩有關如何生起菩提心的一本有名著作，由蓮師翻譯小組英譯為《入菩薩行論》（The Way of the Bodhisattva, 在1997年由香巴拉出版社印行）。

《白蓮花釋》 White Lotus Commentary（Tib. rnam bshad pad ma dkar po）

米滂仁波切有關《七支祈請文》的釋論。

《白蓮花所依法》White Lotus Supportive Teaching（Tib. rgyab chos pad ma dkar po）
　　對米滂仁波切《釋迦年尼佛儀軌：加持寶藏》的釋論。

《上師精髓如意寶》Wish-Fulfilling Gem of the Guru's Innermost Essence
　　簡稱為《上師精髓》，是龍欽巴《四部心髓》的一部份。

《如意寶藏論》Wish-Fulfilling Treasury（Tib. yid bzhin mdzod）
　　龍欽巴的《七寶藏論》之一。

《普賢上師言教》The Words of My Perfect Teacher（Tib. kun bzang bla ma'i zhal lung）
　　流傳甚廣的《龍欽心髓》前行法釋論，為巴楚仁波切的著作，由蓮師翻譯小組英譯（在1994年由香巴拉出版社印行）。

《律藏》Vinaya（Tib. 'dul ba）
　　佛教行儀的共法，以及僧院戒律的不共規範。

《閻羅摧破傲慢魔》Yama Destroying Arrogant Spirits（Tib. gshin rje dregs 'joms）
　　敏林·迭千取出的一個伏藏法。

中、英、藏書目對照索引

*譯注：下列的書目，以中、英、藏文的順序羅列，有時在英、藏文中間，會加入藏文的英
文拼寫。自第八章起，因無藏文原典可供對照，僅列出中、英文書目。

1.

《如意樹》

The Wish-Fulfilling Tree, dpag bsam 'khri shing དཔག་བསམ་འཁྲི་ཤིང

《口耳傳承普巴精髓》

Quintessential Kilaya of the Hearing Lineage སྙན་བརྒྱུད་ཕུར་པའི་གནད་ཏིག

《七品祈請文》

Seven-Chapter Supplication གསོལ་འདེབས་ལེའུ་བདུན་མ

《大悲觀音痛苦自解》

Self-Liberation of Suffering Avalokiteshvara ཐུགས་རྗེ་ཆེན་པོ་སྡུག་བསྔལ་རང་གྲོལ

《金剛日光》

Vajra Sunlight རྡོ་རྗེ་ཉི་མའི་སྣང་བ

《龍欽心髓》

Heart Essence of the Great Expanse ཀློང་ཆེན་སྙིང་ཐིག

《道果》

Path and Result, lam 'bras ལམ་འབྲས

《密集長壽法》

Secret Assembly Longevity Practice ཚེ་སྒྲུབ་གསང་བ་འདུས་པ

《智慧上師》

Yeshe Lama, Primordial Wisdom Guru ཡེ་ཤེས་བླ་མ

《道次第智慧心要口訣》
Oral Instructions in the Gradual Path of the Wisdom Essence
ཞལ་གདམས་ལམ་རིམ་ཡེ་ཤེས་སྙིང་པོ

《六種中陰》
Six Bardos, bar do drug བར་དོའི་དྲུག

《持明總集》
Gathering of the Vidyadharas རིག་འཛིན་འདུས་པ

《障礙俱除意成就法》
Heart Practice Dispelling All Obstacles ཐུགས་སྒྲུབ་བར་ཆད་ཀུན་སེལ

2.
《法界藏》
Treasury of Dharmadhatu ཆོས་དབྱིངས་མཛོད

《文殊真實名經》
Chanting the Names of Manjushri འཇམ་དཔལ་མཚན་བརྗོད

《時輪金剛》
Kalachakra དུས་འཁོར

《甘露瓶長壽法》
Vase of Amrita ཚེ་སྒྲུབ་བདུད་རྩི་བུམ་བཅུད

《傑尊心髓》
Heart Essence of Chetsun ཇེ་བཙུན་སྙིང་ཐིག

《大傑尊毘瑪甚深心髓》
Great Chetsun's Profound Essence of Vimala ཇེ་བཙུན་ཆེན་པོ་བི་མ་ལའི་ཟབ་ཏིག

《幻化網文武百尊》
Magical Display of the Peaceful and Wrathful Ones, sgyu 'phrul zhi khro སྒྱུ་འཕྲུལ་ཞི

《寧瑪教傳》
Nyingma Khama, snga 'gyur bka' ma སྔ་འགྱུར་བཀའ་མ

《大圓滿龍欽心髓》
Heart Essence of the Great Expanse on the Great Perfection

རྫོགས་པ་ཆེན་པོ་ཀློང་ཆེན་སྙིང་ཐིག

《文武百尊清淨下三道》
Peaceful and Wrathful Ones Purifying the Lower Realms ཞི་ཁྲོ་ངན་སོང་སྦྱོང་བ

《大樂佛母》
Yumka ཡུམ་བཀའ

《千佛》
Thousand Buddha སངས་རྒྱས་སྟོང

《最密上師成就法》
Innermost Guru Sadhana ཡང་གསང་བླ་སྒྲུབ

《無量壽經》
Amitayus Sutra, tshe mdo ཚེ་མདོ

《紛亂外相淨治法》
Restoring Harmony to Disturbances of Phenomenal Existence

སྣང་སྲིད་འཁྲུགས་པ་ཡོ་བཅོས

《浚斷輪迴》
Stirring the Phenomenal World འཁོར་བ་དོང་སྤྲུགས

《最密隱修密集長壽法》
Innermost Hidden Secret Assembly Longevity Practice

ཚེ་སྒྲུབ་གསང་འདུས་ཡང་གསང་ཀུན་སྤུས

《入菩薩行論》
The Way of the Bodhisattva བྱང་ཆུབ་སེམས་དཔའི་སྤྱོད་པ་ལ་འཇུག་པ

《入中論》

Entering the Middle Way དབུ་མ་འཇུག་པ

《佛說大乘莊嚴寶王經》

Sutra Designed like a Jewel Chest མདོ་སྡེ་ཟ་མ་ཏོག

《心性休息》

Resting in the Nature of Mind སེམས་ཉིད་ངལ་གསོ

《穢跡金剛》

Metsek, sme brtsegs སྨེ་བརྩེགས

《巴千度巴》

Supreme Heruka Assembly, Palchen Dupa, dpal chen 'dus pa དཔལ་ཆེན་འདུས་པ

《普賢上師言教》

The Words of My Perfect Teacher ཀུན་བཟང་བླ་མའི་ཞལ་ལུང

《中論》

Fundamental Treatise on the Middle Way དབུ་མ་རྩ་བ་ཤེས་རབ

《迴諍論》

Refutation of Criticism རྩོད་ཟློག

《七十空性論》

Seventy Verses on Emptiness སྟོང་ཉིད་བདུན་ཅུ

《六十正理論》

Sixty Stanzas on reasoning རིགས་པ་དྲུག་ཅུ

《精研磨論》

Finely Woven ཞིབ་མོ་རྣམ་འཐག

《中觀四百論》

Four Hundred Stanzas on Madhyamaka དབུ་མ་བཞི་བརྒྱ་པ

《前、中、後三善道》
Virtuous in the Beginning, Middle, and End ཐོག་མཐའ་བར་གསུམ་དགེ་བ

《格薩長壽勾召法》
Gesar Longevity Blessing གེ་སར་ཀྱི་ཚེ་འགུགས

《續部普巴金剛》
Tantra System Vajrakilaya རྒྱུད་ལུགས་ཕུར་པ

《七支祈請文》
Seven-Line Prayer ཚིག་བདུན་གསོལ་འདེབས

《白蓮花釋》
White Lotus Commentary པདྨ་དཀར་པོ

《寶性論》
Unexcelled Continuity རྒྱུད་བླ་མ

《中觀莊嚴論》
Ornament of the Middle Way དབུ་མ་རྒྱན

《律讚》
Praise to the Vinaya འདུལ་བསྟོད

《最密上師成就法：明點具印》
Innermost Sealed Essence Guru Sadhana ཡང་གསང་བླ་སྒྲུབ་ཐིག་ལེའི་རྒྱ་ཅན

《執著自解》
Self- Liberation of Clinging འཛིན་པ་རང་གྲོལ

《智者入門》
Gateway to Knowledge, mkas 'jug མཁས་འཇུག

《讚頌集》
Collection of Hymns བསྟོད་ཚོགས

《八大教誡：八大嘿嚕嘎儀軌》

Sadhanas of the Eight Classes of Heruka བཀའ་བརྒྱུད་ཀྱི་སྒྲུབ་ཐབས

《言教》

Oral Instructions ཞལ་གདམས

《大圓滿》

Great Perfection རྫོགས་ཆེན

《八大教誡》

Eight Sadhana Teachings བཀའ་བརྒྱུད་རྣམ་བཤད

3.

《八大教誡：善逝總集》

Eight Commands: Union of the Sugatas བཀའ་བརྒྱུད་བདེ་གཤེགས་འདུས་པ

《敏珠林金剛薩埵》

Mindroling Vajrasattva, smin gling rdor sems སྨིན་གླིང་རྡོར་སེམས

《普巴金剛最密利刃》

Innermost Razor Kilaya, phur pa yang gsang spu gri ཕུར་པ་ཡང་གསང་སྤུ་གྲི

《持明言教》

Words of the Vidyadharas རིག་འཛིན་ཞལ་ལུང

《祈賜普巴加持》

Kilaya Descent of Blessings ཕུར་པའི་བྱིན་འབེབས

《普賢大樂之道》

Ever Perfect Path of Bliss ཀུན་བཟང་བདེ་ལམ

《普巴勾召壽命法》

Kilaya Ritual for Summoning Longevity ཕུར་པའི་ཚེ་འགུགས

《普巴勾召財富法》

Kilaya Ritual for Summoning Prosperity ཕུར་པའི་གཡང་འགུགས

《浚斷》

Dongtruk, dong sprugs དོང་སྤྲུགས

《清淨嘿嚕嘎》

Vishuddha ཡང་དག

《措千度巴》

United Assembly ཚོགས་ཆེན་འདུས་པ་ཐེག་པ་རིམ་པ་དགུ

《毘瑪心髓》

Heart Essence of Vima བི་མ་སྙིང་ཐིག

《上師精髓》

Lama Yantig , Guru's Innermost Essence བླ་མ་ཡང་ཏིག

《空行心髓》

Heart Essence of the Dakinis མཁའ་འགྲོ་སྙིང་ཐིག

《空行精髓》

Quintessence of the Dakinis མཁའ་འགྲོ་ཡང་ཏིག

《甚深精髓》

Profound Quintessence, zab mo yang thig ཟབ་མོ་ཡང་ཏིག

《毘瑪心髓母子合一》

Heart Essence of Vima Unifying Mother and Son བི་མ་སྙིང་ཐིག་མ་བུ་གཅིག་དྲིལ

《大樂勝妙道》

Excellent Path of Bliss བདེ་ཆེན་ལམ་བཟང

《如意寶瓶》

Wishing Vase, 'dod 'jo'i bum bzang འདོད་འཇོ་བུམ་བཟང

《善逝總集》
Embodiment of All the Sugatas བདེ་གཤེགས་ཀུན་འདུས

《大圓滿無上深義心要》
Profound Unsurpassable Meaning of the Great Perfection, ཨ་ཏི་ཟབ་དོན་སྙིང་པོ

《幻網續》（《祕密藏續》）
Guhyagarbha Tantra རྒྱུད་གསང་སྙིང

《妙吉祥文殊妙供》
Auspicious Manjushri Offering འཇམ་དཔལ་བགྲ་ཤིས་མཆོད་ཆོག

《澄清》
Ketaka གེ་ཏ་ཀ

《釋量論》
Commentary on Valid Cognition ཚད་མ་རྣམ་འགྲེལ

《幻網續總義：明光心要》
General Meaning of the Secret Essence: Core of Luminosity
གསང་སྙིང་གི་དོན་འོད་གསལ་སྙིང་པོ

《如意寶藏論》
Wish-Fulfilling Treasury ཡིད་བཞིན་མཛོད

《釋迦牟尼佛儀軌：加持寶藏》
Shakyamuni Liturgy ཐུབ་ཆོག་བྱིན་རླབས་གཏེར་མཛོད

《白蓮花所依法》
White Lotus Supportive Teaching རྒྱབ་ཆོས་པདྨ་དཀར་པོ

《藥師佛讚頌儀軌》
Medicine Buddha Worship Liturgy སྨན་བླའི་མདོ་ཆོག

《清淨嘿嚕嘎密解》
Secret Vishuddha Manual ཡང་དག་སང་འགྲེལ

《讚頌集》
Collection of Hymns བསྟོད་ཚོགས

《甚深口訣》
Profound Instruction ཟབ་ཁྲིད

《圓滿次第》
Completion Stage རྫོགས་རིམ

《祈願文》
Prayer སྨོན་ལམ

《具光天女》（另譯《摩利支天》）
Marici Goddess, lha mo 'od zer can ma ལྷ་མོ་འོད་ཟེར་ཅན་མ

《作明佛母》
Kurukulle, ku ru ku le ཀུ་རུ་ཀུལླེ

《四大食子》
Torma of the Four Elements འབྱུང་བཞིའི་གཏོར་མ

《文殊咒》
Arapatsa ཨ་ར་པ་ཙ

《金剛薩埵》
Vajrasattva རྡོར་སེམས

《大勝嘿嚕嘎》
Mahottara, che mchog ཆེ་མཆོག

《馬頭明王》
Hayagriva རྟ་མགྲིན

《大威德金剛》
Yamantaka གཤིན་རྗེ

《普巴金剛》
Vajrakilaya རྡོ་རྗེ་ཕུར་པ

《大圓滿金法》
Pure Gold Great Perfection, rdzogs chen gser zhun རྫོགས་ཆེན་གསེར་ཞུན

《二辨》
Two Analyses འབྱེད་གཉིས

《吉祥妙供》
Auspicious Offering Ceremony, bkra shis mchod chog བཀྲ་ཤིས་མཆོད་ཆོག

《賢劫千佛妙供》
Offering Ceremony of the Thousand Buddhas of the Good Aeon
བསྐལ་བཟང་སངས་རྒྱས་སྟོང་གི་མཆོད་ཆོག

《三律儀布薩》
Mending-Purification of the Three Vows སྡོམ་གསུམ་གསོ་སྦྱོང

《白文殊》
White Manjushri འཇམ་དབྱངས་དཀར་པོ

《白妙音天女》
White Sarasvati དབྱངས་ཅན་དཀར་མོ

《忿怒金剛密成就法降伏諸魔》
Innermost Trolo Sadhana Subduing All Evil ཁྲོ་ལོད་གསང་སྒྲུབ་གདུག་པ་ཀུན་འཇོམས

《甚深內義》
Profound Inner Topics ཟབ་མོ་ནང་དོན

《二品》
Two Segments བརྟག་གཉིས

《圓滿蜜瓶》
Perfect Honey Vase སྦྲང་རྩིའི་བུམ་བཟང་

《修心七要》
Seven-Point Mind Training, blo sbyong don bdun ma བློ་སྦྱོང་དོན་བདུན་མ

《虛幻休息》
Finding Rest from Illusion སྒྱུ་མ་ངལ་གསོ

《椎擊三要》
Three Lines That Strike the Vital Point ཚིག་གསུམ་གནད་བརྡེགས

《忿怒上師智慧熾然》
Wrathful Guru Ablaze with Wisdom གུར་དྲག་ཡེ་ཤེས་རབ་འབར

《松大善說：殊勝日光》
Perfect Vision of Elegant Description འགྲེལ་པ་ལེགས་བཤད་སྣང་བ་དམ་པ

《正字學：語燈論》
Lamp of Speech Grammar དག་ཡིག་ངག་སྒྲོན

《再後加字 Sa 廣析》
Detailed Analysis of Suffixes ས་མཐའི་རྣམ་དབྱེ

《詩鏡》
Mirror of Poetry, snyan ngag me long སྙན་ངག་མེ་ལོང

《聲明五支》
Fivefold Science of Language མཚམས་སྦྱོར་ལྔ་པ

《觀音密集》
Secret Gathering of Avalokiteshvara ཐུགས་རྗེ་གསང་འདུས

《解脫導引：遍知者口訣》

Guide of Liberation: Oral Advice of the Omniscient One

ཀུན་མཁྱེན་ཞལ་ལུང་རྣམ་གྲོལ་ཤིང་རྟ

《了義續》

Tantra of the Definitive Meaning ངེས་དོན

《大寶伏藏》

Treasury of Precious Termas, rin chen gter mdzod རིན་ཆེན་གཏེར་མཛོད

《教訣藏》

Treasury of Spiritual Instructions, gdams ngag mdzod གདམས་ངག་རིན་པོ་ཆེའི་མཛ

《四部心髓》

Four Parts of the Heart Essence སྙིང་ཐིག་ཡ་བཞི

《密普巴金剛》

Secret Vajrakilaya ཕུར་པའི་གསང་སྒྲུབ

《成就海》

Ocean of Accomplishment དངོས་གྲུབ་རོལ་མཚོ

《遂願任運妙供》

Spontaneous Fulfillment of Wishes བསམ་ལྷུན་མཆོད་ཆོག

《遠離四種執著》

Parting from Four Attachments, zhen pa bzhi bral ཞེན་པ་བཞི་བྲལ

《大圓滿三部》

Three Classes of the Great Perfection, rdzogs chen sde gsum རྫོགས་ཆེན་སྡེ་གསུམ

《普巴金剛摧破魔軍》

Kilaya Subjugating the Hordes of Mara ཕུར་པ་བདུད་དཔུང་ཟིལ་གནོན

《三根本密意總集》

Embodiment of Realization of the Three Roots རྩ་གསུམ་དགོངས་འདུས

《密意通澈》
Openness of Realization Tantra　དགོངས་པ་ཟང་ཐལ

《吽字心髓》
Cycle of Hung Heart Essence　ཧཱུྃ་སྒོར་སྙིང་ཐིག

《持明心髓》
Heart Essence of the Vidhyadharas　རིག་འཛིན་ཐུགས་ཏིག

《四部醫續要解》
Important Notes on the Four Tantras　རྒྱུད་བཞིའི་དགའ་མཆན

《金鑰解脫》
Liberation with a Golden Key　གསེར་ཐེའི་བཅངས་གྲོལ

《紅文殊》
Red Manjushri　འཇམ་དཔལ་དམར་པོ

《教言合集》
Collection of Advice　གདམས་ཚོགས

《出離心莊嚴》
Ornament of Renunciation　ངེས་འབྱུང་གི་རྒྱན

4.
《般若攝頌》
Condensed Prajnaparamita　ཤེར་ཕྱིན་སྡུད་པ

《無死精髓》
Profound Teaching on the Essence of Immortality　འཆི་མེད་ཡང་སྙིང

《七寶藏論》
Seven Treasuries　མཛོད་བདུན

《寧瑪十萬續》
Hundred Thousand Nyingma Tantras　རྙིང་མ་རྒྱུད་འབུམ

475

《成就法總集》
Compendium of Sadhanas, sgrub thabs kun btus སྒྲུབ་ཐབས་ཀུན་བཏུས

《文武百尊》
Hundred Peaceful and Wrathful Deities, zhi khro ཞི་ཁྲོ

《文武百尊浚斷地獄》
Shaken from Its Depth, zhi khro na rak dong sprugs ཞི་ཁྲོ་ན་རག་དོང་སྤྲུགས

《三根本唸誦法本》
Three Roots Recitation Manual རྩ་གསུམ་བསྙེན་ཡིག

《慈氏五論》
Five Treatises of Lord Maitreya བྱམས་ཆོས་སྡེ་ལྔ

《般若現觀莊嚴論》
Prajnaparamita Ornament of Realization ཤེར་ཕྱིན་མངོན་རྟོགས་རྒྱན

《十方暗除》
Dispelling the Darkness of the Ten Directions ཕྱོགས་བཅུ་མུན་སེལ

《浚斷》
Shaken from Its Depth དོང་སྤྲུགས

《祕密主密意莊嚴論》
Adornment of Realization of the Lord of Secrets སང་བདག་དགོངས་རྒྱན

《祕密主言教》
Oral Advice གསང་བདག་ཞལ་ལུང

《三寶釋》
Three Jewel Commentary དཀོན་མཆོག་འགྲེལ

《二品續》(《喜金剛二品續》)
Tantra of the Two Segments རྒྱུད་བརྟག་གཉིས

476

《極樂淨土》
Realm of Great Bliss བདེ་ཆེན་ཞིང་སྒྲུབ

《阿彌陀佛速道》
Swift Path of Amitabha འོད་ཚོག་དཔག་མེད་མྱུར་ལམ

《沙彌律儀》
Novice Aphorisms དགེ་ཚུལ་ཀྱ་རི་ཀ

《文殊讚》
Praise of Manjushri འཇམ་དཔལ་བསྟོད་སྒྲུབ

《太歲曆算法：巴嫫丁闊》
Soaring Balmo Hindrance Astrology གེག་རྩིས་བལ་མོ་ཕྱིང་སྐོར

《疾病松算法》
Pine Tree Calculation of Illness ནད་རྩིས་ཐང་ཤིང

《亡者命盤》
Horoscope about the Dead གཤིན་བཞི་རྩིས

《鳴天鼓》
Divine Drum Beat ལྷ་ཡི་ང་སྒྲ

《戒讚》
Praise on Discipline འདུལ་བསྟོད

《出離莊嚴論》
Ornament of Renunciation ངེས་འབྱུང་གི་རྒྱན

《密咒共義：梵音流佈》
Tantric Overview སྔགས་ཀྱི་སྤྱི་དོན

《三根本合修儀軌》
Combined Sadhana of the Three Roots རྩ་གསུམ་དྲིལ་སྒྲུབ

《作明佛母五本尊》

Five –Deity Kurukulle ཀུ་རུ་ཀུལླེ་ལྷ་ལྔ

《曆算五支合集》

Collection of Five Branches of Astrology སྐར་ཆེས་ལྔ་བསྒྲིལ

5.

《祕密心髓》

Innermost Essence གསང་བ་སྙིང་ཐིག

《慧日》

Sun of the Intellect བློ་ཡི་ཉིན་བྱེད

《上師精髓如意寶》

Wish-Fulfilling Gem of the Guru's Innermost

བླ་མ་ཡང་ཏིག་ཡིད་བཞིན་ནོར་བུ

《三住三善》

Three Topics and Three Virtues གནས་གསུམ་དགེ་བ་གསུམ

《二諦乘》

Chariot of the Two Truths, bden gnyis shing rta བདེན་གཉིས་ཤིང་རྟ

《遍知乘》

Chariot of Omniscience, rnam mkhyen shing rta རྣམ་མཁྱེན་ཤིང་རྟ

《日光論》

Refulgence of the Sun ཉྲ་བའི་སྣོན་མེ

《月光論》

Radiance of the Moon ཉི་མའི་འོད་ཟེར

《無死聖度母心髓》

Hear Essence of the Immortal Arya འཕགས་མའི་སྙིང་ཐིག

《五見》
Five Visions　གཟིགས་པ་ལྔ

《妙喜金剛薩埵》
Abhirati Vajrasattva, *Manifest Joy of Vajrasattva,*　རྡོར་སེམས་མངོན་དགའ

《口耳小傳承：智慧自顯》
Minor Oral Transmission of the Natural Manifestation of Wisdom
སྙན་བརྒྱུད་ཆུང་དུ་ཡེ་ཤེས་རང་སྣང

《上師部成就海次第》
Ocean of Accomplishment Stages of the Master　བླ་མའི་རིམ་པ་དངོས་གྲུབ་རྒྱ་མཚོ

《文殊圓滿布施金剛儀軌》
Manjushri's Perfect Generosity Vajra Liturgy
འཇམ་དཔལ་མཆོག་སྦྱིན་རྡོ་རྗེའི་སྒྲུབ་ཐབས

《經續心三部》
Sutra, Illusion and Mind　མདོ་སྒྱུ་སེམས་གསུམ

《經部 • 密集經》
Scripture of Embodiment of Realization　མདོ་དགོངས་པ་འདུས་པ

《續部 • 幻網經》
Magical Net, rgyu 'phrul drva ba　རྒྱུད་སྒྱུ་འཕྲུལ་དྲ་བ

《心部 • 十八母子經》
The Eighteen Major Scripture of the Mind Class　སེམས་སྡེ་བཅོ་བརྒྱད

《諸佛密意總集經》
Embodiment of Realization　དགོངས་འདུས

《賈村六函》
Six Volumes of Jatson　འཇའ་ཚོན་པོད་དྲུག

《天法》
Sky Teaching གནམ་ཆོས

《恰美閉關指南》
Chagmey Retreat Manual ཆགས་མེད་རི་ཆོས

《觀音法實用導引》
Practical Guidance on Avalokiteshvara ཐུགས་རྗེ་ཆེན་པོའི་དམར་ཁྲིད

《玉陀心髓》
Hear Essence of Yuthok གཡུ་ཐོག་སྙིང་ཐིག

《忿怒金剛》
Trolo གྲོ་ལོད

《蓮花遺教》
Chronicles of Padma, pad ma bka' thang པདྨ་བཀའ་ཐང

《五部遺教》
Five Chronicles བཀའ་ཐང་སྡེ་ལྔ

《伊喜措嘉傳》
Life Story of Yeshe tsogyal མཚོ་རྒྱལ་རྣམ་ཐར

《勝樂金剛空行口耳傳承》
Chakrasamvara of the Dakini's Hearing Lineage བདེ་མཆོག་མཁའ་འགྲོ་སྙན་བརྒྱུ

《口傳典籍》
Oral Transmission Scriptures

6.
《閻羅摧破傲慢魔》
Yama Destroying Arrogant Spirits གཤིན་རྗེ་དྲེགས་འཇོམས

《給薩王命囑》
Life-Entrustment of Gesar གེ་སར་གྱི་སྲོག་གཏད

《妙明善釋》
Sublime Light of Excellent Discourse ལེགས་བཤད་སྣང་བ་དམ་པ

《語獅子》
Lion of Speech སྨྲ་སེང་

《解脫莊嚴寶論》
Jewel Ornament of Liberation ཐར་རྒྱན

《壽主閻羅王》
Longevity Lord·Yamantaka གཤིན་རྗེ་ཚེ་བདག

《大威德金剛芻襪法》
Yamantaka Thread-Cross Ceremony འཆར་ཁའི་མདོས་ཀྱི་ལག་ལེན

《猛咒》
Fierce Mantra དྲག་སྔགས

《明力部》
Expression of Awareness རིག་རྩལ་ཆོས་སྡེ

《羅睺羅訣竅》
Instructions on Rahula གཟའ་སྒྲུབ་ཀྱི་མན་ངག

《玉仲鏡卜》
Yudron Mirror Divination གཡུ་སྒྲོན་པ་སྒྲུབ་གསོལ་བསྐང་ཡུང

《十忿怒尊》
Trochu ཁྲོ་ཆུ

《如寶莊嚴》
Like a Jewel Ornament རིན་ཆེན་རྒྱན་འདྲ

《祕密主金剛棍》
Vajra Club of the Lord of Secrets, gsang bdag rdo rje be con གསང་བདག་རྡོ་རྗེ་བེ་ཆོན

《大樂佛母》

Queen of Great Bliss ཡུམ་བཀའ་བདེ་ཆེན

《獅面空行母》

Lion-Faced One, seng gdon ma སེང་གདོང

《迴遮時辰住世》

Longevity Ceremony Averting Time ཚུན་ཟློག་བརྟན་བཞུགས

《大黑天與大黑母遮戰贖供》

Mahakala and Mahakali Ransom Offering for Averting War མ་མགོན་གཡུལ་མདོས

《湖生心髓》

Heart Essence of the Lotus-Born མཚོ་སྐྱེས་སྙིང་ཐིག

《空行密集》

Secret Gathering of the Dakinis མཁའ་འགྲོ་གསང་བ་ཀུན་འདུས

《北伏藏》

Northern Treasures བྱང་གཏེར

《句義寶藏論》

Treasury of Words and Meaning ཚིག་དོན་མཛོད

《釋迦牟尼佛暨八大近侍菩薩供養法》

Offering Liturgy to the Buddha Shakyamuni and his Eight Closest Sons

ཐུབ་དབང་ཉེ་སྲས་བརྒྱད་མཆོད་པ

《不動明王》

Achala, mi g.yo ba མི་གཡོ་བ

《馬頭明王雷擊焰輪》

Hayagriva's Thunderbolt Fire Wheel རྟ་མགྲིན་གནམ་ལྕགས་མེ་འཁོར

《康珠爾》

Kangyur བཀའ་འགྱུར

《廣大教誡藏》
Extensive Treasury of Instructions རྒྱ་ཆེན་བཀའ་མཛོད

《知識寶藏》
Treasury of All-Pervading Knowledge ཤེས་བྱ་ཀུན་ཁྱབ

《五大之滿願供》
Fulfillment-Offering of the Five Elements འབྱུང་ལྔའི་སྐོང་བ་རྒྱས་སྤྲོས་བཅས་ཕུལ

《龍王羅剎》
Nagaraksha ནུ་ག་རཀྵ

《四部醫續》
Four Medical Tantras སྨན་རྒྱུད་བཞི

《噶舉密咒藏》
Secret Mantra Treasury of the Kagyu Lineage བཀའ་བརྒྱུད་སྔགས་མཛོད

《二臂黑袍大黑天》
Bernakchen, ber nag can བེར་ནག་ཅན

《勝海觀世音》
Gyalwa Gyatso, rgyal ba rgya mtsho རྒྱལ་བ་རྒྱ་མཚོ

《金剛亥母》
Vajravarahi, phag mo ཕག་མོ

《四法建言》
Advice on the Four Methods ཐབས་བཞིའི་གདམས་པ

《法教總集法海》
Ocean of Dharma That Embodies All Teachings བཀའ་འདུས་ཆོས་ཀྱི་རྒྱ་མཚོ

《加持心髓》
Essence of Blessings བྱིན་རླབས་སྙིང་པོ

《馬頭明王驕慢全解》

Hayagriva Liberating All Haughty Spirits རྟ་མགྲིན་དྲེགས་པ་ཀུན་སྒྲོལ

《精髓總集》

Embodiment of the Innermost Essence, ཡང་སྙིང་ཀུན་འདུས

7.

《百水食子》

Hundred Water Tormas ཆུ་གཏོར་བརྒྱ་རྩ

《時輪六雙運》

Six-Union Kalachakra, dus 'khor sbyor drug དུས་འཁོར་སྦྱོར་དྲུག

《六吉祥天女》

Six Paldey དཔལ་སྡེ་དྲུག་པ

《那洛空行》

Naro Kechari, na ro mkha' spyod ma ན་རོ་མཁའ་སྤྱོད

《密道甚深教訣》

Profound Instructions on the Secret Path གསང་ལམ་བཅས་ཟབ་ཁྲིད

《威猛遣令》

Awesome Command བཀའ་ནན་རབ་བརྗིད

《文殊心髓》

Heart Essence of Manjushri འཇམ་དཔལ་སྙིང་ཐིག

《甘露法藥宗堡》

Fortress Ravine of Nectar Medicine བདུད་རྩི་སྨན་གྱི་རྫོང་འཕྲང

《自生蓮花心髓》

Heart Essence of the Self-Born Lotus, rang byung pad ma'i snying thig

རང་བྱུང་པདྨའི་སྙིང་ཐིག

484

《供燈祈請文》

Lamp Prayer, མར་མེའི་སྨོན་ལམ།

《觀音心性休息》

Avalokiteshvara Resting in the Nature of Mind, thugs chen sems nyid ngal gso

ཐུགས་ཆེན་སེམས་ཉིད་ངལ་གསོ།

《金剛段》

Dorje Tsampa, rdor rje mthsams pa རྡོ་རྗེ་མཚམས་པ།

《藥師佛》

Medicine Buddhas, sman bla rnam bdun སྨན་བླ་རྣམ་བདུན།

《大白傘蓋》

White Umbrella, gdugs dkar གདུགས་དཀར།

《摧破金剛》

Vajra Subjugator, rnam 'joms རྣམ་འཇོམས་ཁྲོ།

《護法雷登》

Lekden, dam can rdo rje legs ldan ལེགས་ལྡན།

《多聞天王》

Vaisravana, rnam sras རྣམ་སྲས།

《寂忿本尊淨除惡趣》

Purifying the Lower Realms through the Peaceful and Wrathful Deities

ཞི་ཁྲོ་ངན་སོང་སྦྱོང་བ།

《解脫明點：密意自解脫》

The Bindu of Liberation, the Spontaneous Liberation of the Mind

གྲོལ་ཐིག་དགོངས་པ་རང་གྲོལ།

《消除惡緣》

Eliminating Inauspiciousness, rten 'brel nyes sel རྟེན་འབྲེལ་ཉེས་སེལ།

《金剛薩埵祕密心要》

Secret Essence of Vajrasattva, gsang thig rdor sems གསང་ཐིག་རྫོར་སེམས

《上師密集》

Embodiment of the Master's Secrets, bla ma gsang 'dus བླ་མ་གསང་འདུས

《菩提道次第廣論》

Gradual Path ལམ་རིམ་ཆེན་པོ

《白王六贖命法》

Sixfold White King-Spirit Ransom Rite རྒྱལ་པོ་དཀར་པོ་དྲུག་མདོས

《王魂贖命》

King-Spirit Ransom རྒྱལ་མདོས

《金剛空行母長壽法》

Vajra Dakini Long-Life Practice རྫོ་རྫེ་མཁའ་འགྲོའི་ཚེ་སྒྲུབ

《蓮花空行母懷愛法》

Lotus Dakini Magnetizing Practice པདྨ་མཁའ་འགྲོའི་དབང་སྲུང

《法身上師意成就法》

Heart Practice of the Dharmakaya Master ཕྱགས་སྒྲུབ་བླ་མ་ཆོས་སྐུ

《三根本幻化網》

Magical Net of Three Roots རྩ་གསུམ་སྒྱུ་འཕྲུལ་དྲ་བ

《儀軌心要五類》

Five Cycles of Essential Sadhanas སྒྲུབ་ཐབས་སྙིང་པོ་སྐོར་ལྔ

《成就者心髓》

Heart Essence of the Great Siddha, grub thob thugs this གྲུབ་ཐོབ་ཐུགས་ཏིག

《寂靜尊善逝總集續》

Assemblage of Peaceful Sugatas, bde 'dus zhi rgyud བདེ་འདུས་ཞི་རྒྱུད

《八大忿怒嘿嚕嘎儀軌》
Eight Wrathful Heruka Sadhanas ཁྲོ་བོ་སྒྲུབ་པ་བཀའ་བརྒྱད

《無死湖生心髓》
Heart Essence of the Immortal Lake-Born, Chimey Tsokye Nyingtk,

འཆི་མེད་མཚོ་སྐྱེས་སྙིང་ཐིག

《仙人洛戚札》
Rishi Lokitra དྲང་སྲོང་ལོ་ཀྲི

《具印淨觀》
Sealed Visions, rgyal dbang lnga pa'i dag snang rgya can དག་སྣང་རྒྱ་ཅན

《三身諸佛部總集》
Embodiment of the Families of the Three Kayas སྐུ་གསུམ་རིགས་འདུས

《蓮芽》
Lotus Sprout པདྨའི་ཆུ་གུ

《勝樂金剛祕密心要》
Secret Essence of Chakrasamvara གསང་ཐིག་ཡབ་བཀའ

《金剛亥母祕密心要》
Secret Essence of Vajravarahi གསང་ཐིག་ཡུམ་བཀའ

《一髮母命力》
Life-Force of Ekajati, bka' srung sngags srung ma བཀའ་སྲུང་སྔགས་སྲུང་མ

《伏魔普巴》
Mara-Taming Kilaya

《四部空行》
Dakinis of the Four Classes རིགས་བཞི་མཁའ་འགྲོ

《四臂瑪哈嘎拉》
Four-Armed Mahakala མགོན་པོ་ཕྱག་བཞི་པ

《白命護法》
White Life Protector ཚེ་མགོན་དཀར་པོ་

《金剛薩埵意成就法》
Heart Practice of Vajrasattva རྡོར་སེམས་ཐུགས་ཀྱི་སྒྲུབ་པ་

《秋林新巖藏》
New treasures of Chokgyur Lingpa, mchog gling gter gsar མཆོག་གླིང་གཏེར་གསར་

《度母贖命法》
Tara Ransom Ritual སྒྲོལ་མ་འདོས་

《迴遮空行母召喚》
Averting the Call of the Dakinis མཁའ་འགྲོའི་སུན་བཟློག་

《三根本光明心髓》
Heart Essence of the Luminous Three Roots རྩ་གསུམ་འོད་གསལ་སྙིང་ཐིག་

《蓮花空行》
Lotus Dakini པདྨ་མཁའ་འགྲོ་

《勝樂金剛根本續》
Chakrasamvara Root Tantra བདེ་མཆོག་རྩ་རྒྱུད་

《金剛手密續》
Vajrapani Tantra ཕྱག་རྡོར་རྒྱུད་

《巴千》
Supreme Heruka དཔལ་ཆེན་

《四部嘿嚕嘎》
Four Heruka Families ཁྲག་འཐུང་རིགས་བཞི་

《敦札本塘母》
Dugtrak Bumthangma དུག་ཁྲག་འབུམ་ཐང་མ་

《命母旃陀離》
Chandali Mother of Life ཙཎྜ་ཡུམ་ཚེ་ཙྡ་ལི

《口耳傳承天女贖命供》
Mamo Ransom Offering of the Hearing Lineage སྙན་བརྒྱུད་མ་མོའི་དམོས

《威猛遣令》
Majestic Command བཀའ་ནན་རབ་བརྫིད

《甚深七普巴》
Profound Sevenfold Kilaya, zab bdun phur pa ཟབ་བདུན་ཕུར་པ

《遍主大日如來》
All- Embodying One, kun rigs rnam par snang mdzad ཀུན་རིགས་རྣམ་པར་སྣང་མཛ

《勝處開光法》
Holy Site Consecration གནས་ཆེན་བྱིན་འབེབས

《意成就法》
Heart Sadhanas ཐུགས་སྒྲུབ

《王權》
King's Sovereignty རྒྱལ་པོའི་མངའ

《黑忿怒母》
Black Lady of Wrath ཁྲོས་མ་ནག་མོ

《法身上師無量壽佛》
Dharmakaya Master Amitayus བླ་མ་ཚེ་ས་སྐུ་ཚེ་དཔག་མེད་པ

《長壽九本尊》
Nine Deities of Infinite Life

《蓮花長壽心髓》
Pema's Heart Essence of Longevity པདྨ་ཚེ་ཡི་སྙིང་ཐིག

《甚深七淨鐵幻化網》

Profound Sevenfold Magical Display of Purified Metal

ཟབ་བདུན་སྐྱུ་འཕུལ་ལྕགས་བྱང་མ

《報身上師不動佛意成就法》

Heart Practice of the Sambhogakaya Lama Akshobya

ཕྱགས་སྒྲུབ་བླ་མ་ལོངས་སྐུའི་མི་འཁྲུགས་པ

《清淨道障》

Clearing the Obstacles of the Path བར་ཆད་ལམ་སེལ

《圓滿次第六種中陰》

Six Bardo Completion Stage རྫོགས་རིམ་བར་དོ་དྲུག

《諸佛部總集蓮芽》

Lotus Sprout Embodiment of the Families རིགས་འདུས་པདྨའི་མྱུ་གུ

《大成就者長壽法》

Mahasiddha's Longevity Practice, grub thob tshe sgrub གྲུབ་ཐོབ་ཚེ་སྒྲུབ

《甚深七部》

Profound Sevenfold ཟབ་པ་སྐོར་བདུན

《如意寶口訣心要意成就法》

Heart Practice of the Wish-Fulfilling Essence Manual of Oral Instruction,

ཕྱགས་སྒྲུབ་ཡིད་བཞིན་ནོར་བུའི་ཞལ་གདམས་སྙིང་བྱང

《羅剎顱鬘》

Raksha Thotreng, rak sha thod phreng རཀྴ་ཐོད་ཕྲེང

《上師如意寶》

Wish-Fulfilling Guru གུ་རུ་ཡིད་བཞིན་ནོར་བུ

《道果隱義》

Hidden Meaning of Path and Result, sbas don lam 'bras སྦས་དོན་ལམ་འབྲས

《蓮花具印浚斷》
Stirring the Depths Hundred-Pedaled Lotus དོང་སྤྲུགས་པདྨ་བརྒྱ་ལྡན

《金鑰》
Golden Key

《安置大白傘蓋》
Placing the White Umbrella Banner གདུགས་དཀར་གྱི་རྒྱལ་མཚན་འཛུགས

《律藏》
Vinaya འདུལ་བ

《上師密意總集》
Embodiment of the Master's Realization བླ་མ་དགོངས་འདུས

《口耳傳承清淨嘿嚕嘎甚深心要》
Profound Essence of Vishuddha from the Hearing Lineage

སྙན་བརྒྱུད་ཡང་དག་ཟབ་ཏིག

《最甚深持明長壽法》
Most Profound Vidhadhara Long-Life Practice ཡང་ཟབ་རིག་འཛིན་ཚེ་སྒྲུབ

《給薩》
Gesar གེ་སར

《囑咐地祇》
Employing the Local Deities གཞི་བདག་རྟེན་བཀོལ

《上師財神善巧聖者》
Wealth God Eminent Being, skyes mchog tshul bzang

བླ་མ་ནོར་ལྷ་སྐྱེས་མཆོག་ཚུལ་བཟང

《寂靜尊上師》
Peaceful Lama བླ་མ་ཞི་བ

《除魔》
Destroying Demons བདུད་གཤེད

《法身上師長壽法》
Dharmakaya Master Long-Life Practice བླ་མ་ཆོས་སྐུའི་ཚེ་སྒྲུབ

《勝者千供》
Victorious Thousandfold Offering

《大寶伏藏封印法教》
Sealed Teachings of the Treasury of Precious Termas

《大圓鏡智海會》
Ocean of Mirror-like Wisdom

《紅彌陀長壽法》
Red Amitayus Long-Life Practice ཕགས་སྒྲུབ་ཚེ་དམར

《三根本總集》
Embodiment of the Three Roots རྩ་གསུམ་སྤྱི་འདུས

《報身上師浚斷下三道意成就法》
Heart Practice's Sambhogakaya Master Stirring the Depths of the Lower Realms
ཕགས་སྒྲུབ་བླ་མ་ལོངས་སྐུ་དན་སོང་དོང་སྤྲུགས

《不空胃索續》
Meaningful Lasso, don yod zhags pa'i rgyud དོན་ཡོད་ཞགས་པ

《蓮冠》
Lotus Crest པདྨ་གཙུག་ཏོར

《金剛心》
Vajra Heart རྡོ་རྗེ་སྙིང་པོ

《涅普巴》
Nyak Kilaya, gnyag lugs phur pa གཉག་ལུགས་ཕུར་པ

《三寶總集》

Embodiment of the Three Jewels, dkon mchog spyi 'dus དཀོན་མཆོག་སྤྱི་འདུས

8.

《三根本意成就法》Heart Practice of the Three Roots

《金剛歌鬘》Garland of Vajra Songs

《三根本上師法》Three Root Guru Sadhana

《究竟任運金剛心之歌》Ultimate Spontaneous Vajra Heart Song

《祇多梨無量壽經》Jetari Amitayus Sutra

《無死長壽續》Immutable Long-Life Tantra

《嘿嚕嘎五兄弟心髓》Heart Essence of the Five Heruka Brothers

《嘿嚕嘎總集心髓》Heart Essence of the Heruka Assembly

《清淨嘿嚕嘎雙運諸佛》Vishuddha Union of Buddhas

《莊嚴嘿嚕嘎兄弟心髓》Heart Essence of the Glorious Heruka Brothers

《幻化網》Magical Net

《勝樂金剛五次第》Chakrasamvara Five Stages

《五吽忿怒尊》Five Hung Trolo

《文殊大圓滿》Manjushri Great Perfection

《紅勝樂金剛》Red Chakrasamvara

《五部文殊》Manjushri Five Families

《二十一供曼達授戒大會》Twenty-one Clusters of the Gathering of the Transmitted Precepts

《忿怒蓮師》Guru Drakpo

《涅金剛薩埵》Nyak Vajrasattva

9.

《寧瑪十萬續》Hundred Thousand Nyingma Tantras

10.

《浚斷地獄懺悔文》Confession that Churns the Depths of Hell

《蓮師法》Guru Rinpoche Sadhana

11.

《金剛鬘》Vajra Garland

《瑪哈嘎拉》Mahakala

《龍欽心髓根本續》Root Volumes of the Heart Essence

12.

《時輪金剛密續》Kalachakra Tantra

《丹珠爾》Tengyur

13.

《喜金剛》Hevajra

《卡雀佛母 》Khecari

《秋林密意總集》Chokyong Gongdu

《龍欽心髓三根本》Three Roots of the Heart Essence

14.

《密集金剛》Guhyasamaja

《勝樂金剛蓮花金剛》Chakrasamvara Pema Vajra

《普賢行願品》Aspirations of Samantabhadra

《菩薩過患懺悔文》Confessions of Bodhisattva Downfalls

《三聚經》Sutra of the Three Heaps

《金剛鎧甲》Vajra Armor

《無誤皈依》Infallible Refuge

《噶舉傳承祈請文》Supplication to the Kagyu Lineage

《吉祥淨戒法》Auspicious Restoring the Vow Ceremony

《上師財神勾召財富法》Summoning of Prosperity of Lama Norlha

《傑炯・蔣巴・炯內全集》Collected Works of Jedrung Jampa Jungney

《密意總集經》Do Gongpa Düpa

15.

《無垢頂髻》Immaculate Ushnisha

《清淨光》Spotless Rays of Light

《水晶洞蓮花遺教》Crystal Cave Chronicle, pad ma bka' thang shel brag ma

16.

《任運金剛歌》Spontaneous Vajra Song

《普賢上師言教導引》Guide to the Words of My Perfect Teacher

《遂願任運成就》Spontaneous Fulfillment of All Aspiration

《親友書》（漢譯《龍樹菩薩勸誡王頌》）Letter to a Friend

《三十七佛子行》Thirty-seven Practices of a Bodhisattva

《遮止侵擾度母》Tara Warding Off Invasions

《五寶藏》Five Treasuries of Jamgön Kongtrul

《君權焰寶》Blazing Gem of Sovereignty

《度母除障法》Tara Dispelling All Obstacles

《不動佛》Akshobya

《金剛手降伏傲慢魔》Tamer of All Haughty Spirits Vajrapani

《金剛威猛力》Dorje Draktsal

《祕密藏金剛薩埵》Secret Essence Vajrasattva

《二諦乘》Chariot of the Two

《遍知乘》Chariot of Omniscience

《八大持明》Eight Vidyadharas

《命刃普巴金剛》Razor of Life Vajrakilaya

《刀刃芻襖法》Effigy of the Blade

《綠度母贖命法》Green Tara Ransom Ritual

《部主阿彌陀佛》Lord of the Families Amitabha

《頂髻白傘蓋佛母》White Canopy Ushnisha

《祕密馬頭明王》Secret Hayagriva

《大隨求佛母》Mahapratisara

《勝幢頂》Pinnacle of Victory Banner

《馬頭金翅鳥》Horse Garuda

《十六羅漢》Sixteen Arhats

《八關齋戒法》Fasting Practice

《金剛薩埵四部密續》Vajrasattva's Four Tantra Sections

《六瑜伽簡要註解》Abridged Notes on the Six Yogas

《緣起之禪修次第》Meditation Stages on Dependent Origination

《無明闇除》Dispelling the Darkness of Ignorance

《圓滿道心要》Essence of Perfect Path

《滿願穀》Wish-Granting Grains

《母子心髓》Heart Essence of Mother and Son, snying thig ma bu'i khrid yig

《文殊言教》Words of Manjushri

《諸佛密意總集經講解》Explanation on the Embodiment of Realization

《禪修問答集》Questions and Answers on Meditation

《莊嚴黑大威德金剛》Radiant Black Yamantaka

《給薩風馬贖命法》Gesar Wind Horse Ransom Ritual

《給念》Genyen

18.

《佛母命滴》Life Drop of the Consorts

《四種意儀軌》Four Heart Sadhanas

《如來總集觀音》Avalokiteshvara: Embodiment of All the Tathagatas

《賜予富饒》Providing Abundance

《緣起心要》Essence of Causation

《金剛薩埵幻化網》Magical Net of Vajrasattva

《大集經》Epitome Sutra

《普賢行願品》Prayer of Excellent Conduct

《三戒釋》Explanation of Three Vows

《心間十輻法輪經》Sutra of the Ten-Spoked Wheel of the Heart

《大梵天王問佛決疑經》Predictions Given in Answer to the Sublime Universal Monarch

《神變經》Sutra of the Perfect Miraculous Display

《勝讚》Sublime Praise

《殊勝奇妙經》Sublime and Wondrous Sutra

雪謙寺介紹：

康區雪謙寺

　　東藏康區的雪謙寺，是寧瑪派六大主寺之一，1695 年由冉江天佩嘉增建立。成立至今培養出許多偉大的上師，包括：雪謙嘉察、雪謙康楚、米滂仁波切、頂果欽哲仁波切、秋揚創巴仁波切，以及其他許多二十世紀重要的上師，都曾在此領受法教或駐錫在此。雪謙寺一直以來以其諸多上師和隱士們的心靈成就、佛學院的教學品質、正統的宗教藝術（儀式、唱誦、音樂和舞蹈）等聞名於世。

　　不幸的是，1957 年雪謙寺及其 110 座分寺被夷為平地。1985 年，頂果欽哲仁波切在流亡 25 年後回到西藏，於原址重建寺院，如今雪謙寺已重建起來，同時也恢復了部分的寺院活動，此外，也重建了佛學院。

尼泊爾雪謙寺、佛學院和閉關中心

　　尼泊爾雪謙寺是頂果欽哲法王離開西藏後，在尼泊爾波達納斯大佛塔旁所興建的分寺，以期延續西藏雪謙寺祖寺的佛教哲學、實修和藝術的傳統。尼泊爾雪謙寺的現任住持是第七世　雪謙冉江仁波切，冉江仁波切是頂果欽哲法王的孫子，也是心靈上的傳人，法王圓寂後，接下寺院及僧尼教育的所有重擔及責任，目前有 500 多名僧侶居住在此，並在此學習佛教哲學、音樂、舞蹈和繪畫等多方面課程。

　　仁波切也在此建立雪謙佛學院和雪謙閉關中心（南摩布達旁僻靜處），來擴展寺院的佛行事業。此外，為了延續唐卡繪畫的傳統，也建立了慈仁藝術學院，提供僧眾及海外弟子學習唐卡繪畫，延續珍貴的傳統藝術。

　　冉江仁波切在僧團內創立了一個完善的行政體系和組織，成為佛法教育、寺院紀律、佛行事業、正統修法儀式和實修佛法的典範。

印度菩提迦耶的雪謙寺和佛學中心

　　1996 年　冉江仁波切承續　頂果欽哲仁波切志業，在菩提迦耶建立了菩提迦耶雪謙寺。寺廟距離正覺佛塔只有幾分鐘的步行路程。除了寺院主殿外，還有設置僧房、客房、圖書室、國際佛學研究中心及佛塔等。此外，也成立了流動診所和藏醫診所，服務當地的居民。

　　承襲頂果欽哲法王志業，冉江仁波切也在印度八大聖地興建佛塔，除了菩提迦耶的

國際佛學中心外，在舍衛國等幾處聖地亦設有佛學中心。雪謙佛學研究中心定期提供深度研習佛教哲學和實修的課程，開放給來自世界各地的學生。另外，也陸續邀請寧瑪派及其他傳承的上師前來闡釋佛教經典，並且給予口傳。

不丹雪謙比丘尼寺

除了僧眾教育外，雪謙傳承也著力在復興比丘尼的佛學教育，頂果法王離開西藏後，在不丹雪謙烏金卻宗設立 1 座比丘尼寺，並在此傳授了許多重要的法教。目前，比丘尼寺內有 100 多名比丘尼，由 2 位雪謙佛學院的堪布在此教授讀寫、禪修等密集課程，完成基礎課程後，也同男僧般給予尼師們 9 年的佛學院課程。目前寺院內已有尼師們圓滿 9 年的佛學院課程，並且有 2 批尼師們圓滿了 3 年 3 個月的閉關實修課程。這些虔心向法的女性人數日益增加，冉江仁波切也規劃在此設立 1 處尼眾的閉關中心。

雪謙傳承上師介紹：

頂果欽哲仁波切

頂果欽哲仁波切是在西藏完成教育和訓練、碩果僅存的幾個有成就的上師之一，被公認為最偉大的大圓滿上師之一，也是許多重要喇嘛的上師，包括達賴喇嘛尊者、秋揚創巴仁波以及其他來自西藏佛教四大宗派的上師。頂果欽哲仁波切在不同領域都有所成就，而對一般人而言，這每一種成就似乎都要投入一輩子的時間才可能達成。仁波切曾經花了二十年的時間從事閉關，撰寫二十五卷以上的佛教哲理和實修法門，出版並保存了無數的佛教經典，以及發起無數的計畫來延續和傳播佛教思想、傳統和文化。然而，他認為最重要的一件事是，他自身所了悟和傳授的法教，能夠被其他人付諸實修。頂果欽哲仁波切深深觸動了東西方的弟子的心靈；他生生不息的法教和慈悲行止，正透過仁波切海內外的弟子努力延續下去。

頂果欽哲揚希仁波切

頂果欽哲揚希仁波切是頂果欽哲仁波切的轉世，1993 年 6 月 30 日出生於尼泊爾。由頂果欽哲仁波切最資深、最具證量的弟子楚西仁波切尋找認證。在尋找的過程中，楚西仁波切擁有許多夢境和淨見，清楚地指出轉世靈童的身分。揚希仁波切的父親是錫給丘林仁波切明久德瓦多傑，第三世秋吉德謙林巴的化身，祖古烏金仁波切的子嗣；母親是德謙帕燈；仁波切出生 於藏曆雞年五月十日蓮師誕辰的那一天，並由尊貴的達賴喇

嘛尊者証實是「札西帕久（頂果欽哲仁波切的名諱之一）正確無誤的轉世」。

1995 年 12 月，楚西仁波切在尼泊爾的瑪拉蒂卡聖穴為欽哲揚希仁波切舉行典禮，賜名為烏金天津吉美朗竹。1996 年 12 月在尼泊爾雪謙寺，正式為欽哲揚希仁波切舉行座床大典，有數千位從世界各地前來的弟子參加典禮者。

目前欽哲揚希仁波切已完成相關佛學及實修課程，並從前世弟子，如：楚西仁波切、揚唐仁波切等具德上師處領受過去傳授給這些弟子的法教、灌頂及口傳，並於 2010 年向全世界正式開展其佛行事業。2013 年起，因冉江仁波切開始進行 3 年閉關，年輕的欽哲揚希仁波切也肩負起雪謙傳承相關佛行事業的重責大任，領導所有的僧團並授予法教。

雪謙冉江仁波切

雪謙冉江仁波切出生於 1966 年，是頂果欽哲仁波切的孫子和法嗣，由頂果欽哲仁波切一手帶大。從 3 歲起，冉江仁波切開始領受祖父頂果欽哲仁波切所傳的法教，直至今日，仁波切是這個從未間斷的傳承的持明者。　冉江仁波切幾乎參與頂果欽哲仁波切在二十五年間所主持的每一個傳法開示、竹千大法會和灌頂。並隨同頂果欽哲仁波切遊歷世界各地。

自從祖父頂果欽哲仁波切圓寂之後，冉江仁波切擔負起傳佈頂果欽哲仁波切法教的重責大任。包括承接了康區雪謙寺祖寺、尼泊爾雪謙寺、印度菩提迦耶雪謙寺、雪謙佛學院、雪謙閉關中心、八大聖地佛學中心及不丹比丘尼寺等龐大的僧團及佛學教育體系。另外，也在世界各地設置雪謙佛學中心，以弘揚雪謙傳承的教法，包括：法國、英國、墨西哥、香港、台灣等地，皆有由仁波切直接指派堪布在各地雪謙佛學中心給予海外弟子授課及傳法。

除了在尼泊爾、不丹及海外的佛學教育及文化保存工作，冉江仁波切也透過頂果欽哲基金會，回到藏地從事人道關懷及公益工作。2001 年以來頂果欽哲基金會在西藏各個地區〈康區、安多和西藏中部〉發起並監督多種人道計畫。內容包括：偏遠藏區的基礎建設（如：橋樑等）、醫療、學校及佛學院的興建、資助比丘尼、老人、孤兒及學生的援助等人道關懷。由於冉江仁波切的慈悲及努力不懈，也實現了頂果欽哲仁波切保存延續西藏佛教法教和文化的願景。

台灣雪謙寺的法脈傳承，歡迎您的加入與支持

雪謙法脈在台灣的佛學教育主要由堪布負責，堪布即為佛學博士，須在　雪謙冉江仁波切座下接受嚴格指導和正統佛學教育，並完成研習佛教經典、歷史以及辯經的九年佛學課程，對顯教密咒乘的典籍，都有妥善的聽聞學習完畢，其法教傳承實為珍貴難得。

目前尊貴的　雪謙冉江仁波切分別指派堪布　烏金徹林及堪布　耶謝沃竹來擔任高雄及台北佛學中心之常駐，負責中心的發展。

二處佛學中心所要傳遞給世人的是源自諸佛菩薩、蓮花生大士乃至頂果欽哲仁波切以來，極為清淨之雪謙傳承教法，而本教法的精神所在，也在教導世人如何學習並俱足真正的慈悲與智慧。秉持著這樣殊勝的傳承精神，佛學中心在二位堪布的帶領下，以多元的方式來傳遞佛陀的教法，期盼由此可以讓諸佛菩薩無盡的慈悲與智慧深植人心，帶領一切有情眾生脫離輪迴苦海。

台灣雪謙佛學中心是所有對　頂果欽哲法王及　雪謙冉江仁波切有信心的法友們的家，對於初次接觸藏傳佛教的信眾，不論任何教派，也非常樂意提供諮詢建議，期許所有入門者皆可建立起正知見及正確的修行次第。二位常駐堪布規劃一系列佛法教育及實修課程，由此進一步開展雪謙傳承教法予台灣的信眾們，讓所有人都有機會親近及學習頂果法王的教法。

目前台北及高雄固定的共修活動有：前行法教授、文殊修法、綠度母共修、蓮師薈供、空行母薈供、………，也不定期舉辦煙供、火供、除障、超度…等法會。

我們竭誠歡迎佛弟子們隨時回來禮佛並參與共修及各項活動。

護持佛事，成就自他

尼泊爾及不丹雪謙寺均由尊貴的頂果法王所創辦，印度雪謙寺則由尊貴的冉江仁波切繼承法王遺願所完成，目前約有五百多名前來各地雪謙寺接受佛學院、

閉關中心、唐卡藝術等完整佛學教育的僧尼。我們需要您的協助來支持所有僧尼們在食、衣、住、醫療等方面的開銷，使他們得以順利繼承豐富的傳統文化及殊勝的法脈傳承。

每年各雪謙寺都有新舊設施之成立與修建工程、年度各法會活動與盛典持續在進行，這些活動均需要您的力量才能圓滿完成！

若您願意隨喜發心護持以下佛事，我們衷心感謝！

一、護持寺院建設：每年需約 NT 50,00000

（1）印度斯拉瓦斯帝（舍衛國）將興建容納約五百人之佛學院

（2）印度八大佛塔的興建與維護

（3）不丹阿尼寺閉關房的重建

（4）雪謙醫療診所的營運

二、護持寺院活動：每年需約 NT 30,00000

（1）僧尼教育基金

（2）印度、尼泊爾、不丹聖地點燈

（3）結夏安居齋僧

（4）年度竹千法會

您可循下列方式捐助善款，並與我們聯繫！

郵局劃撥帳號：42229736

帳戶名稱：高雄市顯密寧瑪巴雪謙佛學會

ATM 轉帳：兆豐銀行 017（三民分行）

銀行帳號：040-09-02002-1

帳戶名稱：高雄市顯密寧瑪巴雪謙佛學會

地　　址：高雄市三民區建國三路 6 號 9F

聯 絡 人：0919-613802（張師兄）

電　　話：（07）2850040

傳　　真：（07）2850041

E - m a i l：shechen.ks@msa.hinet.net

網　　站：http://www.shechen.org.tw

您的善心終將涓滴成河，使雪謙傳承得以成就更多佛事，圓滿更多利他事業！

頂果法王心意伏藏
實修入門講座報名表

　　從最初的轉心四思惟到上師瑜珈，到三根本大圓滿法密乘法門是循序漸進的學習與實修，臺灣雪謙中心將配合仁波切的法教傳承預計展開一系列由淺入深、由外到密的佛學課程（入門基礎、外內密法門…等），目前中心將由堪布開始"實修入門"的教授，我們竭誠歡迎您的全心投入！若您對此課程有興趣，請填妥資料傳真 07-3132830 或 E-mail：shechen.ks@msa.hinet.net 給我們！

　　姓名：　　　　　　　　　　　　　已皈依：□是　□否

　　電話：　　　　　　　　　　　　　性　別：□男　□女

　　住址：

　　講座地點：高雄－高雄市三民區建國三路 6 號 9F（高雄中心）
　　　　　　　台北－台北市中山區龍江路 352 號 4 樓（台北中心）

　　開課日期：高雄每月第一個星期日上午 10：00
　　　　　　　台北每月第二個星期日上午 10：00

　　報名傳真：07-2850041
　　報名 mail：shechen.ks@msa.hinet.net
　　報名電話：07-2850040　　　0919613802（張師兄）

　　雪謙常駐堪布烏金徹林於本課程授中也是一再慈悲叮嚀前行實修對於入門的修行者是非常重要的，而修持前行之目的，不僅僅能為自身累積福德資糧，更能使行者自心清淨，調伏安忍情緒，堅定正知正念，為成佛證悟之道奠下穩固的基礎。

修行百頌
項慧齡 譯
定價 400 元

《修行百頌》是十一世紀的偉大學者帕當巴‧桑傑的心靈證言，由頂果欽哲法王加以論釋，意義深奧又簡明易懂。

你可以更慈悲
項慧齡 譯
定價 500 元

本書是法王頂果‧欽哲仁波切針對藏傳佛教最受尊崇的法典「菩薩三十七種修行之道」所做的論釋。

證悟者的心要寶藏
（唵嘛呢唄美吽）
劉婉俐 譯
定價 500 元

在本書中以特別易懂、易修的方式，陳述了完整的學佛之道：從最基礎的發心開始，臻至超越了心智概念所及對究竟真理的直接體悟。

覺醒的勇氣
賴聲川 譯
定價 220 元

本書是頂果欽哲法王針對「修心七要」所做的論著。「修心七要」是西藏佛教所有修持法門的核心。

如意寶
丁乃竺 譯
定價 400 元

依據第十八世紀聖者持明吉美林巴所撰述的上師相應法之修持教義，頂果欽哲法王在本書中，著重於傳授上師相應法的虔誠心修行，也就是與上師的覺醒心合而為一。

成佛之道
楊書婷 譯
定價 250 元

本書是頂果欽哲法王針對蔣揚‧欽哲‧旺波上師所撰的金剛乘前行法之重要修持加以闡述，明示了金剛乘修持的心要。

明月：頂果欽哲法王自傳與訪談錄
劉婉俐 譯
定價 850 元

本書分為兩大部分：第一篇是頂果‧欽哲仁波切親自撰寫的自傳，第二篇為仁波切的主要弟子的訪談記事。是深入了解頂果法王生平、修學過程與偉大佛行事業的重要文獻與第一手資料，值得大家珍藏、典閱與研學。

明示甚深道：《自生蓮花心髓》前行釋論
劉婉俐 譯
定價 500 元

本書是頂果欽哲仁波切主要的心意伏藏之一，從前行法直到最高階修法的大圓滿，此書是前行的珍貴講解。

【雪謙精選大師系列】

遇見‧巴楚仁波切
巴楚仁波切 Patrul Rinpoche 著
定價 200 元

本書以一位年輕人和一位老人之間的對話形式來撰寫。充滿智慧的老者讓年輕人狂野的心平靜下來，並帶領著年輕人進入道德倫常的優美境界之中。

大藥：戰勝視一切為真的處方
雪謙‧冉江仁波切
Shechen Rabjam Rinpoche 著
定價 250 元

本書探索菩提心的根基、慈悲的內在運作、空性的見地，以及實際將這些了解應用於修道的方法。

西藏精神—頂果欽哲法王傳（精裝版）
馬修‧李卡德 著　賴聲川 編譯
定價 650 元

頂果欽哲法王是一位眾所周知的大成就者，與其接觸者無不為其慈悲和智慧所攝受，隨著法王的心進去了佛心。

西藏精神—頂果欽哲法王傳（DVD）
定價 380 元

第一單元由賴聲川 中文口述
第二單元由李察基爾 英文口述

揚希—轉世只是開始（DVD）
定價 500 元

甫一出生，我就繼承欽哲仁波切的法炬；現在，該是我延續傳燈的時候了。

明月：瞥見頂果‧欽哲仁波切（DVD）
定價 380 元

導演 涅瓊‧秋寧仁波切

祈請：頂果欽法王祈請文（CD）
定價 300 元

此為 頂果欽哲法王祈請文，由寧瑪巴雪謙傳承上師— 雪謙冉江仁波切 唱頌

憶念：頂果仁波切（CD）
定價 300 元

在 2010 年 頂果欽哲法王百歲冥誕，雪謙冉江仁波切為憶念法王，所填寫的詞，由阿尼雀韻卓瑪等唱頌，在這虔誠的歌曲聲中，再再融入法王遍在的慈悲和智慧。（內附音譯、中藏文歌詞）

轉世只是開始

前世的悲願

今生的奉獻

圓滿

菩提之心　成就之路

DVD 現正發行中

　　尊貴的　頂果欽哲揚希仁波切本名為鄔金・天津・吉美・倫珠，他是藏傳佛教備受尊崇之偉大上師的轉世。仁波切從四歲開始接受訓練，以承續這個傳承。即使擁有多位上師以及家人的慈愛與扶助，前方之路依舊充滿了挑戰：其中包括攸關其傳承在現代社會所扮演的角色，和他自身的才能等問題，仍會一一浮現、考驗著這位轉世。

　　本片花了十四年的時間走訪了不丹、尼泊爾、印度、法國、美國等地拍攝，完整紀錄揚希仁波切的成長歷程，並由仁波切以自述方式帶領我們進入藏傳佛教平易近人的生活樣貌，揭顯了這位重要轉世者不凡的精神層面。

　　片中收錄了達賴喇嘛、頂果欽哲揚希仁波切、宗薩欽哲仁波切、日噶康楚仁波切、吉美欽哲仁波切、雪謙冉江仁波切、措尼仁波切、馬修李卡德等多位當代著名上師的重量級訪談，精彩罕見、不容錯過。

　　另附精彩花絮：2008 年雪謙寺藏曆新年慶典—雪謙寺金剛舞、2010 年頂果法王百歲冥誕紀念法會、2010 年揚希仁波切首度世界巡訪（包括歐洲之行、亞洲之行）及不丹本塘之旅等。

國家圖書館出版品預行編目資料

明月：頂果欽哲法王自傳與訪談錄 / 頂果欽哲法王
(Dilgo KhyentseRinpoche) 作；劉婉俐譯 .- 二版 .-
高雄市：雪謙文化出版社 ,2023.07
　面；公分 .--(頂果欽哲法王文選 ;7)
　譯自 :Brilliant moon:the autobiography of Dilgo
Khyentse
　ISBN 978-986-90066-8-2(精裝)

　1.CST: 頂果欽哲 2.CST 藏傳佛教 3.CST: 佛教傳記
4.CST: 訪談

226.969　　　　　　　　112009386

頂果欽哲法王文選 07

明月—頂果欽哲法王自傳與訪談錄

Brilliant Moon: the Autobiography of Dilgo Khyentse

作　　者：頂果欽哲法王 (Dilgo Khyentse Rinpoche)
總 召 集：賴聲川
顧　　問：堪布烏金・徹林 (Khenpo Ugyen Tshering)
譯　　者：劉婉俐
審　　定：蓮師中文翻譯小組
文字編輯：徐以瑜
美術編輯：陳光震
封面設計：張雅涵
發 行 人：張滇恩、葉勇瑩
出　　版：雪謙文化出版社
　　　　　戶　　名：雪謙文化出版社
　　　　　銀行帳號：兆豐國際商業銀行　三民分行（代碼017）040-090-20458
　　　　　劃撥帳號：42305969
　　　　　http:// www. shechen. org. tw　e-mail：shechen. ks@msa. hinet. net
　　　　　手　　機：0963-912316　傳真：02-2917-6058
台灣雪謙佛學中心
高雄中心：高雄市三民區建國三路6號9樓
　　　　　電話：07-285-0040　傳真：07-285-0041
台北中心：台北市龍江路352號4樓
　　　　　電話：02-2516-0882　傳真：02-2516-0892
行銷代理：紅螞蟻圖書有限公司
　　　　　地址：台北市內湖區舊宗路2段121巷28、32號4樓
　　　　　電話：02 - 2795-3656・傳真：02 - 2795-4100
印刷製版：中原造像股份有限公司
初版一刷：2010年10月
二版一刷：2023年07月
I S B N：978-986-90066-8-2（精裝）
定　　價：新臺幣850元

WC